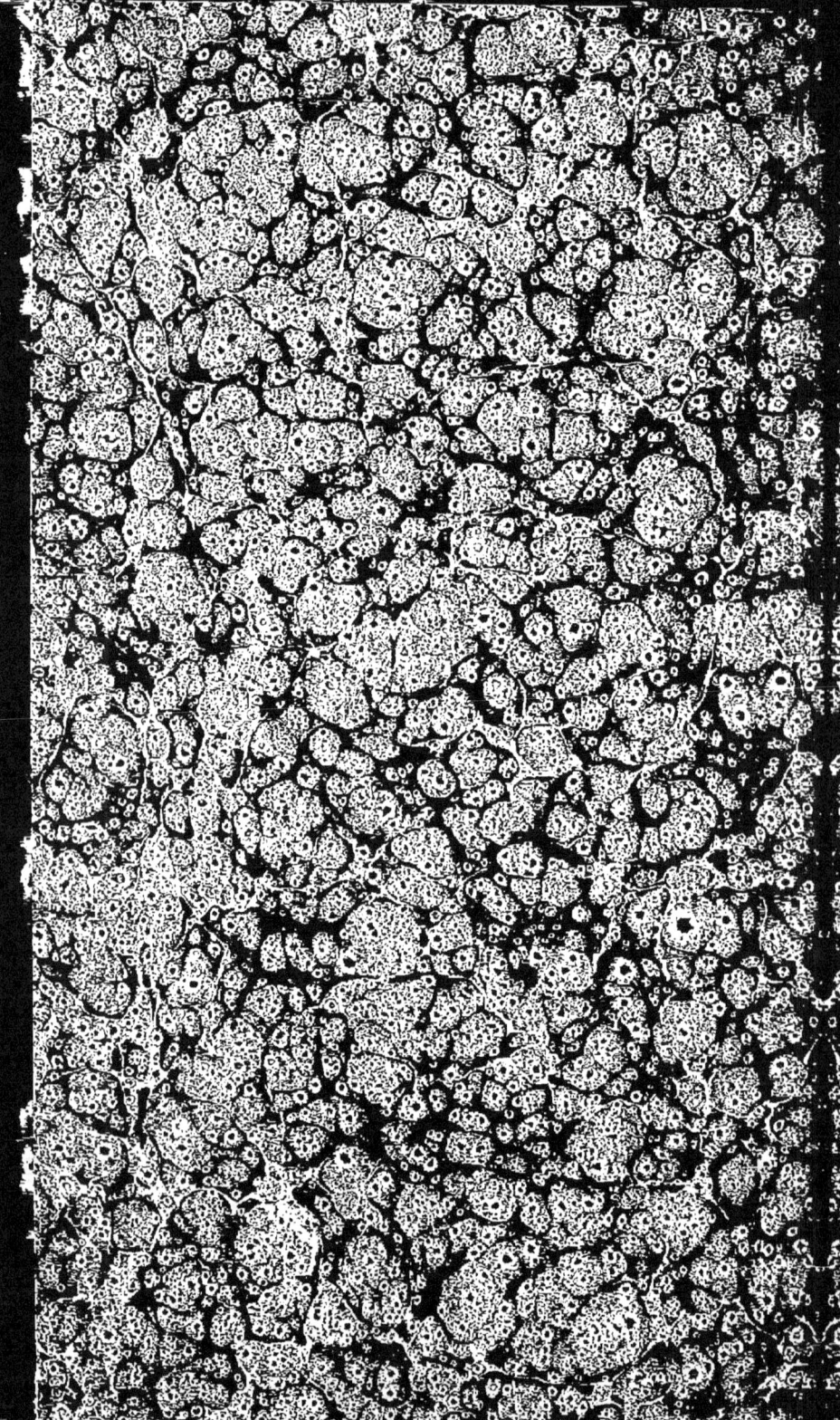

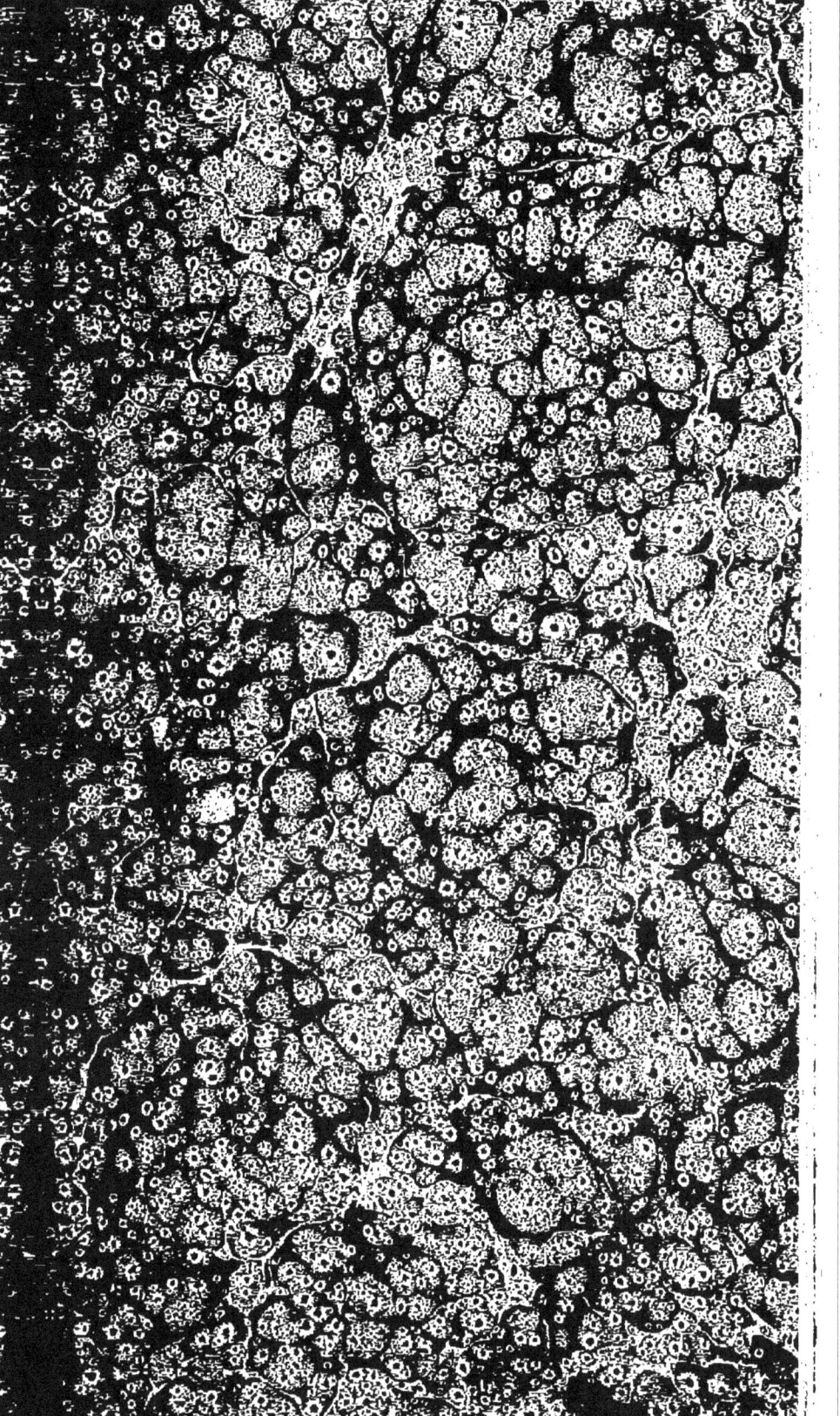

Oo
425
H

VIE
DE
SAINT IGNACE.

Ouvrages en vente chez le même Librair[e]

Vie de Saint Vincent de Paul, in-12, av[ec] portrait.
Vie de S[te]. Thérèse, 2 vol. in-12.
Vie de S[t]. François Régis, in-12, avec portra[it].
Vie de S[t]. Louis de Gonzague, in-12 av[ec] portrait.
Vie de S[t]. Stanislas Kostka, in-12, av[ec] portrait.
Vie de St François de Sales, 2 vol. in-12 avec portrait.
Vie de S[t]. François Xavier, 2 vol. in-1[2] avec portrait.
Vie de la Ste Vierge, 1 vol. in-12.
Vie des Saints, 2 vol. in-12.
Le même, 1 vol. in-12.
Vie de Ste Chantal, 2 vol. in-12, avec portra[it].
Vie de S[t]. François de Borgia, 2 vol. in-1[2] 1691.
Vie du Dauphin, père de Louis XV, 2 v[ol.] in-12, avec portrait.
Vie du Dauphin, père de Louis, XVI, 1 v[ol.] in-12, avec portrait.
Vie (abrégé de la) des Saints, de Godesca[rd] 4 vol. in-12.
Vie de Sousi, ou Modèle des Jeunes-Ge[ns] 1 vol. in-18.
Vie de Marie Lecksinska, 1 vol. in-12 a[vec] portrait.
Vie de Madame Louise, 2 vol. in-12, a[vec] portrait.
Vie de M. d'Orléans de Lamotte, évêq[ue] d'Amiens, 1 vol. in-12, avec portrait.

St Ignace de Loyola
Fondateur
de la Compagnie de Jesus

Gravé par Dupin.

LA VIE
DE
SAINT IGNACE,
FONDATEUR

DE LA COMPAGNIE DE JÉSUS,

PAR LE R. P. BOUHOURS,

DE LA MÊME COMPAGNIE.

NOUVELLE ÉDITION, REVUE ET SOIGNEUSEMENT CORRIGÉE,

ORNÉE D'UN PORTRAIT.

A PARIS,

CHEZ MÉQUIGNON JUNIOR,

LIBRAIRE DE LA FACULTÉ DE THÉOLOGIE,

RUE DES GRANDS AUGUSTINS N° 9.

1826.

AVIS

SUR CETTE NOUVELLE ÉDITION.

S<small>I</small> *jamais circonstances furent favorables à la réimpression d'un ouvrage, ce sont bien certainement celles où paroît cette nouvelle Edition de la Vie de St. Ignace par le R. P. Bouhours.*

En effet, quoi de plus capable d'en assurer le prompt débit, que l'épuisement des anciennes éditions qui d'ailleurs fourmilloient d'inexactitudes, que le rétablissement de cet Ordre célèbre par son origine, par les services qu'il a rendus à l'Eglise, par les persécutions qu'il a essuyées, par son silence et sa patience inaltérables dans ces momens mêmes où la calomnie la plus rafinée sembloit lui imposer le devoir d'élever la voix et de se justifier? Rétablissement, dont l'immortel Pie VII, toujours profondément convaincu de sa nécessité, a voulu marquer sa glorieuse, sa mémorable, nous oserions même dire sa miraculeuse rentrée dans la Capitale de la Chrétienté.

C'est donc dans ces circonstances extraordinaires, et au moment de jouir d'une paix générale, qui cicatrisera les plaies qu'une Révolution unique dans l'histoire a faites à toutes les classes de la Société, qu'il nous a paru convenable de remettre au jour une Vie, tout à la fois propre à ranimer les sentimens de Religion et de ferveur éteints dans le cœur de plusieurs, à combattre l'indifférentisme d'un plus grand nombre encore, enfin à ramener, si pas tous, au moins quelques-uns de ces partisans malheureusement trop multipliés d'une fausse et dangereuse philosophie.

Dans ces vues, nous pouvons nous flatter d'avoir donné tous nos soins à cette nouvelle Édition, de n'a-

voir rien épargné pour qu'elle fût plus correcte et plus exacte que toutes celles qui ont paru jusqu'à présent. Nous nous sommes même permis, d'après l'avis de certaines personnes remarquables par leur piété et leur doctrine, de faire, dans cette Édition, certains changemens de style, légers à la vérité ; mais qui ne laisseront pas d'ajouter un nouveau mérite à l'Ouvrage, en en rectifiant les expressions surannées qu'on y a remarquées.

D'ailleurs, on n'a fait ici que ce qu'eût fait le P. Bouhours lui-même, s'il eût vécu de nos jours. Pour s'en convaincre, on a qu'à lire ce qu'il dit, sur la fin du 5e Livre. Conformément à la règle de St. Ignace, ce Père se croyoit tellement obligé de bien parler, qu'il n'hésite pas de dire, qu'un Jésuite qui néglige de parler correctement, garde mal sa règle. Parce que, dit-il encore, le but de ce Saint est de faire faire par-là diversion aux ennemis de l'Église, en leur ôtant l'avantage qu'ils s'attribuent quelquefois de parler et d'écrire plus correctement que les autres.

Nous croyons devoir donner ici en français la Constitution solennelle, par laquelle très vénérable Pie VII rétablit l'Institut et la Compagnie de Jésus, avec l'applaudissement bien prononcé de tout le sacré Collége, des Évêques, de tous les bons Catholiques, et les vœux unanimes de presque tout l'univers chrétien, comme l'atteste le vénérable Pontife dans sa Constitution.

CONSTITUTION

DE NOTRE TRÈS SAINT PÈRE

LE PAPE PIE VII,

PAR LA DIVINE PROVIDENCE SOUVERAIN PONTIFE,

Par laquelle la Société de Jésus est rétablie en son état ancien par tout l'Univers Catholique.

PIE, évêque, serviteur des serviteurs de Dieu, pour la mémoire perpétuelle.

La sollicitude de toute les églises confiées par la disposition de Dieu à notre foiblesse, malgré la disproportion de nos mérites, nous impose le devoir de mettre en œuvre tous les moyens qui sont en notre pouvoir, et que la divine Providence, dans sa miséricorde, daigne nous accorder, pour subvenir à temps, et sans aucune acception de peuple, aux besoins spirituels de l'univers chrétien, autant que le permettent les vicissitudes multipliées des temps et des lieux.

Désirant satisfaire à ce que notre charge pastorale demande de nous, il n'est pas plus tôt venu à notre connoissance, que François Karen et d'autres prêtres séculiers établis depuis plusieurs années dans l'immense empire de Russie, et attachés à la Société de Jésus, supprimée par notre prédécesseur Clément XIV, d'heureuse mémoire, nous supplioient de leur donner, par notre autorité, le pouvoir de se réunir en corps, afin d'être en état, en vertu des lois particulières à leur Institut, d'élever la jeunesse dans les principes de la foi, et de la former aux bonnes mœurs; de s'adonner à la prédication, de s'appliquer à entendre les confessions, et à l'administration des autres sacremens, que nous avons cru devoir écouter leur prière. Nous l'avons fait d'autant plus volontiers, que l'Empereur Paul I er qui régnoit alors, nous avoit instamment recommandé ces mêmes prêtres par des lettres qui étoient l'expression de son estime et de sa bienveillance pour eux, et qu'il nous adressa, le 11 Août de l'an du Seigneur 1800, lettres par lesquelles il déclaroit qu'il lui seroit très agréable que, pour le bien des catholiques de son empire, la Société de Jésus y fût établie par notre autorité.

C'est pourquoi, considérant l'extrême utilité qui en proviendroit dans ces vastes régions, presqu'entièrement destituées d'ouvriers évangéliques; réfléchissant quel avantage inestimable de tels ecclésiastiques, dont les mœurs éprouvées avoient été la matière de tant d'éloges, pouvoient procurer à la Religion, par leurs travaux infatigables, par l'ardeur de leur zèle pour le salut des âmes, et par leur application continuelle à la prédication de la parole de Dieu; nous avons pensé qu'il étoit raisonnable de seconder les vues d'un prince si puissant et si bienfaisant. En conséquence, par nos lettres données en forme de bref, le 7 Mai de l'an du Seigneur 1801, nous accordâmes au susdit François Karen, à ses compagnons établis dans l'empire russe, et à tous ceux qui pourroient s'y transporter, la faculté de se réunir en corps ou congrégation, sous le nom de la *Société de Jésus,* en une ou plusieurs maisons, à volonté du supérieur, et seulement dans les limites de Russie, et, de notre bon plaisir et de celui du Siége apostolique, nous députâmes, en qualité de supérieur général de ladite Société, ledit François Karen, avec le pouvoir et les facultés nécessaires et convenables pour suivre et maintenir la règle de saint Ignace de Loyola, approuvée et confirmée par notre prédécesseur Paul III, d'heureuse mémoire, en vertu de ses constitutions apostoliques : et afin qu'étant ainsi associés et réunis en une congrégation religieuse, ils pussent donner leurs soins à l'éducation de la jeunesse dans la Religion, les lettres et les sciences, au gouvernement des séminaires et des colléges, et, avec l'approbation et le consentement des ordinaires des lieux, au ministère de la confession, de la parole sainte et de l'administration des sacremens, nous reçumes la congrégation de la Société de Jésus sous notre protection et la soumission immédiate au Siége apostolique; et nous nous réservâmes à nous et à nos Successeurs, de régler et d'ordonner ce qui, avec l'assistance du Seigneur, seroit trouvé expédient pour munir et affermir ladite congrégation, et pour en corriger les abus, s'il s'y en introduisoit : et à cet effet, nous dérogeâmes expressément aux constitutions apostoliques, statuts, coutumes, priviléges et indults accordés, et confirmés de quelque manière que ce fût, qui se trouveroient contraires aux dispositions précédentes, nommément aux lettres apostoliques de Clément XIV, notre prédécesseur, qui commencent par les mots *Dominus ac Redemptor noster*, mais seulement en ce qui seroit contraire à nosdites lettres en forme de bref, commençant par le mot *Catholicæ*, et données seulement pour l'empire de Russie.

Peu de temps après avoir décrété ces mesures pour l'empire de Russie, Nous crûmes devoir les étendre au royaume des Deux Siciles, à la prière de notre très cher fils en Jésus-Christ le roi Ferdinand, qui nous demanda que la Société de Jésus fût établie dans ses Etats, comme elle l'avoit été par nous dans le susdit empire ; parce que dans des temps si malheureux, il lui paroissoit être de la plus haute importance de se servir des clercs de la Société de Jésus, pour former la Jeunesse à la piété chrétienne et à la crainte du Seigneur qui est le commencement de la sagesse, et pour l'instruire de ce qui regarde la doctrine et les sciences, principalement dans les colléges et les écoles publiques. Nous, par le devoir de notre charge, ayant à cœur de répondre aux pieux désirs d'un si illustre prince, qui n'avoit en vue que la plus grande gloire de Dieu et le salut des âmes, avons étendu nos lettres données pour l'empire de Russie, au royaume des Deux-Siciles, par de nouvelles lettres, sous la même forme de bref, commençant par les mots *Per alias*, expédiées le 30.ᵉ jour de Juillet l'an du Seigneur 1804.

Les vœux unanimes de presque tout l'univers chrétien pour le rétablissement de la même Société de Jésus, nous attirent tous les jours des demandes vives et pressantes de la part de nos vénérables frères les archevêques et évêques, et des personnes les plus distinguées de tous les ordres, surtout depuis que la renommée a publié de tous côtés l'abondance des fruits que cette Société produisoit dans les régions qu'elle occupoit, et sa fécondité dans la production des rejetons qui promettent d'étendre et d'orner de toutes parts le champ du Seigneur.

La dispersion même des pierres du sanctuaire, causée par des calamités récentes, et des revers qu'il faut plutôt pleurer que rappeler à la mémoire, l'anéantissement de la discipline des ordres réguliers (de ces ordres, la gloire et l'ornement de la Religion et de l'Eglise), dont la réunion et le rétablissement sont l'objet de nos pensées et de nos soins continuels, exigent que nous donnions notre assentiment à des vœux si unanimes et si justes. Nous nous croirions coupables devant Dieu d'une faute très-grave, si, au milieu des besoins si pressans qu'éprouve la chose publique, nous négligions de lui porter des secours salutaires que Dieu, par une Providence singulière, met entre nos mains, et si, placés dans la nacelle de Pierre, sans cesse agitée par les flots, nous rejetions les rameurs robustes et expérimentés, qui s'offrent à nous, pour rompre la force des vagues qui menacent à tout instant de nous engloutir dans un naufrage inévitable.

Entraînés par des raisons si fortes et de si puissans motifs, nous avons résolu d'exécuter ce que nous désirions le plus ardemment dès le commencement de notre Pontificat. A ces causes, après avoir imploré le secours divin par des ferventes prières, et recueilli les suffrages et les avis de plusieurs de nos vénérables frères les cardinaux de la sainte Eglise Romaine, de notre science certaine, et en vertu de la plénitude du pouvoir apostolique, nous avons résolu d'ordonner et de statuer, comme en effet nous ordonnons et statuons, par cette présente et irrévocable constitution émanée de nous, que toutes les concessions faites et les facultés accordées par nous, uniquement pour l'empire de Russie et le royaume des Deux-Siciles, soient, de ce moment, étendues et regardées comme telles, comme de fait nous les étendons à toutes les parties de notre Etat ecclésiastique, ainsi qu'à tous autres Etats et domaines.

C'est pourquoi, nous concédons et accordons à notre cher fils, Thaddée Borzozowski, supérieur général actuel de la Société de Jésus, et à ceux qui seront légitimement députés par lui, toutes les facultés nécessaires et convenables, selon notre bon plaisir et celui du Siége apostolique, pour pouvoir librement et licitement, dans tous les Etats et domaines ci dessus mentionnés, admettre et recevoir tous ceux qui demanderont d'être admis et reçus dans l'ordre régulier de la Société de Jésus; lesquels réunis dans une ou plusieurs maisons, dans un ou plusieurs colléges, dans une ou plusieurs provinces, sous l'obéissance du supérieur général en exercice, et distribués selon l'exigence des cas, conformeront leur manière de vivre aux dispositions de la règle de Saint Ignace de Loyola, approuvée et confirmée par les constitutions apostoliques de Paul III : nous permettons aussi, et voulons qu'ils aient la faculté de donner leurs soins à l'éducation de la jeunesse catholique dans les principes de la religion, et l'attachement aux bonnes mœurs, ainsi que de gouverner des séminaires et des colléges, et, avec le consentement et l'approbation des ordinaires des lieux dans lesquels ils pourront demeurer, d'entendre les confessions, de prêcher la parole de Dieu, et d'administrer les sacremens librement et licitement : nous recevons dès à présent les maisons, les provinces, et les membres de ladite Société, ainsi que ceux qui pourront à l'avenir s'y associer et s'y aggréger, sous notre garde, sous notre protection et obéissance et celle du Siége apostolique; nous réservant et à nos successeurs les Pontifes romains, de statuer et prescrire ce que nous croirons expédient pour établir et affermir de plus en plus, ladite Société, et à réprimer les abus, si (ce qu'à Dieu ne plaise) il s'y en introduisoit.

Nous avertissons et exhortons de tout notre pouvoir, tous et chacun des supérieurs, préposés, recteurs, associés et élèves quelconques de cette Société rétablie, à se montrer constamment, et en tout lieu les fidèles enfans et imitateurs de leur digne père et d'un si grand instituteur ; à observer avec soin la règle qu'il leur a donnée et prescrite ; et à s'efforcer de tout leur pouvoir de mettre en pratique les avis utiles et les conseils qu'il a donnés à ses enfans.

Enfin, nous recommandons dans le Seigneur, à nos chers fils, les personnes nobles et illustres, aux princes et seigneurs temporels, ainsi qu'à nos vénérables frères les archevêques et évêques, et à toute personne constituée en dignité, la Société de Jésus et chacun de ses membres, et nous les exhortons et prions de ne pas permettre, ni de souffrir que personne les inquiète, mais de les recevoir, comme il convient, avec bonté et charité.

Voulons que les présentes lettres et tout leur contenu, demeurent perpétuellement fermes, valides et efficaces : qu'elles aient et sortent leur plein et entier effet, et soient inviolablement observées en tout temps et par tous qu'il appartiendra, et qu'il soit jugé et statué conformément à icelles, par tout juge revêtu d'un pouvoir quelconque ; déclarons nul et de nul effet tout acte à ce contraire, de quelque autorité qu'il émane sciemment ou par ignorance.

Nonobstant toutes constitutions et ordonnances apostoliques, et notamment les lettres susdites en forme de bref de Clément XIV d'heureuse mémoire, commençant par les mots *Dominus et Redemptor noster*, expédiées sous l'anneau du pêcheur le 21.e jour de Juillet de l'an du Seigneur 1773, auxquelles, comme à toutes autres contraires, nous dérogeons expressément et spécialement à l'effet des présentes.

Voulons toutefois que la même foi soit ajoutée, soit en justice, soit ailleurs, aux copies collationnées ou imprimées, souscrites par un notaire public, et revêtues du sceau d'une personne constituée en dignité ecclésiastique, qu'aux présentes mêmes, si elles étoient exhibées ou montrées.

Qu'il ne soit donc permis à personne d'enfreindre ou de contredire, par une entreprise téméraire, la teneur de notre ordonnance, statut, extension, concession, indult, déclaration, faculté, réserve, avis, exhortation, décret et dérogation; et si quelqu'un ose le tenter, qu'il sache qu'il encourra l'indignation du Dieu tout-puissant et des bienheureux apôtres Pierre et Paul.

Donné à Rome, à Sainte-Marie-Majeur, l'an de l'incarnation de N. S. mil huit cent quatorze, le 7 des ides d'août, et de notre pontificat, le quinzième.

A card. pro-dataire. R. card. BRASCHI HONESTI.

VISÉ

Par la Cour, D. TESTA.

Lieu ( ) du sceau.

F. LAVIZZARI.

Enregistré au secrétariat des brefs.

A LA REINE.

Madame,

    La qualité de Fille du Roi Catholique, et celle d'Épouse du Roi Très Chrétien, qui relève Votre Majesté *au-dessus de toutes les Princesses de la terre m'obligent à lui dédier cet Ouvrage. C'est la vie d'un saint Fondateur que l'Espagne et la France ont donné au monde.*

    Car, Madame, *si Ignace de Loyola est né sujet de vos illustres Aïeux, la Compagnie, qui le reconnoît pour son Chef, est originairement Française. Elle a pris naissance dans la Capitale du Royaume; et on peut dire que Montmartre, le sacré sépulcre des Martyrs, lui a servi de berceau.*

    Cela me fait espérer que V. M. ne refusera pas sa protection au Livre que je lui présente, et qu'elle prendra même plaisir à le lire. Elle y verra la gloire mondaine foulée aux pieds par un jeune Cavalier nourri à la Cour de Ferdinand, et attaché au service de Charles-Quint. Elle verra ce Cavalier converti, d'abord solitaire et tout occupé de la méditation des choses divines, appliqué ensuite aux emplois de la charité, et embrasé du zèle des âmes. Mais, Madame, *en quelque état et sous quelque forme qu'il vous paroisse, vous ne verrez rien qui vous surprenne, ni qui vous soit inconnu.*

    V. M. bien loin d'être éblouie de l'éclat qui l'environne, a su mépriser, dès ses plus tendres années, tout ce qu'une fortune Royale a de plus auguste et de plus superbe, parce qu'elle a compris de bonne heure que les grandeurs immortelles méritent seules l'estime d'une âme chrétienne.

Vous savez, MADAME, par votre propre expérience, ce que c'est que la vie intérieure : on vous en voit tous les jours pratiquer régulièrement les saints exercices; et cette pratique si exacte, que les affaires ni les divertissemens ne troublent jamais, nous montre en votre personne qu'une Reine qui a l'esprit du Christianisme, peut vivre dans le tumulte de la Cour comme les Épouse de JÉSUS-CHRIST dans le silence des cloîtres.

Vous ne vous contentez pas, MADAME, de vous entretenir avec Dieu aux pieds des Autels, vous l'allez chercher aux hôpitaux : et c'est là qu'animée d'une foi vive, vous servez vous-même les pauvres; plus glorieuse d'être la servante de J. C., que la Reine du plus puissant et du plus florissant Empire du monde.

Une charité aussi généreuse que celle de V. M. ne se borne pas à des malades; elle s'étend à tous les malheureux qui l'approchent, ou qui lui font connoître leurs misères : et c'est un titre, MADAME, pour avoir part à l'honneur de votre bienveillance, que d'être affligé.

Mais votre cœur si sensible aux nécessités du prochain, l'est encore d'avantage aux intérêts de l'Eglise. Elle ne reçoit point d'atteintes dont vous ne soyez blessée, elle n'a point d'ennemis qui ne soient les vôtres, et vous ne souhaitez rien plus ardemment que de la voir triompher des infidèles et des hérétiques.

Toutes ces vertus si solides et si édifiantes, que nous admirons en V. M., ont bien de quoi instruire les Grands qui oublient Dieu, et de quoi confondre les petits qui le servent mal. Aussi, MADAME, le Ciel ne semble avoir élevé V. M. sur le premier Trône de l'Univers, qu'afin que ces exemples autorisent les vérités de la Religion, et condamnent les déréglemens du siècle.

Il ne faut pas s'étonner après cela, que toute

l'Europe vous regarde comme le modèle des Princesses vertueuses; et vous ne devez pas trouver étrange que je prenne l'occasion de la vie d'un Saint pour publier que je suis avec un très profond respect,

MADAME,

DE VOTRE MAJESTÉ,

Le très humble, très obéissant et très fidèle sujet et serviteur, Bouhours, de la Compagnie de Jésus.

AVERTISSEMENT.

Je n'ai jamais mieux compris combien la langue latine et les trois langues vivantes qui en sont dérivées ont un caractère différent, qu'en voulant écrire la Vie de Saint Ignace. Comme cette Vie a été composée en Latin, en Espagnol et en Italien, par des Auteurs excellens, je ne songeai d'abord qu'à copier l'un de ces originaux; et je croyois ne pouvoir rien faire de meilleur que d'en donner au public une traduction fidèle. Pour me déterminer sur le choix, je voulus lire exactement les trois Vies; et je commençai par celle de Ribadéneyra, qui a écrit le premier, qui a vécu plusieurs années avec Saint Ignace, et qui a été témoin de la plupart des choses qu'il dit. Tout l'ouvrage me sembla très-bien écrit en Castillan; j'y trouvai de l'onction, et j'y reconnus un air de vérité qui me fit croire sans peine ce qui me paroissoit le plus merveilleux.

J'admirai dans Maffée une pureté, une élégance, et une noblesse d'expression qui est tout-à-fait du siècle d'Auguste ; et je n'y trouvai à redire que sa briéveté, qui lui fait omettre des faits assez importans.

Le livre de Bartoli me parut un chef-d'œuvre en Italien, tant les choses y sont peintes vivement, et mises dans un beau jour. Je pris plaisir à lire des faits remarquables et des circonstances particulières dont les deux autres n'ont point parlé. Enfin, ces Vies me semblèrent très-belles dans leur langue ; mais en les regardant de près, je craignis de n'en pouvoir rendre toutes les beautés dans la nôtre, qui a d'autres tours et des grâces toutes différentes.

Ainsi au lieu de traduire, j'entrepris de travailler de mon chef sur les mémoires que ces trois ouvrages me fournissoient. Je ne me suis pas pourtant contenté de ces mémoires. J'ai consulté les actes de la canonisation de Saint Ignace, et toutes les bulles qui regardent son Institut. J'ai eu recours en divers endroits à l'histoire générale de la Compagnie écrite par Orlandin, et à celle de la Province de Portugal composée en Portugais par Balthazar Tellez. J'ai tiré quelques connoissances nouvelles du livre des Hommes Illustres, d'Eusèbe, Niéremberg, intitulé *Cla-*

ros *Varones de la Compagnia de Jesus*. Les divers abrégés de la Vie du Saint ne m'ont pas même été inutiles pour démêler et pour éclaircir certaines choses. En un mot, je n'ai rien omis pour m'instruire et me bien remplir de mon sujet, mais aussi je n'ai rien négligé pour y donner une forme raisonnable : et si je n'ai pas réussi, on ne doit s'en prendre qu'à mon peu d'habileté.

Les gens du monde, qui n'ont nul goût des choses divines et qui regardent tout avec les yeux de la chair, ne s'accommoderont pas sans doute des visions et des apparitions qui se rencontrent dans la Vie de Saint Ignace : ils devroient néanmoins considérer que celles dont il s'agit sont de nature à être crues par des personnes de bon sens. Je demeure d'accord avec eux qu'il y auroit de la foiblesse à croire indifféremment toutes sortes de visions ; mais j'ose dire qu'il y a de l'impiété et de l'irréligion à n'en croire aucune, et à se moquer de celles que l'Eglise approuve.

Les libertins n'ont que faire de dire que les Saints ont rendu témoignage d'eux-mêmes, et qu'on n'a appris que de leur bouche ces communications admirables qu'ils ont eues avec Dieu. Car enfin la sainteté de leur Vie a autorisé tout ce qu'ils ont dit; et l'Eglise, après une recherche très-exacte de leurs mœurs, a jugé qu'ils n'étoient pas capables de mentir à cet égard.

On ne doit pas dire aussi que c'étoient des esprits foibles, qui s'imaginoient ce qui n'étoit pas. Car pour ne parler ici que du Saint dont j'écris la Vie, ses plus grands ennemis ne lui ont jamais reproché ces sortes de foiblesses; et Pasquier qui le traite si mal dans le plaidoyer contre les Jésuites, avoue de bonne foi que c'étoit l'homme le plus sage de son siècle.

SOMMAIRE
DES LIVRES.

LIVRE PREMIER.

Naissance de Saint Ignace en l'an 1491, en la Province de Guypuscoa en Espagne. Son père s'appeloit Bertram, Seigneur de Loyola, et sa mère Marie Saez de Balde. Il est le dernier de huit garçons et de trois filles. Son caractère. Son père l'envoie à la Cour du Roi d'Espagne Ferdinand, le fait Page, et acquiert la bienveillance de ce Prince. Sa vie mondaine. Il prend le parti des armes dès sa jeunesse. Il suit les maximes du monde jusqu'à l'âge de vingt-neuf ans. Il est blessé d'un éclat de pierre à la jambe gauche et d'un coup de canon à la droite, en défendant la ville de Pampelune assiégée par les Français. Il est malade à l'extrémité de ses blessures, et est guéri par l'intercession de l'Apôtre Saint Pierre. Il se convertit par la lecture des Livres de piété. Il mortifie sa chair, et se consacre au service de Jésus et de sa sainte Mère. La Vierge lui apparoît. Il se retire au monastère de Mont-Serrat, où il fait une confession générale. Il donne ses habits à un pauvre, et se revêt d'un sac et d'une corde pour ceinture. Il mène une vie pénitente dans l'hôpital de Manrèse. Il se retire ensuite dans une caverne, où il passe trois ou quatre jours sans prendre aucune nourriture. Ses grandes mortifications le réduisent à l'extrémité. Il est guéri de ses scrupules et de ses peines intérieures par la vertu de l'Eucharistie qu'il reçoit tous les Dimanches. Il écrit un Traité sur le mystère de la Trinité. Il sort de sa solitude pour se consacrer au service du prochain. Il compose le livre des Exercices, et quitte Manrèse pour aller à la Terre-Sainte.

LIVRE SECOND.

Saint Ignace arrive à Barcelone, où il mendie son pain pour subsister. Il part pour l'Italie et arrive à Rome le Dimanche des Rameaux, et, quinze jours après Pâques, il se met en chemin pour Venise, après avoir reçu la bénédiction du Pape Adrien VI, et obtenu la permission de Sa Sainteté de faire le pèlerinage de la Terre-Sainte. Il s'embarque pour Jérusalem, et pleure de joie en voyant cette ville. Il visite les saints Lieux, et est résolu d'y fixer sa demeure, mais il en est détourné par le Provincial des Cordeliers.

Il se rembarque pour l'Italie, et arrive à Venise après une navigation de deux mois fort périlleuse. Il retourne en Espagne, et commence à étudier, étant alors agé de trente-trois ans. Il ressuscite un mort. Il continue ses études à Alcala, et se choisit des compagnons. Il est soupçonné de sortilége et d'hérésie. Il quitte l'Espagne, vient seul en France, et arrive à Paris au mois de Février 1528. Il reprend ses études au collége de Montaigu, est accusé de séduire la jeunesse, et est déféré à l'inquisiteur Matthieu Ori, Prieur des Dominicains du Couvent de Saint-Jacques. Après avoir étudié les humanités à Montaigu pendant dix-huit mois, il fait son cours de philosophie au collége de Sainte-Barbe. Il se choisit de nouveaux compagnons, entre lesquels est saint François Xavier. Il fait conjointement avec eux ses premiers vœux à Montmartre. Il retourne en son pays pour les affaires de ses compagnons, y prêche publiquement et y guérit des malades. Il s'embarque de nouveau pour Venise, où ses compagnons le rejoignent, s'emploie avec eux dans les hôpitaux, et les envoie à Rome. Il reçoit l'ordre de Prêtrise le jour de saint Jean-Baptiste, et ne dit sa première Messe que le jour de Noël de l'année suivante.

LIVRE TROISIÈME.

Saint Ignace va à Rome offrir ses services au Pape. Il donne à sa Société le nom de Compagnie de Jésus, et prêche dans Rome. Il propose à ses compagnons de faire avec lui un nouvel Ordre. Il est calomnié et ensuite justifié. Il assiste le peuple pendant une grande famine. Il présente le projet de son nouvel Institut au Pape Paul III, qui l'approuve après l'avoir fait examiner. Il est élu Général de la Compagnie, et commence les fonctions de sa charge par faire les catéchismes avec beaucoup de fruit. Règles qu'il prescrit à la Compagnie naissante. Il est employé avec ses compagnons au service de l'Eglise. Il écrit les Constitutions de son Ordre, les divise en six parties, n'ayant pour tous livres dans sa chambre que le Nouveau Testament et l'Imitation de J. C. Raison pourquoi il n'a point permis de Chœur dans son Ordre. Il établit l'ordre pour le choix des Novices. Divers degrés qu'il met dans la Compagnie, et rend le Général perpétuel et absolu.

LIVRE QUATRIÈME.

Saint Ignace envoie ses compagnons en Italie, en Allemagne, et dans tous les Pays Catholiques, excepté en France. Il en envoie deux par ordre du Pape au Concile de Trente. Il réconcilie le Roi de Portugal avec le Pape. Sa Sainteté lui demande encore trois de ses Religieux pour être ses Théologiens au Concile de Trente. Instructions que le Saint leur donne. Il empêche le Jay, l'un des trois, d'accepter l'Evêché de Trieste. Il écrit au Roi des Romains à ce sujet, et s'en explique de vive voix avec le Pape. Il délivre sa compagnie du gouvernement des Religieuses. Il obtient la protection du cardinal de Lorraine, Ambassadeur à Rome, pour l'établissement de la Compagnie en France.

LIVRE CINQUIÈME.

Saint Ignace éloigne de son Ordre les dignités ecclésiastiques pour mieux servir l'Église. Il envoie, à la réquisition du Roi de Portugal, trois de ses religieux en Ethiopie, et écrit au roi des Abyssins. Accueil favorable qu'il reçoit de Paul IV. Il empêche la promotion de Laynez, un de ses religieux, au cardinalat. Ses infirmités l'obligent à quitter le soin des affaires de la compagnie, et ne se réserve que celui des malades. Il établit, dans son Ordre, les prières de quarante heures les trois derniers jours de carnaval. Se sentant près de sa fin, il fait écrire ses dernières pensées sur la vertu d'obéissance, et il se dispose à la mort. Il meurt à Rome, le vendredi 31 Juillet 1556, âgé de 65 ans. Son portrait.

LIVRE SIXIÈME.

La mort de saint Ignace cause à ses enfans une certaine joie intérieure qui les assure de son bonheur éternel. Sentimens des premiers Pères de la Compagnie touchant saint Ignace, principalement de saint François Xavier. Il est reconnu pour saint dans Rome, et une fille affligée du mal des écrouelles, est guérie par l'intercession du saint, le jour de son enterrement, qui fut fait à Rome, dans l'Eglise de la maison Professe. Témoignage de S. Philippe de Néry et de plusieurs autres en faveur du saint. Le peuple invoque son secours pour obtenir des grâces célestes. Diverses guérisons qui se font à Barcelone par le cilice du saint. Apparition de saint Ignace à Pascal, près du tombeau de sainte Eulalie. Guérisons miraculeuses. Culte rendu à saint Ignace par le cardinal Baronius. Sa Béatification. Sa Canonisation.

LA VIE
DE
SAINT IGNACE.

LIVRE I.

La Providence, qui veille au bien de l'Eglise, n'a jamais plus éclaté que dans le seizième siècle, si fatal à l'Allemagne, à l'Angleterre et à la France, par l'apostasie de Luther, par le schisme d'Henri VIII, et par la prétendue réformation de Calvin. Comme les mœurs se corrompent d'ordinaire à mesure que la Foi se perd, le libertinage suivit partout les nouvelles hérésies. Les peuples, en secouant le joug du commun Pasteur des Fidèles, se révoltèrent contre leurs Princes légitimes ; et n'étant plus retenus par l'autorité des Puissances Ecclésiastiques, ni par celle des Puissances séculières, ils s'abandonnèrent à tous les désordres dont les hommes sont capables, quand l'esprit de mensonge les gouverne. Ainsi l'impiété désola le royaume de Jésus-Christ ;

et dans les lieux mêmes où la Religion étoit florissante, on vit les Autels profanés, l'usage des sacremens aboli, les conseils de l'Évangile méprisés, toutes les Lois divines et humaines foulées aux pieds.

Ce fut alors que le Ciel suscita Ignace de Loyola, pour subvenir aux pressantes nécessités du monde chrétien; et il semble que la divine Sagesse ait voulu marquer elle-même son dessein par de certains événemens, dont la rencontre ne peut être l'effet du hasard. Car la même année que Luther soutint publiquement son apostasie dans la Diète de Vorms, et que s'étant retiré dans sa solitude d'Alstat, il composa un livre contre les vœux Monastiques, qui fit une infinité d'apostats; Ignace se consacra à Dieu dans l'Eglise de Mont-Ferrat, et écrivit dans sa retraite de Manrèse des exercices spirituels, qui servirent à former son ordre, et à repeupler tous les autres.

Lorsque Calvin commença à dogmatiser et à se faire des disciples dans Paris, Ignace qui y étoit venu étudier, assembla de son côté des compagnons pour déclarer avec eux la guerre aux ennemis de la Foi.

Enfin dans le temps qu'Henri VIII se fit nommer chef de l'Eglise Anglicane, et qu'il ordonna, sous peine de mort, à ses sujets, d'effacer le nom du Pape de tous les papiers et de tous les livres qu'ils

LIVRE I.

avoient entre les mains, le nouveau Patriarche, dont j'entreprends d'écrire la vie, jeta les premiers fondemens d'une Société dévouée au service du Saint-Siége.

Mais pour raconter les choses dans l'ordre que l'histoire demande, Ignace naquit l'an 1491, sous le règne de Ferdinand et d'Isabelle, en cette partie de la Biscaye Espagnole qui s'étend vers les Pyrénées, et qui porte aujourd'hui le nom de Guypuscoa. Dom Bertram son père, Seigneur d'Ognez et de Loyola, tenoit un des premiers rangs parmi la Noblesse du pays, comme étant l'aîné et le chef d'une ancienne Maison, où il y avoit toujours eu de grandes Charges, et qui avoit produit de grands Hommes. Sa mère Marine Saez de Balde, n'étoit pas d'une naissance moins illustre. Il fut le dernier de trois filles et de huit garçons. Il étoit bien fait, d'un tempérament de feu ; avoit un air fier, un génie élevé, et surtout une passion ardente pour la gloire. Mais, quoiqu'il parût violent et un peu hautain, il ne laissoit pas d'être doux et très honnête. Il étoit même naturellement sage ; et dès ses premières années, on remarqua en lui une discrétion qui ne se sentoit point de l'enfance.

Sa naissance, et ses qualités naturelles.

Son père, qui le jugea propre pour la Cour, l'y envoya de bonne heure, et le fit Page du Roi Catholique. Ferdinand prit plaisir à voir un enfant si vif et si

Sa vie mondaine.

raisonnable, et lui donna en diverses rencontres des marques de sa bienveillance. Mais le jeune Ignace n'étoit pas d'humeur à mener une vie oisive. L'amour de la gloire, et l'exemple de ses frères qui se signaloient dans l'armée de Naples, le dégoûtèrent bientôt de la Cour, et le firent penser à la guerre, à un âge où les autres ne pensent qu'à des jeux d'enfans. Il s'en déclara au duc de Najarre, Dom Antoine Manrique, Grand d'Espagne, son parent et ami particulier de sa Maison. Le Duc qui avoit l'âme martiale, et qui passoit pour un des Cavaliers les plus accomplis de son temps, ne s'opposa pas au dessein d'Ignace. Il eut soin de lui faire bien apprendre ses exercices, et il s'appliqua lui-même à le former. Ignace, sous un si bon maître, se rendit en peu de temps capable de servir son Prince. Il passa par tous les degrés de la milice, fit paroître en toute occasion beaucoup de valeur, et fut toujours très attaché au service, soit qu'il obéît, ou qu'il commandât.

Il n'étoit pas si exact dans les devoirs du Christianisme, que dans la discipline de la guerre. Les mauvaises habitudes qu'il avoit contractées à la Cour, se fortifièrent parmi la licence des armes; et les travaux militaires ne le firent pas renoncer à l'Amour et aux plaisirs. Il n'y eut peut-être jamais de cavalier plus en-

Livre I.

durci à la fatigue, ni tout ensemble plus poli et plus galant. Cependant, quelque mondain que fût Ignace, il avoit des principes de religion et de probité, qui lui faisoient garder des bienséances jusque dans ses déréglemens : on ne lui entendit jamais dire un mot qui blessât la piété ou la pudeur; il respectoit les Lieux Saints et les Personnes sacrées. Quoiqu'il fût très délicat sur le point d'honneur, et que sa fierté naturelle le portât à tirer raison de la moindre injure, il pardonnoit tout, et se réconcilioit de bonne foi dès qu'on pensoit à le satisfaire. Il avoit un talent particulier pour accommoder les soldats qui prenoient querelle, et pour apaiser les émotions populaires : de sorte qu'on l'a vu plus d'une fois désarmer d'une parole deux partis animés l'un contre l'autre, et tout prêts à s'égorger.

Il avoit un souverain mépris pour les richesses; et son désintéressement parut à la prise de Najarre. Cette ville qui est située sur la frontière de Biscaye, ayant été abandonnée au pillage, Ignace qui avoit eu le plus de part à la victoire, et qui en devoit avoir le plus au butin, se contenta, pour toute récompense, d'avoir fait une belle action, et ne jugea pas qu'un honnête homme dût s'enrichir de la dépouille des malheureux. Il ne manquoit pas d'habileté dans les affaires; et tout jeune qu'il étoit, il savoit manier les esprits, et ménager les occasions. Il haïssoit le jeu, mais il aimoit la poésie; et sans avoir aucune teinture des Lettres, il faisoit très bien des vers Espagnols : il en fit même quelques-uns sur des matières de piété; et on dit qu'il composa un petit poëme à la louange de St. Pierre.

Sa conduite n'en étoit pas néanmoins plus chrétienne ni plus régulière. Il n'avoit en tête que la galanterie et la vanité, et il ne suivoit dans toutes ses actions que les fausses maximes du monde. Ignace vécut de la sorte jusqu'à l'âge de vingt-neuf ans, que Dieu lui ouvrit les yeux de la manière suivante :

Charles-Quint qui avoit succédé à Ferdinand, et qui venoit d'être élu Empereur, étant allé en Allemagne pour prendre possession de la Couronne Impériale, les peuples irrités des exactions du Seigneur de Chèvres, se soulevèrent dans la Castille; et la plupart des principaux Seigneurs Castillans, jaloux de l'autorité des Flamands qui gouvernoient tout en Espagne, se mirent à la tête des rebelles.

Dom Federic Henriquez, Vice-Roi et Amirante de Castille, fidèle à son Prince, songea d'abord à la sûreté des Places, et tira de la Navarre tout ce qui s'y trouva de munitions et de bonnes troupes.

François I, roi de France, qui de prétendant à l'Empire, étoit devenu ennemi de l'Empereur, voyant la Navarre dégarnie, voulut profiter de l'occasion pour regagner ce royaume, dont Ferdinand avoit dépouillé Jean d'Albret, et que Charles-Quint retenoit contre le Traité de Noyon, qui l'obligeoit à en faire la restitution dans six mois. Il y envoie donc une grosse armée l'an 1521, sous la conduite d'André de Foy, Seigneur de l'Esparre, et frère du fameux Lautrec.

Au bruit de sa marche, Dom Manrique, qui commandoit dans la Navarre en qualité de Vice-Roi, alla lui-même demander du secours à Dom Federic, qui venoit d'abattre le parti rebelle. Cependant l'armée Française passa les Pyrénées, entra dans la Navarre par la Province de Guypuscoa, et ayant pris plusieurs Places de peu d'importance, mit le siége devant Pampelune, capitale du Royaume. Le Vice-Roi y avoit laissé Dom Ignace de Loyola, non pas pour y commander, mais pour encourager la garnison, et pour tenir le peuple dans le devoir, sous l'autorité d'un vieux Capitaine.

Les soldats et les habitans consternés à la vue de l'ennemi, voulurent lui ouvrir les portes, malgré toutes les remontrances d'Ignace. Il eut beau leur promettre du secours, les menacer de l'indignation du Vice-Roi et de celle de l'Empereur, leur reprocher leur lâcheté et leur perfidie, il ne gagna rien sur des gens que la frayeur avoit saisis, et qui se croyoient perdus. Pour se venger d'eux, et pour sauver son honneur, il les abandonna, en se retirant dans la citadelle avec un brave soldat, qui eut seul le courage de le suivre.

Le Gouverneur de la Citadelle avoit lui-même pris l'allarme. Comme elle étoit mal fournie de vivres et d'hommes, il craignit tout quand il vit les Français maîtres de la ville, et il ne se rassura que sur ce qu'ils lui offrirent une entrevue pour capituler. Les plus anciens Officiers furent d'avis qu'on acceptât l'offre que les ennemis faisoient. Ignace s'y opposa inutilement ; mais ne pouvant empêcher cette entrevue, il voulut en être, pour empêcher, s'il étoit possible, les suites fâcheuses qu'elle pourroit avoir. Les assiégeans tout fiers de leurs forces et de leurs succès, proposèrent de très dures conditions aux assiégés. Ignace les rejeta brusquement; et voyant que l'on étoit sur le point de faire une composition honteuse, il s'emporta en des paroles fort aigres, qui rompirent la conférence. Relevant ensuite le courage des Officiers qui étoient sortis de la citadelle pour la capitulation, il alla s'y enfermer avec eux, résolu de la défendre au prix de son sang, et de mourir pour le moins en homme d'honneur.

Les Français choqués de la fierté et de

l'emportement du jeune Espagnol, ne gardèrent plus de mesures. Ils lâchèrent toute leur artillerie, firent leurs approches du côté que le canon faisoit plus d'effet, et montèrent enfin à l'assaut. Ignace parut sur la brèche à la tête des plus braves, et reçut les ennemis l'épée à la main. On combattit avec furie de part et d'autre, et il se fit en peu de temps un très grand carnage. Dans la chaleur du combat, un éclat de pierre frappa Ignace à la jambe gauche, et un boulet de canon au même moment lui cassa la jambe droite. Les Navarrois, que son exemple avoit animés, perdirent courage, et se rendirent à discrétion dès qu'ils le virent blessé : mais les Français usèrent bien de la victoire. Ils emportèrent Ignace au quartier de leur Général, le traitèrent très civilement, et en prirent tous les soins qu'ils crurent devoir à sa qualité et à sa valeur. Quand sa jambe eut été remise, et que l'état de sa plaie lui permit de changer de lieu, ils le firent porter en litière au château de Loyola, qui n'est pas fort éloigné de Pampelune.

Il est blessé au siège de Pampelune.

A peine fut-il arrivé, qu'il sentit de grandes douleurs. Les chirurgiens qu'on appela ayant regardé sa jambe, jugèrent tous qu'il y avoit des os hors de leur place, soit que le chirurgien qui l'avoit pansé, les eût mal rejoints, ou que le mouvement les eût empêchés de se bien reprendre; et ils ajoutèrent que, pour remettre ces os en leur situation naturelle, il falloit casser la jambe tout de nouveau. Ignace les crut, et s'étant mis entre leurs mains, il ne fit paroître aucune foiblesse durant une si cruelle opération. Mais en ces rencontres le courage ne soutient pas toujours la nature: elle succombe enfin; et la fièvre étant venue avec de violens symptômes, le malade tomba dans une extrême langueur. Les médecins lui déclarèrent qu'il n'y avoit rien à espérer, et qu'il lui restoit peu de jours à vivre. Il reçut ses Sacremens la veille des Apôtres Saint Pierre et Saint Paul; et on le vit ensuite s'affoiblir de telle sorte, qu'on ne crut pas qu'il passât la nuit.

Mais Dieu qui avoit ses desseins sur lui, le conserva contre toutes les apparences humaines; et il voulut même que ce fût Saint Pierre qui le guérît, ou parce qu'Ignace avoit honoré dès sa jeunesse le Prince des Apôtres, ou parce que le Prince des Apôtres s'intéressoit en quelque façon à la guérison d'un homme destiné du Ciel à maintenir contre les hérétiques l'autorité du Saint-Siége. Quoi qu'il en soit, le malade vit en songe le bienheureux Apôtre, qui le guérissoit de sa main; et l'événement montra que ce songe n'avoit rien de faux. On trouva Ignace hors de danger à son réveil; ses douleurs cessèrent, et ses forces revinrent tout-à-coup.

En recouvrant miraculeusement sa santé, il ne perdit pas l'esprit du monde. Sa jambe qui avoit été mal pansée la première fois, ne le fut pas si bien la seconde, qu'il n'y restât une notable difformité. C'étoit un os qui avançoit trop au-dessous du genou, et qui empêchoit le Cavalier de porter la botte bien tirée. Comme il aimoit la bonne grâce et la propreté en tout, il résolut de se faire couper cet os. Les chirurgiens lui dirent que l'opération seroit extrêmement douloureuse : il compta la douleur pour rien, et ne voulut pas qu'on le liât, ni qu'on le tînt. On lui coupa l'os jusqu'au vif, sans qu'il jetât le moindre cri, ni qu'il changeât de visage.

Ce ne fut pas le seul tourment que souffrit Ignace, pour n'avoir rien de difforme en sa personne : une de ses cuisses s'étoit retirée depuis sa blessure, et il craignoit étrangement de paroître tant soit peu boiteux. Il se mit comme à la torture durant plusieurs jours, en se faisant tirer violemment la jambe avec une machine de fer. Mais quelques efforts qu'on fît, on ne put l'étendre à la longueur de l'autre ; et ainsi sa jambe droite demeura toujours un peu courte.

L'état où Ignace se trouvoit, n'accommodoit pas un naturel aussi ardent que le sien. Il ne pouvoit pas encore marcher, et il étoit même obligé de garder le lit. Ne sachant que faire, et s'ennuyant d'autant plus qu'il se portoit bien, à son genou près qui se guérissoit de jour en jour, il demanda un Roman pour s'amuser. L'Amadis et les autres livres de Chevalerie, si profanes et si dangereux, étoient célèbres en ce temps-là, et les plus honnêtes gens en faisoient leurs délices : il les aimoit fort ; et parmi les diverses aventures de ces Chevaliers errans, il étoit surtout charmé de leurs beaux faits d'armes. Quoique le château de Loyola ne manquât guère de ces histoires fabuleuses, il ne s'y en rencontra point alors ; et au lieu d'un Roman, on apporta à Ignace la Vie de Jésus-Christ et celle des Saints.

Sa conversion. Il lut ces livres sans autre dessein que de s'amuser, et les lut d'abord sans aucun plaisir ; mais il y prit goût insensiblement, et s'y attacha de telle sorte, qu'il y passoit les journées entières. Le premier effet de sa lecture fut d'admirer dans les Saints l'amour de la solitude et de la croix. Il considéroit avec étonnement, parmi les Anachorètes de la Palestine et de l'Egypte, des hommes de qualité, couverts de cilices, exténués de jeûnes, ensevelis tout vivans dans des cabanes et dans des grottes. Il disoit après en lui-même : Ces hommes si ennemis de leur chair et si morts aux vanités de la terre, n'étoient pas d'une autre nature que moi ; pourquoi ne ferois-je pas tout ce qu'ils ont fait ? il lui prenoit envie en même temps de les imiter ; et il lui sembloit que rien ne passoit ses forces. Il se proposoit de visiter les Saints Lieux, et de s'enfermer dans un hermitage. Mais ces bons mouvemens duroient peu, et il sentoit bientôt sa foiblesse.

Outre que la gloire étoit sa passion, il aimoit alors une Dame de la Cour de Castille, et des premières Maisons du Royaume : si bien qu'il oublioit en un moment les projets qu'il venoit de faire. Il n'avoit plus l'esprit occupé que de la guerre et de l'amour ; et au lieu de songer à la retraite, il méditoit je ne sais quels exploits militaires, pour se rendre digne des bonnes grâces de sa dame, comme il avoua un jour au Père Louis Gonzalez, en lui faisant le récit de sa conversion. Ces folles idées l'enchantoient à un tel point, qu'il ne comprenoit pas qu'on pût vivre sans une grande ambition, ni être heureux sans un grand attachement.

Quand il était las de rêver, il se remettoit à lire pour passer le temps ; et admirant de nouveau les vertus des Saints, il y trouvoit quelque chose de plus merveilleux, que dans les actions de tous ces Héros dont il avoit l'imagination remplie. A force de lire et de faire des réflexions sur ce qu'il lisoit, il connut que rien n'étoit plus frivole que cette gloire mondaine dont il étoit si épris; que Dieu seul pouvoit contenter le cœur humain, et qu'il falloit renoncer à tout pour se sauver sûrement.

Ces vues rallumoient peu-à-peu en lui le désir de la solitude; et ce qui lui avoit paru impossible, en consultant ses inclinations naturelles, lui sembloit facile, en se mettant devant les yeux l'exemple des Saints. Mais lorsqu'il pensoit former une bonne résolution, le monde se représentoit à lui avec tous ses charmes, et le rengageoit plus que jamais.

Il passa ainsi plusieurs jours fort rêveur et fort inquiet, ne sachant à quoi se déterminer, toujours attiré de Dieu, et toujours retenu par le monde. Mais les pensées dont il étoit combattu, avoient des effets bien différens. Celles qui venoient de Dieu le remplissoient de consolation, et lui donnoient au-dedans de lui-même une paix profonde. Les autres à la vérité lui causoient d'abord un plaisir sensible; mais elles lui laissoient un certain trouble dans l'esprit, et je ne sais quelle amertume dans le cœur, qui le rendoit fort chagrin. Il s'en aperçut un jour, et tout charnel qu'il étoit encore, il commença à raisonner sur les choses spirituelles : car Dieu qui vouloit établir en lui un grand fond de sainteté, et montrer dans sa personne jusqu'où la prudence chrétienne peut aller, quand elle est accompagnée d'un grand sens naturel, ne voulut pas que sa conversion se fît légèrement et par boutade.

Il observa qu'il y avoit deux esprits tout-à-fait contraires, l'un de Dieu, et l'autre du monde. Il remarqua les diverses propriétés de ces deux esprits, et jugeant, par sa propre expérience, combien une joie solide qui pénètre l'ame, surpasse un plaisir léger qui flatte les sens, il n'eut pas de peine à comprendre l'avantage que les choses du Ciel ont sur celles de la terre, pour mettre le cœur de l'homme en repos. Ces premières connoissances qu'eut Ignace des mouvemens intérieurs, furent la source des règles qu'il donne dans le livre de ses Exercices, pour discerner les esprits qui sont en nous les principes du bien et du mal.

Eclairé de ces lumières, et fortifié d'une vertu toute divine contre les suggestions de l'enfer, il se détermina enfin à changer de vie, et à rompre avec le monde. Dès que sa résolution fut prise, il ne songea qu'aux traitemens rigoureux qu'il pourroit se faire à lui-même, soit que frappé de la crainte des peines éternelles, il voulut commencer par apaiser la Justice de Dieu, ou que, n'ayant pas encore d'expérience, il s'imaginât que toute la perfection du Christianisme se réduisoit aux macérations du corps.

Il résolut donc d'aller pieds nus à la Terre-Sainte, de se revêtir d'un sac, de jeûner au pain et à l'eau, de ne coucher que sur la dure, et de chercher pour sa demeure quelque solitude affreuse. Mais comme sa jambe n'étoit pas encore tout-à-fait guérie, il ne put pas exécuter si-tôt ce que l'amour de la pénitence lui inspiroit.

Pour contenter en quelque façon sa ferveur, il se levoit toutes les nuits; et pénétré du regret de ses péchés, il les pleuroit à son aise dans l'obscurité et dans le silence. S'étant levé une nuit, selon sa coutume, et s'étant prosterné devant une image de la Vierge avec des sentimens extraordinaires, il s'offrit à Jésus-Christ par la Vierge même : se consacra au service du Fils et de la Mère, et leur jura une fidélité inviolable. En achevant sa prière, il entendit un grand bruit : la maison trembla, toutes les vitres de sa chambre se cassèrent, et il se fit une assez large ouverture dans la muraille.

Il est probable que Dieu voulut marquer par-là, qu'il agréoit le sacrifice de son nouveau serviteur : car le Ciel se déclare quelquefois par ces signes surprenans en faveur des Saints; témoin ce que nous lisons dans les Actes des Apôtres, du lieu où les fidèles faisoient leurs prières, et de la prison où saint Paul et Silas chantaient des Hymnes ensemble. Peut-être aussi que ce tremblement de terre fut excité par les démons, qui désespérés de voir échapper leur proie, et prévoyant ce qu'Ignace deviendroit un jour, eussent bien voulu le faire périr sous les ruines du château de Loyola.

En attendant que sa jambe se guérît, il relut la Vie de Jésus-Christ et celle des Saints; non pas pour s'amuser, comme il avoit fait auparavant, mais pour se former sur ces grands modèles, et pour s'affermir dans ses bonnes résolutions. Il ne se contentoit pas de lire : il méditoit profondément, et écrivoit ce qui le frappoit davantage. On dit même que sachant bien dessiner, il prit plaisir à écrire avec des crayons de diverses couleurs, les actions des Saints les plus signalées, et leurs paroles les plus remarquables, pour les distinguer les unes des autres, et se les imprimer plus avant dans la mémoire.

Tandis qu'il s'occupoit de la sorte, les vérités éternelles firent tant d'impression sur lui, qu'il fut étonné lui-même de se voir transformé en un autre homme. Ainsi la conversion d'Ignace s'acheva par où elle avoit commencé; et la lecture fit en lui ce que n'avoient pu faire dans une maladie mortelle, ni les frayeurs de la mort, ni une apparition céleste, et une guérison miraculeuse : tant il importe aux personnes mondaines, et aux pécheurs les plus endurcis, de lire quelquefois des livres de piété.

Les faveurs qu'il reçut du Ciel, ne servirent pas peu à lui faire oublier les vanités de la terre. La Vierge lui apparut une nuit, tenant le petit Jésus entre ses bras, et toute environnée de lumière.

A cette vue, Ignace eut l'âme remplie de je ne sais quelle onction céleste, qui lui rendit insipides les plaisirs des sens. Il lui sembla que pendant l'apparition qui dura assez de temps, on lui purifioit le cœur, et qu'on effaçoit de son esprit toutes les images des voluptés sensuelles. L'effet de l'apparition ne passa pas avec elle. Depuis ces momens heureux, il ne ressentit plus les ravages de la chair, et n'eut pas même de ces pensées qui tourmentent quelquefois les personnes les plus chastes. Mais il ne put perdre sans douleur la présence de Jésus et de Marie. Pour s'en consoler, il regardoit souvent le Ciel; et toutes les fois qu'il le regardoit, ce que le monde a de plus charmant lui faisoit horreur.

Sa jambe étant assez bien guérie, il se prépara tout de bon à suivre la voix qui l'appeloit; et il s'y prépara secrètement, persuadé dès-lors que les affaires de Dieu se devoient conduire sans bruit, et qu'il ne falloit pas faire d'éclat en quittant le monde. Mais à le voir si différent de lui-même, abîmé dans de profondes pensées, parlant peu, et ne parlant que de la vanité des choses humaines, lisant et écrivant à toute heure, on s'imagina aisément qu'il était dégoûté du monde, et qu'il projetoit quelque chose d'extraordinaire. Dom Martin Garcie, son frère aîné, qui, depuis la mort de Dom Bertram, possédoit le château de Loyola, et qui ne vivoit pas trop selon les maximes de l'Evangile, fit ce qu'il put pour découvrir et pour rompre son dessein. L'ayant pris un jour en particulier, il le loua des belles qualités que la nature lui avoit données ; surtout de cette inclination guerrière, qui dès son bas âge lui avoit fait embrasser la profession des armes ; et de cette sagesse qui avoit paru de si bonne heure dans sa conduite. Après quoi il le conjura de n'en pas croire son chagrin, et de ne rien entreprendre légèrement. *Vous avez acquis bien de la gloire au siége de Pampelune*, lui dit-il, *et vous passez aujourd'hui pour un des plus illustres Guerriers de l'Espagne. Ne détruisez pas votre réputation, ne déshonorez pas votre famille par une folie indigne de vous. Du moins ne me cachez pas les pensées qui vous roulent dans la tête, et prenez confiance en un frère qui vous aime tendrement.*

Quand Dieu parle fortement au cœur,

les paroles des hommes touchent peu, quelque flatteuses qu'elles soient. Ignace qui ne voyoit déjà rien de plus grand que le mépris des grandeurs mortelles, et qui conçut le danger où l'exposeroit une confidence, répondit à son frère en deux mots, qu'il étoit bien éloigné de faire une folie, et qu'il tâcheroit de vivre toujours en homme d'honneur. Quoiqu'une réponse si courte et si vague ne contentât pas Dom Garcie, elle lui fit espérer qu'Ignace feroit des réflexions qui l'empêcheroient de rien précipiter, et que le temps raccommoderoit tout.

Il va à Mont-Serrat.
Cependant Ignace qui avoit pris des mesures pour sortir de Loyola, monta à cheval, sans autre dessein en apparence que d'aller voir le duc de Najarre, qui avoit souvent envoyé pour savoir des nouvelles de sa santé, et qui demeuroit à Navarret, petite ville voisine. Il renvoya de-là, sous quelque prétexte, deux valets qui l'avoient accompagné; et après sa visite, il prit seul le chemin de Mont-Serrat.

Mont-Serrat est un monastère de Saint Benoît, à une journée de Barcelone, bâti sur une montagne toute couverte de rochers, et fameux par la dévotion des pélerins, qui, de tous les endroits du monde, viennent implorer du secours, et honorer l'image miraculeuse de la Vierge. Il fit vœu de chasteté perpétuelle en sortant de Navarret, non seulement pour se rendre agréable aux yeux de la Vierge, devant laquelle il alloit paroître, mais aussi pour mettre comme le sceau à la grâce qu'il avoit reçue dans l'apparition dont nous venons de parler : car quoiqu'il ne fût plus sensible aux attraits de la volupté, il ne se fioit pas à lui-même, et craignoit toujours que ces feux éteints ne se rallumassent.

Le zèle qu'il conçut alors pour l'honneur de la Mère de Dieu, pensa le porter trop loin, faute de lumières et d'expérience dans les choses spirituelles, où il n'étoit encore que novice. Ferdinand qui vainquit les Maures, et qui tâcha d'en purger l'Espagne, pour y abolir le mahométisme, dont ils faisoient profession, ne put si bien les chasser hors de ses États, qu'il n'y en demeurât plusieurs après la conquête de Grenade. Depuis la mort de ce Prince, les restes de ces Infidèles se répandirent parmi les Royaumes de Valence et d'Arragon.

Un de ces Maures mahométans joignit Ignace en chemin. Comme les voyageurs se demandent et se disent d'ordinaire le lieu où ils vont, ils parlèrent d'abord de Mont-Serrat, et le discours tourna ensuite sur la pureté de Notre-Dame. Le Maure demeuroit d'accord que Marie avoit conservé la fleur de sa virginité jusqu'à la naissance de Jésus-Christ; mais il soutenoit qu'elle avoit cessé d'être Vierge en devenant mère. Ignace ne put entendre ce blasphème sans horreur : il s'anima beaucoup pour désabuser le Maure ; et sa dévotion lui fit trouver des raisons qui passoient bien la capacité d'un soldat. Il ne gagna rien pourtant sur un esprit prévenu et envenimé contre la Religion Chrétienne. L'infidèle se moqua de ses raisons, et osa même se railler de sa croyance : mais s'apercevant que les railleries qu'il faisoit irritoient son adversaire, et jugeant qu'Ignace étoit homme à ne pas s'en tenir aux paroles, il le quitta brusquement, en piquant son cheval et prenant la fuite. Ignace, transporté tout à-la-fois et de colère et de zèle, douta si sa Foi ne l'obligeoit point à venger l'honneur de la Vierge, par la mort du mahométan ; et il ne faut pas s'étonner que ce doute vînt à un homme nourri dans les armes, accoutumé aux combats particuliers, et peu instruit des règles de la conscience.

Ne pouvant résoudre son doute, et craignant de manquer à son devoir, il prit le parti de courir après le Maure, et de faire ce que Dieu lui inspireroit. Ayant rencontré deux chemins, dont l'un menoit droit à Mont-Serrat, et l'autre à un bourg où alloit le Maure, il s'arrêta tout court, et s'avisa, je ne sais comment, de se laisser conduire par son cheval, résolu de tuer l'impie qu'il poursuivoit, si son cheval prenoit le chemin du bourg. Il lui lâcha donc la bride, et l'abandonna à lui-même. Quoique le chemin du bourg fût large et aisé, le cheval prit l'autre, qui étoit étroit et difficile, et sur cela, Ignace crut que le Ciel ne lui demandoit pas la vengeance des blasphêmes qu'il avoit entendus.

Etant arrivé à une bourgade qui est au pied de la montagne, il acheta, pour son voyage de Jérusalem, un habit long de grosse toile, une ceinture et des sandales de corde, avec un bâton et une calebasse. Il mit à l'arçon de la selle cet équipage de pélerin, et gagna en diligence Mont-Serrat. Comme il prétendoit réformer sa vie entièrement, il crut devoir commencer par une confession générale, quoique l'usage n'en fût pas si commun alors qu'il est aujourd'hui. Pour se bien acquitter d'une action si importante, il chercha un confesseur éclairé, qui pût l'instruire de tous les devoirs d'un pénitent et le mettre dans le chemin du salut.

Il y avoit en ce monastère un Religieux d'une éminente sainteté, appelé Dom Jean Chanones, Français de nation, homme de bon sens, et qui avoit été Grand-Vicaire de Mirepoix avant sa retraite. Ignace tomba entre les mains de ce Religieux, qui étoit le principal confesseur des pélerins. Il écrivit ses péchés avec toute l'exactitude possible : mais il les confessa avec une si vive douleur, et une telle abondance de larmes, qu'il fut obligé d'interrompre souvent sa confession; de sorte qu'elle dura trois jours. Il découvrit toutes ses pensées à son confesseur, et sur-tout il lui fit le plan de la vie austère qu'il vouloit mener. Ce saint homme, qui vivoit lui-même très austèrement, confirma Ignace dans son dessein, en lui prescrivant néanmoins des règles pour sa conduite, et lui découvrant les piéges que le malin esprit pourroit lui tendre dans ses premières ferveurs.

Les sentimens de pénitence qu'eut alors Ignace, ne se bornèrent pas à des larmes et à des soupirs. Sur le soir il alla trouver un pauvre ; et se dépouillant jusqu'à la chemise, il lui donna en cachette ses habits : après quoi s'étant revêtu du sac, et ceint de la corde qu'il avoit achetés en chemin, il retourna à l'Eglise du monastère. Il se souvint, en y entrant, de ce qu'il avoit lu dans l'Amadis et dans d'autres histoires romanesques, que les nouveaux chevaliers, avant que de recevoir l'Ordre de chevalerie, veilloient une nuit tout armés ; ce qui s'appeloit la veille des armes. Pour convertir en un saint usage une cérémonie profane, il veilla toute la nuit devant l'autel de la Vierge, tantôt debout, tantôt à genoux, toujours en prière se dévouant à Jésus et à Marie, en qualité de leur chevalier, selon les idées de guerre qu'il avoit encore dans l'esprit, et sous lesquelles il concevoit les choses de Dieu.

Il pendit son épée à un pilier proche de l'Autel, pour marque qu'il renonçoit à la milice séculière. Il communia de grand matin, et aussitôt il partit de Mont-Serrat, dans la crainte d'être reconnu par des gens de Biscaye ou de Navarre. C'étoit ce jour-là la fête de l'Annonciation, qui se célèbre en ce saint lieu avec beaucoup de solennité, et qui y attire des pélerins de toute l'Espagne. Il laissa son cheval au monastère, et n'emporta avec lui que les instrumens de pénitence qu'il avoit demandés à son confesseur.

Il marchoit le bâton à la main, la calebasse au côté, la tête nue, et un pied nu; car pour l'autre qui se sentoit encore de sa blessure, et qui s'enfloit toutes les nuits, il jugea à propos de le chausser: mais il marchoit avec une vigueur qui ne pouvoit venir que d'en haut, fort consolé de ne porter plus les livrées du monde, et tout glorieux d'être revêtu de celles de Jésus-Christ. A peine eut-il fait une lieue, qu'il entendit derrière lui un cavalier qui couroit à bride abattue. C'étoit un officier de la justice de Mont-Serrat. Est-il vrai, lui dit le cavalier, en le joignant, que vous ayez donné de riches habits à un gueux?

Il va à Manrèse.

Quelques sermens que cet homme fasse là-dessus, on ne le croit pas; on l'a soupçonné de larcin, et on l'a mis en prison. À ces paroles, Ignace fut pénétré de douleur, et ne put retenir ses larmes. Il confessa la vérité, pour délivrer l'innocent : mais il ne voulut jamais dire, ni sa qualité, ni son nom. Il se dit seulement à lui-même, qu'il étoit bien malheureux de ne pouvoir assister son prochain, sans lui faire de la peine; et dans ces pensées, il poursuivit son chemin vers Manrèse, où il avoit résolu de se cacher, en attendant que la peste cessât à Barcelone, et que le port fût ouvert pour le voyage de la Terre-Sainte.

Manrèse est une petite ville, à trois lieues de Mont-Serrat, fameuse aujourd'hui par la pénitence du Saint dont j'écris l'histoire, et par la piété des peuples qui y viennent de tous côtés en pélerinage; mais obscure alors, et qui n'avoit rien de considérable, qu'un monastère de Saint Dominique, et un hôpital pour les pélerins et pour les malades.

Ignace alla droit à cet hôpital, qui étoit hors des murailles de la ville, et qu'on appeloit l'hôpital de Sainte Luce. Il eut une extrême joie de se voir au nombre des pauvres, et en état de faire pénitence sans être connu.

<small>Sa vie pénitente.</small> Il commença par jeûner toute la semaine au pain et à l'eau, excepté le Di-

manche, qu'il mangeoit un peu d'herbes cuites; encore y mêloit-il de la cendre. Il ceignit ses reins d'une chaîne de fer, et prit un cilice sous l'habillement de toile dont il étoit revêtu. Il châtioit rudement son corps trois fois le jour, dormoit peu, et couchoit à terre.

En se maltraitant ainsi, il n'eut point d'autre vue au commencement, que d'imiter les saints pénitens, et d'expier les désordres de sa vie passée. Il conçut ensuite un désir ardent de chercher la gloire de Dieu dans ses actions; et ce désir rendit le motif de sa pénitence plus pur et plus noble. A la vérité il avoit toujours ses péchés devant les yeux, et il en avoit toujours de l'horreur : mais ses intérêts propres ne le touchoient plus si vivement; et dans les rigueurs qu'il exerçoit sur lui-même, au lieu de songer avec une très grande application à satisfaire pour les peines que ses péchés méritoient, il pensoit principalement à venger l'injure, et à réparer l'honneur de la Majesté divine.

Il entendoit tous les jours tout le Service divin. Il faisoit de plus sept heures de prières à genoux régulièrement; et quoiqu'il n'eut pas encore beaucoup d'ouverture pour l'oraison mentale, il étoit si recueilli en priant Dieu, qu'il demeuroit des heures entières immobile. Il visitoit souvent l'Eglise de Notre-Dame de

Villa-Dordis, qui n'est qu'à une demi-lieue de Manrèse, et dans ces petits pélerinages, il ajoutoit d'ordinaire au cilice et à la chaîne de fer qu'il portoit, une ceinture de certaines herbes très piquantes.

En faisant réflexion sur sa conduite, il crut que les macérations de la chair l'avanceroient peu dans les voies du Ciel, s'il ne tâchoit d'étouffer en lui les mouvemens de l'orgueil et de l'amour-propre. Pour cela il mendioit son pain de porte en porte, comme s'il eût été un vrai gueux; et de peur qu'on ne devinât sa qualité, ou à sa physionomie, ou à ses manières, il affectoit des airs grossiers, et tout le procédé d'un homme de la lie du peuple. Même, afin de mieux sauver les apparences, il négligeoit entièrement sa personne, ou plutôt il s'étudioit à être mal-propre, lui qui aimoit tant la propreté, et qui avoit eu soin toute sa vie d'être si bien ajusté. Son visage tout couvert de crasse, ses cheveux sales et en désordre, sa barbe et ses ongles qu'il laissoit croître jusqu'à faire peur, le déguisoient tellement, qu'il ressembloit à une espèce de sauvage, ou à un de ces misérables vagabonds, dont la figure a quelque chose d'affreux et de ridicule tout ensemble.

Ainsi, dès qu'il paroissoit dans Manrèse, les enfans le montroient au doigt, lui jetoient des pierres, et le suivoient par les rues avec de grandes huées. La plupart des gens à qui il demandoit l'aumône, se moquoient de lui; et un certain homme fort brutal, qui fut plus choqué de sa modestie que de sa malpropreté, ne se contentant pas de lui dire des injures toutes les fois qu'il le rencontroit, alloit le chercher à l'hôpital pour lui faire insulte. Ignace souffroit les outrages et les moqueries sans dire un seul mot, contrefaisant le stupide, et se réjouissant en son cœur d'avoir déjà part aux opprobres de la Croix.

Le démon ne put supporter des sentimens si chrétiens dans un homme naturellement fier, qui ne faisoit que de commencer à servir Dieu; et un jour il lui jeta ces pensées dans l'esprit : *Que fais-tu à l'hôpital ? Le Ciel, qui t'a donné avec un sang noble, des inclinations généreuses, veut que tu sois un saint Cavalier, et non pas un gueux. Si tu étois à la Cour ou à l'armée, ton seul exemple réformeroit tous les courtisans et tous les soldats.*

Il sentit en même temps un dégoût étrange des ordures de l'hôpital, et eut honte de se voir en la compagnie des gueux. Mais il reconnut aussitôt la suggestion du malin esprit, qui, sous prétexte d'un bien spécieux et plausible, le retiroit de la voie où Dieu l'avoit mis. Pour confondre le démon, et pour se vaincre lui-même, il se familiarisa plus que jamais avec les pauvres, il s'attacha au service des malades les plus dégoûtans.

Cependant le bruit courut dans Manrèse, que le pélerin mendiant que l'on ne connoissoit pas, et dont tout le monde se moquoit, étoit un homme de qualité qui faisoit pénitence, et ce fut l'aventure du pauvre de Mont-Serrat qui donna lieu à ce bruit. Elle éclata dans le pays; et sur les circonstances du fait, sur les indices de la personne, on jugea que ce pélerin inconnu pourroit bien être le Cavalier qui s'étoit dépouillé jusqu'à la chemise.

La modestie, la patience, et la dévotion d'Ignace rendirent la conjecture très probable; et si bien que les habitans de Manrèse commencèrent à le regarder avec d'autres yeux. On le venoit voir par curiosité; et on l'admiroit d'autant plus, qu'on l'avoit traité plus indignement. Il s'en aperçut; et pour fuir ce nouveau piége, qu'il s'imagina que le démon lui tendoit, il chercha une retraite où il fût plus caché que dans l'hôpital.

Il se retire dans une caverne. Il trouva à six cens pas de la ville, et au pied d'une petite montagne, le lieu qu'il cherchoit. C'étoit une caverne obscure et profonde, creusée dans le roc, et ouverte du côté d'une vallée solitaire, qu'on appelle la *vallée du Paradis*. Peu de gens connoissoient cette caverne; et personne n'avoit jamais osé y entrer, tant elle paroissoit affreuse. Ignace perça les broussailles qui en fermoient les avenues, et qui en bouchoient l'ouverture, assez étroite d'elle-même. S'y étant coulé avec peine au travers des ronces, il établit sa demeure dans le creux de l'antre, où il venoit un peu de jour d'en haut, par une fente de rocher.

L'horreur d'un lieu si sauvage lui inspira un nouvel esprit de pénitence; et la liberté de la solitude fit que sa ferveur l'emporta bien loin. Il maltraitoit tous les jours son corps quatre ou cinq fois avec une chaîne de fer. Il demeuroit trois ou quatre jours sans prendre nulle nourriture; et quand les forces lui manquoient, il avoit recours à quelques racines, qu'il trouvoit dans la vallée, ou à un peu de pain qu'il avoit apporté de l'hôpital. Il ne se contentoit pas des sept heures de prières qu'il s'étoit prescrites; il ne faisoit que prier, ou plutôt il étoit occupé jour et nuit à pleurer les égaremens de sa jeunesse, et à louer les miséricordes du Seigneur. Il sortoit quelquefois de sa caverne; et rien ne se présentoit à ses yeux, qui ne l'entretînt dans les sentimens où il étoit. A la vue d'un torrent rapide qui passoit au pied de la colline, il considéroit avec plaisir que toutes les choses du monde sont passagères et périssables, indignes des soins et de l'estime d'une âme immortelle.

Quoiqu'Ignace fût d'une très-forte constitution, ses excès ruinèrent bientôt sa santé. Il avoit de grandes douleurs d'estomac, accompagnées de foiblesses continuelles; et des gens qui découvrirent sa retraite, à force de le chercher, le trouvèrent un jour évanoui à l'entrée de la caverne. Dès qu'il fut revenu de sa défaillance, et qu'il eut repris un peu de forces par la nourriture qu'on lui fit prendre, il voulut regagner le fond de sa grotte; mais on le mena malgré lui à l'hôpital de Manrèse.

<small>Il est tenté, et résiste à la tentation.</small>

Le malin esprit profita de cette occasion, pour tenter Ignace par une pensée de découragement. *Comment pourras-tu soutenir une vie si austère pendant cinquante ans que tu as encore à vivre*, lui disoit intérieurement le tentateur? Ignace vit bien d'où venoit cette pensée, et répondit en lui-même au démon : *Toi qui parles de la sorte, peux-tu seulement m'assurer une heure de vie? N'est-ce pas Dieu qui est le maître de nos jours? Et quand je devrois vivre encore cinquante ans, que sont ces années au prix de l'éternité?*

Cependant la fièvre lui prit; et comme la nature étoit épuisée, le mal devint si violent en peu de jours, qu'on désespéra de sa vie. Étant presque à l'extrémité, il entendit une autre voix intérieure, qui ne cessoit de lui dire, qu'il devoit mourir content, parce qu'il mouroit saint; qu'au reste, dans le haut point de sainteté où il étoit parvenu en si peu de temps, il n'avoit à craindre, ni les tentations du diable, ni les jugemens de Dieu. Il lui sembla ensuite qu'on exposoit à ses yeux son sac, sa chaîne, son cilice, et les autres instrumens de sa pénitence. Il lui sembla même voir, d'un côté, sa caverne arrosée de ses larmes, et toute teinte de son sang; de l'autre, le Ciel ouvert, où les Anges l'invitoient avec des palmes et des couronnes dans les mains. Quoique ces pensées lui fissent horreur, il eut bien de la peine à s'en défaire, tant elles étoient fortement imprimées dans son esprit. Pour y résister, il rappela en sa mémoire les péchés de sa vie les plus énormes et les plus honteux. Il envisagea l'enfer, qu'il avoit mérité tant de fois, et se demanda à lui-même, s'il y avoit de la proportion entre un mois de pénitence et une éternité de supplices. Ces vues l'humilièrent devant Dieu, et lui firent connoître clairement, qu'il avoit bien plus à craindre qu'à espérer. Il surmonta enfin la tentation; mais il en demeura si effrayé, que, venant à se porter mieux, il pria des personnes dévotes qui le servoient dans sa maladie, de lui dire sans cesse : *Souvenez-vous de vos péchés, et ne pensez pas que le Paradis soit dû à un pécheur comme vous.*

Ce ne fut pas là pourtant le plus rude

Il est assiégé de peines intérieures.

assaut que soutint Ignace dans sa retraite de Manrèse. Depuis qu'il s'étoit donné à Dieu, il avoit joui d'une parfaite tranquillité : il avoit même goûté les douceurs que le Saint-Esprit répand d'ordinaire dans l'âme des pécheurs nouvellement convertis, et pour les dégoûter des plaisirs du monde, et pour leur adoucir les travaux de la pénitence. Il perdit ce calme intérieur, et toutes ces joies spirituelles, en sorte que, durant ses prières, et dans ses mortifications, il n'avoit que du trouble et des sécheresses. La sérénité revenoit quelquefois tout-à-coup, et avec une telle abondance de consolations, qu'il en étoit transporté hors de lui-même. Mais ces doux momens passoient vîte ; et lorsqu'il croyoit revoir la clarté céleste, il se trouvoit replongé en de plus épaisses ténèbres. Comme il n'avoit nulle expérience de ces états différens, et qu'il ne savoit pas que les âmes qui commencent une vie chrétienne sont traitées ainsi quelquefois, de peur qu'elles n'attribuent leurs ferveurs à leurs propres forces, et qu'elles ne s'attachent plus aux faveurs de Dieu qu'à Dieu même ; il s'écrioit dans ces changemens si subits : *Quelle nouvelle guerre est ceci ? En quelle carrière inconnue entrons-nous ?*

Dieu le mit encore à d'autres épreuves. Quoiqu'Ignace eût fait une confession très exacte, et qu'il ne fût pas de ces esprits foibles, que de vaines apparences troublent; il lui vint des scrupules qui le tourmentèrent étrangement. Tantôt il doutoit s'il avoit bien expliqué toutes les circonstances de certains péchés ; tantôt il craignoit d'en avoir célé quelques-uns, ou du moins d'avoir déguisé la vérité en quelque chose, afin de s'épargner de la honte. Pour s'éclaircir de ses doutes, et se rassurer de ses craintes, il avoit recours à la prière : mais plus il prioit, plus ses doutes et ses craintes s'augmentoient.

De plus, à chaque pas qu'il faisoit, il croyoit broncher et offenser Dieu, s'imaginant qu'il y eût du péché où il n'y en avoit pas même l'ombre, et disputant sans cesse avec lui-même sur l'état de sa conscience, sans pouvoir jamais décider ce qui étoit péché, ou ce qui ne l'étoit pas. Dans ces raisonnemens et ces combats éternels, il en étoit quelquefois réduit à gémir, à crier et à se jeter par terre, comme un homme que la douleur presse. Mais le plus souvent il gardoit un morne silence, comme si la tristesse qui l'accabloit l'eût rendu stupide.

Parmi toutes ces infirmités spirituelles, il ne tiroit de la force que du Saint Sacrement de l'Autel, qu'il recevoit tous les Dimanches; encore arriva-t-il plus d'une fois, qu'étant prêt à communier, ses peines redoublèrent à un tel point, que craignant de commettre un sacrilége, il se retira de la sainte Table tout confus et tout désolé. Après bien des réflexions inutiles, où son esprit se perdoit, il s'imagina que l'obéissance pouvoit seule le guérir, et que ses peines cesseroient, si son confesseur lui commandoit d'oublier entièrement le passé. Mais il eut scrupule de proposer à son confesseur un expédient qu'il avoit inventé lui-même. A la vérité, on lui défendoit d'écouter ses scrupules; mais il ne savoit pas précisément en quoi consistoit un scrupule; et d'avoir à en juger, c'étoit pour lui une matière de nouvelles inquiétudes.

Il ne laissoit pas de continuer ses pratiques de piété et de pénitence, dans la pensée que plus il étoit troublé, plus il devoit être exact et fidèle. Ne recevant nul secours, ni de la Terre, ni du Ciel, il crut que Dieu l'avoit délaissé, et que sa damnation étoit certaine. On ne peut dire le tourment qu'il souffrit alors; et il n'y a que les personnes affligées de ces sortes de croix, qui le puissent bien concevoir.

Les Religieux de Saint Dominique du monastère de Manrèse, qui gouvernoient sa conscience, eurent pitié de lui, et le retirèrent chez eux par charité. Au lieu d'y avoir du soulagement, il y fut plus tourmenté qu'à l'hôpital. Il tomba dans une noire mélancolie, et étant un jour en sa cellule, il eut la pensée de se jeter par la fenêtre pour finir ses maux. Il ne suivit pas néanmoins ce mouvement de désespoir. Quoique le Ciel lui parût de fer, il y éleva les yeux avec une foi ardente, et, fondant en larmes : *Secourez-moi, Seigneur*, s'écria-t-il, *mon appui et ma force, secourez-moi. C'est en vous seul que j'espère, et ce n'est qu'en vous que je cherche du repos : ne me cachez pas votre face; et puisque vous êtes mon Dieu, montrez-moi la voie par laquelle vous voulez que j'aille à vous.*

Cependant il se souvint d'avoir lu qu'un ancien hermite ne pouvant obtenir de Dieu une grâce, jeûna constamment, et ne mangea rien jusqu'à ce que Dieu l'eût exaucé. A l'exemple de l'hermite, il résolut de ne prendre nulle nourriture, qu'il n'eût recouvré la paix de son âme. Il résolut, dis-je, de jeûner ainsi, à moins que d'être en péril de mort. Il jeûna effectivement sept jours entiers sans boire ni manger, et sans se relâcher de ses exercices accoutumés. Comme ses peines duroient toujours, et que, par une espèce de miracle, ses forces ne s'abattoient pas tout-à-fait, il auroit poussé ce jeûne plus loin, si son confesseur ne lui eût ordonné absolument de le rompre. Le Ciel agréa, et la ferveur qui lui fit entreprendre une chose si extraordinaire, et l'obéissance qui lui fit quitter ce qu'il avoit entrepris. Sa première tranquillité lui fut rendue, et ses croix intérieures se changèrent en des délices extraordinaires, qu'il n'avoit point encore goûtées. Mais une nouvelle tempête s'éleva dans son cœur trois jours après. Ses scrupules, ses tristesses et ses désespoirs le reprirent avec tant de violence, qu'il auroit succombé infailliblement, si la main qui le frappoit, ne l'eût soutenu : et ce ne fut pas sans dessein qu'on l'éprouva de toutes ces manières différentes. Puisqu'il étoit destiné du Ciel à la direction des âmes, il falloit que sa propre expérience lui apprît les diverses conduites que Dieu tient sur elles.

<small>Il est consolé et éclairé d'en haut.</small> Enfin ces troubles se calmèrent, et Ignace ne fut pas seulement délivré de tous ses scrupules; il obtint le don de guérir les consciences scrupuleuses. Mais parce que Dieu console ordinairement les âmes, à proportion de leurs peines et de leur fidélité, en retirant son serviteur de l'état où il l'avoit mis, il le combla de plusieurs grâces signalées.

Lorsqu'Ignace récitoit un jour l'Office de la Vierge sur les degrés de l'Eglise des Religieux de Saint Dominique, il fut élevé en esprit, et vit comme une figure qui lui représentoit clairement la Très-Sainte Trinité. Cette vue le toucha si fort, et lui donna tant de consolation intérieure, qu'étant allé ensuite à une procession solennelle, il ne put retenir ses larmes devant le peuple. Il ne pensoit qu'à la Trinité; il ne parloit que de la Trinité; mais il en parloit avec des termes si sublimes et si propres, que les plus savans l'admiroient, et que les plus simples ne laissoient pas de l'entendre. Il écrivit les pensées qu'il eut sur ce mystère incompréhensible; et son Ecrit, qui s'est perdu par je ne sais quel malheur, étoit de quatre-vingts feuillets; si néanmoins on peut lui attribuer un Ecrit qui tenoit du langage des prophètes, et où l'esprit de Dieu avoit plus de part que l'esprit de l'homme : car Ignace ne savoit que lire et écrire; et un Cavalier ignorant ne pouvoit pas sans être inspiré, traiter d'une matière si élevée. A force de contempler la Trinité, il conçut pour elle une dévotion très-tendre; et il s'accoutuma dès-lors à prier plusieurs fois le jour les trois adorables Personnes, tantôt toutes trois ensemble, tantôt chacune en particulier, selon les différentes dispositions où il se trouvoit.

Peu de temps après, une autre lumière lui découvrit l'ordre que Dieu a tenu dans la création du monde, et les fins que la Sagesse éternelle s'est proposées, en se communiquant au-dehors. Il vit une fois durant la Messe, au moment que le prêtre levoit l'Hostie, que le Corps et le Sang du Fils de Dieu étoient véritablement sous les espèces, et de quelle manière ils y étoient. Un jour qu'il alla visiter l'Eglise de saint Paul, à un quart de lieu de la ville, s'étant assis au bord du Cardenero, qui coule dans la plaine de Manrèse, il eut une profonde connoissance de tous les mystères ensemble : et un autre jour qu'il prioit à une croix sur le chemin de Barcelone, tout ce qu'on lui avoit fait connoître auparavant, lui fut remis devant les yeux dans une si grande clarté, que les vérités de la Foi lui sembloient n'avoir rien d'obscur. Aussi en demeura-t-il si éclairé et si convaincu, qu'il disoit que, quand elles ne seroient pas écrites dans l'Evangile, il seroit prêt à les défendre jusqu'à la dernière goutte de son sang; et que, si les saintes Ecritures étoient perdues, il n'y auroit rien de perdu pour lui.

Mais de toutes les faveurs qu'il reçut alors, la plus remarquable fut un ravissement qui dura huit jours, et qu'on ne croiroit presque pas, si plusieurs personnes dignes de foi n'en avoient été témoins. Cette grande extase commença un samedi sur le soir, dans l'hôpital de Sainte Luce, où Ignace avoit repris son logement, et elle finit le samedi suivant à la même heure. Il n'eut aucun usage de ses sens tout ce temps-là. On le crut mort; et on l'auroit enterré, si des gens qui visitèrent son corps, ne se fussent aperçus que le cœur lui battoit un peu.

Il revint à lui, comme s'il fût sorti d'un doux sommeil, et ouvrant les yeux, il dit, d'une voix tendre et dévote : *Ah ! Jésus*. Personne n'a su les secrets qui lui furent révélés dans ce long ravissement : car il n'en voulut jamais rien dire ; et tout ce qu'on put tirer de lui, c'est que les grâces, dont Dieu le favorisoit, ne se pouvoient exprimer.

Ces illustrations divines ne l'empêchoient pas de consulter les religieux de Saint Dominique et de saint Benoît sur son intérieur, ni de suivre ponctuellement leurs avis. Il alloit voir de temps en temps son confesseur de Mont-Serrat, lui rendoit compte de ce qui se passoit en son âme, et lui demandoit des instructions pour son avancement spirituel. Quoique ce saint vieillard fît envers Ignace l'office de maître, il ne laissoit pas de l'honorer infiniment, et il disoit quelquefois aux Religieux du monastère, que son disciple de Manrèse seroit un jour le soutien et l'ornement de l'Eglise ; que le monde trouveroit en lui un réformateur, un successeur de saint Paul, un Apôtre qui porteroit la lumière de la Foi aux nations idolâtres.

Mais Ignace ne s'ouvroit qu'à ses directeurs, et autant qu'il étoit nécessaire pour sa conduite : hors de-là, il gardoit un profond silence, et se renfermoit tout en lui-même. Cependant quelque soin qu'il prît de cacher les dons du Ciel, et de se dérober aux yeux des hommes, il ne put y parvenir; soit que Dieu voulût récompenser l'humilité de son serviteur, soit que la vertu ait des marques qui la découvrent malgré elle. Ses austérités, ses extases éclatèrent dans tout le pays; et ce qui les fit valoir davantage, c'est qu'on ne douta plus qu'il ne fût un homme de qualité, que la pénitence avoit travesti. Une fille qui passoit pour sainte, parloit de lui comme d'un Saint, et n'en parloit qu'avec admiration : c'est celle qui, en ce temps-là fut si renommée par toute l'Espagne, que le Roi Catholique consulta souvent sur des affaires de conscience, et qu'on appeloit la Béate de Manrèse.

On eut enfin une si grande opinion d'Ignace, qu'étant retombé malade, et ayant été transporté au logis d'un riche bourgeois, qui étoit homme de bien, et qui ne put souffrir que le serviteur de Dieu fût à l'hôpital; on appela communément ce bourgeois Simon, et sa femme Marthe, comme si, en recevant Ignace chez eux, ils y avoient reçu Jésus-Christ.

Il est appelé de Dieu au service du prochain.

Sa réputation le faisoit rechercher de tout le monde : chacun s'empressoit de l'entretenir, et plusieurs le suivoient quand il alloit prier Dieu devant les Croix qui sont plantées autour de Manrèse, ou qu'il alloit faire des pélerinages à Notre-Dame de Villa-Dordis, et à d'autres lieux de dévotion.

Il ne s'étoit proposé jusqu'alors, dans toutes ses pratiques de piété, que sa perfection particulière. Mais la Providence qui le destinoit au ministère évangélique, et qui l'y avoit déjà préparé, sans qu'il le sût, par le mépris du monde, par la retraite et par la mortification, lui donna d'autres vues et d'autres desseins. Il considéra que les âmes ayant coûté si cher au Sauveur, on ne pouvoit rien faire qui lui fût plus agréable, que d'en empêcher la perte. Il comprit que c'étoit dans le salut des âmes, rachetées par le sang d'un Dieu, que la gloire de la Majesté divine éclatoit davantage : et ce furent ces connoissances qui allumèrent son zèle. Ce n'est pas assez, disoit-il, que je serve le Seigneur ; il faut que tous les cœurs l'aiment, et que toutes les langues le bénissent.

Dès qu'il eut tourné ses pensées vers le prochain, quelque chère que lui fût sa solitude, il en sortit ; et de peur d'éloigner de lui ceux qu'il vouloit attirer à Dieu, il corrigea ce que son extérieur avoit d'affreux et de rebutant. D'ailleurs, ayant reconnu que l'emploi où il étoit appelé, demandoit de la santé et des forces, il modéra ses austérités et prit un habillement de gros drap ; parce que l'hiver étoit fort rude et que ses douleurs d'estomac ne diminuoient point.

Il parloit publiquement des choses du Ciel ; et pour se faire mieux entendre du peuple qui l'environnoit, il montoit sur une pierre qu'on montre encore aujourd'hui devant l'ancien hôpital de Sainte Luce. Son visage exténué, son air modeste, ses paroles animées de l'esprit qui le possédoit, inspiroient l'horreur du vice et l'amour de la vertu. Mais ses entretiens particuliers faisoient des effets prodigieux : il convertissoit les pécheurs les plus opiniâtres, en leur exposant les grandes maximes du salut, et les leur faisant méditer dans la retraite. Quelques-uns furent si touchés, qu'ils renoncèrent au siècle, et changèrent en même temps de mœurs et d'état.

Les réflexions que fit Ignace sur la force de ces maximes évangéliques, et les expériences qu'il en eut par les autres et par lui-même, le portèrent à composer le livre des Exercices spirituels, pour le profit des âmes mondaines. Ce livre a tant de part dans la vie que j'écris, et est si peu connu dans le monde, qu'il ne sera pas inutile d'en parler ici à fond.

Il compose le livre des Exercices spirituels.

Les Exercices spirituels de Saint Ignace, ne sont pas un simple recueil de méditations, ou de considérations chrétiennes : si ce n'étoit que cela précisément, ce ne seroit rien de particulier et de nouveau.

Saint Ignace n'est pas le premier qui ait appris à s'entretenir avec Dieu et avec soi-même dans l'oraison. Avant lui, on connoissoit la dernière fin pour laquelle nous sommes créés ; on méditoit sur l'énormité du péché, et sur les peines de l'enfer, aussi bien que sur la vie et la mort de Notre-Seigneur : mais certainement il n'y avoit point de méthode sûre pour la réformation des mœurs. C'est à lui que nous devons cette méthode ; et c'est lui, qui, éclairé de Dieu d'une manière toute nouvelle, a réduit comme en art, la conversion d'un pécheur : c'est-à-dire que, connoissant d'un côté les inclinations perverses du cœur humain, et de l'autre, la vertu qu'ont certaines vérités du Christianisme pour les rectifier, il a établi une voie, par laquelle l'homme, avec le secours de la grâce, sort de son péché, et monte jusqu'au plus haut point de la perfection. En effet, si on y regarde de près, il y autant de différence entre les méditations communes, et les Exercices dont je parle, qu'il y en a entre la seule connoissance des simples, et l'art entier qui a ses principes et ses aphorismes pour la guérison des malades, suivant la constitution des corps, la nature des maladies, et la qualité des remèdes. Mais afin qu'on voie que ce que je dis est réel, voici le plan et tout l'ordre des Exercices de Saint Ignace.

Le plan et l'ordre des Exercices.

Ils commencent par une méditation très-importante, sur quoi roule tout le reste, et qui se nomme pour ce sujet, le principe ou le fondement des Exercices. Le but de cette méditation fondamentale, est que nous considérions mûrement pourquoi nous sommes sur la terre; si c'est pour goûter les plaisirs des sens, pour acquérir des richesses, de la gloire, des connoissances curieuses et qu'ayant compris que ce n'est pas là notre fin; que l'homme a été créé pour servir le Seigneur son Dieu, et pour se sauver en le servant; que toutes les autres créatures ont été faites pour conduire l'homme à sa fin; nous tirions cette conséquence : donc il ne faut rechercher les choses du monde, ni en user, qu'autant qu'elles nous aident à honorer et à aimer Dieu.

De plus, parce que les choses qui servent de moyens pour une fin, tirent tout leur prix, non pas de ce qu'elles sont en elles-mêmes; mais de ce qu'elles sont relativement à la fin à laquelle elles se rapportent : il s'ensuit nécessairement que nous devons juger des richesses et de la pauvreté, de la gloire et de l'humiliation, de la santé et de la maladie, non par le bien ou par le mal que nous en recevons dans la vie présente, mais par les avantages qu'elles nous donnent, ou par le tort qu'elles nous font pour l'éternité.

Il faut encore conclure de là, que nous

devons nous tenir dans une parfaite indifférence à l'égard de toutes ces choses, en sorte que nous ne cherchions pas plutôt la santé que la maladie, que nous ne préférions pas les richesses à la pauvreté, l'honneur au mépris, une vie longue à une vie courte.

Il faut conclure en dernier lieu, que, si nous avons à nous déterminer d'un côté plutôt que d'un autre, la raison veut que nous choisissions ce qui nous mène droit à notre fin.

Il n'est pas croyable combien cette grande vérité, bien approfondie et bien comprise, éclaire et remue l'âme d'un pécheur, quelque aveuglé et quelque endurci qu'il soit. C'est en la méditant à loisir, hors de l'embarras des affaires, qu'il regarde le monde avec d'autres yeux; qu'il reconnoît peu-à-peu l'erreur des mondains, qui établissent leur dernière fin dans les créatures, et qu'il commence à se réveiller de l'assoupissement où il étoit.

Après avoir pénétré un principe si essentiel, et s'en être convaincu parfaitement, on doit voir ce qui nous écarte de notre fin : et c'est pour cela que Saint Ignace propose ensuite dans la première méditation des péchés, l'égarement des Anges rebelles, précipités du Ciel au fond de l'abîme, pour une pensée d'orgueil ; l'égarement du premier homme, banni du Paradis terrestre, et condamné à tant de maux, pour une désobéissance, enfin l'égarement de plusieurs personnes perdues sans ressource, et éternellement malheureuses, pour des péchés moindres que les nôtres.

Mais parce que c'est de nos désordres dont il s'agit, et qu'il faut les bien connoître pour y remédier, le Saint prétend que du général nous descendions dans le particulier; que nous examinions à fond notre conscience; et que, nous remettant devant les yeux l'état de toute notre vie, nous considérions avec attention tout ce qui nous a éloignés de Dieu. Mais aussi parce que la connoissance de nos égaremens feroit peu d'effet, s'ils ne nous paroissoient aussi honteux et aussi criminels qu'ils sont, Saint Ignace veut que, dans la seconde méditation des péchés, nous regardions le péché en lui-même si difforme et si infâme de sa nature, que nous devrions en avoir horreur, quand il ne seroit pas défendu; qu'outre cela, nous en considérions l'énormité, tant du côté des bassesses de l'homme, que du côté des grandeurs de Dieu, et par l'opposition des unes aux autres.

Quelque fortes que soient ces pensées, elles ne suffisent pas pour inspirer à une âme mondaine toute la componction qu'elle doit avoir, il en faut de plus terribles, et qui la touchent plus vivement. Comme elle n'a oublié Dieu, que parce qu'elle s'est trop attachée aux choses du monde, il est nécessaire qu'elle pense sérieusement, combien les objets de ses passions sont périssables, et où aboutissent les plaisirs, les richesses, les grandeurs de la vie présente ; quel compte on rendra un jour du mauvais usage des créatures, et quelles sont les peines destinées aux pécheurs impénitens : c'est pourquoi on lui propose les affreuses images de la mort, du jugement et de l'enfer. La contemplation de l'enfer, qui doit nous faire sentir en quelque façon les funestes effets du péché, se fait par l'application des sens intérieurs, qui consiste à s'imaginer voir un lieu si horrible, à s'imaginer entendre les hurlemens et les blasphèmes des damnés, etc.

Ces premiers Exercices tendent, comme on voit, à purger le cœur des passions qui le corrompent, et qui le rendent incapable de concevoir un désir efficace du salut. Mais parce que ces affections vicieuses sont ordinairement fort enracinées, et qu'il n'est pas moins difficile de s'en défaire, que des méchantes humeurs qui ont croupi long-temps dans le corps, on use plus d'une fois d'un même remède, en répétant la même méditation. On ajoute, dans la répétition, certaines prières ardentes, que le Saint nomme Colloques, et qui s'adressent au Père Eternel, à

Notre Seigneur, à la Sainte Vierge ; et ces prières, qui terminent les méditations qu'on répète, en redoublent la vertu. C'est ainsi que la première semaine finit : car le Saint divise tous ses Exercices en quatre semaines, ou plutôt en quatre parties, qu'il nomme *Semaines*, et qui sont moins distinguées par le nombre des jours, que par la diversité des matières et des sentimens.

Le déréglement des passions étant corrigé de la sorte, l'âme se sent disposée à suivre les mouvemens de la grâce, pour rentrer dans la voie du ciel ; et c'est pour cela que la seconde semaine commence par la contemplation du Royaume de Jésus-Christ. Cette contemplation nous représente le Sauveur comme un Roi très-parfait et très-aimable, qui invite ses sujets à l'accompagner dans une expédition militaire, où il prétend se rendre maître de toute la terre, et qui les invite sous ces conditions avantageuses, qu'ils seront traités de la même manière que lui ; qu'ils ne feront et ne souffriront rien pour son service, dont il ne leur donne l'exemple auparavant ; et enfin qu'ils auront part à la gloire de ses conquêtes, à proportion qu'ils partageront avec lui les fatigues de la guerre.

Une invitation si engageante fait prendre la résolution de marcher après Jésus-Christ, dans l'observation de la loi divine et dans l'exercice des vertus évangéliques. Mais parce qu'il ne suffit pas de former en général le dessein d'une vie chrétienne, et qu'il faut venir au détail, les méditations suivantes, qui sont de l'Incarnation, de la Nativité, de la Circoncision, de la Présentation au temple, de la Fuite en Egypte, et de la Vie cachée du Fils de Dieu, nous le représentent en ces états particuliers, comme un modèle d'humilité, de pauvreté, de mortification, de piété et de retraite, sur lequel nous devons régler notre conduite.

Ce n'est pas assez d'être le disciple et l'imitateur de Jésus-Christ, si on n'en fait une profession publique, qui édifie le prochain, et qui le porte à nous imiter nous-mêmes, suivant la parole de St. Paul : *Soyez mes imitateurs, comme je le suis moi-même de* Jésus-Christ. Et c'est où vise la méditation de ces deux étendards, que Saint Ignace a faite selon ses idées guerrières, conformes aux pensées du Saint-Esprit, qui appelle notre vie une milice, et tous les chrétiens des soldats. On y voit le Fils de Dieu sortant de sa vie cachée, pour enseigner sa doctrine aux hommes; mais on l'y voit avec le démon, l'un et l'autre sous la figure d'un capitaine qui lève des troupes, déploie ses drapeaux, se met en campagne, et exhorte ses gens à le suivre.

A la vue de tant d'âmes généreuses,

1. Cor. c. 11.

qui dans tous les siècles se sont rangées sous la bannière de Jésus-Christ, un pécheur pénitent se déclare pour la vertu, et bien loin de rougir de l'Évangile, il fait gloire de combattre les maximes et les pratiques du monde.

Étant une fois engagé dans le bon parti, il ne se contente pas d'un simple désir de la perfection du Christianisme; il cherche et embrasse sincèrement tous les moyens qui sont capables de l'y porter, renonçant à tout ce qui pourroit lui servir d'obstacle, et ne voulant que ce qui peut contribuer à le rendre plus parfait. De cette disposition, il passe à une autre, et se soumet tellement aux ordres de Dieu, qu'il aimeroit mieux perdre tous les biens du monde, et la vie même, que de commettre avec une connoissance certaine, et un plein consentement, je ne dis pas un péché qui lui feroit perdre la grâce divine, mais la moindre faute qui le rendroit moins agréable aux yeux de Dieu.

Sa soumission va encore plus loin; et non content de fuir les péchés les plus légers, il veut exprimer en lui une parfaite image de Notre-Seigneur : de sorte qu'au cas que la gloire de Dieu se rencontrât également dans l'honneur et dans le mépris, dans les richesses et dans la pauvreté, il préféreroit le mépris à l'honneur, et la pauvreté aux richesses, sans autre motif que d'être plus semblable au Fils de Dieu. Il prend ces sentimens généreux dans deux méditations, dont l'une est intitulée, des trois classes, ou des trois sortes de personnes; et l'autre, des trois degrés d'humilité. Il s'affermit dans ces sentimens en méditant sur le Baptême, sur les tentations, et sur les autres mystères du Sauveur jusqu'à sa Passion.

Tous ces préparatifs étoient nécessaires pour bien réussir dans la dernière méditation de la seconde semaine, qui est celle du choix d'un état ou d'une forme de vie. Comme c'est une affaire également importante et délicate, d'où dépend en quelque façon le salut, et où il est très-aisé de se tromper; Saint Ignace prend toutes les précautions imaginables, afin qu'on s'y gouverne de telle sorte, que, quand le choix sera fait, on ne s'en puisse repentir.

En effet, il considère d'abord la matière, ensuite le temps, et enfin la manière de l'élection. Pour ce qui regarde les choses que nous devons choisir, il est certain qu'elles doivent être bonnes, ou du moins qu'elles ne doivent point être mauvaises. Il est évident d'ailleurs, que les unes sont fixes et immuables, comme la prêtrise et le mariage; que les autres se peuvent changer comme les offices et les emplois ecclésiastiques ou séculiers.

Si nous sommes déjà engagés dans les premières conditions, il ne faut plus délibérer sur le choix, quand même notre engagement se seroit fait par des motifs fort humains; mais il faut travailler à acquérir la perfection que demande l'état où nous sommes : on ne doit pas même quitter les secondes, si on les a une fois embrassées; on ne doit pas, dis-je, les quitter quand elles sont bonnes, et qu'elles n'ont rien de contraire au Christianisme, à moins qu'on ne les quitte pour se mettre dans un état plus parfait.

Pour ce qui est du temps, il y en a plusieurs qui sont propres pour l'élection. 1.° Quand Dieu touche tellement le cœur, qu'il ne reste pas le moindre doute, que ce ne soit une vocation divine, ainsi qu'il est arrivé à St. Matthieu, à St. Paul, et à quelques autres.

2.° Quand l'impression de la grâce n'est pas si forte, mais qu'elle l'est néanmoins assez pour donner une espèce d'assurance, que c'est le Saint-Esprit qui nous appelle.

3.° Quand l'âme éclairée des lumières de la Foi, et exempte des troubles qui peuvent lui faire faire de faux jugemens, est en état de résoudre ce qui lui semblera le meilleur pour son salut.

Quand à la manière de l'élection, elle consiste en ce qui suit. 1.° On se propose la condition, l'office, l'emploi, la forme de vie dont il s'agit. 2.° On considère tout de nouveau la fin pour laquelle nous avons été créés, et, suivant les règles de la méditation fondamentale, on tâche de se mettre dans l'indifférence à l'égard de toutes les choses du monde, n'en faisant cas qu'autant qu'elles nous servent à acquérir notre fin. 3.° On demande humblement à Dieu, qu'il éclaire notre esprit, et qu'il ne permette pas que nous nous écartions de la voie par laquelle il veut nous conduire ; après quoi on doit chercher toutes les raisons qui sont pour et contre ; et les ayant trouvées, il faut les opposer les unes aux autres, pesant la force de chacune, les regardant toutes dans la vue de l'éternité, et dans le rapport qu'elles ont à la dernière fin de l'homme. Quand il paroît évidemment qu'un parti l'emporte sur l'autre, il faut s'y attacher et promettre à Dieu de l'embrasser au plus-tôt. Que si nous sentons notre esprit un peu chancelant, et que nous voulions l'affermir dans la résolution que nous avons prise, nous devons nous dire à nous-mêmes ce que nous conseillerions au meilleur de nos amis en une pareille rencontre. De plus, nous devons faire ce que nous voudrions avoir fait à l'heure de la mort, et au jour du jugement universel, quand il faudra rendre compte de toutes nos actions. Enfin, nous devons prendre le parti qui nous aura paru le meilleur selon ces principes si solides et si évidens. C'est-là en abrégé toute l'économie de l'élection; et c'est la conclusion d'une affaire si importante, qui met fin à la seconde semaine.

Il est difficile qu'une âme fasse tous les pas que nous venons de marquer, sans qu'il lui en coûte beaucoup; et il est naturel qu'un nouvel état, ou une nouvelle forme de vie lui attire de grandes contradictions; soit parce que le monde s'élève ordinairement contre les véritables Chrétiens; soit parce que Dieu a coutume d'éprouver la fidélité de ses nouveaux serviteurs. L'âme a donc besoin de force et d'amour pour se soutenir; et où en trouvera-t-elle davantage que dans les plaies de Jésus-Christ crucifié, qui a consommé par ses souffrances l'ouvrage de la Rédemption des hommes, et qui nous a aimés jusqu'à mourir pour nous sur une Croix? C'est en contemplant ces souffrances et cette mort du Sauveur, que l'âme, enflammée de son amour, prend la résolution de souffrir tout pour lui plaire, et de persister constamment dans la pratique des vertus chrétiennes, malgré toutes sortes de traverses.

L'âme étant en une telle situation, il ne lui reste plus qu'à élever ses pensées et ses désirs vers le Ciel; et c'est ce qu'elle fait dans la quatrième semaine, où elle se représente les mystères glorieux de la Résurrection, des Apparitions et de l'Ascension du Fils de Dieu, comme les plus propres à animer sa foi, à fortifier son espérance, et à épurer son amour. Enfin, la contemplation de l'amour spirituel, ou des bienfaits et des perfections de Dieu, met le sceau à tout, en unissant l'âme étroitement avec Dieu, et lui faisant goûter les douceurs de l'union divine. Aussi le Saint la finit par une prière pleine d'onction et de ferveur, où, après s'être donné à Jésus-Christ sans réserve, il ne lui demande que sa grâce et que son amour, en lui protestant qu'il ne souhaite rien davantage, et qu'il est assez riche, pourvu qu'il soit aimé et qu'il aime.

Il est facile de voir l'enchaînement des quatre parties, et comme toutes les méditations ont une telle dépendance l'une de l'autre, que les premières donnent de la force aux secondes, et celles-ci aux autres, pour faire toutes ensemble le dernier effet qu'on prétend, qui est d'établir une âme dans la parfaite charité, après l'avoir dégagée de l'amour du monde.

Voilà le caractère et l'esprit des Exercices qu'Ignace composa étant à Manrèse, et qu'il mit avec le temps dans l'état où nous les avons, en y ajoutant diverses règles qui regardent la croyance catholique, la prière, l'aumône, la tempérance, les scrupules et le discernement des esprits, sans parler de celles qu'il marque sous le nom d'*annotations* et d'*additions*, pour faire les Exercices facilement et utilement tout ensemble, et qui sont si essentielles, selon la pensée d'un des plus illustres enfans de notre Saint, qu'on ne tire aucun fruit de la retraite, si on les néglige.

Car enfin, elles portent entr'autres choses, que celui qui veut faire les Exercices, doit les commencer avec un fort grand courage, résolu de s'abandonner entièrement au Saint Esprit, et tout prêt à aller où la voix du Ciel l'appellera; qu'étant ainsi disposé à l'entrée de la retraite, il doit, non-seulement oublier pour un temps toutes les affaires du monde, mais encore ne s'appliquer qu'aux méditations de chaque jour, sans penser en aucune façon à celles du lendemain; qu'il ne suffit pas que ses lectures soient bonnes et saintes, mais qu'elles doivent être conformes au sujet de ses méditations, de peur que l'esprit étant dissipé à divers objets, n'ait moins de force pour pénétrer les vérités dont on prétend le convaincre; que le vivre, la solitude, le silence, les austérités, doivent se rapporter à la matière des oraisons de chaque semaine, autant que la prudence le demande; que s'il sent de la dévotion sur un article, qu'il ne passe point à un autre, jusqu'à ce que sa piété soit pleinement satisfaite; que s'il tombe dans la sécheresse et dans le dégoût, bien loin de retrancher quelque chose du temps destiné à l'oraison, il la fasse un peu plus longue pour combattre son ennui, et pour se vaincre lui-même, en attendant dans le silence, et avec humilité, la visite du Saint-Esprit; que si au contraire, il reçoit abondamment des consolations et des douceurs spirituelles, il se donne bien de garde de faire aucun vœu, sur-tout un vœu perpétuel, et qui oblige à changer d'état : enfin, qu'il s'ouvre à celui qui le dirige dans les Exercices, et qu'il lui rende un compte exact de tout ce qui se passe en son intérieur, afin que le directeur traite le pénitent selon ses dispositions et ses besoins, et qu'il ne donne, ni trop de crainte à une âme pusillanime, ni trop de confiance à une âme présomptueuse; de peur aussi que d'abord il ne porte à la plus haute perfection, un pécheur qui n'est pas encore détaché du vice.

Il s'ensuit de tout ce que nous venons de dire, que les Exercices spirituels de St. Ignace, font précisément ce qu'ils promettent au commencement du livre, qui est de conduire l'homme ; en sorte qu'il puisse se dompter lui-même, et choisir un genre de vie pour son salut, après s'être défait des mauvaises inclinations qui pourroient l'empêcher de faire un bon choix.

Au reste, c'est dans le livre dont je parle, que St. Ignace a inséré l'examen particulier de la conscience, pour ne rien dire de l'examen général avec les cinq points si communs présentement, et si peu usités avant lui. Cet examen particulier qu'il a inventé, et qu'il mettoit entre les moyens les plus sûrs de réformer une âme mondaine, consiste à faire la guerre au vice qui nous domine davantage, en l'attaquant seul, et le combattant sans relâche, par une attention continuelle sur soi-même, pour n'y pas tomber; par un retour douloureux vers Dieu, toutes les fois qu'on y tombe; par une supputation exacte de ses chûtes, jusqu'à les marquer toutes, en tirant de petits traits sur des lignes qui répondent aux jours de la semaine, ainsi qu'on peut voir dans le livre même; afin que, confrontant jour à jour, semaine à semaine, nous voyions aisément le progrès que nous aurons fait. Il ne faut point discontinuer cette pratique, que la mauvaise habitude, qu'on s'est proposé de vaincre, ne soit tout-à-fait détruite; ou quand on en est venu à bout, il faut entreprendre de se corriger d'un autre vice par la même voie.

Je ne m'arrêterai pas ici à réfuter je ne sais quel écrivain, qui s'étant imaginé que le Fondateur des Jésuites avoit tiré ses Exercices du livre de Dom Garcie de Cisneros, Religieux de Saint Benoît, et Abbé de Mont-Serrat, a imprimé là-dessus un libelle sous le nom de Dom Constantin Caëtan, Abbé de Mont-Cassin. Car, outre que la Congrégation du Mont-Cassin désavoua l'auteur et l'écrit dans le Chapitre général qu'elle tint à Ravenne l'an 1644, et que celle des Bénédictins de Portugal en fit autant l'année suivante; les deux livres sont entre les mains de tout le monde, et on peut juger, par la seule lecture, qu'au titre près, ils n'ont rien du tout de semblable.

Pour reprendre notre histoire, les fruits que fit Ignace dans Manrèse par ses discours apostoliques, et par ses Exercices spirituels, lui attirèrent tout de nouveau les louanges et l'admiration du peuple. Il ne put souffrir qu'on l'estimât tant dans un lieu où il n'étoit venu que pour fuir l'estime des hommes; et ainsi il résolut de quitter Manrèse, après y avoir demeuré plus de dix mois : ajoutez à cela que la peste n'étant plus si forte à Barcelone, et le commerce de la mer commençant à se rétablir, il avoit une extrême impatience de passer en la Terre-Sainte. Au commencement de sa conversion, il ne vouloit faire ce pélérinage, que pour rendre honneur aux lieux consacrés par la présence et par le sang de Jesus-Christ; mais il l'entreprenoit alors avec un désir ardent de travailler, selon son pouvoir, au salut des schismatiques et des infidèles.

Il ne se déroba pas de Manrèse, comme

Il quitte Manrèse pour aller à la Terre-Sainte.

il avoit fait de Mont-Serrat. Il déclara son voyage à ses amis, sans leur rien dire néanmoins de ce qu'il prétendoit faire dans la Palestine. On ne peut s'imaginer combien cette nouvelle les toucha. Ils le conjurèrent, les larmes aux yeux, de ne point les abandonner; ils lui représentèrent les fatigues et les périls d'un si long voyage : mais, ni leurs prières, ni leurs raisons ne l'arrêtèrent pas un moment. Plusieurs s'offrirent pour l'accompagner : tous lui présentèrent leur bourse. Il ne voulut prendre ni compagnon, ni argent, pour n'avoir de consolation qu'avec Dieu seul, ni de ressource qu'en la Providence : et il dit à ceux qui le pressoient de se précautionner contre les besoins de la vie, qu'une parfaite confiance tenoit lieu de tout; qu'on n'étoit pas seulement chrétien par la foi et par la charité, mais qu'on l'étoit encore par l'espérance, et qu'on n'avoit occasion de bien exercer cette vertu, que dans le manquement de toutes choses.

LIVRE II.

Ce qui lui arrive à Barcelone.

IGNACE étant arrivé à Barcelone, trouva au port un brigantin et un grand navire, qui se préparoient à partir pour l'Italie.

Il fut sur le point de s'embarquer dans

le brigantin, qui devoit faire voile avant le navire ; mais Dieu, qui vouloit conserver son serviteur, ne le permit pas; et voici comment la chose se passa.

Une dame très vertueuse, qui se nommoit Isabelle Rosel, entendant un jour le sermon, jeta par hasard les yeux sur Ignace, qui étoit assis au pied de l'Autel parmi des enfans. Elle crut lui voir le visage lumineux, et ouïr une voix secrète qui disoit, *appelle-le, appelle-le*. Elle se retint pourtant, dans la crainte que ce ne fût une illusion. Mais étant retournée chez elle, elle en parla à son mari. Tous deux furent d'avis d'examiner ce que ce pouvoit être ; et ils envoyèrent quérir le pélerin, qui étoit encore à l'Eglise. Sous prétexte d'honorer Notre Seigneur en la personne du pauvre, ils l'obligèrent de manger à leur table ; et, pour le sonder, ils le mirent sur un discours de piété. Ignace qui ne savoit pas leur dessein, et qui agissoit simplement, parla des choses du Ciel d'une manière si touchante et si élevée, qu'ils virent bien que c'étoit un homme de Dieu. Ils eussent été ravis de le retenir chez eux pour toujours ; mais il leur déclara que Dieu l'appeloit ailleurs, et qu'il n'attendoit que le départ des vaisseaux pour quitter l'Espagne. La Dame ayant su de lui-même qu'on lui avoit promis place dans le brigantin qui alloit partir, le conjura de n'y point entrer, et lui dit plus d'une fois, je ne sais par quel pressentiment, que sa vie n'y seroit pas en assurance. Le même esprit, qui la faisoit parler, le porta à la croire sur sa parole.

Il ne voulut pas néanmoins s'engager dans le navire qu'à condition que le pilote lui accorderoit le passage pour l'amour de Dieu. Cependant le brigantin sortit du port, et à peine fut-il en mer, qu'il s'éleva une furieuse tempête, qui le fit périr, sans qu'aucun, ni des passagers, ni des mariniers, pût se sauver du naufrage.

Le maître du navire se chargea d'Ignace par charité, en l'obligeant toutefois d'apporter ce qu'il lui falloit pour vivre durant le voyage. Cette condition parut très dure à Ignace. Comme il s'étoit mis entre les bras de la Providence, il crut que ce seroit s'en retirer, que de faire des provisions; et, comme il n'avoit besoin que d'un peu de pain qu'il pourroit mendier dans le navire, il craignoit de blesser la pauvreté évangélique, en y portant quelque chose. Pour sortir de l'embarras où il se trouvoit, il eut recours à son confesseur; et, en ayant reçu ordre d'accepter la condition que proposoit le pilote, il fit hardiment, par obéissance, ce qu'il n'osoit faire de lui-même : mais il ne prit rien de la Dame qui lui avoit sauvé la vie, et qui lui offroit tout ce qui lui étoit nécessaire. Il alla mendier de porte en porte, et il eut alors une petite aventure assez remarquable.

Il y avoit dans la ville une femme de qualité, nommée Zepiglia, dont le fils mal né, et fort libertin, s'étoit jeté depuis peu parmi une troupe de gueux vagabonds, avec lesquels il couroit le monde. Ignace vit cette femme qui sortoit de son logis, et il la pria, au nom de Dieu, de lui faire donner un morceau de pain. En le regardant, elle se souvint de son fils; et jugeant, par l'air de la personne, que celui qui demandoit l'aumône, n'étoit rien moins qu'un vrai pauvre, elle le traita de coureur et de libertin, lui reprocha sa vie fainéante, et lui fit de grandes menaces. Ignace l'écouta paisiblement, lui dit qu'il étoit encore plus méchant qu'elle ne pensoit, et se retira. Elle fut surprise de sa patience et de sa réponse. Mais ayant appris que le pélerin étoit un saint homme, elle eut honte de l'avoir si maltraité, lui en fit faire des excuses, et lui envoya une bonne provision de pain le jour qu'il partit. Il ne voulut point emporter l'argent que des personnes dévotes l'obligèrent de prendre malgré lui, ni le distribuer aux mariniers, qui l'en eussent peut-être considéré davantage. Ne rencontrant point de pauvres à qui il le put donner, il le laissa sur le bord de la mer, pour le premier qui le trouveroit.

La navigation fut périlleuse, mais elle

Il va à Rome et à Venise. ne fut pas longue. Un vent orageux porta le navire en cinq jours au port de Gaiète, l'an 1523. Ignace se retira la nuit dans l'étable d'une hôtellerie. Lorsqu'il commençoit à s'endormir, il entendit de grands cris, comme d'une personne qui demandoit du secours, et qui étoit réduite au désespoir. Il courut à l'endroit d'où venoit le bruit; et ayant trouvé une jeune fille entre les mains des soldats, qui vouloient lui faire violence, il leur parla si fortement, qu'ils la laissèrent aller; car son zèle réveilla en cette rencontre toute sa fierté, et lui fit prendre un certain ton impérieux, dont les officiers de guerre usent d'ordinaire, pour arrêter l'insolence de leurs gens.

Il prit de là le chemin de Rome, seul, à pied, jeûnant tous les jours, et mendiant selon sa coutume. Il y arriva le Dimanche des Rameaux, et en partit pour Venise, huit jours après Pâques, ayant reçu la bénédiction du Pape, qui étoit Adrien VI, et obtenu de Sa Sainteté la permission de faire le pélerinage de Jérusalem. Quelques Espagnols lui donnèrent sept ou huit écus, et lui dirent qu'il seroit fou d'aller sans argent par un pays dont il ne savoit pas la langue, et qui étoit infecté de peste. Il eut scrupule d'avoir accepté ce qu'on lui offrit; et s'en accusant devant Dieu, il se dit à lui-même plusieurs fois, qu'il valoit bien mieux passer pour imprudent dans l'esprit des hommes, que de paroître se défier tant soit peu des soins de la Providence.

Pour réparer donc sa faute, il donna aux premiers pauvres qu'il rencontra, tout ce qu'il avoit d'argent. Il se réduisit par là à une extrême nécessité, ne trouvant presque pas de quoi vivre dans les villages, et ne pouvant entrer dans les villes, à cause de la maladie contagieuse, tant son visage pâle et abattu le rendoit suspect aux gardes des portes. Il étoit même contraint souvent de coucher les nuits à l'air. Mais ces fatigues du corps furent récompensées avec abondance, des consolations de l'esprit. Etant un jour épuisé de forces, et n'ayant pu suivre les voyageurs à qui il s'étoit joint sur le chemin, il demeura seul dans une campagne déserte. La solitude l'invita à faire oraison. Jésus-Christ lui apparut durant sa prière, le fortifia intérieurement, et lui promit de le faire entrer dans Padoue et dans Venise.

L'événement vérifia l'apparition. Quoique ceux qui l'avoient abandonné, et qui avoient pris le devant, eussent été refusés aux portes, avec des billets de santé; il ne trouva nul obstacle, et entra sans peine, comme si les gardes ne l'eussent point aperçu. Il arriva fort tard à Venise; et ne sachant où se retirer, il alla se mettre sous un portique de la place saint Marc, pour y prendre un peu de repos : mais Dieu ne voulut pas que son serviteur y passât la nuit.

Il y avoit parmi les Sénateurs de la République, un homme d'un mérite extraordinaire, nommé Marc Antoine Trévisan. C'étoit la meilleure tête du Sénat, et de plus, un parfait chrétien, détaché du monde au milieu du monde, et si ennemi des délicatesses de la chair, qu'il portoit toujours un rude cilice. Sa tendresse pour les pauvres avoit presque changé sa maison en un hôpital; et elle l'auroit fait pauvre lui-même, si les Marcelli, ses neveux, ne l'eussent obligé de régler ses charités. Il s'acquitta si chrétiennement des emplois qui lui furent confiés, qu'on lui donna le nom de Saint dans l'île de Chypre, où il eut la charge de Lieutenant de la Seigneurie. Sa vertu l'éleva dans la suite à la dignité de Doge : mais il voulut y renoncer aussitôt qu'il l'eut obtenue; et il l'auroit fait infailliblement, si Laurent Massa et Antoine Milledonne, tous deux Secrétaires de la République, ne l'en eussent détourné par des raisons dont il ne put se défendre. Ayant vécu jusqu'à une extrême vieillesse, un jour qu'il assistoit aux divins Mystères, avec une foi vive et ardente, qui éclatoit sur son visage, il tomba en défaillance, et rendit l'âme aux pieds des Autels.

Ce Sénateur, qui logeoit dans la place

Saint-Marc, où Ignace s'étoit retiré, entendit durant son sommeil, une voix qui sembloit lui dire, que, tandis qu'il dormoit à son aise dans son lit, le serviteur de Dieu étoit sous un portique de la place. Il s'éveilla aussitôt, alla lui-même chercher celui que la voix marquoit, le conduisit en son logis avec honneur, et lui rendit tous les devoirs de charité que méritoit un pèlerin envoyé de Dieu.

Ignace qui se croyoit fort indigne de ce traitement, quitta le palais du Sénateur, sous prétexte d'aller loger avec un marchand de Biscaye, qui le reconnut. Le Sénateur et le marchand lui offrirent toutes sortes de secours pour son voyage de la Terre-Sainte. Mais toute la grâce qu'il leur demanda, fut d'être introduit chez le Doge par leur entremise : c'étoit André Gritti, l'un des plus sages politiques, et des plus grands hommes de son siècle. Comme le navire qui portoit les pèlerins de Jérusalem, étoit parti depuis peu de jours, il ne voyoit de ressource qu'à s'embarquer sur la Capitaine, qui étoit prête à aller en l'île de Chypre, où la République envoyoit un nouveau Gouverneur. C'est ce qu'il vouloit obtenir du Doge, et ce qu'il obtint effectivement dans l'audience qu'on lui procura.

Il ne voulut point voir l'Ambassadeur de Charles-Quint, quelque instance que lui en fît le marchand Espagnol. Il n'avoit plus d'intérêt dans les cours profanes, et il ne soupiroit qu'après les Saints Lieux. On eut beau lui dire que, depuis la prise de Rhodes, dont Soliman s'étoit rendu maître l'année précédente, les Turcs couroient les mers de Syrie ; et que la crainte de l'esclavage avoit obligé la plupart des pélerins de s'en retourner chez eux de Venise : tout cela ne l'ébranla pas, et la confiance qu'il avoit en Dieu, lui fit dire à ceux qui tâchoient de l'intimider pour le retenir, que, si les navires lui manquoient, il passeroit la mer sur une planche, avec le secours du Ciel. Il eut une fièvre très ardente avant son départ ; et quoiqu'il eût été purgé le jour qu'on mit à la voile, il ne laissa pas de partir, contre l'avis des médecins, qui croyoient sa mort certaine, s'il s'embarquoit ce jour-là : mais bien loin d'en mourir, il s'en porta mieux, et le mal de la mer le guérit parfaitement.

Il va à la Terre-Sainte. Il y avoit, dans le vaisseau, des gens d'une vie fort débordée, qui commettoient des péchés énormes, presqu'à la vue de tout le monde. Les matelots ne faisoient nul exercice de Religion, et on n'entendoit parmi eux que des paroles sales ou impies. Ces désordres affligèrent et irritèrent tout ensemble Ignace. Il tâcha d'y remédier par des instructions chrétiennes, et par des avertissemens charitables : mais

Livre II.

oyant que toutes les voies de douceur
toient inutiles, il fit de sévères réprimandes, et menaça les coupables des
vengeances de la Justice divine. La liberté du pélerin Espagnol ne plut pas aux
Italiens. Pour se défaire d'un censeur si
incommode, ils résolurent tous ensemble
de gagner une île déserte, et de l'y laisser.
L'avis qu'il en eut par un passager qui
voit plus de probité que les autres, ne
refroidit point son zèle. Mais le dessein
des Italiens ne réussit pas : car lorsqu'ils
approchoient de la côte, où ils vouloient le
débarquer, il se leva un vent impétueux,
qui repoussa le vaisseau, et ce fut ce même
vent qui les porta en peu d'heures à l'île de
Chypre.

Ils rencontrèrent dans le port le navire des pélerins, tout prêt à faire voiles,
et qui sembloit n'attendre qu'Ignace. Il
y entra, et après quarante-huit jours de
navigation, depuis son départ de Venise, il arriva enfin au port de Jaffa,
le dernier jour d'Août, l'an 1523. Il prit
de-là le chemin de Jérusalem, et s'y rendit
le quatrième de Septembre, avec les autres
pélerins.

En voyant la ville de loin, il pleura {Les senti-
de joie, et fut saisi d'une certaine hor- mens
reur religieuse, qui n'a rien que de doux qu'il a eu
et de consolant. Il visita les Lieux Saints, la Terre-
et les visita plus d'une fois, toujours avec Sainte.}
une profonde révérence, et une sensible

piété. Car il se représentoit vivement ce qui s'étoit passé en chaque lieu pour la rédemption des hommes, jusqu'à s'imaginer voir Jésus-Christ naître dans la grotte de Bethléem, enseigner dans le Temple de Jérusalem, prier dans le Jardin des Olives, et mourir sur le Calvaire.

C'est sur cette sacrée montagne, que son cœur fut touché d'une dévotion plus tendre. Il baisa mille fois la terre qui avoit été teinte du sang d'un Dieu crucifié, et l'arrosa de ses larmes, en faisant mille actes d'amour. On a su de lui-même les sentimens qu'il eut alors, et il les marqua dans un mémoire où il écrivit les particularités de son voyage.

Mais parce que, selon sa manière de méditer les Mystères de notre Religion, on doit se former une vive image du lieu où le Mystère s'est accompli, en y appliquant quelquefois les sens intérieurs, comme si on voyoit et on entendoit ce qui s'est fait, et ce qui s'est dit; il se remplit l'imagination autant qu'il put, de l'assiette et du plan des lieux.

Son dessein étoit de s'arrêter dans la Palestine, pour travailler à la conversion des peuples de l'Orient, et il lui sembloit que c'étoit ce que Dieu vouloit de lui. A la vérité on lui avoit fait connoître dans ses contemplations de Manrèse, que la Providence le destinoit au service du prochain, et on lui avoit même montré une grossière ébauche de son Institut dans la méditation des deux étendards; mais il ne savoit pas précisément, ni en quel pays, ni de quelle façon cela se devoit exécuter. De sorte que, prenant pour guide la lumière du bon sens, où celle du Saint-Esprit ne paroissoit pas avec évidence, il s'imagina que sa vocation regardoit la Palestine, parce que dès qu'il fut converti, il eut un mouvement intérieur, qui le porta au voyage de Jérusalem, et qu'il continua d'éprouver.

Pour faire les choses dans l'ordre, il alla trouver le Père Gardien des Religieux de Saint François, qui demeurent à Jérusalem, et qui ont soin du Saint Sépulcre. Après lui avoir rendu des lettres de recommandation, qu'il avoit apportées d'Italie, il lui déclara la pensée où il étoit de s'arrêter en la Terre-Sainte. Il ne s'ouvrit pas pourtant sur le ministère où il vouloit s'employer; il ajouta seulement qu'il ne prétendoit pas leur être à charge; et qu'il ne leur demandoit, pour toute charité, que de vouloir bien diriger sa conscience. Le Gardien lui donna de bonnes paroles, en le renvoyant toutefois au Père Provincial, qui étoit à Bethléem, et qu'il attendoit tous les jours.

On l'oblige de quitter la Palestine.

Le Provincial étant arrivé, conseilla d'abord à Ignace de s'en retourner en Europe, non-seulement parce que les aumônes étoient rares, et qu'ils avoient eux-mêmes de la peine à vivre; mais encore parce qu'il n'y avoit pas de sûreté pour les pélerins, dans un pays où le Grand-Seigneur étoit le maître, et que depuis peu on en avoit fait esclaves quelques-uns, et tué d'autres, qui étoient allés aux environs de la ville.

Ignace, qui ne pensoit déjà qu'à prêcher la Foi parmi les Barbares, ne goûta pas ce conseil : il répondit qu'il ne craignoit, ni la servitude ni la mort, et que la crainte seule de déplaire à Dieu, le feroit sortir de la Terre-Sainte. *Vous en sortirez donc dès demain*, reprit le provincial, avec un air et un ton d'autorité; *car enfin vous ne pouvez me résister sans offenser Dieu : j'ai pouvoir du Saint-Siége*, ajouta-t-il, *de renvoyer qui il me plaît des pélerins, et d'excommunier même ceux qui ne veulent pas m'obéir*. Comme Ignace ne s'obstinoit à demeurer, que parce qu'il avoit peur de blesser sa conscience, s'il s'en alloit, il se rendit dès qu'on lui parla du Saint-Siége, et prenant la parole du Provincial, pour un oracle du Ciel, il se disposa à partir, sans voir la bulle du pape que le Père voulut lui montrer.

Il lui prit au même moment une forte envie de revoir les vestiges que Notre Seigneur laissa sur la pierre en montant au Ciel. Il se déroba pour ce sujet, courut seul au mont des Olives; et faute d'ar-

Livre II. 75

gent, ayant donné le canif de son écritoire au Turc qui gardoit la Mosquée où ces vestiges se voient, il y entra, et contenta sa dévotion tout à son aise. Néanmoins, s'en allant à Betfagé, qui est tout proche, il se souvint de n'avoir pas pris garde quel côté du monde regardoient les sacrés vestiges des pieds du Sauveur. Il retourna donc sur ses pas, tant la piété est quelquefois curieuse ; et, pour obtenir la permission de rentrer, il fit présent au garde d'une petite paire de ciseaux qu'il avoit sur lui ; enfin il observa tout ce qu'il voulut, et se satisfit entièrement.

Cependant les religieux de Saint-François ayant su que le pélerin Espagnol étoit allé vers le mont des Olives, et craignant qu'il ne fût maltraité des Turcs, envoyèrent après lui un serviteur du couvent, Arménien de nation, et connu des gardes. L'Arménien rencontra Ignace, qui descendoit de la montagne : il s'emporta contre lui, le menaça le bâton à la main, et le prenant par le bras, le traîna violemment au monastère. Mais Ignace n'en sentit rien, et ne s'en aperçut presque pas. Il étoit tout rempli, et comme énivré de la joie intérieure que lui causoit la présence de Notre Seigneur, qui lui apparut en l'air, éclatant de gloire, et qui, marchant devant lui, sembloit lui servir de guide.

Il partit le jour suivant de Jérusalem,

Il s'embarque pour retourner à Venise. et s'embarqua dans un navire, qui retournoit à l'île de Chypre. En arrivant, il trouva trois vaisseaux au port, sur le point de faire voile du côté de l'Italie; l'un, étoit un galion Turc; l'autre, un grand navire de Venise; et le troisième, une petite barque très-foible, et mal équipée. Ceux qui étoient venus avec Ignace, prièrent le capitaine Vénitien de le recevoir sur son bord, par charité, et lui dirent que c'étoit un Saint. Le capitaine, homme avare et impie, ne voulut pas se charger d'un pauvre, et dit en raillant, que si ce pélerin étoit aussi Saint que l'on disoit, il n'avoit que faire de navire; qu'il pouvoit se mettre sur la mer, et que les eaux ne manqueroient pas de le porter. Le patron de la petite barque fut plus honnête et plus charitable : il le reçut pour l'amour de Dieu. Les trois vaisseaux partirent ensemble, et eurent d'abord le vent favorable. Mais le temps changea tout-à-coup, et il s'éleva une terrible tempête. Le galion Turc périt avec tous ses gens : le navire Vénitien, qui voulut prendre terre, et regagner l'île, alla échouer contre des rochers : la barque qui portoit Ignace, fut fort maltraitée; mais toute en désordre qu'elle étoit, elle se sauva à la faveur d'un bon vent, qui ne se leva, ce semble que pour la pousser vers les côtes du royaume de Naples, où ayant gagné un port, elle se rafraîchit;

de là elle se remit en mer, et arriva heureusement à Venise sur la fin de Janvier, l'an 1524, après une navigation de plus de deux mois : par où l'on peut voir que les Saints sont sous la protection du Ciel, et que la Providence les conduit, lorsqu'elle semble quelquefois les abandonner.

Ignace eut le loisir de faire des réflexions durant ce voyage. Il pensa que, pour travailler à la conversion des âmes, il falloit avoir des connoissances qui lui manquoient, et qu'il ne pourroit jamais rien faire de solide, sans le fondement des Lettres humaines. Il se confirma de jour en jour dans cette pensée, et c'est ce qui le fit résoudre de retourner à Barcelone, où il avoit fait connoissance avec celui qui tenoit école publique, et où il espéroit trouver de quoi subsister pendant ses études. Ainsi sans s'arrêter à Venise, il se met en chemin au cœur de l'hiver, et très mal vêtu pour la saison. Le marchand Espagnol qui le connoissoit, voulut l'habiller, mais il ne put jamais lui faire accepter qu'une pièce de gros drap, pour mettre sur son estomac, que l'air de la mer avoit extrêmement affoibli. Le marchand l'obligea encore de prendre quinze ou seize réales; mais il ne les prit que pour s'en défaire, et il en eut bientôt occasion. Etant arrivé à Ferrare, il alla prier Dieu dans la grande Eglise. Un pauvre vint en même temps lui tendre la main, il lui donna une réale. Un autre pauvre vint ensuite, à qui il en donna autant. Ces premières aumônes attirèrent tous les gueux, et il n'en refusa pas un, tandis qu'il eut quelque chose à donner. Quand il eut achevé ses prières, ils le suivirent hors de l'Eglise, et, voyant qu'il demandoit lui-même l'aumône, ils se mirent à crier : *le Saint, le Saint.*

Il est pris par les Espagnols et les Français. Il ne lui en fallut pas davantage pour s'enfuir. Il continua son chemin par la Lombardie, et prit la route de Gênes. La guerre étoit allumée entre les Français et les Espagnols; et les deux armées, qui occupoient tout le pays, rendoient les chemins très-dangereux. On lui conseilla de se détourner; mais il crut n'avoir rien à craindre, étant sous la protection de Dieu : il crut même que s'il ne suivoit le droit chemin, il s'écarteroit des voies par lesquelles la Providence vouloit le conduire. Il se retiroit la nuit dans quelque masure, où à peine pouvoit-il se mettre à couvert dans une saison de pluies et de neiges. Il marchoit le jour par le mauvais temps, au milieu des armées ennemies. En approchant d'un village, où les Espagnols s'étoient retranchés, il fut pris par des soldats qui battoient l'estrade. Son habit et sa figure le firent prendre pour un espion. Ils l'interrogèrent ; mais n'en pouvant tirer aucune parole, ils le dépouillèrent, et le menèrent nu en chemise à leur capitaine.

Le pensée de Jésus-Christ exposé tout nu aux yeux des Juifs, fortifia Ignace dans une rencontre si humiliante : mais la crainte des tourmens l'affoiblit un peu. Il lui vint en l'esprit, que, s'il se faisoit connoître, il sortiroit aisément d'affaire ; qu'au moins en parlant de bon sens, et usant de manières honnêtes, il feroit entendre raison aux officiers, et s'épargneroit les supplices qui lui faisoient peur. Comme il reconnut bientôt que ces pensées étoient des suggestions du malin esprit, et des illusions de l'amour propre, il affecta plus que jamais un air stupide et grossier. Il demeura immobile en présence du capitaine, ayant toujours les yeux baissés, et ne répondant rien aux questions que les officiers lui faisoient. Il rompit seulement le silence, quand on lui demanda s'il étoit un espion ; car il répondit que non, sans hésiter. Le capitaine ne trouvant en lui que de la bêtise, se fâcha contre ses soldats, de ce qu'ils ne savoient pas distinguer un fou d'un espion, et leur commanda de lui rendre ses habits : tellement que cet air simple et niais, que l'amour de l'humiliation et de la souffrance lui fit prendre, fut ce qui le sauva.

Les soldats ne le laissèrent pas toutefois aller sans le charger d'injures et de coups, tant ils eurent de dépit de l'avoir mené à faux au commandant. Mais la joie qu'avoit Ignace d'être traité dans le camp des Espagnols, de même à-peu-près que le fut Jésus-Christ à la Cour d'Hérode, l'empêcha presque de sentir tout ce mauvais traitement. Il y eut pourtant un soldat, moins barbare que les autres, qui, par compassion, le logea la nuit, et lui donna à manger.

En poursuivant son chemin, il tomba dans le quartier des Français. L'officier à qui on le mena, étoit Basque, voisin de la province de Guypuscoa, et très-galant homme. Il jugea favorablement du pèlerin, par sa physionomie; et ayant su quel étoit son pays, il le traita avec beaucoup de bonté. Ces divers événemens firent connoître tout de nouveau à Ignace les soins de la Providence, et l'affermirent dans la résolution qu'il avoit prise, de recevoir également de la main de Dieu, les consolations et les croix.

Il rencontra à Gênes, Rodrigue Portundo, Général des galères d'Espagne, qui le reconnut. Ils s'étoient vus à la Cour des Rois Catholiques, et étoient tous deux du même pays. Ce qui réjouit davantage Ignace, c'est qu'il trouva un navire qui alloit en Espagne, où il s'embarqua sans peine sous l'autorité de Portundo. Les pirates, qui couroient la mer de Gênes, donnèrent la chasse au vaisseau, et les galères d'André Doria, qui avoit pris le parti de la France, le poursuivirent longtemps; mais il échappa de tous ces périls, et se rendit enfin dans le port de Barcelone.

Ignace alla voir d'abord Jérôme Ardebale, qui enseignoit publiquement la Grammaire, et il lui communiqua son nouveau dessein : il s'en ouvrit aussi à Isabelle Rosel, qui fut ravie de le revoir, et qui lui promit toutes sortes de secours. Il avoit alors trente-trois ans, et n'avoit nulle inclination naturelle pour l'étude : car il s'étoit adonné aux exercices militaires dès ses premières années, ainsi que nous l'avons vu ; et l'amour des armes, qui occupoit tout son esprit, avant sa conversion, l'avoit dégoûté du Latin, dans un siècle où les gens de qualité se faisoient honneur de leur ignorance. Mais le moyen de commencer si tard à apprendre une langue, qui ne s'apprend que dans le bas âge, et qui demande un esprit d'enfant ! D'ailleurs un homme tout appliqué aux pratiques de la vie intérieure, devoit avoir beaucoup de peine à les interrompre, pour des bagatelles de grammaire. Cependant Ignace étudie les premiers principes de la langue latine, et va tous les jours en classe avec de petits enfans. Le désir de se rendre utile au prochain, et la vue de la plus grande gloire de Dieu, qu'il se proposoit déjà pour sa règle, lui facilitoient des commencemens

Il commence à étudier.

si épineux, en lui faisant vaincre ses dégoûts et ses répugnances : mais l'ennemi du salut des hommes, qui prévît où aboutiroit la science d'Ignace, usa d'artifice pour renverser ses études.

Cet esprit de ténèbres, qui se transforme quelquefois en Ange de lumière, portoit sans cesse le nouvel écolier à des pratiques de piété, le remplissoit de consolations, et lui inspiroit de si tendres sentimens pour Dieu, que tout le temps de l'étude se passoit en aspirations dévotes. Au lieu de conjuguer le verbe *amo*, il faisoit des actes d'amour : *Je vous aime, mon Dieu*, disoit-il, *vous m'aimez; aimer, être aimé et rien davantage.* Quand il étoit dans la classe, son esprit s'envoloit au Ciel; et tandis que son maître expliquoit les règles de la grammaire, il entendoit un maître intérieur, qui lui éclaircissoit les difficultés de l'Ecriture, et les Mystères de la Foi.

Ainsi, il n'apprenoit rien, ou le peu qu'il apprenoit, étoit bientôt effacé par d'autres idées plus vives et plus fortes, dont il ne pouvoit se défaire. S'il se fût arrêté aux apparences, ou qu'il eût suivi les mouvemens de l'amour propre, il auroit cru que Dieu ne l'appeloit qu'au repos de la vie mystique, et que l'étude étoit un obstacle à sa perfection. Mais considérant la chose selon la lumière qu'il avoit pour le discernement des esprits, et réglant tout par la plus grande gloire de Dieu, il n'eut pas de peine à comprendre que le malin esprit le trompoit.

Il découvrit la tentation à Ardebale, et l'ayant mené un jour dans l'Eglise de Sainte Marie de la Mer, il se mit à genoux devant lui, lui demanda pardon de sa paresse, fit vœu au pied des Autels de continuer ses études, et de s'y attacher davantage. Il supplia aussi son maître de le traiter sévèrement, quand il ne feroit pas son devoir, et de ne l'épargner pas plus que les petits écoliers. Il est à remarquer, que, depuis qu'Ignace eut combattu de la sorte les illusions de l'enfer, elles s'évanouirent tellement, qu'elles ne revinrent jamais.

Quelques personnes savantes lui conseillèrent de lire les livres d'Erasme, célèbres alors par toute l'Europe, et entr'autres *le Soldat Chrétien*, comme le plus propre à inspirer la piété avec l'élégance du latin. Il le lut, et en marqua même les phrases et les manières de parler les plus exquises : mais il s'aperçut que cette lecture diminuoit sa dévotion, et que plus il lisoit, moins il avoit de ferveur dans ses Exercices spirituels. Ayant expérimenté cela plusieurs fois, il jeta le livre et en conçut tant d'horreur, qu'il ne voulut jamais le lire, et qu'étant Général de la Compagnie, il ordonna qu'on n'y lût point les livres d'Erasme, ou qu'on ne les lût qu'avec de grandes précautions. Pour rallumer sa première ardeur, il lisoit souvent l'Imitation de Jésus-Christ, qu'il regardoit, après l'Evangile, comme le livre le plus plein de l'esprit de Dieu.

Mais si quelquefois les douceurs célestes, dont Dieu le combloit ordinairement, venoient à manquer, il s'en consoloit par le fruit qu'il se promettoit de ses études; et distinguant bien la sécheresse d'avec la tiédeur, il disoit que la perte qu'on faisoit des goûts spirituels, en étudiant purement pour la gloire de Dieu, valoit mieux que toutes les délices de la dévotion sensible, pourvu que le cœur fût rempli de l'amour divin. Aussi son soin principal étoit d'entretenir l'esprit intérieur, qui s'affoiblit et se dissipe par l'étude, quand il n'est pas établi sur les solides vertus.

C'est pourquoi sa santé étant assez bonne, depuis son retour de la Terre-Sainte, il recommença les austérités que la foiblesse de son estomac, et les fatigues de son voyage, avoient un peu interrompues. Il ne faisoit rien néanmoins sans l'avis de son confesseur; et bien loin de se laisser emporter à sa dévotion, il retrancha quelque chose de ses sept heures de prières, pour avoir plus de temps à étudier, suivant la lumière qu'il eut alors, qu'on peut et qu'on doit même en quelques rencontres, quitter Dieu pour Dieu.

Comme il s'étoit déjà formé le plan d'une vie commune, semblable à celle de Jésus-Christ, et qu'il ne vouloit ni rebuter les gens, ni se distinguer lui-même par un habit extraordinaire, il ne reprit point son sac, ni sa chaîne, et il se contenta de porter un rude cilice, sous une soutane fort pauvre. Des aumônes qu'Isabelle Rosel, et d'autres personnes charitables lui faisoient, il ne retenoit que ce qui lui étoit nécessaire pour vivre, et partageoit le reste avec les pauvres, à qui il donnoit toujours le meilleur : de sorte qu'Agnès Pascal, femme dévote, chez laquelle il demeuroit, et où apparemment Isabelle Rosel l'avoit mis, étonnée du peu de soin qu'Ignace avoit de lui-même, le reprit un jour de ce qu'il gardoit toujours le pire pour lui. *Hé! que feriez-vous*, repartit Ignace, *si* Jésus-Christ *vous demandoit l'aumône? Auriez-vous bien le courage de ne pas lui donner le meilleur ?*

Le fils d'Agnès, nommé Jean Pascal, encore jeune, mais sage et dévot, se levoit quelquefois la nuit, pour observer ce que faisoit Ignace dans sa chambre, et il le voyoit, tantôt à genoux, tantôt prosterné, le visage toujours en feu, et souvent baigné de larmes ; il lui sembloit même le voir élevé de terre, et tout environné de clarté. Il l'entendoit soupirer profondément, et il ouït plusieurs fois ces paroles, qui lui échappoient dans la chaleur de sa prière : *O Dieu, mon amour, et les délices de mon âme, si les hommes vous connoissoient, ils ne vous offenseroient jamais! Mon Dieu, que vous êtes bon de supporter un pécheur comme moi!*

C'est ce Pascal, qui depuis s'étant marié, disoit à ses enfans, que, s'ils savoient ce qu'il avoit vu d'Ignace, ils ne se lasseroient pas de baiser le plancher et les murailles de la chambre où le serviteur de Dieu avoit logé ; et en disant cela, les larmes lui venoient aux yeux : il se frappoit la poitrine, et s'accusoit lui-même d'avoir si mal profité de la compagnie d'un si saint homme.

Il travaille au salut du prochain. Ignace ne négligeoit pas la perfection du prochain, en travaillant à la sienne. Aux heures que l'étude ne l'occupoit pas, il tâchoit de retirer les âmes du vice, par des exemples, ou par des discours édifians ; et son zèle éclata sur-tout, dans une occasion importante. Il y avoit hors de la ville, entre la porte neuve et la porte Saint-Daniel, un Couvent de filles fort fameux, appelé le Monastère des Anges. Ce nom ne convenoit guère aux Religieuses : elles vivoient dans un grand libertinage, et à l'habit près, c'étoient de vraies courtisannes. Ignace ne put voir sans horreur l'abomination dans le lieu

Saint. Il jugea pourtant, que, quelqu'extrême que fut le mal, les remèdes violens feroient un mauvais effet; et que, comme les personnes religieuses, qui ont abandonné Dieu, sont plus difficiles à convertir que les gens du monde, il falloit les ménager davantage.

Dans cette vue, il prit l'Eglise du Monastère des Anges pour le lieu de ses dévotions. Il y faisoit tous les jours quatre ou cinq heures d'oraison à genoux : il y communioit de la main d'un Prêtre, nommé Puygalte, à qui il déclara son dessein, et qui étoit un homme de bonnes œuvres. Les prières d'Ignace si réglées, son recueillement et sa modestie, attirèrent la curiosité des Religieuses. Elles voulurent lui parler, et savoir de lui-même qui il étoit. Il les écouta; et, après avoir éludé plusieurs questions qu'elles lui firent sur son pays et sur son état, il tourna adroitement le discours sur l'excellence et sur les devoirs de la profession religieuse. Il les entretint particulièrement de la pureté que Jésus-Christ exige de ses épouses, et il leur représenta le déshonneur que lui faisoient des épouses infidèles : mais il parla avec tant de force et tant de douceur, tout ensemble, qu'il entra dès la première fois dans leurs esprits. Ils les revit les jours suivans, et les voyant disposées à le croire, il les engagea insensiblement à méditer les premières vérités de ses Exercices spirituels. Elles en furent si touchées, que, changeant d'abord de conduite, elles fermèrent leurs portes aux hommes de la ville, avec qui elles avoient un commerce scandaleux.

Ce changement mit au désespoir ceux qui avoient le plus d'habitude dans le Monastère, et ils ne manquèrent pas de s'en venger sur celui qu'ils surent en être l'auteur; mais leur vengeance ne se borna pas à des emportemens de paroles, ou à de simples insultes. Un jour qu'Ignace revenoit du Monastère des Anges, avec le Prêtre Puygalte, deux esclaves Maures les attaquèrent proche la porte Saint-Daniel, et les assommèrent de coups de bâton. Puygalte en mourut quelques jours après; Ignace fut laissé pour mort sur la place. Etant revenu un peu à lui, quand les assassins se furent retirés, et ne pouvant se soutenir, il fut conduit au logis d'Agnès, par un homme charitable qui passoit par-là, et qui le mit sur son cheval.

Les douleurs excessives qu'il souffroit, l'abbattirent tellement en peu de jours, qu'on désespéra de sa vie. Plusieurs personnes de qualité, qui l'honoroient comme l'Apôtre de Barcelone, selon le témoignage de Jean Pascal, le vinrent voir, dès qu'on sut ce qui lui étoit arrivé, et entr'autres la fille du comte de Palamos, femme de Dom Jean de Riquesens. Cette

Dame, encore plus illustre par sa piété que par sa naissance, et qui avoit une affection particulière pour le serviteur de Dieu, ne pouvoit se consoler de l'état où elle le voyoit. Elle le plaignoit à toute heure, et le pleuroit déjà devant tout le monde : mais Ignace, qui s'estimoit heureux de souffrir, condamnoit ses larmes, et vouloit qu'on se réjouît avec lui, au lieu de le plaindre.

Il avoit le cilice sur le dos, quand il fut attaqué par les deux esclaves, et il ne put se résoudre à le quitter dans le fort de son mal, que par l'ordre de son confesseur, Jacques d'Alcantara, religieux de Saint François. Jean Pascal serra le cilice, et ne voulut pas le rendre après. Il le garda même toute sa vie, et le laissa à ses enfans, comme un précieux héritage, avec un écrit de sa main, qui faisoit foi de la chose. Mais l'an 1606, le Duc de Mont-Léon, Vice-Roi de Catalogne, l'obtint, à force de prières, de la famille où on le conservoit comme une relique.

Cependant Dieu qui destinoit Ignace à de plus grandes entreprises, que celle qui lui avait attiré un si mauvais traitement, lui rendit la santé, après cinquante-trois jours de maladie et de souffrance. Dès qu'il put marcher, il retourna au Monastère des Anges, pour achever son ouvrage; et quand on lui disoit qu'il devoit craindre un second assassinat : *Quel bon-*

heur me seroit-ce, répondit-il, *de mourir pour une si bonne cause ?* Mais ses ennemis, bien loin de rien entreprendre sur sa personne, se repentirent de leur crime; et le plus emporté de tous, nommé Ribera, vint un jour se jeter à ses pieds, et lui demander pardon.

Il ressuscite un mort.

Deux frères, appelés Lisan, plaidoient alors l'un contre l'autre, pour un intérêt considérable, et se haïssoient mortellement, selon la coutume des proches parens qui plaident ensemble. L'un d'eux ayant perdu son procès, en eut tant d'affliction, qu'il se pendit à une poutre de son logis. Tout le voisinage accourut aux cris des domestiques, qui trouvèrent leur maître pendu. Ignace, qui revenoit du Monastère des Anges, entra avec les autres, et fit lui-même couper la corde où pendoit encore ce malheureux homme. On le trouva sans mouvement et sans pouls, et quelque chose qu'on fît pour réveiller la chaleur naturelle, il ne donna nul signe de vie.

Cunctis stupentibus, et rei exitum expectantibus, Lysanus ad vitam rediit.

Ignace, touché de l'état funeste où étoit l'âme de Lisan, se met à genoux auprès du corps, et par une forte inspiration, demande à Dieu, d'une voix haute et distincte, autant de vie qu'il en faut à ce misérable pour se confesser. Il est exaucé, et en présence d'une foule de gens, qui tout étonnés de sa prière, attendoient avec impatience, quel en seroit l'événement, Lisan revient tout-à-coup. C'est ainsi que les trois Auditeurs de la Rote parlent de ce fait ; et afin qu'on ne doutât pas que le Ciel rendoit la vie au mort, à la prière d'Ignace, le ressuscité mourut dès qu'il se fut confessé.

Il y avoit près de deux ans qu'Ignace demeuroit à Barcelone, et il avoit si bien étudié la langue latine durant ce temps-là, que son maître le jugea capable de passer à de plus hautes sciences. Quoiqu'il crût qu'Ardebale ne le flattoit point, pour plus grande sûreté, il se fit examiner par un homme qui ne le connoissoit presque pas, et qui étoit Docteur en Théologie. Le Théologien fut du sentiment d'Ardebale, et conseilla à Ignace d'aller faire son cours de Philosophie en l'Université d'Alcala, qui avoit été fondée depuis peu par le Cardinal Ximenès, et qui étoit très florissante.

Plusieurs jeunes hommes, qu'il avoit mis dans le chemin de la vertu, voulurent le suivre ; mais il n'en prit avec lui que trois, dont l'un se nommoit Caliste, l'autre Artiaga, et le troisième Cazères. Il choisit un quatrième disciple dans l'hôpital d'Alcala, où il se retira en arrivant, et c'étoit un Français, Page de Dom Martin de Cordoue, Vice-Roi de Navarre. Le jeune Français ayant été blessé dans une querelle, à la suite de son maître qui passoit par Alcala, fut porté à l'hôpital,

Il va à Alcala pour y continuer ses études.

pour être pansé de ses blessures. Tandis que les chirurgiens eurent soin du corps, Ignace entreprit la cure de l'âme, et il travailla si heureusement, que le Page renonça, par un principe de piété, au service du Vice-Roi de Navarre, et aux espérances du monde. Ils étoient tous cinq habillés d'une même façon, portant un habit long, de drap gris, avec un chapeau de même couleur, et ils ne vivoient que d'aumône, mais ils ne demeuroient pas tous ensemble. Ferdinand de Para, et André d'Arze, en logeoient deux chacun par charité. Pour Ignace, il avoit son logement dans l'hôpital d'Antézana, et il n'eut pas de peine à y obtenir une chambre, nonobstant la multitude des pauvres; car celle où on le mit, étoit abandonnée depuis long-temps, et personne n'osoit y coucher: on disoit qu'il y revenoit des Esprits, et cela n'étoit peut-être pas mal fondé; du moins la première nuit qu'Ignace y coucha, il entendit un bruit effroyable, et vit même des spectres hideux, qui l'épouvantèrent un peu, tout hardi qu'il était naturellement. Mais ayant eu recours à la prière, il n'entendit et ne vit plus rien les nuits suivantes.

L'impatience qu'il avait de se donner tout entier à la conversion des âmes, lui fit embrasser l'étude avec une extrême ardeur. Comme il crut avancer beaucoup, en abrégeant les matières, à peine eut-il commencé son cours, que, ne sachant encore que les termes, il se jeta dans la Philosophie naturelle, et dans la Théologie scholastique. On expliquoit aux écoles de l'Université, la Logique de Soto, la Physique d'Albert-le-Grand, et la Théologie du Maître des Sentences. Il prenoit ces trois leçons l'une après l'autre, et étudioit sans relâche jour et nuit : mais tant de différentes espèces lui mirent bien de la confusion dans l'esprit, et tout son travail aboutit à ne rien savoir, ainsi qu'il arrive presque toujours, quand on étudie sans méthode, et qu'on embrasse tout en même temps. Au reste, la Providence qui vouloit qu'Ignace enseignât Jésus-Christ dans l'Université d'Alcala, au lieu d'y apprendre Aristote et Saint Thomas, ne lui donna aucune lumière sur le désordre de ses études, et ne permit pas même que son bon sens servît à le redresser.

Rebuté donc du peu de progrès qu'il faisoit dans les sciences, il s'appliqua entièrement aux bonnes œuvres, avec ses quatre disciples. Tout le temps qu'il ne donnoit pas à l'oraison, il l'employoit à expliquer la Doctrine chrétienne aux enfans, à servir les malades de l'hôpital, et à soulager les pauvres honteux. Il s'attachoit particulièrement à réformer les

Il fait diverses bonnes œuvres.

mœurs des écoliers débauchés, et il avoit une grâce spéciale pour cela.

Ce zèle du salut de la jeunesse, lui fit entreprendre la conversion d'un homme fort libertin, qui tenoit une des premières dignités de l'église d'Espagne, et qui, par ses mauvais exemples, par ses libéralités et par ses caresses, corrompoit tous les jeunes gens de l'Université d'Alcala. Après avoir demandé à Dieu les lumières et les forces dont il avoit besoin dans une si difficile entreprise, il va au logis du Prélat, et, pour obtenir audience, le fait avertir qu'un inconnu a des choses très-importantes à lui dire. *C'est le plus grand intérêt que vous ayez*, lui dit-il, en l'abordant, *qui m'oblige de vous venir voir, car c'est l'intérêt de votre salut éternel. Hé quoi!* ajouta-t-il d'un ton ferme et respectueux tout ensemble, *pensez-vous que vous soyez au monde pour y vivre comme s'il n'y avoit ni Paradis, ni Enfer? Une éternité bienheureuse est-elle si peu de chose, qu'elle ne mérite aucun de vos soins? Si, au moment que je vous parle, la mort vous surprenoit, où en seriez-vous? Quel compte n'auriez-vous point à rendre, je ne dis pas de tant de biens, dont vous faites un si mauvais usage, mais de tant d'âmes que vous avez perdues, et que vous perdez tous les jours?*

Ignace vouloit continuer sur le même

ton; mais le Prélat l'arrêta tout court, le traita et d'insolent et de fou, le menaça tout en colère de le faire jeter par les fenêtres, s'il ne se retiroit, et appela ses valets. Ignace ne laissa pas de poursuivre avec la même liberté qu'auparavant, et Dieu donna tant de bénédiction à ses paroles, que cet homme rentra en lui-même tout-à-coup, et, prenant d'autres sentimens pour Ignace, il le pria de vouloir souper avec lui. Ignace ne s'en défendit pas, et profita si bien de l'occasion, pour parler à fond des vérités éternelles, que le Prélat, gagné par sa complaisance, et persuadé par ses discours, changea enfin tout-à-fait de vie.

Cette conversion fit du bruit par tout le pays, et fut suivie de celle d'un grand nombre d'écoliers, que le Prélat entreprit lui-même de retirer du libertinage où il les avoit engagés. Mais ce qui contribua le plus à réformer la jeunesse d'Alcala, c'est qu'Ignace faisoit dans l'hôpital des assemblées de piété, où les écoliers alloient en foule, et d'où ils ne revenoient qu'avec horreur du péché.

Le peuple fut surpris de ces étranges changemens; et suivant sa malice naturelle, se forma des idées d'Ignace encore plus étranges. Les uns disoient que c'étoit un enchanteur, et que, sans magie on ne pouvoit faire tout ce qu'il faisoit: les autres, que c'étoit un hérétique, et que

Il est soupçonné de sortilège et d'hérésie.

sous prétexte de porter les jeunes gens à la vertu, il leur inspiroit des erreurs.

Ces bruits vinrent bientôt aux oreilles des Inquisiteurs de Tolède. On avoit condamné depuis peu en Espagne certains visionnaires, qui s'appeloient *les Illuminés*. L'hérésie de Luther commençoit à désoler l'Allemagne; et il y avoit sujet de craindre qu'elle ne se répandît au-dehors, ainsi que la peste, qui ne prend guère en un pays, qu'elle ne se communique à un autre. Comme les Inquisiteurs avoient plus de zèle que jamais, et qu'ils crurent aisément que celui dont il s'agissoit, pourroit bien être un Illuminé, ou un Luthérien, ils se transportèrent sur les lieux, pour examiner eux-mêmes l'affaire.

Il est déclaré innocent. Après une recherche très-exacte des mœurs et de la doctrine d'Ignace, n'ayant rien trouvé qui pût le rendre suspect, et ne jugeant pas à propos de le faire venir devant eux, ils se contentèrent de remettre l'information entre les mains de Jean Rodriguez Figueroa, Grand-Vicaire d'Alcala, et de lui donner toute leur autorité, en cas qu'il survînt quelque chose de nouveau. Dès que les Inquisiteurs s'en furent allés, le Grand-Vicaire appela Ignace, pour lui déclarer que l'information juridique qu'on avoit faite, lui étoit très-favorable, et qu'il pouvoit continuer ses fonctions pour le service du prochain. I l'avertit seulement qu'on n'approuvoit pas que lui et ses compagnons, n'étant point Religieux, fussent tous habillés de la même sorte. Ignace, pour ne donner nul sujet de plainte, s'habilla de noir avec Artiaga, laissa au Français son habit gris, et en fit prendre un de couleur minime à Caliste et à Cazéres. Mais parce que Figueroa lui défendit d'aller nu-pieds, il prit des souliers, et en porta toujours depuis.

Le témoignage de l'Inquisition justifia Ignace, et lui fit bien de l'honneur parmi le peuple. Ce n'étoit plus un Illuminé, ni un Luthérien ; c'étoit un homme rempli de l'esprit de Dieu, un successeur des Apôtres ; et Alphonse Sanchez, chanoine de Saint Juste, l'appeloit communément le saint homme. C'est ce chanoine, qui, avant que de reconnoître une véritable piété dans Ignace et dans ses disciples, leur refusa un jour publiquement la communion, sous prétexte que c'étoient des hypocrites et des faux dévots.

Martin Saez, un des premiers et des plus riches de la ville d'Azpetia, qui est proche du château de Loyola, étant venu à Alcala pour des affaires de conséquence, entendit parler d'Ignace, et désira fort de le connoître. On le lui montra un jour, et il le suivit jusqu'à une petite maison, où la charité le faisoit aller tous les matins. L'ayant vu entrer et sortir, il entra lui-même dans cette maison, et trouva une pauvre femme malade, qu'il interrogea sur celui qui venoit de la quitter. Elle dit qu'elle ne savoit pas qui il étoit, qu'il lui apportoit tous les jours de quoi vivre, et que, sans son assistance, elle seroit morte de faim. *Avertissez-le*, dit l'homme d'Azpetia, *que vous connoissez une personne qui lui fournira de l'argent pour toutes les charités qu'il voudra faire*. La malade ne manqua pas d'en avertir Ignace, et de lui dire le logis, le nom et le pays de cet homme, selon l'ordre qu'elle en avoit. Le seul mot d'Azpetia fit trembler Ignace, qui ne craignoit rien tant que de rencontrer des personnes de son pays : d'ailleurs il fut mortifié d'être découvert; tellement que sans s'expliquer avec la malade : *Ma sœur*, lui dit-il, *je vous ai secourue jusqu'à présent selon mon pouvoir; la Providence vous assistera dans la suite par une autre voie :* après quoi, il s'en alla, et ne revint plus.

Cependant le Grand-Vicaire fit prendre de nouvelles informations d'Ignace et de ses disciples, soit qu'il fut excité par des gens mal-intentionnés, ou qu'il s'imaginât de lui-même que des écoliers peu habiles étoient capables de faire des hérésies dans leurs catéchismes; et que de jeunes hommes pouvoient se relâcher à toute heure, quelque probité qu'ils eussent. Il trouva encore leur doctrine saine, et leur vie irréprochable : mais il arriva une chose qui lui donna de mauvaises impressions de leur conduite, et qui l'aigrit même contre eux.

Parmi les personnes qui suivoient Ignace, il y avoit deux femmes de qualité, la mère et la fille, l'une et l'autre veuves. La mère se nommoit Marie de Vado, et la fille Louise Velasquez. Elles avoient été fort du monde toutes deux ; particulièrement la fille, que sa jeunesse et sa beauté faisoient rechercher davantage. Dès les premiers jours de leur conversion, elles résolurent d'entreprendre quelque chose d'extraordinaire pour l'amour de Dieu. Comme les femmes sont extrêmes en tout, et que les Espagnoles sont plus ardentes que les autres, elles s'imaginèrent que rien ne seroit plus beau, ni plus édifiant, que de s'habiller en gueuses, d'aller par toute l'Espagne, mendiant leur pain, de visiter tous les hôpitaux, et d'y servir les malades.

Elles ne voulurent pas néanmoins partir sans consulter là-dessus Ignace, qui leur tenoit lieu de directeur. Il les traita de folles, et leur déclara que, sans une inspiration évidente du Saint-Esprit, on ne pouvoit pas prendre raisonnablement ces voies écartées, pour s'avancer dans la perfection chrétienne ; que la sainteté ne consistoit pas à courir ; que des femmes, qui n'étoient pas trop en sûreté chez elles, avoient tout à craindre d'une vie errante ;

qu'il y avoit dans Alcala des hôpitaux, où elles pouvoient exercer leur charité; qu'étant riches, elles devoient s'occuper à soulager les nécessiteux, et non pas s'amuser à les contrefaire par une gueuserie affectée; enfin qu'il falloit qu'elles renonçassent tout-à-fait au monde, ou qu'elles y vécussent en personnes de bon sens, réglant leur vertu sur leur état, et ne voulant être saintes que de la manière dont Dieu vouloit qu'elles le fussent.

Les dévotes de profession ne suivent pas toujours le conseil qu'on leur donne, ou ne défèrent pas en tout aux lumières de leurs directeurs, quand ils ne donnent pas dans leur sens. Celles-ci, à la vérité, quittèrent la pensée de courir toutes les provinces, mais elles ne purent s'empêcher de faire, à leur mode, le pélerinage de Notre-Dame de Guadeloupe, et celui du Saint-Suaire de Jaen. Ce sont deux dévotions très célèbres en Espagne, l'une dans la nouvelle Castille, et l'autre dans l'Andalousie.

Il est accusé de nouveau, et mis en prison.

Elles partirent donc secrètement, sans rien dire à Ignace, vêtues en pélerines pénitentes, et elles firent tout le chemin à pied, demandant l'aumône. Dès que la chose fut connue, tout le monde s'en prit à Ignace, et entr'autres le docteur Cirol, qui étoit ami particulier de ces Dames. Il se plaignit de ce qu'on souffroit qu'un homme sans science, sans caractère, se mêlât de direction; et il dit hautement, qu'un directeur qui faisoit faire des folies, méritoit bien d'être enfermé. Comme le docteur avoit du crédit auprès du cardinal Ximenès, qui lui avoit donné la première chaire de théologie dans la nouvelle Université d'Alcala, il n'eut pas de peine de persuader le Grand-Vicaire. On arrête Ignace, et on le mène publiquement en prison.

Dom François de Borgia, fils du duc de Gand, et qui n'avoit alors que dix-sept ans, passoit par la rue, avec un train magnifique. La modestie et la douceur d'Ignace, parmi les huées du peuple, frappèrent le jeune Seigneur et lui donnèrent des sentimens, qu'il ne put comprendre lui-même que dans la suite. Il est probable que le Ciel, qui destinoit Borgia à être un jour des enfans d'Ignace, le lui fit voir exprès en cette rencontre, et que cette vue fut la première semence de sa vocation.

La nouvelle de l'emprisonnement d'Ignace ne fut pas plutôt répandue dans la ville, qu'on courut à lui de tous côtés. Il parloit de Dieu, selon sa coutume, aux gens qui le venoient voir, et il en parloit avec plus de liberté que jamais. Georges Naver, qui étoit le premier professeur de l'Ecriture-Sainte, dans l'Université d'Alcala, et qui passoit pour un homme de grand sens, fut un jour si charmé des discours d'Ignace, qu'il en oublia l'heure de sa leçon. Etant allé ensuite à la classe, et ayant rencontré ses écoliers qui l'attendoient : *J'ai vu Paul dans la prison*, leur dit-il tout hors de lui-même.

Quelques Dames de qualité, qui connoissoient l'innocence du prisonnier, lui envoyèrent offrir leur crédit, pour le faire sortir de prison. Les plus considérables furent Thérèse Henriquez, mère du Duc de Maqueda, Eléonore Mascaregnas, alors Dame d'honneur de l'Impératrice, et depuis Gouvernante du Prince d'Espagne, Philippe II. L'une et l'autre étoient de ces femmes vertueuses, que le monde ne gâte point, et qui trouvent le secret de se sanctifier à la Cour. Elles ne lui avoient jamais parlé qu'une fois ; et ce seul entretien leur avoit fait concevoir que c'étoit un très saint homme.

Il n'accepta point leurs offres, et ne voulut pas même prendre d'avocat, soit qu'il se confiât en la bonté de sa cause, ou qu'il crût devoir s'abandonner à la Providence, pour ne pas perdre, par sa faute, une si belle occasion de participer aux ignominies de la Croix. Du reste, il ne demandoit pas mieux que d'être redressé par les Supérieurs Ecclésiastiques, au cas qu'il se fût égaré en quelque chose, et il déclaroit qu'il étoit prêt à leur obéir aveuglément.

Il y avoit dix-sept jours qu'Ignace étoit prisonnier, lorsque le Grand-Vicaire vint dans la prison pour l'examiner. Tout le

fort de l'examen fut sur les Dames pélerines. Ignace avoua qu'il les connoissoit ;
mais il assura en même temps, que, bien
loin de leur conseiller l'équipée qu'elles
avoient faite, il les en avoit détournées
autant qu'il avoit pu. *C'est néanmoins
pour cela uniquement qu'on vous a mis
en prison*, dit le Grand-Vicaire.

Tandis qu'on faisoit des perquisitions
pour savoir la vérité, et qu'on prenoit de
nouvelles informations sur la vie d'Ignace,
les Dames revinrent, après quarante-deux
jours de courses. Etant interrogées juridiquement, elles confirmèrent ce qu'Ignace
avoit dit, et on les crut sur leur parole,
dans une affaire où elles se condamnoient
elles-mêmes ; de sorte qu'il fut justifié
entièrement de ce côté-là. On ne trouva
rien d'ailleurs qui pût le charger ; ainsi il
fut absous et élargi ; par une sentence
publique, le premier Juin de l'année
1527. Cette sentence pourtant contenoit
deux chefs peu favorables : que lui et ses
compagnons prendroient l'habillement ordinaire des écoliers ; que, n'étant pas
Théologiens, ils s'abstiendroient d'expliquer au peuple les Mystères de la Religion, jusqu'à ce qu'ils eussent étudié quatre
ans en Théologie ; et que le Grand-Vicaire
leur défendoit ces sortes d'instructions
chrétiennes, sous peine d'excommunication
et d'exil.

Pour ce qui regardoit l'habillement,

Il est élargi et justifié.

Ignace répondit qu'étant pauvres, ils ne pouvoient pas obéir, si on ne leur en donnoit le moyen; et pour la défense d'instruire le peuple, il ne se déclara point, parce qu'il douta si elle étoit légitime. Le fondement de son doute fut, que les catéchismes qu'ils faisoient, ne demandoient pas une profonde connoissance des Mystères; et qu'en ne les faisant pas, ils manqueroient peut-être à leur vocation. Pour s'éclaircir là-dessus, et prendre sur tout le reste des mesures assurées, il résolut d'aller trouver l'Archevêque de Tolède, qui étoit à Valladolid.

Le Grand-Vicaire le fit habiller, lui et ses disciples, à la manière des écoliers; mais il lui dit assez durement qu'ils ne se feroient point tant d'affaires, si leurs discours tenoient moins de la nouveauté. *Je ne pensois pas*, reprit Ignace, avec un air grave et modeste, *que ce fût une nouveauté parmi les Chrétiens, d'y parler de* JÉSUS-CHRIST

Peu de jours avant son départ, en passant par une rue où le peuple s'étoit assemblé pour voir jouer à la longue paume devant le logis de Loppe Mendozze, il demanda l'aumône à une troupe de gens. Lope ne l'eut pas plutôt aperçu, qu'il s'écria, le montrant au doigt : *Je veux être brûlé, si cet homme ne mérite de l'être.* On reçut le même jour la nouvelle de la naissance du Prince d'Espagne Philippe II; et on en fit le soir des feux de joie par toute la ville. Lope étant monté au haut de sa maison, pour faire tirer de petites pièces d'artillerie, une étincelle tomba sur un tas de poudre à canon, qui s'enflamma aussitôt et qui le brûla tout vif, comme si Dieu, pour déclarer l'innocence, et venger l'honneur d'Ignace, eût voulu vérifier la parole de Lope, par le supplice que lui-même s'étoit souhaité.

Ignace fut très bien reçu de Dom Alphonse de Fonseca, Archevêque de Tolède. Ce Prélat ayant entendu ses raisons, et sachant combien les esprits étoient révoltés contre lui à Alcala, lui conseilla de s'en aller étudier à Salamanque, et l'exhorta fortement à continuer ses fonctions de piété envers le prochain. Il lui promit toute la protection dont lui et ses compagnons pourroient avoir besoin dans la suite, et il leur donna de quoi faire leur voyage.

Quelque dessein qu'eût Ignace de reprendre ses études, quand il seroit un peu en repos, il commença par travailler au salut des âmes, dès qu'il fut arrivé à Salamanque; et il le fit avec d'autant plus de ferveur et de liberté, que sa mission sembloit être autorisée par l'Archevêque de Tolède. Les fruits de ses travaux évangéliques, parurent d'abord dans la conversion de plusieurs personnes du peuple; et

Ce qu'il fait et ce qu'il souffre à Salamanque.

en peu de jours, sa réputation se répandit tellement partout, que les hommes et les femmes les plus considérables de la ville, voulurent apprendre de lui les maximes du salut.

Il y eut néanmoins des gens de bien, qui ne purent souffrir tout ce que faisoit Ignace, soit qu'ils fussent jaloux secrètement des bonnes œuvres auxquelles ils n'avoient point de part, soit qu'ils fussent persuadés qu'en un temps d'erreurs tout devoit être suspect. Ils disoient que c'étoit une chose inouie qu'un simple laïque fît des instructions au peuple, et exerçât presque l'office de Pasteur, en dirigeant les consciences.

Les Religieux de Saint Dominique, du monastère de Saint-Etienne, entrèrent dans ces sentimens, et voulurent examiner la chose à fond, sans avoir pourtant aucune jurisdiction, ni aucun ordre pour cela. Ignace se confessoit à un Religieux du monastère. Ce Religieux l'invita un jour à dîner, de la part du sous-Prieur, qui gouvernoit le couvent en l'absence du Prieur, et qui avoit une extrême envie de voir lui-même ce que c'étoit que ce nouvel homme apostolique, dont on parloit tant. Après le dîner, le sous-Prieur, accompagné du Confesseur et d'un autre Père, mena Ignace et son disciple Caliste dans une chapelle retirée.

Il prit le premier la parole, et se tournant vers Ignace : *Je me réjouis fort*, dit-il avec un visage ouvert, *qu'à l'exemple des Apôtres, vous alliez de tous côtés enseigner aux hommes le chemin du Ciel, et je vous assure que tous nos frères ne s'en réjouissent pas moins que moi. Mais je voudrois bien savoir*, ajouta-t-il, *quelle capacité vous avez, et à quelles sciences vous vous êtes le plus appliqués.* — *Nous ne sommes pas savans, et nous ne nous piquons pas de l'être*, répondit Ignace ; *nous avons même assez peu étudié.* — *Comment donc vous mêlez-vous du ministère de la prédication*, reprit sèchement le sous-Prieur ? *Nous ne sommes pas prédicateurs, et nous ne prêchons pas aussi*, répartit Ignace ; *nous faisons seulement des catéchismes et des entretiens familiers.* — *Hé ! de quoi parlez-vous ?* dit le sous-Prieur. — *Nous parlons de la Vertu et du Vice*, repliqua Ignace, *et nous tâchons de représenter le mieux qu'il nous est possible, la beauté de l'une et la laideur de l'autre.* — *Vraiment vous êtes plaisans*, interrompit le sous-Prieur, *d'oser discourir des vertus et des vices, sans être, ni Philosophes, ni Théologiens. Vos connoissances sont sans doute infuses*, poursuivit-il d'un ton moqueur, *puisqu'elles ne sont point acquises par l'étude ; et vous me feriez plaisir de me dire quelles sont les révélations que vous avez eues.*

Ignace jugea qu'une telle question ne

méritoit pas de réponse. Il se tût, et quelques instances que lui fît le sous-Prieur, pour l'obliger à répondre, il se contenta de dire : *C'est assez, mon Père, ne poussez pas les choses plus loin. Je ne dirai rien davantage, que quand les Supérieurs Ecclésiastiques, à qui je dois obéissance, me commanderont de parler. — Je vous ferai parler malgré vous*, dit le sous-Prieur tout en colère, *et votre silence ne marque que trop qu'il y a quelque chose de mauvais dans votre doctrine.* Ensuite regardant Caliste, qui étoit habillé d'une manière assez bizarre : *Il ne faut que vous voir*, dit-il, *pour juger que vous affectez de vous distinguer en tout, et que les nouveautés vous plaisent.* Ce compagnon d'Ignace, en venant à Salamanque, avoit rencontré un pélerin extrêmement pauvre, à qui il avoit donné son habit neuf, et dont il avoit pris l'équipage, qui consistoit en une méchante jaquette, trop courte pour lui, et un chapeau à grands bords, tout usé, ce qui faisoit une figure ridicule. Il avoua franchement la chose, pour effacer le soupçon qu'on avoit d'eux. Mais le sous-Prieur, n'étant pas plus satisfait de la réponse de Caliste, que du silence d'Ignace, les fit conduire tous les dans une cellule, où on les enferma sous clef.

Trois jours après ils furent menés en prison, par l'ordre de Frias, Grand-Vicaire de l'Evêque de Salamanque, et ami du sous-Prieur des Dominicains. On les mit dans un cachot noir, comme des séditieux et des hérétiques, et on les attacha ensemble par les pieds, avec une grosse chaîne de fer. Ils passèrent toute la nuit à chanter des hymnes, et à rendre des actions de grâces au Ciel, de ce qu'ils avoient été jugés dignes de souffrir des opprobres pour le nom de Jésus-Christ.

Au premier bruit de l'emprisonnement d'Ignace, toute la ville se remua, et on courut à la prison de tous côtés, les uns pour voir les prisonniers, les autres pour les secourir. Dom François Mandozze, qui fut depuis Évêque de Burgos et Cardinal, y étant allé, et plaignant Ignace de sa mauvaise fortune, lui demanda si sa prison ne lui faisoit point de peine. *Pensez-vous*, repartit Ignace en souriant, *que ce soit si grand'chose d'être prisonnier, et d'avoir les fers aux pieds? Pour moi, je vous confesse ingénûment qu'il n'y a point tant de cachots, ni de fers dans Salamanque, que je n'en souhaite davantage pour l'amour de mon Sauveur Jésus-Christ.*

Il fit presque la même réponse à des Religieuses, qui, fort attendries sur son sujet, lui écrivirent une lettre pleine de compassion pour lui, et de ressentiment contre ceux qui l'avoient fait arrêter. Mais il condamna leur sensibilité naturelle, et les avertit que c'étoit une marque qu'elles ne connoissoient pas les trésors qui sont cachés dans les croix qu'on souffre pour Dieu. Cet avis toucha tellement les Religieuses, qu'elles en demeurèrent toutes embrasées du désir des humiliations et des souffrances.

Cependant Frias, qui avoit assez le caractère de Figueroa, vint interroger les prisonniers. Ignace lui mit entre les mains le livre de ses Exercices spirituels, et lui dit où étoit le logis de ses trois autres disciples, afin qu'on pût les interroger. On les envoya prendre sur le champ, et ils furent mis dans un cachot séparé, où ils ne pussent avoir aucune communication avec Ignace, ni avec Caliste.

Le Grand-Vicaire lut lui-même le livre des Exercices, et le donna ensuite à lire à trois Docteurs, dont l'un se nommoit Frias comme lui; l'autre, Paravignas; et le troisième, Isidore. Après l'avoir bien examiné tous quatre, ils firent venir Ignace devant eux, et lui proposèrent diverses questions, non-seulement sur les matières du livre des Exercices, mais aussi sur celles que les Théologiens traitent dans l'école. Ignace leur avoua qu'il n'étoit pas docte : il répondit néanmoins si à propos, que les Docteurs en furent surpris. L'un deux, pour l'embarrasser, lui proposa une question du Droit Canon, fort difficile et fort épineuse. Il repartit qu'il ne savoit pas ce que les Canonistes déterminoient sur ce point. Il ne laissa pas de dire ce qu'il en pensoit, et il alla droit au but. Ils lui commandèrent de leur expliquer le premier précepte du Décalogue, en la manière qu'il l'expliquoit ordinairement au peuple. Il le fit, mais en homme inspiré, et d'un air qui leur persuada que le Saint-Esprit parloit par sa bouche. Ils lui dirent néanmoins encore, qu'ils s'étonnoient, que, n'étant pas docte, ainsi qu'il le confessoit lui-même, il marquât, au commencement de ses Exercices, la différence qu'il y a entre le péché mortel et le péché véniel. A quoi il répondit simplement, qu'ils étoient ses juges; et que, s'il avoit avancé quelque chose qui choquât les vérités orthodoxes, c'étoit à eux à le condamner : mais que, si sa doctrine, sur la distinction du péché mortel et du péché véniel, n'avoit rien que de catholique, il les supplioit de vouloir bien l'approuver.

Tandis qu'on examinoit Ignace, les prisonniers rompirent les portes du cachot, et ayant tué ou lié leurs gardes, ils se sauvèrent tous, excepté les compagnons d'Ignace, qu'on trouva seuls dans une prison toute ouverte. Cela ne servit pas peu à faire connoître leur innocence. Enfin, après vingt-deux jours de prison, le maître et les disciples furent cités devant les Juges, pour entendre lire leur sentence. On les déclara gens de bien, et d'une doctrine fort saine. On leur permit de parler des choses de Dieu, et d'instruire le peuple tant qu'ils voudroient : mais quoique la différence qu'Ignace mettoit entre le péché mortel et le péché véniel, fut jugée orthodoxe par les juges mêmes, on lui défendit de toucher ce point dans ses catéchismes ou dans ses entretiens, jusqu'à ce qu'il eût étudié quatre ans en Théologie.

Il y a ici lieu de s'étonner que les Seigneurs de Loyola ne parurent point durant toutes ces tempêtes; et que, depuis la conversion d'Ignace, personne de sa famille ne pensât à lui. Cela fait croire que, comme il avoit soin de cacher partout son pays et sa naissance, ses parens ne surent pas ce qu'il étoit devenu, ou que Dieu permit, pour la perfection de son serviteur, que celui qui avoit abandonné tout-à-fait le monde, fût aussi oublié tout-à-fait du monde.

Ignace, qui ne désiroit sa liberté que pour assister le prochain, ne fut guère satisfait du dernier article de la sentence, et vit bien que c'étoit un piége qu'on lui tendoit. Il sut que ses ennemis avoient fait mettre cet article, afin d'avoir lieu de le chicaner, et de lui faire une querelle quand il leur plairoit. Pour éviter ce qu'il prévoyoit de fâcheux, il prit la résolution de quitter Salamanque, et même de sortir d'Espagne. Il eut en même temps une forte inspiration d'aller en France, pour continuer, ou plutôt pour recommencer ses études dans l'Université de Paris, qui étoit alors la plus célèbre de l'Europe.

Comme il reconnut que le peu de progrès qu'il avoit fait dans les lettres en Alcala et à Salamanque, venoit en partie de ce qu'il perdoit beaucoup de temps à chercher de quoi vivre chaque jour, il crut qu'avant d'entrer dans un Royaume étranger, il pouvoit faire, en conscience, un petit fonds, qui l'aidât à subsister durant ses études. Ainsi, en passant par Barcelone, il ne fit pas difficulté d'accepter l'argent et les lettres de change que ses amis lui offrirent. Il y laissa ses compagnons, qu'il ne vit pas trop disposés à le suivre, et il partit seul sur la fin du mois de décembre, dans le dessein de les faire venir après lui, quand il leur auroit préparé les voies. Il y avoit peu de sûreté aux frontières des deux Royaumes, où les gens de guerre exerçoient tous les jours des violences et des cruautés contre les passans. D'ailleurs l'hiver étoit rude ; et la neige, qui couvroit toute la campagne, rendoit les chemins très difficiles. Il fit pourtant son voyage sans nulle mauvaise rencontre, et il arriva à Paris en bonne santé, au commencement de Février, l'an 1528.

Il quitte l'Espagne pour aller en France.

Le premier soin qu'eut Ignace en arrivant, fut de se mettre à l'étude. Il se logea dans l'Université, avec des écoliers Espagnols ; et, pour mieux posséder la langue latine, il reprit les Humanités au collége de Montaigu. Comme il n'aimoit pas l'argent, et qu'il étoit bien aise de n'en point garder par un principe de pauvreté évangélique, il confia tout ce qu'il en avoit, à un de ses campagnons de chambre. Mais ce compagnon ne fut pas fidèle ; il dissipa une partie du dépôt, et s'enfuit avec le reste. Ignace, qui n'avoit aucune ressource, fut contraint de se retirer à Saint-Jacques de l'Hôpital, où les Espagnols étoient reçus, et dont Charlemagne fit la première fondation, pour les pélerins de Saint-Jacques, après avoir affranchi l'Espagne de la domination des Sarasins.

Il n'avoit que le couvert à l'hôpital ; et il falloit que, pour vivre, il mendiât son pain de porte en porte. Ce changement nuisit fort à ses études ; car il perdoit beaucoup de temps à chercher des aumônes par la ville ; et demeurant loin de Montaigu, il ne pouvoit pas se rendre exactement aux heures de la classe. Il eût bien voulu servir un des Professeurs du collége ; mais quelques diligences qu'il fît, il ne put jamais obtenir une place de valet.

Sa misère ne l'empêchoit pas d'exciter à la vertu les gens de sa connoissance ; et ses paroles firent de fortes impressions sur l'esprit de trois Espagnols, dont l'un se nommoit Jean de Castro ; l'autre, Peralta ; et le dernier, Amador. Ayant fait tous trois les Exercices spirituels, ils vendirent d'eux-mêmes leurs meubles, et en donnèrent l'argent aux pauvres ; après quoi s'étant retirés auprès d'Ignace, à Saint-Jacques de l'Hôpital, ils vécurent, comme lui, d'aumônes.

Les amis de ces jeunes hommes, blâmèrent leur conduite ; et leur dirent à eux-mêmes, que leur dévotion les faisoit passer pour fous dans la ville. Mais voyant qu'ils ne gagnoient rien par-là, ils eurent recours à la force, et entrèrent un jour dans l'hôpital, avec des gens armés, qui en tirèrent les trois Espagnols malgré eux.

Toute cette affaire fit un grand éclat. On accusa Ignace de cacher de mauvais desseins sous un masque de piété ; et deux célèbres Docteurs, Pierre Ortiz, Espagnol, Jacques Govea, Portugais, qui connoissoient particulièrement Castro, Peralta et Amador, dirent si haut qu'il falloit se défier d'un homme qui séduisoit la jeunesse, qu'on le défera à l'Inquisiteur Matthieu Ori, Religieux de l'Ordre de Saint Dominique, et Prieur du grand Couvent de la rue Saint-Jacques. Il est déféré à l'Inquisiteur.

Car, quoique le Tribunal de l'Inquisition n'ait jamais été établi en France, de la manière qu'il l'est en Espagne et en Italie, il y a eu parmi nous, durant plusieurs années, des Inquisiteurs délégués du Pape, pour y conserver la pureté de la Foi, et tenir les peuples dans l'obéissance de l'Eglise. Douze ans après la mort de Saint Dominique, qui fut le premier Inquisiteur général, commis par Innocent III, et par Honoré III, contre les hérétiques Albigeois, Grégoire IX nomma deux Religieux du même Ordre, l'an 1233, pour exercer le même emploi; et cette commission apostolique ne se perpétua pas seulement dans le couvent de Toulouse, elle s'étendit encore à plusieurs autres monastères du Royaume. Un des commissaires nommés en la cause des Templiers, étoit Inquisiteur général en France: un des Censeurs de la doctrine de Jean Petit, Docteur de l'Université de Paris, l'étoit aussi. Et l'histoire de la Pucelle d'Orléans, nous apprend que l'an 1430, Jean Magistri, Vice-gérent de Jean Graverant, Inquisiteur de la Foi, fut un de ses Juges; que trente-cinq ans après, Jean Bréhal, Inquisiteur lui-même, la déclara innocente, avec les Prélats députés du Pape Caliste. Depuis ce temps-là jusqu'au règne de François I, il ne paroît pas qu'il y ait eu en France de ces sortes d'Inquisiteurs, soit que les Papes ne les jugeassent pas nécessaires dans un siècle où les erreurs étoient comme éteintes; soit que les princes qui régnoient, plus jaloux de l'autorité Royale que leurs prédécesseurs, ne voulussent point souffrir ce qui sembloit choquer les libertés de l'Eglise Gallicane.

Matthieu Ori, qui avoit reçu du Pape Clément VII, la qualité d'Inquisiteur, à l'occasion des hérésies d'Allemagne, et qui étoit un homme zélé voulut voir Ignace, et juger lui-même de sa doctrine. Il le fit chercher, mais Ignace ne se trouva point. Lorsque les trois jeunes Espagnols furent enlevés de l'hôpital, il reçut des lettres, qui lui apprirent que celui qui l'avoit volé, étoit tombé malade à Rouen, en retournant en Espagne. Le voleur écrivoit lui-même, que tout lui manquoit dans un pays où il n'avoit nulle habitude, et que, sans un prompt secours, il alloit périr malheureusement. Ignace ne délibéra pas sur ce qu'il devoit faire. Il partit au même moment, espérant servir et consoler au moins le malade, s'il ne pouvoit l'assister d'ailleurs. L'ardeur qu'il avoit, le fit partir sans manger, et lui persuada qu'il iroit plus vîte, s'il marchoit nu-pieds. A peine fut-il en chemin, qu'il se sentit le cœur triste et le corps pesant. Il se traîna néanmoins jusqu'au bourg d'Argenteuil, tout honteux de sa lassitude, et se reprochant sa lâcheté à chaque pas qu'il faisoit. Dès qu'il eut gagné le haut de la montagne, sa tristesse et sa pesanteur se dissipèrent. Il fut comblé de joies spirituelles; et sans

Il assiste celui qui l'a volé.

prendre nulle nourriture, il poursuivit son chemin avec tant de vigueur et tant d'allégresse, qu'il lui sembloit qu'il volât. Il étoit seulement contraint de s'arrêter quelquefois, pour soupirer à son aise, et donner un peu de liberté aux flammes d'amour dont son cœur brûloit. Il arrive enfin à Rouen; et ayant trouvé le malade, il l'embrasse, il le console, il le sert, il lui cherche des aumônes de tous côtés, et le remet en état de continuer son voyage. Il lui procure même une place dans un navire marchand qui devoit aller en Espagne, et lui donne des lettres de recommandation pour Barcelone. C'est ainsi que les Saints se vengent.

Sur ces entrefaites, Ignace fut informé par un de ses amis de Paris, à qui il avoit confié le dessein de son voyage, que l'Inquisiteur le faisoit chercher, et que son absence le rendoit suspect. Cet avis le fit revenir en diligence. Il alla d'abord se présenter au Prieur des Jacobins; mais le Prieur, qui avoit fait des perquisitions très-exactes, et qui n'avoit rien découvert, ni contre sa doctrine, ni contre ses mœurs, le renvoya sans lui rien dire de fâcheux.

Cependant Ignace souffroit beaucoup dans une ville où les pauvres, qui sont étrangers, ont moins de part aux charités que les autres, et où les Espagnols n'étoient pas aimés, quoique la paix de Cambrai eût réconcilié les deux nations. La nécessité l'obligea de suivre le conseil d'un saint Religieux, et d'aller en Flandre durant les vacances, pour tirer quelque subsistance des marchands Espagnols, qui trafiquoient à Anvers et à Bruxelles.

La première fois qu'il fit ce voyage, en passant par Bruges, il demanda l'aumône à Louis Vivès. Ce savant homme, qui n'étoit pas de ceux que la science enfle, et qui avoit une charité édifiante, fit manger Ignace à sa table, sans autre motif que de régaler un pauvre. Quand il l'eut entendu parler des vérités de la Foi, et des secrets de la vie intérieure, il admira la sagesse surnaturelle qui paroissoit en ses discours; et dit, par une espèce d'inspiration : *Cet homme est un Saint, et je suis bien trompé, s'il ne fonde quelque jour un ordre Religieux.*

Ces secours de Flandre le firent vivre deux années : après quoi, pour n'être pas importun aux mêmes gens, il alla chercher des aumônes en Angleterre auprès de quelques autres Espagnols qui étoient à Londres. Mais il ne continua pas ces voyages les années suivantes : car, outre que les marchands Espagnols qui demeuroient aux Pays-Bas, ayant connu sa vertu, lui firent tenir à Paris ce qu'ils vouloient lui donner, il reçut un nouveau secours de ses amis de Barcelone.

Un homme de Biscaye qui demeuroit

à Paris, et qui se nommoit Jean Madera, découvrit, je ne sais comment, qui étoit Ignace, et fut très scandalisé de toutes les courses que sa pauvreté l'avoit obligé de faire. L'ayant pris un jour en particulier, il lui représenta qu'un genre de vie comme le sien, déshonoroit une maison aussi illustre que celle de Loyola; et il tâcha de lui persuader que, quand on avoit un beau nom et des parens riches, on ne pouvoit vivre d'aumônes sans offenser Dieu.

Quoiqu'Ignace n'eût aucun scrupule là-dessus, il s'avisa de consulter la Sorbonne, pour s'assurer davantage, ou plutôt pour détromper Madera, et il conçut le cas en ces termes : *Si un Gentilhomme qui, ayant renoncé au monde, pour suivre* Jésus-Christ, *alloit chercher des aumônes en divers pays, devoit craindre de blesser sa conscience.* Les docteurs auxquels il proposa le cas par écrit, répondirent tous par écrit : *Qu'il n'y avoit en cela ni péché, ni ombre de péché.* Il fit voir à Madera la réponse des Docteurs, non pas tant pour justifier sa conduite, que pour défendre l'honneur de la pauvreté volontaire, qui a été ennoblie par Jésus-Christ.

Ainsi, étant en repos du côté des moyens de subsistance et du côté de la conscience, il commença à faire de grands progrès dans les lettres. Après avoir étudié les humanités près de dix-huit mois, au collége de Montaigu, il fit son cours de philosophie au collége de Sainte-Barbe. L'étude étoit son occupation principale, et il s'y attachoit d'autant plus qu'il connoissoit davantage les desseins de Dieu sur lui. C'est dans cette vue, que, durant sa philosophie, il ne voulut pas donner les Exercices spirituels à plusieurs personnes de la ville, ni s'engager dans d'autres bonnes œuvres de longue haleine qui l'auroient distrait. Il s'abstint même de parler des choses du Ciel, avec ses compagnons de chambre, aux heures de l'étude, s'étant une fois aperçu que, s'il entamoit un discours de piété à ces heures là, il ne pouvoit plus se retenir, ni reprendre d'autres pensées que long-temps après.

Il n'omettoit pas néanmoins un seul jour de se rendre compte à lui-même des plus secrets mouvemens de son cœur; et, pour dompter de plus en plus ses inclinations naturelles, il faisoit régulièrement cet examen particulier, dont la pratique est marquée dans le livre des Exercices spirituels.

Mais, quoique l'amour de la science l'empêchât de se communiquer au-dehors, et qu'il gardât les mesures que je viens de dire, il ne laissoit pas, dans les occasions, et aux heures libres, d'entretenir les écoliers de la vanité du monde, de

Il porte les écoliers à la vertu; et ce qui lui en arrive.

l'horreur du péché, et des peines de l'enfer.

Quelques-uns, touchés de ses entretiens, rompirent de mauvais commerces, et tous prirent une conduite si chrétienne, qu'ils s'approchoient des Sacremens les Dimanches et les Fêtes. Comme on faisoit ces jours-là des disputes particulières au collége de Sainte-Barbe, pour exercer les jeunes philosophes, le Professeur, qui se nommoit Jean Pegna, reconnut bientôt que ses écoliers étoient plus assidus à l'Eglise qu'à la classe. Il se plaignit fort d'Ignace, et, voyant que la dévotion faisoit négliger de jour en jour la philosophie, il s'emporta contre lui jusqu'à le traiter de perturbateur du collége. Mais ce qui l'irrita davantage, c'est que plusieurs quittèrent tout-à-fait leur cours pour se faire Religieux.

Ce Professeur, qui ne trouvoit pas son compte à tout cela, et qui cherchoit un peu plus son intérêt que le salut de ses écoliers, demanda justice de ce désordre prétendu, au Principal du collége, en lui déclarant que les avis qu'on avoit donnés à Ignace, ne servoient de rien; que le mal croissoit tous les jours; et que la mauvaise conduite d'un écolier, qui troubloit l'ordre du collége, méritoit une punition exemplaire.

Le docteur Govea étoit Principal de Sainte-Barbe : il avoit de l'aigreur contre

Ignace, à cause de l'affaire des trois Espagnols, et particulièrement de ce qu'Amador, auquel il s'intéressoit davantage, vouloit embrasser la pauvreté Religieuse avant la fin de ses études. Ainsi se laissant prévenir par Pegna, sans examiner bien la chose, il résolut de le faire châtier publiquement. On avoit coutume en ce temps-là, pour punir les écoliers scandaleux, et qui débauchoient leurs compagnons, d'assembler tout le collége dans une salle, au son de la cloche. Les régens venoient avec des verges à la main, et frappoient l'un après l'autre le coupable, en présence des écoliers; et ce châtiment se nommoit la Salle.

Le but de Pegna étoit de rendre Ignace, en quelque façon, infâme, pour empêcher les enfans d'honnête famille, d'avoir aucun commerce avec lui. L'affaire ne put être concertée si secrètement, entre le Professeur et le Principal, qu'Ignace n'en sut quelque chose par des gens du collége qui l'aimoient. La pensée seule d'une punition si honteuse le fit frémir; mais il étouffa d'abord ce mouvement naturel, et au lieu de disparoître, comme ses amis le lui conseilloient, ou du moins de ne point entrer dans le collége ce jour-là, il se présenta de lui-même, fort satisfait d'avoir rencontré une occasion de souffrir pour la justice.

Il lui vint toutefois en la pensée, que

les jeunes gens, qu'il avoit mis dans la bonne voie, pourroient être scandalisés de son humiliation, et quitter ensuite leurs saintes pratiques par respect humain; que ses paroles n'auroient plus de force, et qu'on le fuiroit comme un corrupteur de la jeunesse: qu'à la vérité, ce châtiment lui seroit utile, pour sa perfection particulière; mais qu'en voulant se perfectionner lui-même, il ne devoit rien faire qui pût nuire à l'avancement spirituel du prochain. Le zèle des âmes l'emporta sur l'amour de la Croix. Tandis que tout se préparoit pour l'exécution, Ignace alla trouver le Principal, qui n'étoit pas encore sorti de sa chambre; et suivant l'esprit intérieur qui le conduisoit, il lui exposa modestement ses raisons en ajoutant néanmoins, par un sentiment de générosité chrétienne, qu'il ne craignoit pas de souffrir par la cause de Jésus-Christ, et que les prisons d'Alcala et de Salamanque l'avoient préparé aux affronts les plus sanglans.

Govea, sans rien lui répondre, le prit par la main, et le conduisit dans la salle où tout le monde étoit rassemblé. Mais lorsqu'on attendoit le signal pour commencer, il se jeta aux pieds d'Ignace, et lui demanda pardon d'avoir cru légèrement de faux rapports. Après quoi se relevant, il dit tout haut: *C'est un Saint qui n'a en vue que le bien des âmes, et qui souffriroit avec plaisir les plus infâmes supplices.*

Une satisfaction si solennelle fit revenir les esprits, et rendit le nom d'Ignace fameux. Les personnes les plus considérables de l'Université voulurent le voir; entr'autres un Docteur nommé Martial, qui lia une amitié étroite avec lui, et qui en reçut tant de lumières sur les plus hautes vérités de la Religion, qu'il le reconnoissoit pour son maître, ne doutant pas qu'un écolier de philosophie, si éclairé dans les matières de la Foi, n'eût étudié en une autre école qu'en celle des hommes.

Le professeur Pegna, qui avoit excité toute la tempête, aima beaucoup Ignace depuis, et s'attacha extrêmement à cultiver son esprit. Pour cet effet, il chargea un pauvre garçon fort capable, nommé Pierre le Fèvre, de l'exercer en particulier, et de lui répéter les leçons qu'on avoit expliquées en classe. Le Fèvre étoit Savoyard, et demeuroit au collége de Sainte-Barbe avec François-Xavier, jeune gentilhomme de Navarre, mais peu fortuné, et presqu'aussi pauvre que le Fèvre. Ils avoient achevé tous deux leur cours de philosophie; et comme ils étoient bons amis, ils logeoient dans la même chambre. Ignace se mit avec eux pour la commodité de ses études; et il avança tellement, par les soins que le Fèvre prit, qu'étant au bout de son cours, qui fut de trois ans et six mois selon l'usage de ce temps-là, il fut reçu maître-ès-arts, après un examen très rigoureux, et commença ensuite sa théologie aux Jacobins.

Il sentit alors croître en lui le zèle des âmes, et il connut clairement qu'il étoit choisi de Dieu, pour établir une compagnie d'hommes apostoliques, et qu'il devoit choisir lui-même des compagnons dans l'Université de Paris; car il ne comptoit plus sur ceux qu'il avoit laissés à Barcelone. Quand il eut été volé par son compagnon de chambre, il leur fit savoir le mauvais état où ce vol le réduisoit, et il leur conseilla d'achever leurs études en Espagne : mais il fut bientôt informé qu'ils avoient pris d'autres mesures, et qu'ils ne songeoient plus à le suivre. De quatre qu'ils étoient, trois se jetèrent dans le monde, et finirent malheureusement.

Caliste, après avoir fait le voyage de la Terre Sainte, alla aux Indes Orientales, pour s'enrichir, et y mourut pauvre. Artiaga, auquel on promit un Évêché dans l'Amérique, passa les mers; et, lorsqu'il commençoit à jouir de l'établissement qu'il étoit allé chercher si loin, par un principe d'avarice et d'ambition, il s'empoisonna lui-même sans y penser. Cazéres étant retourné à Ségovie, qui étoit le lieu de sa naissance, et ayant mené une vie assez libertine, embrassa la profession des armes, et courut toute l'Europe en qualité de soldat. Il fut pris pour un espion en France et en Angleterre ; et il eut une fois si cruellement la question, qu'il demeura estropié le reste de ses jours. Le jeune Français, qui avoit été Page du Vice-Roi de Navarre, eut plus de conduite et plus de bonheur que les autres ; il se fit Religieux, et vécut doucement dans le cloître.

Le premier, sur qui Ignace jeta les yeux pour remplacer ses compagnons infidèles, fut Pierre Le Févre, dont nous venons de parler. Il trouva en lui des qualités excellentes ; un naturel doux, un esprit solide, beaucoup de prudence et de savoir, joint à beaucoup de simplicité et de modestie. Il ne lui découvrit pas néanmoins d'abord le dessein qu'il méditoit. Il se contenta de le porter au bien en général, ou plutôt de seconder les inclinations qui l'y portoient.

Il choisit de nouveaux compagnons.

Le Févre, tout chaste qu'il étoit, avoit des tentations très violentes, et il en pâtissoit d'autant plus, qu'ayant fait vœu de chasteté, dès son bas âge, l'ombre de l'impureté lui faisoit horreur. Il tâchoit de vaincre ces tentations importunes par des jeûnes continuels ; mais elles ne cessoient pas pour cela ; ou, si elles diminuoient un peu, il avoit des sentimens de vaine gloire, comme s'il eût vaincu par ses propres forces, et étoit après fort tourmenté de scrupules. Ne sachant un jour de quel côté se tourner, il s'ouvrit à son cher Ignace, et lui dit confidemment, qu'il avoit envie d'aller se cacher dans un désert, où il ne vît rien qui fît impression sur ses sens, et où il pût mater sa chair jour et nuit.

Ignace se connoissoit trop en scrupules, pour ne pas voir qu'une résolution si étrange étoit une tentation nouvelle. Afin de guérir le Fèvre, et de le gagner, en le guérissant, il lui fit entendre, que les lieux les plus solitaires n'étoient pas toujours des asiles contre les suggestions du malin esprit; que Saint Jérôme avoit retrouvé les Dames de Rome au milieu des déserts de la Palestine, et qu'on ne se défaisoit pas de son plus grand ennemi, en fuyant le monde, parce qu'on se portoit soi-même par tout; d'ailleurs que les macérations du corps, toutes seules, n'étoient pas des remèdes infaillibles contre les mouvemens de la chair; et qu'on avoit vu des hommes exténués de jeûnes, qui ne laissoient pas d'êtres sensibles aux attraits de la volupté.

Il s'appliqua ensuite à conduire son ami par les voies que l'usage qu'il avoit de la vie spirituelle, lui fit juger être les plus sûres. Il lui enseigna donc la pratique de l'examen particulier, si propre à éteindre les inclinations corrompues, qui révoltent la chair contre l'esprit. Il lui prescrivit la méthode des actes intérieurs de vertu, opposés directement à chaque tentation particulière; et cette méthode consiste à s'humilier, par exemple, dans la vue de son néant et de ses péchés, quand il vient une pensée de vaine gloire. Pour ce qui regarde les scrupules, il calma si bien la conscience de le Févre, qu'il le mit en état de faire une confession générale sans aucune peine.

Ayant guéri de la sorte ses infirmités spirituelles, il le forma peu-à-peu aux vertus solides, par les discours qu'il lui tint, et par les leçons qu'il lui fit de la perfection chrétienne : mais en l'instruisant, il prenoit des ménagemens avec lui; et quelqu'envie qu'il eût de le faire son premier compagnon, ce ne fut qu'après deux années d'épreuves, que, l'entretenant un jour des choses de Dieu, il lui dit, pour le sonder, qu'il avoit dessein d'aller au Levant, quand il auroit achevé sa théologie, et de s'employer tout-à-fait à la conversion des Infidèles : car le mauvais succès de son voyage de Jérusalem ne l'avoit point rebuté, et il s'imaginoit toujours que Dieu vouloit se servir de lui dans la Terre-Sainte.

Le Févre, qui délibéroit depuis quelque temps sur la profession qu'il devoit choisir, prit feu aussitôt; et, comme si le Saint-Esprit l'eût déterminé au même moment, embrassant Ignace de tout son cœur : *je vous suivrai*, lui dit-il, *et je vous suivrai jusqu'à la mort*. Néanmoins avant que de s'engager tout-à-fait, il voulut faire un voyage en son pays. Il étoit d'un village qui s'appelle Villaret, et qui est du diocèse de Genève. Il avoit gardé les moutons en son bas âge; mais la passion qu'il eut d'apprendre la langue latine, lui fit quitter les exercices de la vie champêtre. Après avoir fait ses premières études sous un maître d'une petite ville voisine, qui étoit un très-saint homme, il fut envoyé à Paris, par le conseil de Don Georges Le Févre, son proche parent, et Prieur d'une Chartreuse de Savoye.

Durant l'absence de Le Févre, Ignace entreprit de gagner Xavier, qui enseignoit la Philosophie. Xavier avoit l'esprit beau, l'humeur agréable, l'âme noble, et les mœurs très-pures; mais il était naturellement un peu vain, et aimoit l'éclat. Comme sa noblesse, la beauté de son esprit, le succès de ses études, lui enfloient le cœur, nonobstant le mauvais état des affaires de sa maison, il prétendoit s'avancer dans le monde, par la voie des dignités ecclésiastiques; et selon la coutume des ambitieux, qui se repaissent de chimères, il se bâtissoit en idée de hautes fortunes, sur les moindres apparences. Ignace comprit qu'un génie du caractère de Xavier, étant tourné au bien, pourroit faire de grandes choses pour Dieu, mais qu'il n'étoit pas aisé de le réduire.

En effet, ce fonds de vanité et d'orgueil rendit inutiles les premiers discours d'un homme, qui ne parloit que du mépris des grandeurs mondaines. On ne l'écouta presque pas, et on se moqua de lui, au lieu de le croire. Ignace ne se rebuta de rien. Pour s'insinuer peu à peu dans l'esprit du jeune Professeur, il le louoit de ses talens naturels, se réjouissoit avec lui de sa réputation, lui applaudissoit en public sur la subtilité de ses réponses, et s'empressoit même à lui chercher des auditeurs et des écoliers.

Mais le zèle d'Ignace ne se renferma pas dans le collége de Sainte-Barbe : il commençoit à parler français, et il ne craignoit plus tant que les œuvres de piété fissent tort à ses études. On ne sauroit dire de combien d'expédiens il se servit pour la conversion des pécheurs. Un homme de sa connoissance étoit éperdûment amoureux d'une femme, qui demeuroit dans un village proche de Paris, et il avoit avec elle un mauvais commerce. Ignace employa toutes les raisons divines et humaines pour le guérir d'une passion si honteuse : mais ses remontrances ne firent rien sur un esprit que les plaisirs de la chair avoient aveuglé ; et,

Il convertit diverses personnes.

sans le remède étrange qu'il imaginât, le mal étoit incurable.

Ayant appris quel étoit le chemin que tenoit cet homme, pour aller voir la femme qui étoit la cause de sa perte, il va l'attendre auprès d'un étang, que le froid de la saison avoit presque tout glacé. Il se dépouille, dès qu'il l'apperçoit de loin; et s'étant mis dans l'eau jusqu'au cou : *Où allez-vous, malheureux*, lui crie-t-il, quand il le voit approcher, *où allez-vous ? N'entendez-vous pas la foudre qui gronde sur votre tête ? Ne voyez-vous pas le glaive de la justice divine prêt à vous frapper ? Hé bien !* poursuit-il d'une voix terrible, *allez assouvir votre passion brutale, je souffrirai ici pour vous jusqu'à ce que la colère du Ciel soit apaisée.* L'impudique, effrayé de ces paroles, et ravi en même temps de la charité d'Ignace, dont il reconnut la voix, commença à ouvrir les yeux, eut honte de son péché, et retourna sur ses pas, dans le dessein de changer tout-à-fait de vie.

Ignace usa d'une autre industrie, à l'égard d'un Religieux qui étoit Prêtre, mais qui déshonoroit sa profession et son caractère par une conduite scandaleuse.

Il alla le trouver un dimanche matin, se confessa à lui, et sous prétexte de se mettre l'esprit en repos, lui fit une confession générale. Tandis que le pénitent s'accusoit de tous ses anciens désordres, avec une douleur très-sensible, le confesseur se reprochoit intérieurement sa vie déréglée, et d'autant plus criminelle, que les péchés d'un Religieux sont plus énormes, que ceux d'un homme du monde.

Il se reprochoit aussi sa dureté, voyant Ignace fondre en larmes; mais son cœur s'amollit enfin, et avant que la confession fût achevée, il se sentit lui-même touché d'une véritable pénitence. Il communiqua sa disposition à Ignace; et lui demanda du secours, pour sortir de l'abîme où le libertinage l'avoit jeté. Ignace fit faire à ce Religieux les Exercices spirituels, et le remit peu à peu dans le chemin de la perfection.

Étant un jour allé voir un honnête homme pour une affaire de charité, il le trouva qui jouoit au billard. C'étoit un Docteur en Théologie, illustre par sa naissance et par son savoir; assez réglé dans ses mœurs, mais peu dévot, et plus occupé des affaires du siècle, que de son avancement spirituel. Le Docteur invita Ignace à jouer: il s'excusa sur ce qu'il ne savoit pas le jeu; mais étant pressé, comme sa vertu n'avoit rien de dur, ni de farouche: *Que jouerons-nous*, dit-il agréablement au Docteur? *Il n'appartient pas à un pauvre comme moi, de jouer de l'argent; et il n'y a point de plaisir à ne jouer rien. Voici,* ajouta-t-il, *le tempérament qui me vient en l'esprit: si je perds, je vous servirai un mois entier, et ferai exactement tout ce que vous me commanderez: et si vous perdez, vous ferez seulement une chose que je vous dirai.* Le Docteur, qui vouloit se réjouir, accepta la condition sans hésiter. Ils jouèrent, et Ignace gagna, lui qui n'avait jamais manié de billard. Le Docteur, qui reconnut en cela quelque chose d'extraordinaire et de mystérieux, voulut obéir à Ignace. Il fit sous sa conduite les Exercices spirituels pendant un mois; mais il en profita de telle sorte, qu'il devint un homme intérieur.

Parmi ceux qu'Ignace avoit engagés dans la piété, il y en eut un qui se relâcha et qui fut même sur le point d'oublier Dieu tout-à-fait. Le Saint n'épargna ni avertissemens, ni exhortations pour ranimer la vertu de son disciple : mais n'ayant pu rien obtenir, il passa trois jours sans boire ni manger, pleurant au pied des Autels, et priant sans cesse. Son jeûne, ses larmes, ses prières attirèrent la bénédiction du Ciel, et rendirent l'esprit de ferveur à celui pour qui il fit pénitence.

Ignace s'occupoit encore aux œuvres de miséricorde dans les hôpitaux. Il aida un jour à panser un malade tout couvert d'ulcères, et qui avoit une espèce de maladie contagieuse. Comme il le toucha à diverses reprises, il craignit que sa main n'eût pris le mal; et cette crainte le refroidit un peu pour ces sortes de bonnes œuvres : mais ayant reconnu sa foiblesse, il s'en voulut beaucoup; et il se fit des reproches fort aigres là-dessus, jusqu'à se dire, en se mettant la main dans la bouche : *Puisque tu es si en peine pour une partie, que ne feras-tu point pour tout le corps ?* Il surmonta ainsi sa peur, et retourna aux actions de charité avec une ardeur toute nouvelle.

Cependant Le Févre revint de Savoye, tout disposé à n'avoir plus d'autre père qu'Ignace, après s'être dégagé des liens de la chair et du sang. Quoiqu'Ignace lui trouvât un esprit mûr, et une vertu solide, il voulut l'éprouver encore, et le fortifier par les Exercices spirituels, avant que de lui confier toutes ses pensées. Le Févre fit sa retraite au cœur de l'hiver, et hors du collége de Sainte-Barbe, dans une maison de la rue Saint-Jacques, où Ignace loua exprès une chambre. L'ardeur que sentoit le solitaire durant ces méditations, l'obligeoit souvent à descendre dans une petite cour, pour prendre l'air. Il y demeuroit quelquefois des heures entières, et y passoit même une partie de la nuit. Il jeûna six jours de suite, sans prendre d'autre nourriture que l'Eucharistie; et il eût continué son abstinence, jusqu'où ses forces eussent pu aller, si Ignace, le voyant extrêmement abattu, ne lui eût ordonné de manger.

Le Févre connut pendant sa retraite, que le Ciel l'avoit destiné à être compagnon d'Ignace. Aussi, dès qu'il fut retourné au collège de Sainte-Barbe, il mena une vie si sainte et si édifiante, qu'Ignace ne fit plus de difficulté de s'ouvrir à lui entièrement. Il lui déclara le grand dessein qu'il avoit d'assembler des ouvriers évangéliques, pour travailler avec eux au salut des âmes; et dès-lors il le regarda comme son fils bien-aimé en Jésus-Christ.

D'un autre côté, les complaisances et les bons offices d'Ignace avoient rendu Xavier, plus docile. Le changement de le Févre lui fit faire des réflexions qu'il n'avoit point encore faites, et l'ébranla fort. Il apprit en même temps qui étoit Ignace; et ses discours lui parurent depuis bien plus raisonnables, comme si la splendeur de sa naissance leur eût donné de l'autorité.

Ignace qui observoit tous les mouvemens de Xavier, le voyant un jour disposé à l'écouter, le pressa plus vivement que jamais. *Xavier*, lui dit-il, *que sert à l'homme de gagner tout l'univers, et de perdre son âme? S'il n'y avoit point d'autre vie que la vie présente, ni d'autre gloire que celle du monde, vous auriez raison de ne songer qu'à paroître, et à vous élever parmi les hommes: mais s'il y a une Éternité comme il y en a une assurément, à quoi pensez-vous de borner ici vos désirs ; et pourquoi préférez-vous ce qui se passe comme un songe, à ce qui ne finira jamais ? Croyez-moi,* ajouta-t-il, *les vains honneurs de la terre sont trop peu de chose pour un cœur aussi généreux que le vôtre. Le seul Royaume du Ciel est digne de vous. Je ne prétend pas éteindre l'ardeur que vous avez pour la gloire, ni vous inspirer de bas sentimens : soyez ambitieux, soyez magnanime ; mais portez votre ambition plus haut, et faites paroître la grandeur de votre âme, en méprisant tout ce qui est périssable.*

Dans la disposition où étoit Xavier, il ne put tenir contre des raisons si fortes et si engageantes. Après avoir un peu combattu avec lui-même, à la fin il se rendit, et se fit disciple d'Ignace. Sa classe ne lui permit pas de faire les Exercices spirituels avant les vacances ; mais les entretiens d'Ignace et de le Févre lui tinrent lieu de retraite.

Un Espagnol de basse naissance et d'assez méchante vie, nommé Michel Navarre, qui avoit beaucoup d'attachement pour Xavier, ne put souffrir un changement qui rompoit tout leur commerce. Il s'en prit à celui qui en étoit l'auteur, et il crut que la mort d'Ignace lui rendroit ce que ses discours insinuans lui avoient fait perdre. Résolu donc de le tuer, il appliqua la nuit une échelle à la fenêtre de sa chambre : mais lorsqu'il montoit, il entendit une voix menaçante qui lui dit : *Où vas-tu, malheureux, et que veux-tu faire ?* Il se retira tout tremblant, et reconnut l'horreur de son crime.

La conquête, dont nous venons de parler, et qui coûta si cher à Ignace, fut suivie d'une autre, qui ne lui donna nulle peine. Deux jeunes hommes, d'un génie extraordinaire, s'attachèrent tout d'un coup à lui. L'un, appelé Jacques Laynez, et né à Almazan, dans le diocèse de Siguence, étoit âgé de vingt un ans au plus ; l'autre, nommé Alphonse Salmeron, et qui étoit des environs de Tolède, n'avoit que dix-huit ans : il savoit néanmoins parfaitement le grec et l'hébreu. Ils avoient tous deux fait leur philosophie à Alcala, et ils y avoient entendu parler d'Ignace, comme d'un Saint. L'envie de le voir, et de se mettre sous sa conduite, les fit venir à Paris autant que l'amour de la science.

Le hasard voulut, ou plutôt la Providence permit, que ce fût le premier homme qu'ils rencontrèrent en entrant dans la ville. L'air de sagesse et de sainteté qui paroissoit sur son visage, frappa tellement Laynez, qui ne l'avoit jamais vu, qu'il ne douta pas que ce ne fût lui. Ils l'abordèrent l'un et l'autre, et ils furent ravis de trouver celui qu'ils cherchoient. Ignace, qui sembloit être allé au-devant d'eux, les embrassa comme des Anges envoyés du Ciel, et les reçut de bon cœur au nombre de ses disciples. Ils passèrent par l'épreuve des Exercices spirituels, et ils sortirent de leur retraite si animés du zèle des âmes, qu'ils ne respiroient que les travaux de la vie apostolique.

Un autre Espagnol, nommé Nicolas Alphonse, et surnommé Bobadilla, du lieu de sa naissance, qui est un village proche de Palence dans le Royaume de Léon, fut appelé au même emploi, mais d'une manière différente. C'étoit un pauvre garçon, de très bon esprit, et qui avoit enseigné la philosophie à Valladolid, avant que de venir en France. Sa pauvreté l'obligea plus d'une fois d'avoir recours à Ignace qui avoit de quoi vivre honnêtement par les charités qu'on lui faisoit de toutes parts, et qui assistoit les écoliers nécessiteux.

Ignace reconnut de rares talens en Bobadilla; et se souvenant que des pauvres avoient été choisis du Fils de Dieu pour publier l'Evangile, il crut que celui-là seroit un bon ouvrier évangélique. Il l'attira peu à peu par les discours spirituels qu'il lui tenoit, avant que de lui donner l'aumône; et l'ayant éprouvé dans la retraite comme les autres, il le fit son cinquième compagnon.

Le sixième fut un gentilhomme Portu‑
gais, appelé Simon Rodriguez d'Az‑
vedo, très bien fait et très ingénieu[x].
Dieu le prévint dès son enfance, par [le]
don d'une pureté angélique; et son pè[re]
au lit de la mort, le voyant entre l[es]
bras de sa mère: *Cet enfant*, dit-il, *rendr[a]
un jour de grands services à la Reli‑
gion.*

Rodriguez étudioit à Paris depuis quel‑
ques années, et étoit entretenu dans s[es]
études par le roi de Portugal. Il connois‑
soit Ignace avant que Laynez, Salmero[n]
et Bobadilla le connussent; mais il ne s[e]
mit sous sa direction qu'après eux. [Il]
avoit eu de tout temps, je ne sais quell[e]
ardeur pour la conversion des infidèles, [et]
il souhaitoit faire un voyage à la Terre
Sainte. Ignace, qui remarqua en lui de[s]
mouvemens conformes à ceux qu'il avoi[t]
lui-même, voulut le gagner, sans se dé‑
couvrir. Mais voyant que la pensée d[u]
voyage de Jérusalem l'empêchoit de s'en
gager, il lui déclara ce qu'il avoit déclar[é]
à le Févre; et au même instant, Rodrigue[z]
se livra aveuglément à Ignace.

Quoique le choix de ces six personne[s]
fut fort heureux, et promit quelque chos[e]
d'extraordinaire, Ignace jugea que, s'il[s]
ne se proposoient tous le même but, il[s]
ne feroient rien. D'ailleurs, rappelant e[n]
sa mémoire l'inconstance de ses premier[s]
compagnons, et faisant réflexion sur l[a]

légèreté de l'esprit humain, il se persuada que quelque bonnes que fussent les volontés de ses nouveaux disciples, il étoit nécessaire de les fixer par des engagemens indispensables.

C'est pourquoi, les ayant assemblés un jour, après leur avoir fait faire à chacun des prières et des jeûnes, pour connoître ce que Dieu demandoit d'eux, il leur dit que son dessein étoit d'imiter Notre-Seigneur Jésus-Christ, le plus parfaitement qu'il pourroit ; que ce Dieu-Homme n'avoit eu en vue, dans tout le cours de sa vie, que la rédemption des hommes ; que, pour le suivre de près, il prétendoit travailler à sa propre perfection, et au salut du prochain ; qu'il n'ignoroit pas que la solitude avoit quelque chose de plus doux, mais que tout devoit céder aux intérêts de la gloire de Dieu ; qu'au reste, en perdant un peu de repos, on gagnoit une infinité de grâces et de mérites ; et qu'après tout, il n'importoit pas qu'on gagnât ou qu'on perdît, pourvu qu'on sauvât des âmes ; que les Apôtres avoient vécu de la sorte, à l'exemple de leur Maître ; et que ce genre de vie étoit sans difficulté le plus noble et le plus parfait.

Il propose à ses compagnons le dessein qu'il a de travailler au salut des âmes.

Il ajouta qu'ayant considéré tous les pays où l'on pouvoit procurer la gloire de Dieu et le salut du prochain, il n'en voyoit point qui offrît une plus riche moisson, ni qui fût plus abandonné, et qui méritât moins de l'être, que la Palestine; qu'étant sur les lieux, il n'avoit pu voir sans douleur, cette terre où Notre Seigneur a racheté le genre humain, devenue esclave des Infidèles; qu'il brûloit d'envie d'y retourner, et qu'il s'estimeroit très heureux de verser son sang pour la Foi, dans une contrée qui avoit été sanctifiée par celui d'un Dieu. Il disoit cela avec tant d'ardeur, que son visage en étoit tout enflammé. Il finit par dire, qu'en attendant un temps propre pour l'exécution de son dessein, il vouloit s'obliger, par un vœu exprès, et à faire le voyage de Jérusalem, et à renoncer entièrement aux choses du monde.

A peine eut-il achevé de parler, que tous déclarèrent, d'un commun accord, qu'ils avoient les mêmes pensées et les mêmes intentions que lui, soit que son discours les eût persuadés, ou qu'ils fussent tous en même temps inspirés de Dieu. Après quoi le reconnoissant pour leur père, et s'embrassant tendrement les uns les autres, ils se promirent de ne se quitter jamais.

Avant que de sortir du lieu où ils s'étoient assemblés, il leur vint un doute, si, au cas qu'ils ne pussent passer en la Terre Sainte, ils porteroient l'Evangile ailleurs. La chose ayant été examinée, ils convinrent, selon l'avis qu'ouvrit Ignace, que si, s'étant rendus à Venise, il ne se présen-

Livre II.

oit aucune commodité pour leur embar-
quement, dans l'espace d'une année, ils se
tiendroient quittes de leur vœu à l'égard
de la Palestine, mais qu'ils iroient offrir
leurs services au Vicaire de Jésus-Christ,
pour aller en quel pays de la terre il lui
plairoit de les envoyer.

Cependant, parce que la plupart d'entr'eux n'avoient pas achevé leur théologie, Ignace fut d'avis qu'ils ne précipi-
assent rien : car il étoit persuadé que les
grandes entreprises devoient être établies
sur des fondemens solides, et qu'il y auroit de la témérité à s'engager dans le ministère évangélique, sans une exacte connoissance de la Religion.

Néanmoins, afin que chacun prît bien
ses mesures, il jugea à propos de marquer
un temps certain pour le reste de leurs
études, et il leur donna depuis le mois
de Juillet de l'année 1534, qui étoit le
mois courant, jusqu'au 25 de Janvier de
l'année 1537. Il jugea aussi qu'il ne devoit
pas laisser refroidir leur ferveur, et qu'il
étoit bon de les obliger au plutôt par le
vœu qu'il leur avoit proposé.

Il ne remit donc pas la chose plus loin *Ignace*
qu'au quinzième d'Août, que se solennise *et ses com-*
pagnons
fête de l'Assomption de Notre-Dame. *font leurs*
Mais afin que cela se fît avec toute la dé- *premiers*
vœux à
votion et toute la dignité qui convenoit *Mont-*
à une action de cette nature, il choisit *martre.*
Montmartre pour le lieu de la cérémonie.

C'est un monastère proche de Paris, sur une montagne consacrée par le sang des Martyrs, d'où elle a tiré son nom.

Ils s'y rendirent tous ensemble le jour de la fête. Pierre le Fèvre, qui avoit reçu l'Ordre de Prêtrise depuis sa retraite, leur dit la Messe, et les communia de sa main, dans une chapelle souterraine, où l'on croit que l'Apôtre de la France, Saint Denis, fut décapité, et qui est appelée, pour cela, dans les anciens titres, *la Chapelle du Saint Martyr*.

Après avoir reçu le corps de Notre-Seigneur, ils firent tous vœu, d'une voix haute et distincte, d'entreprendre, dans le temps prescrit, le voyage de Jérusalem, pour la conversion des Infidèles du Levant; de quitter tout ce qu'ils possédoient au monde, hors ce qu'il leur faudroit pour gagner la Terre-Sainte; et, au cas qu'ils ne pussent y entrer, ou y demeurer, d'aller se jeter aux pieds du Pape, ainsi qu'ils en étoient convenus. Ils s'obligèrent même à n'exiger rien pour leurs fonctions, non-seulement afin d'être plus libres dans leur ministère, mais encore afin de fermer la bouche aux Luthériens, qui accusoient les ministres Ecclésiastiques de s'enrichir par la dispensation des choses saintes.

Au reste, ce ne fut pas sans un dessein particulier de la Providence, que, parmi tant de lieux de piété qui sont aux environs de Paris, ce nouveau Patriarche choisit Montmartre pour y jeter les fondemens de son Ordre. Le Ciel, qui lui en inspira la pensée, lui fit connoître sans doute qu'une Compagnie, qui devoit un jour répandre son sang pour l'honneur de Jésus-Christ, et être persécutée de toutes les manières dont l'avoit été l'Eglise, ne devait prendre sa naissance que dans le Sépulcre des Martyrs.

Ce ne fut pas aussi sans mystère, qu'on prit le jour d'une fête de Notre-Dame pour une action si importante. Il falloit que la Société, qui devoit porter le nom de Jésus, naquît sous les auspices de Marie, et que la Reine des Vierges fût la protectrice d'un ordre qui fait profession d'une pureté angélique.

Ce pas étant fait, Ignace mit tous ses soins à entretenir la ferveur de ses compagnons, et à les lier ensemble étroitement. Il leur prescrivit à tous les mêmes pratiques de piété ; de faire certaines méditations et certaines pénitences chaque jour ; de tenir entr'eux des discours spirituels ; de lire le livre de l'Imitation de Jésus-Christ ; d'examiner leur conscience plusieurs fois dans la journée ; de se confesser, et de communier tous les Dimanches et toutes les Fêtes. Mais, de peur que leurs dévotions ne nuisissent à leurs études, ou que leurs études ne fissent tort à leurs dévotions, il régla lui-même le temps des unes et des autres. De crainte

Il s'applique à former ses compagnons.

aussi qu'ils ne se relâchassent insensiblement de leur première ferveur, nonobstant toutes ces précautions, il s'avisa d'un expédient tout nouveau, et qui fut de leur faire renouveler leurs vœux les années suivantes, le même jour de l'Assomption, et avec la même cérémonie.

Il les exhortoit continuellement à s'aimer, et à vivre en frères ; et parce qu'ils ne demeuroient pas tous dans le même logis, il les obligeoit de se voir souvent, d'aller se promener ensemble, et de faire même quelquefois de petits repas, qui liassent leurs cœurs de plus en plus, conformément aux Agapes des premiers chrétiens ; et il ne manquoit pas d'en être, quand ses occupations du dehors le lui permettoient.

Il y avoit dès ce temps-là, dans Paris, plusieurs personnes qui se sentoient des nouvelles hérésies. François I, qui vouloit rétablir les Lettres en France, faisoit venir, de tous côtés, des hommes savans. Quelques-uns venus d'Allemagne, pour remplir les chaires de Professeurs des langues grecque et hébraïque, répandirent le Luthéranisme dans l'Université. La Reine de Navarre, qui avoit été séduite par Roussel, Evêque d'Oléron, partisan secret de Luther, favorisoit les Luthériens à la Cour, et y faisoit valoir leurs erreurs. D'un autre côté, les Sacramentaires, qui tâchoient de s'introduire dans le Royaume, semoient partout des libelles contre le Saint Sacrement, jusqu'à oser en afficher aux portes du Louvre ; et Calvin, revenu de Bourges, où, pendant ses études de Droit, l'Allemand Volmar lui donna les premières notions du nouvel Evangile, avoit déjà publié la doctrine de Luther et celle de Zuingle.

Quoique le Roi eût horreur de l'hérésie, comme il le fit paroître, et en protestant que, si son bras étoit infecté de cette peste, il le couperoit aussitôt, et en condamnant au feu les auteurs des libelles sacriléges ; les nouveautés ne laissèrent pas d'avoir cours, et de s'établir peu-à-peu. L'emploi principal d'Ignace étoit alors de confirmer les Catholiques dans leur ancienne croyance, et de faire connoître la vérité aux hérétiques déclarés. Il fit revenir bien des gens qui avoient abjuré la Foi, et il les mena à l'Inquisiteur, pour être réconciliés avec l'Eglise.

Mais tandis qu'Ignace travailloit à étouffer, dans Paris, les erreurs naissantes, il n'oublioit pas ses chers enfans en Jésus-Christ : il les offroit tous les jours à Dieu, et s'offroit lui-même en sacrifice pour eux.

Il avoit coutume de se retirer dans Notre-Dame des Champs, qui est présentement l'Eglise des Carmélites du Faubourg Saint-Jacques ; et il vaquoit là, des journées entières, à la contemplation des choses divines. Il se retiroit aussi quelquefois dans une carrière de Montmartre, profonde et obscure, qui lui représentoit sa caverne de Manrèse; et c'est en ce lieu qu'il traitoit son corps plus cruellement.

Ces nouvelles austérités ruinèrent ses forces et augmentèrent les douleurs d'estomac qui l'avoient repris; de sorte qu'il tomba en peu de temps dans une grande langueur, qui ne lui permettoit pas de s'appliquer à aucun exercice, ni de piété, ni d'étude. Comme sa santé avoit été assez mauvaise depuis qu'il étoit en France, et que les remèdes ne le soulageoient nullement, les médecins jugèrent que l'air de Paris ne lui valoit rien, et qu'il n'y avoit que son air natal qui pût le remettre. Ses compagnons, qui avoient d'autant plus d'inquiétude de son mal, qu'il s'en soucioit moins, se joignirent tous ensemble, pour le conjurer de suivre l'avis des médecins; et ils le pressèrent si fort, que, quelque peine qu'il eût à s'éloigner d'eux, il s'y résolut. Mais d'autres raisons que celles de sa santé, n'aidèrent pas peu à le déterminer.

Xavier, Salmeron et Laynez avoient des affaires domestiques, qui les obligeoient d'aller en Espagne, avant que de renoncer à leurs biens. Il craignit que ce voyage n'ébranlât leur vocation; et que, tout fervens qu'ils étoient, ils n'eussent pas la force de résister aux caresses et aux larmes de leurs familles. Ainsi, pour ne pas exposer la vertu de ces trois jeunes hommes, dont il se promettoit de grandes choses, il crut devoir se charger de leurs affaires, et les expédier lui-même. Il pensa d'ailleurs, qu'ayant donné dans sa jeunesse tant de mauvais exemples à tout son pays, il étoit bon de réparer le scandale, et de montrer au moins à ses parens, combien, par la miséricorde de Dieu, il méprisoit les grandeurs du monde.

Lorsqu'il se disposoit à partir, quelques gens mal intentionnés publièrent dans la ville, qu'Ignace et ses compagnons avoient bien la mine de tenir un peu des nouveautés d'Allemagne ; qu'un genre de vie si austère marquoit, dans des jeunes hommes, l'entêtement de l'hérésie ; et qu'une liaison si étroite, entre des personnes d'un caractère si différent, ne pouvoit venir que d'un esprit de cabale. Ignace fut averti du bruit qui couroit, et sut même qu'on l'avoit accusé tout de nouveau devant l'Inquisiteur Matthieu Ori. L'accusation principale tomboit sur le livre des Exercices, où ses ennemis prétendoient que tout le venin de sa doctrine étoit renfermé, et qu'ils appeloient le Livre mystérieux.

Il est déféré tout de nouveau à l'Inquisiteur.

Comme il jugea que la bonne réputation étoit nécessaire aux Prédicateurs de l'Evangile, et qu'il craignoit que son départ ne fût pris pour une fuite, s'il partoit avant que d'être justifié, il alla trouver l'Inquisiteur, et il le pria non-seulement d'examiner bien l'affaire, mais de prononcer une sentence dans les formes. *Quand j'étois seul*, lui dit-il, *je méprisois ces calomnies ; mais maintenant que j'ai des compagnons, et que je suis appelé avec eux aux fonctions évangéliques, je dois avoir soin de leur honneur et du mien.*

L'Inquisiteur, qui savoit par sa propre expérience, combien Ignace étoit éloigné de l'hérésie, et qui ne trouvoit rien en sa conduite que de régulier, lui dit qu'il n'avoit pas écouté ses accusateurs, tant leurs accusations avoient peu de fondement et d'apparence. Il désira néanmoins voir le livre des Exercices, moins pour l'examiner, que pour le lire. Il le lut, et il en fut si charmé, qu'il pria Ignace de trouver bon qu'il le transcrivît pour son profit particulier, et pour l'avancement spirituel des personnes qu'il conduisoit. Ignace le lui permit : mais ne se contentant pas de ces témoignages, qui n'étoient pas authentiques, et voulant laisser à ses disciples une réputation nette, il se rendit un jour chez l'Inquisiteur, avec un notaire et deux ou trois Docteurs de Sorbonne. Il le supplia, en leur présence, de lui donner une attestation par écrit, qui fît foi qu'on l'avoit accusé injustement, et que le livre des Exercices ne contenoit aucune mauvaise doctrine. L'Inquisiteur n'eut pas de peine à faire ce que désiroit Ignace ; mais il orna son attestation de tant de louanges, qu'Ignace en demeura confus.

Rien ne l'empêchant plus de partir, il prit congé de ses compagnons, après les avoir exhortés plus d'une fois à la constance, et leur avoir recommandé d'obéir à Pierre Le Févre, qui seul étoit Prêtre parmi eux, et qu'ils honoroient tous comme leur aîné. Il convint avec eux, avant son départ, qui fut au commencement de l'année 1535, qu'ayant recouvré sa santé, et terminé ses affaires, il iroit les attendre à Venise, et qu'eux partiroient le 25 de Janvier de l'année 1537, pour l'y venir joindre. Sa foiblesse ne lui permit pas de faire son voyage à pied. Il le fit sur un cheval, que ses compagnons lui achetèrent ; mais à peine eut-il passé les Pyrénées, et respiré l'air de Guypuscoa, qu'il sentit revenir ses forces.

Il retourne en son pays.

Etant à deux lieues de Loyola, il fut reconnu par Jean d'Equibar, qui l'y avoit vu autrefois, et qui y avoit beaucoup d'habitude. Cet homme arriva à l'hôtellerie un peu après Ignace, et demanda au maître du logis, en arrivant, s'il n'avoit personne. Le maître dit qu'il n'avoit qu'un cavalier assez mal en ordre, mais qui avoit très bon air, et qui, à son accent, paroissoit être du pays. Equibar eut la curiosité de le voir. On lui dit que le cavalier s'étoit enfermé dans sa chambre : il le regarda par les fentes de la porte, et le vit qui prioit Dieu à genoux, avec un profond recueillement. Il se le remit aussitôt ; et l'ayant bien considéré, il ne douta pas que ce ne fût le frère de dom Garcie, Seigneur de Loyola : car, quoique Ignace fût assez changé par ses pénitences et par ses maladies, il avoit des traits si marqués, et une physionomie si particulière, qu'il étoit aisé à reconnoître.

Equibar remonta à cheval au même instant, pour porter à Loyola une nouvelle si surprenante. Dom Garcie, qui avoit entendu dire depuis peu de jours, que son frère Ignace menoit en France une vie très sainte, fut ravi de le retrouver. Il eut la pensée d'aller au-devant de lui, avec tout son train, et de lui faire une réception magnifique ; mais craignant de l'effaroucher, il se contenta de lui envoyer un Ecclésiastique de grande réputation, pour lui témoigner, par avance, la joie qu'il avoit de son retour. Ignace reçut bien le compliment de son frère, mais il renvoya l'Ecclésiastique qui vouloit l'accompagner ; et, au lieu de prendre le chemin de Loyola, il prit, par les montagnes, celui de la ville d'Azpetia, qui en est fort proche. On y savoit déjà la venue d'Ignace, et tout le clergé s'étoit assemblé pour aller lui rendre ses devoirs en cérémonie : de sorte qu'en approchant de la ville, il rencontra la procession qui le cherchoit. Il s'en sauva comme il put, et se retira dans l'hôpital de la Magdelène. Son frère et ses neveux y accoururent, et le conjurèrent de venir loger au château, lui disant que c'étoit sa maison, et qu'il y seroit le maître. Il leur répondit que, depuis qu'il avoit changé de vie, il ne pensoit point avoir de maison au monde, et qu'il ne vouloit être que le serviteur des pauvre.

Ne pouvant le retirer de l'hôpital, ils lui envoyèrent un beau lit, et les meilleurs plats de leur table : mais bien loin de coucher dans ce lit, il coucha toujours sur la terre, jusqu'à ce qu'on lui eût donné un lit de pauvre. Néanmoins, afin qu'on ne s'imaginât rien qui pût lui être avantageux, il remuoit et renversoit tous les matins le lit dont il ne se servoit pas. Pour les plats qui venoient tous les jours du château, il en régaloit les malades, sans y toucher, et alloit demander son pain parmi la ville. Il vécut ainsi avec les pauvres, et en pauvre, pendant trois mois qu'il demeura à Azpetia, et dans tout ce temps, il n'alla voir sa famille qu'une seule fois, encore ne fut-ce que parce que sa belle-sœur l'en supplia à genoux, par la passion de Notre Seigneur Jésus-Christ. Il ne parla, durant sa visite,

La vie qu'il mène dans son pays.

que de la vanité des choses humaines et de l'aveuglement des hommes du monde. Comme il ne vint que le soir, il coucha au Château, mais il y coucha sur la dure : il passa même une partie de la nuit en prières, et s'en retourna à l'hôpital de grand matin.

La vue des lieux où il avoit mené une vie mondaine, lui inspira la pensée de renouveler ses anciennes pénitences. Il prit un rude cilice, se ceignit les reins d'une grosse chaîne de fer, maltraita son corps toutes les nuits, avec d'autant plus de rigueur, que sa santé étoit rétablie : mais pour n'être pas inutile au prochain, il se mit à enseigner la doctrine chrétienne aux enfans.

Dom Garcie, qui étoit un sage mondain, et qui regardoit avec les yeux de la chair toutes les actions de son frère, ne pouvoit souffrir qu'un homme, qui portoit le nom de Loyola, vécut d'une manière si abjecte, et il lui en faisoit des reproches continuels. Il avoit même du chagrin de le voir éternellement parmi une troupe d'enfans; et d'abord qu'Ignace voulut faire le catéchisme, il tâcha de l'en détourner, en lui disant que personne ne viendroit l'entendre. *Quand il ne viendroit qu'un seul enfant au catéchisme*, repartit Ignace, *ce seroit pour moi un assez grand auditoire.*

Outre cela, il prêchoit tous les Dimanches et deux ou trois jours de la semaine. Les Eglises ne pouvant contenir la foule du peuple, il fut obligé de faire ses sermons en pleine campagne. Une infinité de gens des autres villes de la province y accouroient, et plusieurs montoient sur les arbres pour le voir.

La première fois qu'il prêcha, il dit à ses auditeurs, qu'une des raisons qui l'avoient obligé de revenir, après une absence de plusieurs années, c'étoit pour mettre sa conscience en repos sur un péché de sa jeunesse, et pour faire satisfaction à une personne du pays. La personne dont il parloit étoit présente, et il l'avoit remarquée Il raconta donc, qu'un jour étant entré dans un jardin, avec deux jeunes gens aussi fous que lui, ils volèrent quantité de fruits, et firent beaucoup de dégat; qu'un pauvre homme fut accusé du larcin, mis pour cela en prison, et condamné à réparer le dommage. Il ajouta ensuite, élevant la voix : *Que toute l'assemblée sache, qu'afin que l'innocent, qui a souffert l'injustice, ait de quoi se dédommager, je lui donne deux métairies qui m'appartiennent.* Il l'appela tout haut par son nom, et lui demanda pardon publiquement.

Un prédicateur, qui agit de la sorte, persuade aisément. Dès qu'il eut prêché contre le luxe et l'immodestie des femmes, on vit disparoître la richesse des habits, les ajustemens peu honnêtes, et les nudités de gorge, si communes en Espagne. Le jour qu'il parla contre le jeu, tous les joueurs jetèrent les cartes et les dez dans la rivière, ainsi qu'il l'avoit recommandé, et personne de la ville n'en mania pendant plus de trois ans. Ayant entrepris d'expliquer les dix commandemens de Dieu, durant les dix jours qui sont entre l'Ascension et la Pentecôte, pour préparer les fidèles à recevoir le Saint-Esprit, il s'en acquitta si bien, que le second jour il extermina les blasphêmes et les faux sermens, qui étoient fort en usage dans le pays. Le sixième jour, plusieurs courtisanes se convertirent. Quelques-unes, par un esprit de pénitence, firent de longs pélerinages à pied; et la plus fameuse de toutes, s'étant retirée en un hôpital, consacra le reste de ses jours au service des malades.

Mais ce en quoi Ignace réussit le plus, fut à réformer les mœurs des ecclésiastiques, qui vivoient dans un étrange libertinage, et dont la plupart entretenoient des femmes chez eux. Il leur fit changer de conduite, en leur exposant la sainteté de leur profession; et afin que les peines civiles les retinssent, si les principes chrétiens ne le faisoient pas, il engagea les Magistrats et les Gouverneurs à faire des lois rigoureuses contre les prêtres impudiques.

Il fit d'autres bonnes œuvres, qui durent encore, et qui dureront jusqu'à la fin des siècles : car il institua une confrérie du Saint Sacrement, pour le secours des pauvres honteux; et il la fonda d'une partie de son bien, auquel il n'avoit pas encore renoncé. Il introduisit la coutume de prier à midi, pour ceux qui sont en péché mortel; et, de peur qu'elle ne s'abolît avec le temps, il fit une fondation expresse en faveur de celui qui sonneroit tous les jours la cloche pour cette prière. Il établit aussi la prière, qu'on nomme communément l'*Angelus*. Il renouvela l'ancienne coutume du pays, de prier tous les soirs pour les morts. Il chargea la maison de son frère de donner tous les Dimanches, dans la grande Eglise, douze pains à autant de pauvres, en l'honneur des douze Apôtres; enfin il fit dans Azpetia tout ce qu'il voulut. Ce sont les propres paroles des témoins qui furent entendus après sa mort, pour le procès de sa canonisation, et qui avoient vu de leurs yeux ce qu'ils déposoient.

Tandis qu'Ignace travailloit de la sorte en son pays, ses compagnons poursuivoient leurs études à Paris, sans se relâcher de leurs pratiques de piété. Ils étoient tous animés de son esprit : et Le Févre, qui les gouvernoit en son absence, avoit si bien pris ses maximes, qu'ils vivoient comme si Ignace les eût gouvernés lui-même.

<small>Le nombre de ses compagnons s'augmente.</small>

Leur nombre s'augmenta alors de trois autres théologiens, que Le Févre trouva propres pour l'œuvre de Dieu, après les avoir éprouvés par les Exercices spirituels de leur commun père. Le premier fut Claude Le Jay, qui étoit d'Annecy, homme d'un génie au-dessus du commun, et d'un très beau naturel; le second, Jean Codure; et le troisième, Pasquier Brouet, tous deux savans, et tous deux Français, l'un, du diocèse d'Embrun, et l'autre, du diocèse d'Amiens.

Ainsi les premiers Pères de la compagnie de Jesus furent dix en tout : sur quoi un écrivain calviniste, voulant rafiner, a dit follement, que le nombre de dix est surnommé Atlas parmi les Pithagoriciens; et que ce n'est pas sans mystère, que dix hommes ont été les fondemens d'une Société qui soutient le Siége de Rome, comme on a cru qu'Atlas soutenoit le Ciel.

Ces trois derniers firent à Montmartre le vœu dont nous avons parlé, quand les six autres le renouvelèrent pour la seconde fois; et tous se lièrent tellement ensemble, que, quoique différens, et de nation et d'humeur, ils sembloient n'avoir qu'un cœur et qu'une âme.

<small>Il guérit des malades.</small>

De si heureuses nouvelles consoloient Ignace de l'absence de ses chers disciples : mais la réputation où il étoit dans la Biscaye, le mortifioit sensiblement: et c'est ce qui le fit résoudre de hâter son voyage de Venise. Il passoit partout pour un Saint, et le peuple le croyoit un homme à miracles : c'est pourquoi on lui amena une femme tourmentée depuis quatre ans du malin-esprit, et qui avoit tous les signes d'une véritable possession. Il la renvoya aux exorcismes de l'Eglise, disant qu'il n'étoit point Prêtre, et qu'un pécheur comme lui étoit bien éloigné d'avoir de l'empire sur les démons. Mais on le pressa tant de faire au moins un signe de croix sur la possédée, qu'il ne put s'en défendre, et elle fut délivrée au même instant.

Peu de jours après, on lui présenta une fille furieuse, et qui faisoit des contorsions effroyables : tout le monde vouloit qu'elle fût aussi possédée. Ignace dit, en la voyant, qu'elle ne l'étoit pas ; que ces mouvemens extraordinaires venoient d'une cause naturelle, et que, si le diable y avoit part, ce n'étoit qu'en troublant l'imagination de la malade. Il fit un signe de croix sur elle, et la fureur cessa aussitôt.

Il y avoit, dans l'hôpital de la Magdelène, un pauvre homme nommé Bastida, qui, depuis plusieurs années, tomboit du haut mal. Il en tomba une fois en la présence d'Ignace, et l'accès fut long et violent. Ignace touché de compassion, éleva les yeux au ciel, fit une prière pour le malade, et lui mit la main sur la tête. Bastida revint à l'heure même, et guérit si parfaitement de son mal, qu'il ne s'en ressentit jamais.

Mais Dieu, qui donne à ses serviteurs le pouvoir de guérir les malades, pour la gloire de son nom, permet qu'ils y soient eux-mêmes sujets, pour leur humiliation particulière, et pour l'épreuve de leur patience. Ignace eut alors une grande maladie. Il ne voulut pas être transporté à Loyola; mais il ne put empêcher ses parens d'avoir soin de lui. Deux femmes de qualité, ses cousines germaines, dont l'une se nommoit Marie Doriola, et l'autre Simone d'Alzaga, le servirent et le veillèrent sans relâche.

Une nuit, qu'elles s'étoient retirées dans une chambre qui joignoit la sienne, pour prendre un peu de repos, elles l'entendirent soupirer profondément. Etant accourues, elles le trouvèrent les mains jointes, les yeux élevés au ciel, le visage enflammé d'une autre ardeur que de celle de la fièvre, et resplendissant d'une lumière qui les éblouit. Ignace eut honte d'être surpris en cet état-là, et il pria instamment ses deux parentes de lui garder le secret.

Dès qu'il fut guéri, il partit d'Azpetia malgré les larmes de sa famille et de tout le peuple. Il prit un cheval, de l'ar-

Livre II.

gent et des valets, pour contenter son frère en quelque chose, ou pour se défaire de lui honnêtement : mais à peine eut-il gagné les confins de la Biscaye et de la Navarre, qu'il se déroba des gens qui l'accompagnoient. Il alla, par Pampelune, au château de Xavier, pour les affaires de François-Xavier ; ensuite à Almazan et à Tolède, pour celles de Salmeron et de Laynez.

Après avoir terminé toutes ces affaires, il prit le chemin de Valence, où il espéroit de s'embarquer. En attendant une occasion favorable, il visita, à Ségorbe, Dom Jean de Castro, qui s'étoit fait Chartreux depuis peu, dans la Chartreuse de Val-Christ, et qui n'avoit pas encore achevé son noviciat. C'est l'un de ces trois Gentilshommes Espagnols, qui, à Paris, touchés des discours et de l'exemple d'Ignace, se retirèrent dans Saint-Jacques de l'Hôpital.

Ce qui se passa entre Ignace et un chartreux.

Comme ce novice étoit un esprit mûr, et de plus un homme de Dieu, Ignace lui fit confidence de ses plus secrètes pensées ; qu'il alloit en Italie pour faire le voyage de la Terre-Sainte ; et que là, ou ailleurs, il prétendoit établir une Société, qui eût pour but sa propre perfection et le salut du prochain. Il lui dit le plan de cette Société, telle qu'il l'imaginoit alors, selon ce que Dieu lui en avoit révélé. Il lui déclara les compagnons qu'il avoit choisis pour l'exécution de son dessein, un Xavier, un Laynez, et les autres, qui n'étoient pas inconnus à Castro; enfin il lui demanda des lumières sur une affaire si importante.

Castro ne s'expliqua point d'abord: mais ayant passé toute la nuit en oraison, il sortit au point du jour de sa cellule, avec un transport de joie qu'il ne pouvoit modérer, et alla en hâte dire à Ignace, que son entreprise étoit l'ouvrage de Dieu; qu'elle réussiroit malgré les contradictions des hommes, et que toute la Chrétienté en tireroit de grands avantages. *Au reste*, dit-il, *pour vous montrer que je ne parle pas en l'air, je m'offre à être votre compagnon et votre disciple; aussi bien n'étant ici que novice, je n'y ai encore nul engagement.*

Ignace reçut le témoignage de Castro comme un oracle du Saint-Esprit; mais bien loin de consentir que ce solitaire quittât la retraite où Dieu l'avoit appelé, il l'exhorta à persister dans une vocation aussi sainte que la sienne, et lui fit entendre que la solitude étoit son partage. La pensée, qu'eut le novice de changer d'état, fait voir que les personnes inspirées pour les autres, ne le sont pas toujours pour elles-mêmes, et que Dieu voulut qu'Ignace redressât Castro, comme Castro avoit fortifié Ignace. Les archives de la Chartreuse du Val-Christ font foi de ce qui se passa entre l'un et l'autre, sans parler des attestations juridiques de Dom Antoine-Martin d'Atarriba et de Dom André Soler, Chartreux, qui déposèrent en leur temps avoir su le fait de la bouche même de Castro.

Ignace, plus affermi que jamais dans son dessein, se rendit incessamment à Vaence, et s'y embarqua sur un navire marchand, qui partoit pour Gênes. Le fameux pirate Barberousse, qui avoit chassé Mueassen du Royaume de Tunis, tenoit la Méditerranée avec une flotte de cent galères, pillant les côtes, prenant les navires, et faisant partout des esclaves; mais un mal préserve quelquefois d'un autre.

Il s'embarque pour Venise.

La plus furieuse tempête qu'on ait peut-être jamais vue dans la mer d'Espagne, écarta le vaisseau marchand, et le mit en désordre. Le gouvernail fut emporté d'un coup de mer, et la violence du vent rompit tout à la fois le mât et les voiles; tellement que le pilote et les mariniers se crurent perdus. Parmi les cris de tant de gens, qui n'attendoient que leur dernière heure, Ignace demeura tranquille, et si soumis aux ordres du Ciel, qu'il n'eut pas le moindre chagrin de voir tous ses projets renversés : il eut seulement une sensible douleur de n'avoir pas répondu aux grâces de Dieu, avec toute la fidélité qu'il devoit. Mais, lorsque tout menaçoit du naufrage, la tempête s'apaisa, et le vent poussa le navire vert le port de Gènes qui n'étoit pas éloigné.

Ce ne fut pas le seul péril que courut Ignace en son voyage. Allant de Gènes à Bologne, il s'égara sur l'Apennin. Après avoir long-temps marché par des routes difficiles, il trouva un chemin large et uni à l'entrée, mais étroit et rompu ensuite, qui aboutissoit à une éminence escarpée de tous côtés, au bas de laquelle couloit un torrent impétueux, qui tomboit du haut du rocher.

S'étant engagé insensiblement dans un endroit si dangereux, il s'arrêta, un peu effrayé à la vue des précipices qui l'environnoient. Il se rassura néanmoins dès qu'il eut imploré le secours du Ciel; et ne pouvant plus reculer, il entreprit de passer outre. Il se traîna donc le long du roc, s'attachant tantôt aux broussailles, tantôt aux pierres qui avançoient, toujours en danger de rouler au fond de l'abîme qu'il voyoit sous lui. Cette aventure fut la plus périlleuse de sa vie; et il avoit coutume de dire que sans une espèce de miracle, il ne se seroit jamais tiré d'un si grand danger.

Comme les pluies qui vinrent après, noyèrent presque les chemins, il souffrit beaucoup, et il arriva à Bologne tout malade. En y entrant, il tomba d'un petit pont dans un fossé plein de boue, d'où il sortit si sale, qu'il faisoit peur. Il ne laissa pas de se montrer dans la ville, tout sale qu'il étoit, et d'y demander l'aumône; mais, soit que sa figure rebutât les gens, ou que la charité fût refroidie, il ne trouva pas, pendant tout le jour, un morceau de pain; et il seroit mort de misère, si les Espagnols, qui ont dans la ville un riche collége, n'eussent eu pitié de lui. Il continua son voyage, quand il eut recouvré ses forces; et il arriva à Venise sur la fin de l'année 1535.

Dès les premiers jours, il s'employa au service du prochain, suivant l'esprit de sa vocation. Deux frères, Gentilshommes de Navarre, dont l'un se nommoit Etienne, l'autre Jacques d'Eguia, ne faisoient que de revenir de la Terre-Sainte. Ils avoient tous deux des sentimens de piété, et ils songeoient même à quitter le monde : mais plusieurs considérations humaines les retenoient. Ignace, qui les avoit vus à Alcala, les engagea aux Exercices spirituels, pour leur faire choisir un genre de vie. Ils connurent, pendant leur retraite, que Dieu vouloit qu'ils fussent un jour des enfans d'Ignace. Ils promirent de suivre en son temps, la grâce qui les appeloit; et ils furent si fidèles, que, dès que la compagnie de JÉSUS fut formée, ils y entrèrent tous deux.

Il s'emploie au service du prochain.

Il y avoit dans la ville un autre Espagnol de Malaga, et issu d'une maison ancienne, originaire de Cordoue. Il s'appeloit Jacques Hozez : il étoit Bachelier en Théologie, fort homme de bien, et ennemi déclaré des nouveautés d'Allemagne. L'amour de son profit spirituel lu fit rechercher Ignace, dont il entendi parler comme d'un excellent maître dans la science des Saints : mais, ayant appris qu'on l'avoit soupçonné d'hérésie en Espagne et en France, il n'osa se fier toutà-fait à sa conduite. Il résolut néanmoins un jour de commencer les Exercices spirituels, en prenant des préservatifs contre ce qu'il pourroit y trouver de venin. Il prit donc une Somme de Conciles, quelques Saints Pères, et plusieurs livres de Théologie, pour examiner la doctrine des Exercices selon des règles certaines.

À peine eut-il fait les premières méditations, qu'il reconnut un caractère de vérité, où il craignoit de rencontrer des erreurs. En avançant, il vit clairement que rien n'étoit plus orthodoxe que la foi d'Ignace : mais ce qui l'en convainquit davantage, c'est qu'Ignace même lui exposa ses sentimens sur la Religion : que les vrais chrétiens devoient se soumettre aux décisions de l'Eglise, avec une simplicité d'enfant : qu'il falloit se bien persuader pour cela, que c'est l'esprit de Notre-Seigneur Jésus-Christ qui anime l'Eglise son épouse ; et que le même Dieu, qui donna autrefois les préceptes du Décalogue aux Israélites, gouverne aujour-

'hui la société des Fidèles; que, bien
in d'improuver ce qui est en usage parmi
es Catholiques, on devoit avoir toujours
es raisons prêtes pour le défendre contre
s impies et les libertins; qu'on devoit
ecevoir, avec une profonde soumission,
s ordonnances des Supérieurs Ecclé-
astiques; et, quand leur vie ne seroit
as aussi pure qu'elle devroit être, s'abs-
nir de parler contre eux, parce que ces
rtes d'invectives causoient toujours du
andale, et révoltoient les ouailles con-
e les Pasteurs; qu'on ne pouvoit trop
timer la science de la Théologie, tant la
olastique que la positive; que les an-
ens Pères avoient eu principalement
our but, d'exciter les cœurs à l'amour
e Dieu; mais que Saint Thomas, et les
tres docteurs des derniers siècles s'é-
ient proposé de réduire les dogmes de
foi, en une méthode exacte, pour ré-
iter plus sûrement les hérésies; qu'au
ste, on ne pouvoit assez garder de me-
res en parlant de la prédestination et
la grâce; et que les prédicateurs de-
ient si bien se ménager, quand ils trai-
ient ces mystères, qu'ils ne semblas-
nt pas détruire les forces du libre arbitre
le mérite des bonnes œuvres, en exal-
nt la prédestination et la grâce; ni aussi
ire tort à la prédestination et à la grâce,
faisant valoir le libre arbitre et les bon-
es œuvres; que souvent, à force de re-

lever l'excellence de la foi, sans nulle distinction, ou sans nul éclaircissement, o[n] donnoit sujet au peuple de négliger l[a] pratique des vertus; enfin que, quoiqu'i[l] fût d'un parfait chrétien de servir la Majesté Divine, par le principe du pur amour il ne falloit pas laisser de recommande[r] la crainte de Dieu, non-seulement cell[e] que nous appelons filiale, et qui est trè[s] sainte, mais encore celle qu'on nomm[e] servile, parce qu'elle peut aider le pé[-] cheur à sortir promptement de son péché, et qu'elle dispose à cette autre crainte qu[i] unit l'âme avec Dieu.

Tous ces articles, ou toutes ces règle[s] d'une créance orthodoxe, comme les ap[-] pelle le Saint dans le livre des Exercices où il les a insérées, firent que Hozez eu[t] honte de ses défiances sur la doctrine d'I[-] gnace. Il les lui découvrit à lui-même, en lui montrant les livres dont il s'étoi[t] muni dans sa retraite; et sans rie[n] craindre, il s'attacha tellement à son Di[-] recteur, qu'il prit dès-lors la forme d[e] vie qu'Ignace et ses compagnons s'étoien[t] proposée.

Plusieurs nobles Vénitiens se miren[t] sous la direction d'Ignace, à l'exempl[e] des trois Gentilshommes Espagnols; e[t] entr'autres Pierre Contarini, administra[-] teur de l'hôpital de Saint-Jean et de Saint-Paul, depuis Évêque de Baffo. Il tira beau[-] coup de fruit des Exercices spirituels, et si dans la suite il n'embrassa pas l'Institut d'Ignace, comme firent quelques-uns de la Noblesse Vénitienne, ce ne fut, ce semble, que pour être le protecteur et le père de tout l'Ordre.

Le monde, qui empoisonne d'ordinaire les choses qu'il ne comprend pas, ne put voir tout le bien que faisoit Ignace, sans en juger mal. On s'imagina que c'étoit un hérétique déguisé, qui, après avoir infecté l'Espagne et la France, venoit gâter l'Italie. Il y en eut qui dirent qu'il avoit un démon familier, qui l'avertissoit de tout; et que, quand il étoit découvert en un lieu, il se sauvoit en un autre, avant que la Justice se saisît de lui. Il est décrié dans Venise, et justifié ensuite.

Dès qu'Ignace sut ce que l'on disoit publiquement, il alla trouver Jérôme Veralli, Nonce de Paul III, à Venise, pour le prier de lui faire son procès, s'il étoit coupable. Le Nonce ayant bien examiné l'affaire, avec Gaspard de Doctis son Assesseur, et ne trouvant rien qui pût donner lieu aux bruits qui couroient, porta, en faveur d'Ignace, une Sentence juridique.

L'estime que Jean-Pierre Caraffe avoit pour Ignace, ne servit pas peu à confondre la calomnie. C'est ce Caraffe qui fut élevé au souverain Pontificat, sous le nom de Paul IV, et qui auparavant, d'Archevêque de Théate, s'étant fait compagnon de Caïetan de Thyene, avoit fondé l'Ordre des Clercs Réguliers, nommés Théatins, du nom de l'Archevêché qu'il quitta par un esprit d'humilité et de pénitence. Il étoit en ce temps-là à Venise, et il vivoit dans une pratique exacte de la profession Religieuse. Les liaisons qu'Ignace et Caraffe avoient ensemble, firent croire qu'Ignace s'étoit fait disciple de Caraffe; et de-là vint sans doute, que le peuple, au commencement, appela Ignace et ses enfans, Théatins.

Cependant la guerre se ralluma plus que jamais entre François I et Charles-Quint, par la mort de François Sforze, Duc de Milan. Les deux Princes avoient des prétentions sur ce duché. L'empereur, persuadé qu'en ces rencontres, la diligence et la force décident du droit, prit d'abord les armes, et fit une irruption dans la Provence avec l'élite de ses troupes.

Ses compagnons vont le rejoindre à Venise. Au premier bruit de la guerre, les compagnons d'Ignace, qui ne devoient partir de Paris que le 25 de Janvier de l'année suivante, comme ils en étoient convenus, résolurent d'avancer leur voyage et de sortir du royaume, avant que les passages des frontières fussent fermés. Ils partirent le 15 de Novembre de l'année 1536, sans autre équipage qu'un bâton à la main, et une petite valise sur le dos, où chacun avoit ses écrits. Ils prirent leur chemin par la Lorraine, pour éviter la Provence.

Toute la troupe marchoit avec beaucoup de recueillement et de modestie, tantôt faisant oraison, tantôt s'entretenant des choses de Dieu, chantant quelquefois des psaumes de David, ou des hymnes de l'Eglise. Le Févre, le Jay, et Brouet, qui étoient prêtres, disoient tous les jours la Messe : les autres communioient aussi tous les jours, pour se fortifier, par le pain de vie, contre toutes les incommodités du voyage, dans une saison très fâcheuse. Ils traversèrent l'Allemagne, ayant tous leur chapelet pendu au col, comme pour faire une profession publique de Foi, dans des lieux où l'hérésie commençoit à dominer.

Etant arrivés un soir à un bourg tout hérétique, auprès de Constance, le ministre luthérien, prêtre apostat, et curé du Bourg auparavant, les suivit dans l'hôtellerie où ils entrèrent. Comme ils avoient un air simple, il crut qu'il lui seroit aisé de les confondre dans une dispute réglée; et qu'une victoire remportée tout à la fois sur neuf papistes, ainsi qu'il les appeloit, lui feroit bien de l'honneur. Il commença par les railler de leurs chapelets, et il les défia ensuite. Tout fatigués qu'ils étoient, ils acceptèrent le défi, et Laynez fut le premier qui disputa. Il le fit d'une manière si vive et si forte, que le ministre ne sachant que dire : *Soupons*, leur dit-il, et *soupons ensemble, nous en disputerons mieux après*. Ils consentirent à renouer la dispute; mais ils ne voulurent point manger avec l'hérétique. Ils firent, en leur particulier, un repas fort sobre, selon leur coutume, tandis que l'Allemand, de son côté, but et mangea avec excès.

On recommença la dispute après le souper, devant un grand monde qui y étoit accouru : mais le ministre, à qui le vin avoit un peu troublé la raison, ne pouvant répondre aux argumens de ses adversaires, se mit à jurer en sa langue, et sortit tout furieux de l'hôtellerie.

Le jour suivant, ils poursuivirent leur chemin vers Constance, où l'hérésie de Luther avoit été reçue des magistrats et du peuple. En approchant de la ville, et passant devant l'hôpital des pestiférés, ils virent venir à eux une vieille femme, qui paroissoit ravie de les voir, et qui, levant les mains au ciel, faisoit le signe de la croix. La vue de leurs chapelets l'avoit attirée. Elle étoit bonne catholique; et les luthériens, n'ayant pu, ni par promesses, ni par menaces, lui faire quitter sa religion, l'avoient chassée de la ville comme une folle. La pauvre femme baisa plusieurs fois les chapelets de ces étrangers; et, ne sachant point d'autre langue que la sienne, elle les pria par signes de vouloir bien l'attendre un moment. Elle courut à l'hôpital, où elle demeuroit, et leur apporta les pièces de plusieurs crucifix rompus. Elle leur fit connoître, le mieux qu'elle put, que c'étoit ce qu'elle avoit de plus précieux et de plus cher. Pour faire une espèce de réparation d'honneur à Jésus-Christ, si maltraité en ses images par les luthériens, s'étant tous prosternés sur la neige, qui couvroit la terre, ils adorèrent les pièces de ces crucifix, et les baisèrent dévotement.

Après quoi, la femme s'en retournant à l'hôpital, suivie de la troupe catholique, dit aux gens qu'elle rencontra : *Voyez, malheureux, que ce que vous dites n'est pas vrai, que toute la terre croit en votre Luther, et qu'il n'y a nulle part aucun vestige de la Religion romaine ! D'où viennent ces hommes avec leurs chapelets,* disoit-elle ? *Ne sont-ils pas de ce monde ?*

Les neuf voyageurs sortirent d'Allemagne, malgré toute la rigueur de l'hiver ; et, après de grandes fatigues, que l'impatience de revoir Ignace, et la charité qu'ils avoient les uns pour les autres, leur firent supporter gaîment, ils arrivèrent enfin à Venise le 8 de Janvier de l'année 1537 ; Ignace les embrassa tous, et, de tendresse, pleura sur eux. Il avoit avec lui Jacques Hosez, qui fit le onzième de la troupe, et qui n'étoit pas moins docte, ni moins fervent que les autres.

Ignace et ses compagnons s'occupent dans les hôpitaux.

Comme rien ne pressoit encore d'aller recevoir la bénédiction apostolique, pour le voyage de Jérusalem, ils furent d'avis de s'y disposer par des œuvres de miséricorde et d'humilité, et ils se partagèrent, pour cela, dans deux hôpitaux. Les uns allèrent à l'hôpital des Incurables, les autres à celui de Saint-Jean et de Saint-Paul : chacun instruisoit les ignorans, servoit les malades, assistoit les moribons, enterroit les morts.

Il envoie ses compagnons à Rome.

Ils s'occupèrent de la sorte jusqu'à la mi-carême, que tous partirent pour Rome, excepté Ignace, qui ne jugea pas à propos de paroître dans un lieu où sa présence pourroit faire tort à ses compagnons : car Jean-Pierre Caraffe, Théatin, qui étoit à Rome, et que Paul III avoit fait Cardinal, sembloit alors fort contraire aux desseins d'Ignace ; soit qu'il eût du ressentiment de ce que lui et Hozez n'avoient pas voulu prendre parti avec les Clercs Réguliers qu'il avoit fondés, soit qu'il crut un peu les faux bruits qu'on avoit semés dans Venise.

Les compagnons d'Ignace étant arrivés à Rome, furent présentés au pape par Pierre Ortiz, ce Docteur Espagnol, qui avoit eu en France de mauvaises impressions d'Ignace, mais qui, depuis, en avoit

conçu une grande estime. Il étoit député.
de l'Empereur Charles-Quint, pour soutenir la validité du mariage de Catherine
d'Arragon, Reine d'Angleterre, que Henri
VIII avoit répudiée, pour épouser Anne
de Boulen. Il reconnut Le Févre, Xavier,
et les autres, qu'il avoit vus à Paris,
et leur rendit toutes sortes de bons offices, en considération d'Ignace. Il dit au
Saint-Père, que c'étoient des hommes fort
savans, détachés du monde, amateurs de
la pauvreté, très zélés surtout pour la
conversion des âmes; et que le seul motif
de prêcher l'Evangile aux infidèles, leur
faisoit demander permission de passer à
la Terre-Sainte.

Paul III, qui aimoit les gens de lettres,
et qui, durant ses repas, avoit coutume
de faire traiter les matières les plus curieuses des sciences divines et humaines,
voulut voir ceux dont Ortiz lui avoit dit
tant de bien, et ordonna au Docteur de
les lui amener le jour suivant. Il leur
proposa lui-même un point de Théologie,
sur quoi ils parlèrent si savamment, et
d'un air si sage, que, charmé de leur
entretien, il se leva de sa chaise, et dit
tout haut : *Nous avons une extrême joie
de voir tant d'érudition et tant de modestie jointes ensemble.* Il leur demanda ce
qu'ils désiroient de lui; et ayant su d'eux
qu'ils ne vouloient que ce qu'Ortiz lui
avoit dit, il leur donna sa bénédiction,

avec toutes les marques d'une tendresse paternelle, en leur disant néanmoins, qu'il ne croyoit pas qu'ils pussent faire le voyage de Jérusalem, à cause de la ligue qui se tramoit entre l'Empereur, la République de Venise et le Saint-Siége, contre le Turc, et qui devoit éclater au premier jour.

Il leur donna soixante écus d'or, par les mains d'Ortiz, et permit à ceux qui n'étoient point Prêtres, de recevoir les Ordres sacrés, de quelque Evêque que ce fût. Ignace fut compris dans la permission, sur le témoignage qu'Ortiz rendit de lui à Sa Sainteté; et le Cardinal Antoine Pucci leur expédia des lettres de la Pénitencerie, où il y avoit une dispense d'âge pour Alphonse Salmeron, afin qu'il reçût l'Ordre de Prêtrise avec les autres, dès qu'il entreroit en sa vingtième année.

Après avoir visité les principales Eglises de Rome, ils reprirent le chemin de Venise, demandant l'aumône, et gardant, pour leur voyage de la Palestine, les soixante écus du Pape, avec cent quarante autres, que diverses personnes charitables leur avoient donnés. Etant de retour, ils firent vœu de pauvreté et de chasteté perpétuelle, entre le mains du Nonce Veralli, et recommencèrent dans les hôpitaux les fonctions de charité qu'Ignace avoit continuées en leur absence.

Le jour de la Nativité de Saint Jean-

Baptiste, ils furent consacrés Prêtres par Vincent Nicusanti, Évêque d'Arbe, et ils eurent tous, durant la cérémonie, des sentimens si religieux et si dévots, que l'Évêque, touché jusqu'aux larmes, protesta n'avoir jamais rien vu ni senti de pareil dans toutes les ordinations qu'il avoit faites.

Il reçoit l'Ordre de Prêtrise, avec ses compagnons.

Cependant la ligue se conclut; et les Vénitiens ayant rompu avec le Turc, on ne songea de part et d'autre qu'à préparer des armées navales. Quoiqu'il n'y eût déjà plus de commerce entre les deux États, ni même presqu'aucune espérance de pouvoir passer au Levant, Ignace et ses compagnons ne sortirent point des terres de la République, pour garder le vœu qui les obligeoit d'y demeurer une année entière.

Les nouveaux Prêtres prirent ce temps-là pour se disposer à leurs premières Messes; et afin de le faire régulièrement, ils cherchèrent, hors de Venise, des lieux écartés du monde, où Dieu seul occupât toutes leurs pensées, et d'où ils pussent néanmoins se rassembler aisément, au cas qu'il se présentât une occasion d'aller à la Terre-sainte.

Ignace choisit proche de Vicence une maison champêtre abandonnée, et qui tomboit en ruine. Il vécut là, à peu près comme les solitaires de la Thébaïde vivoient dans leurs grottes, jeûnant tous

Il se prépare à sa première Messe.

les jours, priant Dieu sans cesse, et ne sortant que pour chercher de quoi vivre : mais il y reçut aussi des consolations abondantes, et y répandit tant de larmes, qu'il pensa en perdre les yeux.

Néanmoins, après quarante jours de retraite et de pénitence, il n'osa s'approcher des Autels; et quoique les autres dissent tous leurs Messes avant la fin du mois de Septembre ou du mois d'Octobre, il ne dit la sienne que le jour de Noël de l'année suivante, la remettant de mois en mois, selon les vues que Dieu lui donnoit, et se jugeant de jour en jour plus indigne de la dire; tant la majesté des sacrés Mystères le remplissoit de frayeur et de révérence.

En attendant la fin de l'année, les nouveaux Prêtres, animés d'une ferveur toute nouvelle, se distribuèrent, avec les anciens, dans les villes et dans les bourgs les plus proches de leurs solitudes, pour travailler au salut des âmes. Ignace, Le Févre et Laynez allèrent à Vicence, Xavier et Salmeron à Monselice, Codure et Hozez à Trévise, Le Jay et Rodriguez à Bassano, Brouet et Bobadilla à Vérone. Ils montoient ordinairement sur une pierre, au milieu des places publiques, et invitoient les passans à les écouter. Comme ils avoient la mine étrangère, et qu'ils parloient mal Italien, le peuple, qui les prenoit pour des saltimbanques venus de bien loin, s'assembloit en foule autour d'eux. Mais Dieu donnoit tant de force à leurs paroles, que ceux qui ne s'étoient arrêtés que pour rire, s'en retournoient pleurant leurs péchés.

Aussi ne prêchoient-ils que la pénitence; et à voir leur visage pâle et mortifié, ils sembloient eux-mêmes de vrais pénitens, qui ne faisoient que de sortir du désert. Après avoir travaillé toute la journée, sans autre nourriture qu'un peu de pain mendié de porte en porte, ils passoient la nuit dans des masures, et sous de pauvres cabanes, sans autre lit que la terre et un peu de paille.

Ils ne purent pas résister long-temps à une vie si austère : la plupart tombèrent malades, et entr'autres Simon Rodriguez, qui pensa mourir. Lui et Le Jay se retirèrent dans un hermitage bâti sur le haut d'une colline, près de Bassano. L'hermite, qui se nommoit Antoine, et qui étoit un saint homme, n'épargna rien pour le soulagement de Rodriguez; mais la violence du mal rendit tous les remèdes inutiles.

A la première nouvelle d'une maladie si dangereuse, Ignace partit de Vicence, qui n'est éloigné de Bassano que d'une journée. Il avoit alors une fièvre lente, et marchoit cependant si vîte, que Le Févre, sain et robuste, qui l'accompagnoit, ne pouvoit le suivre. Comme il avoit tou-

Il va au secours d'un de ses compagnons malade et tenté.

jours de l'avance sur son compagnon, il s'arrêtoit quelquefois, et se mettoit à genoux, pour demander à Dieu la guérison du malade. Il ne pria pas en vain, il connut même que Dieu l'avoit exaucé, et assura Le Févre que Rodriguez n'en mourroit pas : ils le trouvèrent néanmoins si mal, que le médecin, qui étoit venu le voir, et que l'hermite avoit fait venir, désespéroit de sa vie. Ignace ne laissa pas de dire au malade, en l'embrassant : *Vous n'avez rien à craindre, mon Frère, vous guérirez.* Dès ce moment-là, Rodriguez commença à se porter mieux; et, en peu de jours, sa santé se rétablit parfaitement.

Mais le malin esprit tâcha d'enlever, à Ignace, celui que le Ciel venoit de lui rendre. Rodriguez, charmé un jour des douceurs de la solitude, et comparant le repos du Père Antoine, avec les courses et les fatigues d'Ignace, fut tenté de se faire hermite. *Rien ne nous unit plus à Dieu*, disoit-il en lui-même, *que les exercices de la vie intérieure : tous ces emplois du dehors dissipent toujours, quelque saints qu'ils soient : le commerce des hommes du monde ne peut être que dangereux pour celui qui veut travailler à son salut, et le plus sûr est de songer uniquement au sien.*

Ces raisons le faisoient pencher du côté de la retraite; mais le souvenir de son vœu, et la considération d'Ignace, le tenoient fort en suspens. Ne pouvant se déterminer, il lui vint en pensée de consulter le saint homme Antoine, et de suivre aveuglément son conseil. S'étant dérobé pour cela d'Ignace, de Le Févre, et de Le Jay, avec lesquels il étoit à Bassano, il prit le chemin de l'hermitage. A peine fut-il sorti de la ville, qu'un homme, d'un aspect terrible, et d'une taille plus qu'humaine, parut devant lui une épée nue à la main. La frayeur le saisit d'abord : mais se rassurant, comme si ses yeux le trompoient, il voulut poursuivre son chemin. Le même homme, transporté de fureur, lui jeta des regards affreux, le menaça de son épée, et sembla vouloir le percer : tellement que Rodriguez, tout éperdu et tout tremblant, s'enfuit vers la ville de toute sa force. Ignace lui tendit les bras dès qu'il le revit, et avec un souris plein de douceur : *Homme de peu de foi*, lui dit-il, *pourquoi avez-vous douté ?* Ces paroles donnèrent de la honte à Rodriguez; mais elle le confirmèrent dans sa vocation, et lui firent connoître en même temps que Dieu avoit tout révélé à Ignace.

Les soins que l'hermite de Bassano avoit eus de Rodriguez dans sa maladie, obligèrent Ignace de lui aller dire adieu, avant que de retourner à Vicence. Ils s'étoient vus plusieurs fois. Le solitaire, qui n'estimoit que sa profession, et à qui Ignace ne s'ouvrit pas, avoit peu d'estime pour un homme, en qui il ne voyoit rien que de commun, et dans l'habit, et dans le discours. Il le méprisa encore plus la dernière fois qu'il le vit : mais quand Ignace s'en fut allé, il connut, par une lumière d'en haut, que celui dont il faisoit si peu de cas, étoit un vaisseau d'élection, et un homme rempli de l'esprit de Dieu.

LIVRE III.

Il va à Rome pour offrir son service au Pape.

L'ANNÉE étant écoulée, et n'y ayant nulle apparence que la navigation fût de long-temps libre, Ignace, qui avoit rassemblé à Vicence tous ses compagnons, leur fit entendre que, puisque la porte de la Palestine leur étoit fermée, ils ne devoient pas différer d'accomplir l'autre partie de leur vœu, et d'aller offrir leur service au Pape.

On ne peut trop admirer ici la conduite de la Providence, qui donne quelquefois, aux Saints, des pensées qu'elle ne veut pas qu'ils exécutent, quoiqu'elle veuille qu'ils fassent de leur côté, toutes les diligences qui sont nécessaires pour l'exécution. C'est, de plus, une chose bien remarquable, que les navires des pèlerins de Jérusalem, qui avoient fait voile toutes les années précédentes, manquèrent seulement l'année 1537. Sans doute que la Sagesse divine, qui conduisoit ses serviteurs par des voies secrètes, à de plus hautes entreprises qu'ils ne s'imaginoient eux-mêmes en disposa ainsi pour sa gloire.

Il fut résolu qu'Ignace, Le Févre et Laynez iroient les premiers à Rome, pour exposer au Saint Père les intentions de toute la troupe; que les autres cependant se distribueroient dans les plus fameuses Universités d'Italie, pour inspirer la piété aux jeunes gens qui y étudioient, et pour s'en associer quelques-uns. Avant que de se séparer, ils s'établirent une manière de vie uniforme, et s'engagèrent à observer les règles suivantes :

I. Qu'ils logeroient aux hôpitaux, et ne vivroient que d'aumônes. II. Que ceux qui seroient ensemble, seroient supérieurs tour-à-tour, chacun sa semaine, de crainte que leur ferveur ne les emportât trop loin, s'ils ne se prescrivoient des bornes les uns aux autres, pour les pénitences et pour le travail. III. Qu'ils prêcheroient aux places publiques et en d'autres lieux, où on leur permettroit de le faire; que, dans leurs prédications, ils représenteroient la beauté et les récompenses de la vertu, la laideur et les châtimens du vice; mais qu'ils le feroient d'une manière conforme à la simplicité de l'Evangile, et sans les vains ornemens de l'éloquence. IV. Qu'ils enseigneroient aux enfans la doctrine chrétienne, et les principes des bonnes mœurs. V. Qu'ils ne prendroient point d'argent pour leurs fonctions; et qu'en servant le prochain, ils ne chercheroient purement que Dieu.

<small>Il donne à sa Société, le nom de la Compagnie de Jésus.</small>

Ils convinrent de tous ces articles: mais parce qu'on leur demandoit souvent qui ils étoient, et quel étoit leur Institut, Ignace leur déclara en termes précis ce qu'ils avoient à répondre là-dessus. Il leur dit donc que, s'étant tous joints ensemble pour combattre les hérésies et les vices, sous la bannière de Jésus-Christ, leur Société n'avoit point d'autre nom à prendre, que celui de la Compagnie de Jésus. Il avoit ce nom en l'esprit, depuis sa retraite de Manrèse; et on croit que Dieu le lui révéla dans la méditation des deux Etendards, où on lui fit voir les premiers traits et le plan général de son Ordre, sous des images guerrières.

Mais ce qui lui arriva en allant à Rome, le confirma fort dans la pensée que ce nom venoit du Ciel, et qu'ils n'en pouvoient avoir qui leur convînt mieux. Il communioit tous les jours, dans son voyage, de la main de Laynez ou de Le Févre; et il méditoit toute la journée sur les mystères de Notre Seigneur, avec une dévotion sensible. Ayant rencontré une chapelle ruinée sur le chemin de Sienne à Rome, il y entra seul, pour recommander à Dieu cette petite Compagnie, qu'il alloit offrir au Vicaire de Jésus-Christ.

A peine eut-il commencé sa prière, qu'il fut ravi en esprit. Il vit le Père Eternel qui le présentoit à son Fils; et il vit Jésus-Christ chargé d'une pesante croix, qui, après l'avoir reçu des mains de son Père, lui dit ces paroles : *Je vous serai propice à Rome.* La vue de la croix l'étonna; mais la promesse de Notre Seigneur le remplit de confiance et de force.

Etant revenu à lui, il sortit de la chapelle le visage tout en feu; et rejoignant ses deux compagnons : *Je ne sais, mes Frères,* leur dit-il avec un transport de joie, *ce qu'on nous prépare à Rome, et si nous y serons maltraités; mais je sais bien que, quelque traitement qu'on nous fasse,* Jésus-Christ *nous sera propice.* Ensuite, pour les fortifier contre tout ce qui pourroit leur arriver de fâcheux, il leur raconta ce qu'il avoit vu. Cette vision céleste est une des plus remarquables qu'ait jamais eue Saint Ignace; et elle est si avérée, qu'il n'y a pas lieu d'en douter.

Le Père Laynez, étant Général de la compagnie, en fit un jour le récit dans une conférence domestique, à tous les Pères de Rome; et Ribadeneyra, qui l'a écrite le premier, dit qu'il y étoit. Quand on en demandoit les particularités à Saint Ignace, il renvoyoit au Père Laynez, à qui il les avoit dites en son temps : néanmoins lorsqu'il faisoit les constitutions de la compagnie, et qu'il marquoit les sentimens que Dieu lui inspiroit à l'Autel, il écrivit une fois qu'il s'étoit trouvé dans la même disposition intérieure, où il se trouva quand le Père Eternel lui apparut, et qu'il l'associa ou le mit avec son Fils, pour user des termes du Saint.

Quando el Padre Eterno me puso con su Hijo.

Ignace, Le Fèvre et Laynez arrivèrent à Rome sur la fin de l'année 1537. Ils eurent, dès les premiers jours, audience du Pape Paul III, par l'entremise d'Ortiz. Sa Sainteté reçut avec joie les offres que lui fit Ignace, et témoigna même être très-aise de le voir. Pour commencer à se servir de ces nouveaux ouvriers, elle désira que Laynez et Le Fèvre enseignassent la Théologie dans le collége de la Sapience; le premier, la Scolastique, et l'autre, l'Ecriture-Sainte. Ignace entreprit, sous son autorité Apostolique, la réformation des mœurs, par la voie des Exercices spirituels et des instructions chrétiennes. Il rendit auparavant tout l'argent que lui et ses compagnons avoient reçu pour le voyage de Jérusalem ; et il renvoya même jusqu'à Valence, quatre écus d'or que Martin Perez lui avoit donnés.

Il travaille au salut des âmes.

Le cardinal Gaspar Contarini, un des plus savans hommes et des plus beaux esprits de son siècle, fut si charmé du désintéressement et de la sagesse d'Ignace, qu'il disoit avoir enfin rencontré un directeur tel qu'il le souhaitoit depuis long-temps. Il s'abandonna tout à lui, et écrivit de sa main le livre des Exercices.

Ortiz se mit sous la direction d'Ignace, à l'exemple de Contarini : mais afin de faire les Exercices avec plus de liberté, il sortit de Rome, et mena Ignace au Mont-Cassin. Ce lieu, également solitaire et religieux, lui sembla très propre pour le dessein qu'il avoit d'oublier, pendant un mois toutes les affaires du monde, et de ne songer qu'à celle de son salut. Tout avancé en âge qu'il étoit, il se fit là disciple d'Ignace, et il dit, après sa retraite, que la Théologie qu'il avoit apprise au Mont-Cassin, dans l'espace de quarante jours, valoit incomparablement mieux que celle qu'il avoit enseignée plusieurs années. Il disoit aussi, qu'il y avoit bien de la différence entre étudier pour instruire les autres, et étudier pour se perfectionner soi-même : qu'en étudiant pour les autres, on ne cherchoit qu'à se rendre habile ; mais qu'en étudiant pour soi, on ne pensoit qu'à devenir Saint. Enfin il estimoit plus une seule lumière de sa solitude, que toutes les connoissances les plus curieuses des sciences humaines.

Il va au Mont-Cassin.

Cependant Xavier et Bobadilla s'employoient dans Bologne au salut des âmes ; Le Jay et Rodriguez faisoient de même dans Ferrare ; Pasquier et Salmeron dans Sienne, Codure et Hozez dans Padoue. Dès Venise, leur réputation s'étoit étendue partout; et la Marquise de Pesquaire étant à Ferrare, voulut connoître les deux qui y travailloient. En ayant rencontré un par hasard, elle lui demanda, s'il n'étoit pas de ces Prêtres venus en Italie pour aller à la Terre-Sainte, et où il logeoit. Elle sut de lui que leur voyage de Jérusalem étoit rompu, et qu'ils logeoient à l'hôpital. Elle y alla le jour même; et avant que de voir, ni Le Jay, ni Rodriguez, elle s'informa de quelle manière ils vivoient. On lui dit que c'étoient des Saints; qu'ils passoient une partie de la nuit à faire oraison, ou à réciter ensemble l'office divin; qu'ils cherchoient tous les jours leur pain dans la ville, ne voulant pas se nourrir aux dépens des pauvres; que, quelque mal vêtus qu'ils fussent, ils ne s'approchoient point du feu, par le grand froid qu'il faisoit; qu'ils ne parloient jamais que de Dieu, et qu'ils s'occupoient continuellement au service du prochain.

La marquise, qui avoit de véritables sentimens de piété, fut ravie de trouver des directeurs de ce caractère. Elle leur rendit compte de son intérieur, et les obligea de venir loger, pour un temps, proche de son palais. Ce fut elle qui les produisit à la Cour de Ferrare, et qui porta le Duc Hercule d'Est à mettre sa conscience entre les mains de Claude Le Jay.

Dieu exerça la vertu de trois des autres compagnons d'Ignace. Xavier eut une grande maladie à Bologne, de laquelle il pensa mourir. Codure et Hozez furent arrêtés prisonniers à Padoue, par l'ordre du Suffragant de l'Evêque, qui les soupçonna d'avoir de mauvais desseins, et de tramer quelque chose contre l'Etat de Venise. A la vérité, toute la ville se remua pour eux, et ils ne couchèrent qu'une nuit en prison, mais dès qu'ils eurent repris leurs emplois, Hozez fut attaqué d'une fièvre très violente, qui l'emporta en peu de jours. Le mal lui prit, après avoir parlé au peuple dans une place publique sur ces paroles de l'Evangile : *Veillez et priez, parce que vous ne savez ni le jour, ni l'heure.*

Ignace, qui apprit au Mont-Cassin la maladie de Hozez, connut qu'elle étoit mortelle, et, au moment que le malade rendit l'esprit, il vit son âme, toute couronnée de rayons, entrer dans le Ciel; comme Saint Benoît avoit vu au même endroit celle de Saint Germain, Evêque de Padoue, portée par les Anges dans le sein de Dieu, ainsi que le raconte Saint Grégoire. Ignace eut le même spectacle plus d'une fois : car étant allé entendre la Messe, à ces paroles du *Confiteor, et omnibus sanctis*, il vit le Paradis ouvert, et, parmi une troupe nombreuse de Bien-

<small>Il voit entrer dans le Ciel l'âme de Hozez.</small>

heureux, son compagnon plus éclatant que les autres; non pas qu'il fût le plus saint, ni le plus élevé dans la gloire, mais parce que Dieu, comme Ignace dit lui-même, avoit voulu le lui faire reconnoître par une marque qui le distinguât. Cette vue le frappa si vivement, qu'il en pleura de joie plusieurs jours; et ce qui lui fit voir que ce n'étoit pas une illusion, c'est que le corps même du défunt sembla donner quelque assurance de l'état glorieux de son âme; car Hozez, qui étoit fort brun et assez mal fait de visage, devint si blanc et si beau après sa mort, que Codure, qui ne le quitta point, ne le reconnoissoit presque plus.

Il gagne un nouveau compagnon.

Pour surcroît de consolation, Ignace ne fut pas long-temps sans retrouver un compagnon en la place de celui qu'il venoit de perdre, ou plutôt que Dieu lui avoit ôté; car il ne comptoit pas pour perdu ce saint homme, qui le premier de la compagnie de Jésus, avoit pris possession du Ciel, avant qu'elle fût bien établie sur la terre, et dont il espéroit plus de protection dans le bienheureux état où il l'avoit vu, qu'il n'en eût reçu de secours, si sa vie eût été plus longue.

En revenant du Mont-Cassin, il rencontra un jeune Espagnol de sa connoissance qui se nommoit François Strada, et qui étoit venu à Rome pour faire fortune. Le Docteur Ortiz l'avoit mis auprès du Cardinal Jean-Pierre Caraffe ; mais Strada, qui avoit beaucoup de feu et d'esprit, se lassa bientôt d'une Cour où toutes choses vont lentement. Il prit l'épée, pour se pousser par la voie des armes, et il alloit alors chercher de l'emploi à Naples. C'est la coutume des mécontens et des malheureux de se plaindre. Il se plaignit à Ignace de la Cour de Rome, la nomma trompeuse et ingrate, se consolant toutefois avec lui par l'espérance d'une vie plus libre, et où il acquerroit au moins de la gloire.

Vous n'avez pas raison de vous plaindre, lui dit Ignace, *le monde n'a fait en vous trompant, que ce qu'il a coutume de faire : mais que dis-je ? au lieu de vous en plaindre, vous devriez vous en louer. Ce n'est pas vous avoir trompé proprement, que de vous avoir fait connoître d'abord ce que c'est que la Cour, et combien les espérances y sont mal fondées. Ce monde ingrat, et qui a si mal récompensé vos services, vous avertit lui-même que vous devez le quitter; mais vous faites comme ceux qui, ayant fait naufrage sur une mer, se rembarquent sur une autre. Vous sortez de Rome pour aller à Naples, comme si la Cour étoit plus fidèle et plus reconnoissante à Naples qu'à Rome. Pour moi j'ai pitié de vous, non pas tant à cause des espérances que vous avez perdues, qu'à cause de celles* qui vous restent. *Si vous me croyez, vous renoncerez à tous les établissemens de la terre, et vous ne chercherez que Dieu, qui, seul, peut vous rendre heureux.*

Ces paroles frappèrent si fort le jeune soldat, qu'il abandonna sa nouvelle profession pour se faire disciple d'Ignace. Il retourna avec lui à Rome, et devint dans la suite un des plus fameux prédicateurs de l'Europe. D'autres jeunes hommes, considérables par leurs talens naturels et par leur piété, suivirent presqu'en même temps l'exemple de Strada.

Il propose à ses compagnons de faire avec eux un nouvel Ordre.

Dieu donna alors à Ignace, et des notions plus distinctes de l'Institut dont il devoit être le fondateur, et une forte pensée de l'établir au plutôt. Il en communiqua avec Le Févre et Laynez, et manda les autres qui étoient dispersés dans l'Italie. Ils quittèrent tout au premier ordre d'Ignace, et se rendirent à Rome sur la fin du carême de l'année 1538. Ils se logèrent tous ensemble chez un Gentilhomme Romain, nommé Quirino Garzonio, qu'Ignace avoit gagné à Dieu, et dont il accepta la maison, pour traiter plus commodément, avec ses compagnons, de l'affaire importante qu'il méditoit.

Les ayant assemblés un jour : *Pensez-vous, mes Frères,* leur dit-il, *que la Providence nous ait rassemblés de tant de divers pays, et unis tous par le lien* d'une charité si étroite, afin qu'après de longues études et de pénibles voyages, chacun s'en retourne chez soi quand il lui plaira ? Non, non, ajouta-t-il, Dieu veut que nous nous engagions à son service pour jamais, et que nous laissions même, après nous, des imitateurs de notre manière de vie. Le Ciel nous a fermé l'entrée de la Palestine; et cependant je puis dire à la gloire du Seigneur, que notre zèle s'est augmenté tous les jours de plus en plus. Ne devons-nous pas juger par-là, que nous sommes appelés pour gagner à Dieu, non pas une nation et un pays, mais tous les peuples et tous les royaumes du monde ?

Le petit nombre que nous étions, ne suffisoit pas pour une si vaste entreprise. Il nous est venu du secours, et il nous en vient à toute heure. Mais que nous serviront les gens qui s'associent avec nous, s'ils vivent dans l'indépendance ? Et que ferons-nous nous-mêmes de grand, si notre compagnie ne devient une Religion capable de se multiplier en tous lieux, et de subsister jusqu'à la fin des siècles ?

Je ne doute pas que ce dessein ne soit traversé. La contradiction est le caractère des œuvres de Dieu : mais, ni le monde, ni l'enfer, ne peuvent rien contre *les ordres de la Sagesse éternelle.* Jésus-Christ *nous a promis qu'il nous seroit favorable : que ne doit-on pas espérer sur sa parole ? Et que peut-on craindre avec son secours ? Après tout, je suis d'avis que vous et moi nous prenions du temps pour nous disposer par la prière, à connoître encore davantage la divine volonté, et à l'exécuter fidèlement quand nous l'aurons bien connue.*

Quoique le discours d'Ignace eût persuadé tous ses compagnons, ils ne laissèrent pas, pour lui obéir, de traiter durant quelques jours avec Dieu, et s'étant assemblés une seconde fois, tous convinrent, d'un commun accord, qu'il falloit ériger leur Société en Religion; qu'il n'y falloit point perdre de temps; et que le premier pas qu'ils avoient à faire, étoit de préparer l'esprit du Pape, qui sembloit fort éloigné des nouveaux établissemens.

Lorsqu'ils cherchoient des voies pour cela, Paul III partit de Rome pour aller à Nice, ville maritime de Provence, où devoit se faire l'entrevue de François I et de Charles-Quint. Le dessein du Pape étoit d'accommoder les différens des deux Princes par un traité de paix, ou d'obtenir de l'un et de l'autre une longue trève; et ce qui le faisoit agir, c'est qu'il craignoit que la division du Roi et de l'Empereur ne fût un obstacle aux progrès de la ligue qu'on avoit faite contre Soliman.

Ignace ne put voir sans peine l'affaire de Dieu retardée : il s'en consola avec Dieu même, qui permettoit ce retardement; et il s'employa cependant au service du prochain. Ayant obtenu du Cardinal Vincent Caraffe, que le Pape avoit fait son Légat dans Rome, la permission de prêcher partout, il distribua ses compagnons en diverses Eglises de la ville. Il prit pour lui Notre-Dame de Mont-Serrat, par la dévotion qu'il avoit toujours conservée envers l'image miraculeuse qui est honorée à Mont-Serrat même, et devant laquelle il avoit renoncé à la milice séculière.

Il continue ses travaux pour le prochain.

Il prêchoit d'une manière très-touchante; et son talent étoit de faire entrer dans le cœur les vérités de l'Evangile, en les exposant sans nul artifice, telles qu'elles sont en elles-mêmes, et qu'il les goûtoit intérieurement. Aussi des personnes de piété et de bon sens, qui entendoient ses sermons, avoient coutume de dire que la parole de Dieu, nue et simple, avoit, dans la bouche d'Ignace, toute sa majesté et toute sa force. Le Févre, Xavier, Laynez et les autres, prêchoient de leur côté avec beaucoup de ferveur et n'avoient en vue que le bien des âmes.

Dès les premiers jours, on vit un notable changement de mœurs: la fréquentation des Sacremens, qui n'étoit plus en usage, fut rétablie sur le modèle des premiers siècles du Christianisme; et c'est depuis ce temps-là, qu'une si sainte coutume a été introduite dans tous les pays catholiques, ainsi que celle de faire des catéchismes aux enfans, et des sermons au peuple les Dimanches et Fêtes.

Il confère de son Institut avec ses compagnons.

Le ministère évangélique n'empêchoit pas Ignace de traiter souvent avec ses compagnons du projet de son Institut, car, quoiqu'il en eût le plan dans la tête, il ne vouloit rien régler, que de concert avec eux. Comme ils étoient occupés tout le jour, ou à instruire le peuple en public, ou à diriger les consciences en particulier, ils prenoient, pour délibérer, le temps de la nuit. Ils résolurent, dans une de leurs assemblées, suivant les propositions d'Ignace, qu'outre les vœux de pauvreté et de chasteté qu'ils avoient faits à Venise, ils en feroient d'obéissance perpétuelle, pour se conformer au Fils de Dieu, qui a été obéissant jusqu'à la mort; que, pour cela ils éliroient un Supérieur général, à qui ils obéiroient tous comme à Dieu même; que ce Supérieur seroit perpétuel, et qu'il auroit une autorité absolue.

Ils arrêtèrent une autre fois, que ceux qui feroient profession dans leur Compagnie, ajouteroient, aux trois vœux de pauvreté, de chasteté et d'obéissance, un vœu exprès, d'aller partout où le Vicaire de Jésus-Christ les enverroit, pour travailler au salut des âmes, même d'y aller sans viatique, et en demandant l'aumône, s'il le jugeoit à propos. Ils eurent encore d'autres conférences, où ils déterminèrent que les profès ne posséderoient rien, ni en particulier, ni en commun : mais que dans les Universités, on pourroit avoir des collèges, avec des revenus et des rentes pour la subsistance de ceux qui étudieroient.

Ils s'employèrent de la sorte, en attendant le retour du Pape; et la bénédiction que Dieu donnoit à leurs travaux, leur faisoit espérer un heureux succès de leur grand dessein, lorsqu'il s'éleva tout à coup une tempête, qui renversa presque leurs espérances. Il y avoit à Rome un prédicateur célèbre, Piémontois de nation et Religieux de l'Ordre des Hermites de Saint Augustin, homme réformé en apparence, mais indigne du saint habit qu'il portoit, et Luthérien dans le cœur. L'éloignement de la Cour lui donna lieu d'oser débiter en chaire les erreurs du nouvel Hérésiarque. Pour surprendre mieux le peuple, il gémissoit sur le relâchement de la discipline et de la morale; et il insinuoit ensuite quelque proposition ambigue, qu'il ne manquoit pas d'appuyer de

Il s'oppose à un Prédicateur hérétique.

l'autorité des Saints Pères, et de l'exemple des premiers siècles.

Ignace ne pouvoit comprendre qu'un Religieux fût capable de prêcher des hérésies au milieu de Rome; et il crut d'abord qu'on donnoit un mauvais sens aux paroles du prédicateur, ou que les propositions, qui faisoient du bruit, lui étoient échappées sans aucun dessein. Néanmoins, pour s'éclaircir de la vérité, il voulut que Salmeron et Laynez, qui avoient disputé contre les ministres Luthériens, en passant par l'Allemagne, et qui savoient le secret du Luthéranisme, allassent entendre l'Augustin, et qu'ils l'entendissent plus d'une fois.

Ayant su d'eux que c'étoit un vrai hérétique, qui enseignoit la pure doctrine de Luther, sous prétexte d'enseigner celle de la primitive Église, il le fit avertir en secret, que ses sermons causoient du scandale; et l'avis lui fut donné avec toutes les précautions que la prudence et la charité demandent.

Mais c'est le propre de l'hérésie d'affecter de la modération quand on la laisse en repos, et d'avoir de l'emportement quand on se déclare contre elle. L'Augustin, que tout Rome écoutoit comme un oracle, fier de sa réputation, et d'autant plus irrité des remontrances qu'on lui avoit faites, qu'elles étoient bien fondées, se déchaîna contre ceux à qui sa doctrine étoit suspecte, et soutint hardiment toutes les propositions qu'il avoit avancées. Ignace, voyant qu'un avis secret avoit été inutile, et que la douceur ne servoit qu'à aigrir le mal, crut devoir s'opposer publiquement aux entreprises d'un homme, qui ne prétendoit pas moins que d'altérer la pureté de la Foi dans la capitale du monde chrétien.

C'est pourquoi lui et ses compagnons montèrent en chaire, et combattirent l'Augustin de toute leur force, en défendant la nécessité des bonnes œuvres, les vœux de Religion, l'autorité de l'Eglise, et les autres articles catholiques, que les Luthériens attaquent. Les dix Prédicateurs ne prêchèrent pas inutilement. L'Augustin devint suspect d'hérésie : mais comme il étoit habile, et homme de cabale, il ne manqua, ni d'artifice pour se justifier, ni de crédit pour se maintenir.

Sa première adresse fut de rejeter sur Ignace le soupçon d'hérésie, en disant tout haut, que c'étoit la coutume des fins hérétiques, d'imputer des erreurs à qui il leur plaisoit, pour les pouvoir enseigner impunément, et sans en être soupçonnés eux-mêmes. Mais, afin d'insinuer mieux ce qu'il vouloit faire croire, il gagna trois Espagnols, qui avoient un air de sagesse et de probité, tout propre à autoriser une calomnie. L'un s'appeloit Mudarra, l'autre Barrera, et le troisième Castilla.

<small>Persécution excitée contre lui dans Rome.</small>

Ils ne se contentèrent pas de parler d'Ignace comme d'un Luthérien et d'un scélérat, ils corrompirent, par argent, Michel Navarre et l'engagèrent à déposer en justice quelque chose de bien atroce. C'est celui-là, qui, à Paris, ne pouvant souffrir la conversion de Xavier, avoit voulu attenter à la vie d'Ignace. Il étoit venu à Rome, après avoir couru une partie de l'Europe; et il haïssoit d'autant plus Ignace, qu'ayant voulu être de ses disciples, il n'en avoit pas été jugé digne.

Il déclara donc devant le Gouverneur de Rome, que le chef de certains Prêtres étrangers, étoit un hérétique et un sorcier qui avoit été brûlé en effigie à Alcala, à Paris et à Venise. Il protestoit avec serment, que sa conscience seule le forçoit d'accuser un homme de sa nation : il n'avançoit rien, disoit-il, qu'il n'eût vu de ses propres yeux, et dont il ne pût produire des preuves incontestables.

Il n'en fallut pas davantage au peuple, si inconstant de lui-même, et prévenu en faveur de l'Augustin, pour changer de sentimens à l'égard d'Ignace. Ces hommes, qu'on venoit d'admirer en chaire, et dont la vie sembloit si apostolique, étoient montrés au doigt comme des hypocrites et des faux prophètes. Personne n'osoit plus fréquenter des misérables, qu'on croyoit devoir être brûlés au premier jour; et deux prêtres que le Cardinal-Légat leur avoit donnés pour les aider à confesser, se sauvèrent de la ville, dans la crainte d'être confondus avec eux.

L'Augustin et ses confidens s'applaudissoient du succès de leur entreprise. Mais Ignace, espérant d'autant plus en Dieu, que tout sembloit désespéré, encourageoit ses compagnons, et s'excitoit lui-même à ne rien craindre. *Seigneur*, disoit-il, *voilà l'accomplissement de ce que pronostiquoit la croix dont je vous vis chargé en venant à Rome. Accomplissez ce qui reste, et ne nous refusez pas l'assistance que vous nous avez promise.* Le Ciel exauça ses vœux; et afin qu'il parût que c'étoit Dieu qui apaisoit la tempête, le calme vint d'où humainement on ne devoit pas l'attendre.

De tous les amis d'Ignace, il n'y eut que Quirino Garzonio qui ne l'abandonna pas. Le commerce particulier qu'il avoit eu avec les persécutés, en les logeant chez lui avant la persécution, lui avoit donné une si haute idée de leur vertu, que les bruits de Rome ne firent aucune impression sur son esprit. Comme il parloit pour eux en toutes rencontres, le Cardinal Jean-Dominique de Cupis, Doyen du sacré Collège, son ami et son parent, l'en reprit un jour, et lui conseilla surtout de fuir Ignace, non seulement pour le déshonneur que la société des personnes infâmes apporte toujours, mais pour le danger où l'on expose son salut, en fréquentant des scélérats et des impies. *Je vous assure*, répondit Garzonio, *que si vous le connoissiez comme moi, au lieu de me défendre sa compagnie, vous la rechercheriez vous-même.* — *Je vois bien*, répliqua aigrement le Cardinal, *que ce malheureux vous a troublé la raison, et que vous n'êtes pas moins ensorcelé que les disciples qui le suivent; car on dit que c'est un grand enchanteur.*

<small>La persécution s'apaise peu à peu.</small> Garzonio rendit compte le jour même, à Ignace, de la conversation qu'il avoit eue avec le Doyen du sacré Collége. Ignace loua le zèle du Cardinal, qui ayant mauvaise opinion des mœurs et de la doctrine d'un homme, ne vouloit pas qu'on eût avec lui aucune relation. Il dit seulement que, s'il pouvoit entretenir le Cardinal, il ne désespéroit pas de le détromper. Garzonio s'engagea à lui procurer une audience, et il l'obtint aisément; car le Cardinal avoit envie de voir un homme qui faisoit tant de bruit, et de lui reprocher tous ses crimes; de sorte qu'en accordant l'audience : *Que votre Ignace vienne*, dit-il, *je le traiterai selon son mérite.*

Ignace parut devant le Cardinal avec une certaine fierté modeste, que l'innocence seule peut donner. On ne sait pas précisément ce qu'ils dirent; mais on sait bien que l'entretien dura près de deux heures, et que le Cardinal, tout-à-fait désabusé, se jeta aux pieds d'Ignace, pour lui demander pardon; qu'il le reconduisit avec de grandes marques d'estime et de bienveillance; et que, depuis ce jour-là, il lui envoya toute les semaines une grosse aumône.

Quoiqu'Ignace vît bien que le Ciel commençoit à lui être favorable, il ne laissa pas d'agir, de son côté, selon sa grande maxime : que, dans les rencontres difficiles, il falloit s'abandonner à Dieu avec une entière confiance, comme si le bon succès de l'affaire devoit venir d'en-haut, par une espèce de miracle; et qu'il falloit néanmoins mettre tout en œuvre pour la faire réussir, comme si nous ne devions recevoir aucun secours du côté de Dieu.

Sa première démarche fut donc de se présenter devant Benoît Conversin, Evêque de Bertinoro, Gouverneur de Rome, et de solliciter lui-même que son procès se jugeât. Le Gouverneur ayant assigné un jour aux parties, Ignace, et Navarre qui l'avoit accusé, comparurent en Justice. L'accusateur soutint tout ce qu'il avoit déposé; et il en jura tout de nouveau par ce qu'il y a de plus sacré. Ignace, pour toute réponse, produisit une lettre, et demanda à Navarre s'il n'en connoissoit point l'écriture. *C'est la mienne*, répliqua-t-il, sans se douter de rien. Il disoit vrai, et il avoit écrit cette lettre à un homme de sa connoissance quelques mois auparavant : elle portoit qu'Ignace et ses compagnons menoient une vie irréprochable ; qu'il les avoit connus à Paris et à Venise, et que c'étoient de vrais hommes apostoliques.

La lettre fut lue, et fit tout l'effet qu'Ignace s'en étoit promis. L'accusateur, qui parloit avec tant d'audace, se voyant convaincu de fausseté par lui-même, demeura muet, ou ne prononça que des paroles confuses, qui achevèrent de prouver sa mauvaise foi.

Mais ce qui détruisit tout-à-fait la calomnie, c'est que les trois Juges qui avoient déclaré Ignace innocent dans les trois villes, où Navarre soutenoit qu'on l'avoit condamné au feu, se trouvèrent à Rome en ce temps-là. Gaspar de Doctis, Assesseur du Nonce Veralli, y vint de Venise ; le Grand-Vicaire Jean Figueroa, d'Alcala ; et l'Inquisiteur Mathieu Ori, de Paris ; chacun pour ses intérêts particuliers, ou plutôt pour celui d'Ignace, dont Dieu vouloit que l'innocence fût prouvée authentiquement dans la capitale de la Chrétienté. De juges qu'ils avoient été, devenus témoins, ils déposèrent tous trois la vérité contre les impostures de Navarre.

L'imposteur fut condamné à un bannissement perpétuel ; et il auroit été puni plus sévèrement, si Ignace n'avoit demandé sa grâce. Pour les trois autres Espagnols, ils se dédirent en présence du Gouverneur de Rome et du Cardinal-Légat.

Il ne restoit plus, pour la parfaite justification du maître, qu'à justifier les disciples. Sur les bruits qui couroient hors de Rome, que les compagnons d'Ignace étoient des gens de mauvaises mœurs, les Grands-Vicaires de Padoue, de Bologne, de Ferrare, de Sienne, envoyèrent aussitôt d'eux-mêmes des attestations fort amples de leur sainte vie; et Hercule d'Est, Duc de Ferrare, donna ordre à ses ministres, qui étoient auprès du Pape, d'interposer son autorité, pour rendre témoignage de la vertu de Le Jay et de Rodriguez.

Il poursuit une sentence qui le justifie, et l'obtient enfin.

Tant de preuves néanmoins ne satisfirent pas Ignace, il voulut avoir une sentence qui fît foi de tout. Il disoit qu'avec le temps on perdroit le souvenir du bannissement de l'accusateur; et que, n'y ayant nul acte public en faveur des accusés, on pourroit croire que, par leurs intrigues et par leur crédit, ils auroient arrêté le cours de la cause, dans la crainte d'un mauvais succès. Ce qui le portoit encore à poursuivre une sentence, c'est qu'il espéroit qu'un seul acte le justifieroit des accusations d'Alcala, de Paris et de Venise *Je sais bien*, écrivoit-il alors au Seigneur Pierre Cantarini, *que nous ne ferons pas taire les hommes par-là, et je ne suis pas si mal avisé que de le prétendre: nous voulons seulement sauver l'honneur de la Religion, qui est en quelque sorte attaché au nôtre. Il nous importe peu qu'on nous prenne pour des ignorans, ni même qu'on nous croie des scélérats: mais que la doctrine que nous prêchons passe pour fausse dans l'esprit des peuples, et qu'on regarde la voie par laquelle nous conduisons les âmes, comme le chemin de perdition, c'est ce que nous ne pouvons souffrir sans trahir notre ministère; parce que cette doctrine est celle de* Jésus-Christ, *et que cette voie est le chemin du salut.*

Quoique l'affaire, qu'Ignace avoit tant à cœur, fût très juste, et ne parût pas difficile, il y trouva des obstacles de tous côtés. Le Gouverneur, homme équitable, mais foible, et qui craignoit de s'attirer des ennemis, s'il se déclaroit trop pour Ignace, n'osant, ni lui accorder, ni lui refuser sa demande, traîna la chose en longueur: d'ailleurs, le Cardinal-Légat ne fut pas d'avis qu'on poussât l'affaire plus loin; et il n'y eut pas jusqu'aux compagnons d'Ignace, qui n'eussent sur cela d'autres sentimens que lui. Ils disoient que c'étoit assez pour eux d'être reconnus innocens, et que le reste auroit un air de vengeance, qui édifieroit mal le public. Ces oppositions ne rebutèrent pas

Ignace; aussi jaloux de son honneur, quand l'intérêt de la Religion le demandoit, qu'avide d'opprobres en d'autres rencontres.

Ennuyé des remises du Gouverneur, et désespérant d'obtenir jamais rien de lui, il crut que le plus court et le plus sûr étoit de s'adresser immédiatement au Pape, qui revint à Rome sur cette entrefaite, et qui alla passer une partie de l'automne à Frascati, pour se délasser du voyage de Provence. Ignace l'y alla trouver; et la justice de sa cause lui donna tant de confiance, qu'il ne chercha, ni patron ni introducteur.

Le pape n'eut pas plutôt entendu les raisons d'Ignace, qu'il ordonna au Gouverneur de le contenter. Le Gouverneur obéit; et après avoir fait examiner le livre des Exercices spirituels, il dressa une sentence dans les formes, qui contenoit l'éloge des accusés, et qui les justifioit entièrement.

Ignace envoya partout des copies de la sentence, et même jusqu'en Espagne : mais la malheureuse destinée de ses ennemis le disculpa encore dans la suite. Navarre vécut misérable, et agité des remords de sa conscience. Barrera mourut peu de jours après, d'un mal très violent. Mudarra et Castilla furent accusés tous deux d'hérésie : on condamna le premier à une prison perpétuelle; et l'autre, qui parut plus opiniâtre, à être brûlé. Pour l'Augustin Piémontois, il s'enfuit de Rome à Genève, et se déclara ouvertement hérétique : il fit même un livre sanglant contre l'Eglise Romaine, intitulé : *Le Sommaire de l'Ecriture*. Enfin les impiétés de cet apostat montèrent à un tel excès, qu'étant tombé entre les mains de l'Inquisition, il finit sa vie par le feu.

<small>Il assiste le peuple durant la famine.</small>

Les dix Prêtres étrangers ayant recouvré leur honneur, commencèrent à paroître tout de nouveau en public; et il se présenta une occasion de secourir le prochain, qu'ils ne laissèrent pas échapper. Outre que l'hiver étoit fort rude, il y avoit une si grande cherté à Rome, que plusieurs de la populace, presque morts de faim, étoient couchés de tous côtés dans les rues, sans avoir seulement la force de demander du secours. Quoiqu'Ignace et ses compagnons, qui ne vivoient que d'aumônes, se ressentissent de la famine, ils entreprirent de soulager ces misérables, se reposant pour cela sur la Providence. Ils se mettent donc tous ensemble à les ramasser par les rues, et ils les portent eux-mêmes jusques dans la maison où ils logeoient depuis peu. Ils donnent leurs lits aux plus foibles, accommodent les autres le mieux qu'ils peuvent, avec de la paille étendue à terre. La Providence, sur laquelle ils avoient compté, ne leur manqua pas : ils reçurent tant de vivres et tant d'argent tout à la fois, qu'ils eurent non seulement de quoi nourrir plus de quatre cents personnes, mais aussi de quoi couvrir la nudité des plus nécessiteux, qui mouroient de froid et de faim en même temps.

La charité d'Ignace et de ses compagnons leur attira bien des spectateurs. Quelques uns, qui étoient venus voir par curiosité ce qui se passoit chez eux, se dépouillèrent d'une partie de leurs habits, pour revêtir de pauvres gens, demi-nus, qu'on n'avoit pas encore habillés; et plusieurs personnes de qualité firent un fonds pour la subsistance de trois ou quatre mille hommes, que la famine réduisoit à une extrême misère. Mais les soins d'Ignace ne se bornoient pas au soulagement du corps : on instruisoit ces malheureux de tous les devoirs du Christianisme, on les faisoit prier Dieu tous ensemble, et on les engageoit à se confesser.

Cependant Ignace, à qui tout Rome donnoit des bénédictions, et que le peuple appeloit son père, crut devoir profiter d'une si heureuse conjoncture pour l'exécution de son dessein. Ayant donc fait un abrégé de l'Institut que lui et ses premiers compagnons avoient concerté ensemble, il le présenta à Paul III, par l'entremise du Cardinal Gaspar Contarini. Le Pape reçut cet écrit agréablement,

Il présente au Pape le projet de son Institut.

et le donna aussitôt à examiner au Maître du sacré Palais, Thomas Badia, qui fut depuis le Cardinal de Saint Sylvestre. Badia le retint deux mois : après quoi, il le rendit à Sa Sainteté, en lui protestant qu'il n'y trouvoit rien que de très louable. Le Pape le lut lui-même ; et on dit qu'après l'avoir lu, il s'écria : *Digitus Dei hic est*.

Ignace demanda en même temps à Sa Sainteté, qu'il lui plût de confirmer authentiquement ce qu'elle avoit approuvé de vive voix. Quoique Paul III s'y sentît porté, il ne voulut rien faire que par l'avis de trois Cardinaux. Le premier, qui fut chargé de l'affaire, se nommoit Barthélemi Guidiccioni, homme d'un grand mérite, et si digne du souverain Pontificat, que, quand il mourut, le Pape dit que son successeur étoit mort ; mais d'une vertu austère, et si ennemi de toutes sortes de nouveautés, que bien loin d'agréer les nouvelles Religions, il croyoit qu'on devoit éteindre quelques unes des anciennes, et les réduire toutes à quatre. Son zèle alla même si loin là-dessus, qu'il composa un livre pour faire valoir ses raisons, qui étoient fondées sur les décrets des Conciles de Latran et de Lyon, sous Innocent III et Grégoire X, touchant la multiplication des Ordres Religieux. Avec cette disposition d'esprit, il ne regarda pas seulement le mémoire

LIVRE III.

qu'on lui remit entre les mains, et dit plusieurs fois, que, de quelque nature que fût l'Institution dont il s'agissoit, l'Eglise n'en avoit que faire. L'autorité de Guidiccioni, qui étoit grand théologien et grand canoniste, entraîna les deux autres Cardinaux.

Dans le temps que Paul III nomma les trois Commissaires, il demanda à Ignace quelques uns de ses compagnons pour des besoins de l'Eglise fort pressans; et il les demanda à la prière des Princes, des Evêques et d'autres personnes illustres, qui connoissoient les disciples et le maître. Pasquier Brouet fut envoyé à Sienne, pour réformer un monastère de Religieuses, qui étoit dans un grand désordre; Claude Le Jay à Bresse, pour extirper l'hérésie, que des prédicateurs peu catholiques y avoit avoit semée; et Nicolas Bobadilla à l'île d'Ischia, vers les côtes de Naples, pour accorder les principaux du pays, qui se haïssoient mortellement. Jacques Laynez et Pierre Le Févre accompagnèrent le Cardinal de Saint-Ange dans sa légation de Parme : Laynez alla à Plaisance, et Le Févre à Parme d'où il fut retiré ensuite pour aller avec le Docteur Ortiz, que Charles-quint rappela, et qui eut ordre de se rendre à Worms, où devoit se tenir un colloque entre les Protestans et les Catholiques. Enfin, Simon Rodriguez et François Xa-

Quelques-uns de ses compagnons sont employés par le Pape.

vier partirent pour les Indes : et voici l'occasion de leur voyage.

Jacques Govea, ce Portugais, principal du collége de Sainte-Barbe, qui reconnut l'innocence d'Ignace, sur le point de le faire châtier publiquement, étant encore à Paris, et entendant parler des merveilles qu'Ignace et ses compagnons faisoient en Italie, jugea que des hommes faits comme eux, seroient fort utiles dans les Indes Orientales, qui venoient d'être conquises par les Portugais. Il en écrivit au Père Ignace, dont il vouloit savoir le sentiment avant que de faire aucune démarche du côté de la Cour de Portugal. Le Père loua Dieu de ce que la Providence lui ouvroit la porte d'un nouveau monde, après lui avoir fermé celle de la Terre-Sainte, et il conçut un désir ardent de porter lui-même la Foi à tant de nations idolâtres. Il répondit à Govea, que lui et ses compagnons étoient prêts à aller en quelque lieu du monde où il plairoit au Vicaire de Jésus-Christ de les envoyer; qu'ils lui avoient voué leur service pour tout ce qui regardoit les missions; et qu'ils ne pouvoient disposer d'eux, que sous le bon plaisir de Sa Sainteté.

Govea envoya à Jean III, Roi de Portugal, la réponse d'Ignace, avec une lettre qu'il lui écrivit, touchant la pensée qu'il avoit eue pour la conversion des Indiens. Ce Prince, qui étoit très religieux, et qui ne songeoit pas moins à établir le Royaume de Jésus-Christ dans les terres nouvellement découvertes, qu'à y étendre la domination des Portugais, donna ordre au même temps à Dom Pedro Mascaraignas, son ambassadeur, d'obtenir du Pape, pour le moins, six de ces ouvriers évangéliques dont lui parloit Govea, et de les amener avec lui.

L'ambassadeur, qui connoissoit Ignace particulièrement, et qui se confessoit même à lui, lui montra l'ordre de son maître. Le père dit que c'étoit au Pape à décider là-dessus ; mais que, s'il osoit dire son sentiment, il seroit d'avis qu'on ne donnât que deux Pères pour les Indes. Comme Mascaraignas insistoit sur le nombre marqué par le Roi : *Mon Dieu*, repartit Ignace, *si de dix que nous sommes, six alloient aux Indes, que resteroit-il pour tous les autres pays du monde ?* Le Pape, à qui Mascaraignas fit toutes les instances possibles, renvoya l'affaire au Père Ignace, qui ne se relâcha point ; de sorte que l'ambassadeur de Portugal n'emmena que Simon Rodriguez et François Xavier ; petit secours à la vérité, si on n'a égard qu'au nombre, mais très considérable, si on pèse le mérite.

<small>Il destine deux de ses compagnons aux Indes.</small>

Les deux missionnaires étant arrivés à Lisbonne, se mirent à y travailler au salut des âmes, en attendant que partît la Capitane, sur laquelle ils devoient s'embarquer avec Martin-Alphonse Sosa, qui commandoit la flotte royale; et leurs travaux, dès les premiers jours, leur méritèrent le surnom d'Apôtres, qui est demeuré, dans ce royaume, à leurs successeurs. Quelques Seigneurs de la Cour, ravis du zèle de Xavier et de Rodriguez, représentèrent au Roi qu'il seroit peut-être plus à propos de retenir l'un et l'autre en Portugal, que de les envoyer aux Indes.

Les deux Pères, qui avoient leur mission pour le nouveau monde, ayant entrevu le dessein des Portugais, écrivirent aussitôt à Rome, et conjurèrent leur Père Ignace de faire parler le Pape en leur faveur. Paul III ne voulut point s'expliquer, et fut d'avis de laisser les Portugais maîtres de l'affaire. Ainsi le Père Ignace manda aux deux Pères, qu'ils devoient suivre la volonté du Roi de Portugal, qui, en cette rencontre, leur tenoit la place de Dieu. Mais il ajouta que, si le Roi, par hasard, vouloit savoir son sentiment là-dessus, ils pouvoient lui dire que sa pensée étoit, que François Xavier allât aux Indes, et que Simon Rodriguez demeurât en Portugal. Le roi reçut ce conseil comme un oracle, et la chose s'exécuta selon qu'Ignace l'avoit arrangée; tellement que, par cette seule raison on peut lui attribuer, en quelque sorte, tout ce que Saint François Xavier a fait dans les Indes.

La joie qu'eut Ignace de voir ses compagnons engagés dans les emplois de l'apostolat, fut un peu troublée par les oppositions que mirent les trois Cardinaux à son grand dessein. Il continua néanmoins ses poursuites auprès du Pape avec plus de chaleur que jamais. Il redoubla en même temps ses prières auprès de la divine Majesté avec une extrême confiance; et, comme s'il eût été assuré du succès, il promit un jour à Dieu trois mille messes, en reconnoissance de la grâce qu'il espéroit obtenir.

Il demande que son Institut soit approuvé du Saint Siège.

Son espérance ne fut pas trompée. Le Cardinal Guidiccioni se sentit tout à coup changé, sans savoir pourquoi; et ce changement subit lui parut à lui-même si étrange, qu'il ne douta pas que Dieu n'en fût l'auteur. Il lut l'écrit qu'il n'avoit pas voulu regarder; et après l'avoir bien examiné, il dit que son sentiment étoit toujours, en général, qu'on ne devoit point recevoir de nouvelles Religions, mais que pour celle qui se présentoit, il ne pouvoit pas s'y opposer. Il avoua même qu'elle lui sembloit nécessaire pour remédier aux maux de la Chrétienté, et surtout pour arrêter le cours des hérésies qui se répandoient par toute l'Europe.

En effet, il ne paroissoit presque plus aucune trace de l'ancienne Religion dans l'Allemagne, où les Luthériens et les Anabaptistes, divisés en plusieurs sectes contraires, s'accordoient seulement ensemble pour ruiner la Foi Catholique. L'Angleterre, séparée de Rome, suivoit les égaremens d'Henri VIII, qu'elle reconnoissoit pour chef de l'Eglise Anglicane. La Suisse, le Piémont, la Savoie, et tous les pays circonvoisins, étoient infectés des erreurs de Zuingle et d'OEcolompade. La France se ressentoit en plusieurs endroits de la contagion de Genève; et il n'y avoit pas jusqu'à l'Italie, où le venin ne se fût glissé. Calvin y avoit porté son Institution, traduite en françois, et s'étoit si bien insinué dans l'esprit de Renée, Duchesse de Ferrare, fille de Louis XII, que cette princesse avoit embrassé l'hérésie, avec une partie de sa Cour.

Le Pape jugea, de son côté, que l'Eglise, dans des conjonctures si funestes, avoit besoin d'un secours extraordinaire. Il apprit, en même temps, que les disciples d'Ignace, qui étoient employés hors de Rome, réveilloient partout l'esprit du Christianisme; et que les pécheurs les plus endurcis ne pouvoient résister à la force de leurs paroles. Parmi les conversions qui firent du bruit, celle d'un prêtre de Sienne parut au Pape la plus admirable. Ce prêtre avoit mené une vie très libertine: il ne se contentoit pas de composer des comédies pour réjouir le peuple, il les représentoit quelquefois lui-même; et les gens de bien étoient également scandalisés de voir un comédien à l'autel, et un prêtre sur le théâtre. Brouet, et son compagnon Strada, ce jeune Espagnol qu'Ignace gagna au retour du Mont-Cassin, le touchèrent tellement par leurs discours, qu'ayant fait une retraite spirituelle, il demanda publiquement pardon au peuple, la corde au col, avec la permission du Grand-Vicaire, et se retira ensuite dans un cloître de la Réforme de Saint François, où il fit le reste de ses jours une rigoureuse pénitence.

Paul III, frappé de tant de choses éclatantes, et poussé encore davantage par un mouvement intérieur, confirma enfin l'Institut d'Ignace, sous le nom de la Compagnie de Jésus, par la Bulle, *Regimini militantis Ecclesiæ*. Cette Bulle, qui fut expédiée le 27 Septembre de l'année 1540, contient l'éloge des dix premiers Pères, et porte, en termes formels, qu'il n'y a rien que de bon et de saint dans ce nouvel Institut. Le Pape leur permit, par la même Bulle, de dresser des Constitutions telles qu'ils jugeroient les plus propres pour leur perfection particulière, pour l'utilité du prochain et pour sa gloire de Notre-Seigneur. Il est vrai qu'il limita le nombre des profès, et le restreignit à soixante. Mais il ôta cette restriction deux ans après, par une autre Bulle; et ce fut l'intérêt de la Chrétienté

La Compagnie de Jésus est approuvée par le Pape.

10

qui l'obligea d'en user ainsi, comme il le déclare lui-même.

Dès que le Saint Siége eut approuvé la Compagnie de Jésus, Ignace jugea qu'il falloit commencer par élire un chef; et, pour cet effet, il rappela à Rome, avec la permission du Pape, ceux de ses compagnons qui pouvoient s'y rendre : car Xavier et Rodriguez étoient à la Cour de Portugal; Le Févre étoit à la Diète de Worms, et Bobadilla avoit ordre expressément du Souverain Pontife, de ne point quitter le Royaume de Naples, que les affaires qu'on lui avoit mises entre les mains, ne fussent finies. Tellement que ces quatre Pères n'assistèrent point à l'élection : les deux premiers laissèrent leurs suffrages en partant; Le Févre envoya le sien; et si Bobadilla n'en fit pas autant, ou faute de commodité, ou parce qu'il espéroit de jour en jour retourner à Rome, il confirma, à son retour, le choix que firent les autres.

Ignace est élu Général de la Compagnie. Quand Le Jay, Brouet et Laynez furent venus, on prit trois jours pour examiner devant Dieu qui on éliroit; et ces jours se passèrent en prière et en silence. On s'assembla le quatrième jour, et toutes les voix furent pour Ignace, hors la sienne, qu'il donna à celui qui auroit le plus de suffrages, en s'exceptant néanmoins lui-même. Il ne se déclara pour personne nommément, ou parce qu'il ne put décider lequel étoit le plus digne, ou parce qu'il voulut les ménager tous, en tenant ainsi la balance égale.

Comme quelques-uns de ces suffrages, que chacun donna par écrit, se sont conservés, le lecteur ne sera pas fâché de les voir tels qu'on les a tirés des originaux. *Je proteste*, dit François Xavier en sa langue naturelle, *que, sans avoir été sollicité par personne, je juge, selon ma conscience, qu'on doit élire pour chef de notre Compagnie, notre ancien supérieur et véritable Père Dom Ignace, qui, après nous avoir tous rassemblés avec tant de peine, saura encore mieux nous maintenir et nous gouverner, comme celui qui nous connoît tous parfaitement.*

Notre très honoré Père Dom Ignace de Loyola, dit Jean Codure en latin, *est celui à qui je donne ma voix, comme l'ayant toujours reconnu pour un homme embrasé du zèle de la gloire de Dieu et du salut des âmes. Je crois aussi qu'il doit être le supérieur des autres, parce qu'il s'est fait toujours le plus petit, et qu'il a été le serviteur de tous.*

Le suffrage de Salmeron est le plus raisonné et le plus ample. *Au nom de* Jésus-Christ, dit-il, *moi, Alphonse Salmeron, très indigne de cette Compagnie, après avoir prié Dieu, et examiné mûrement la chose dont il s'agit, autant que j'en suis capable, j'élis et je déclare Dom*

Ignace de Loyola, mon supérieur général et celui de toute la Compagnie. Comme, selon la sagesse qui lui a été communiquée d'en-haut, il nous a tous engendrés en JÉSUS-CHRIST, *et nourris de lait dans notre enfance spirituelle; maintenant que nous sommes plus grands et plus forts en Notre Seigneur, il nous donnera la solide nourriture de l'obéissance; il nous conduira dans les pâturages célestes et à la fontaine de la vie; afin que, quand il aura rendu ce petit troupeau au grand Pasteur* JÉSUS-CHRIST, *nous puissions dire véritablement :* Nous sommes son peuple et les brebis que sa main conduit; *et que lui-même dise avec joie :* Seigneur, je n'ai perdu aucun de ceux que vous m'avez donnés. *Le bon Pasteur* JÉSUS *nous fasse à tous cette grâce. Ainsi soit-il.*

Il refuse la charge de Général. Ignace, affligé et même surpris de se voir élu Général : *Mes frères*, leur dit-il d'abord, *je ne suis point digne de cet emploi, et je vous assure que je ne pourrai pas m'en acquitter : car comment conduire les autres, quand on ne sait pas se conduire soi-même ? C'est avec toute la sincérité possible que je vous parle*, ajouta-t-il. *Quand je considère les désordres de ma vie passée, et les foiblesses de ma vie présente, je ne puis me résoudre à accepter la charge de Général. Ainsi, je vous conjure, au nom de Dieu, de ne pas trouver mauvais que je la refuse, et d'implo-*

rer tout de nouveau, durant trois ou quatre jours, les lumières divines, afin que nous élisions, pour notre Supérieur et pour notre Père, celui qui est le plus capable de bien gouverner notre Compagnie.

Quoique ce refus ne servît qu'à les confirmer dans leur sentiment, le respect qu'ils avoient pour leur père commun, les fit condescendre à recommencer l'élection, après quatre jours de prière et de pénitence. Il fut élu une seconde fois; mais il fit un second effort pour ne point recevoir la charge. Il dit qu'il mettroit l'affaire entre les mains de son confesseur; et que, si celui qui connoissoit toutes ses mauvaises inclinations, lui ordonnoit au nom de Jésus-Christ, de se soumettre, il obéiroit aveuglément.

Les Pères eurent de la peine à l'écouter là-dessus. Ils disoient que la volonté de Dieu n'étoit que trop manifeste, et que c'étoit s'y opposer, que de balancer davantage. Ils se relâchèrent néanmoins; et le Père Ignace alla trouver un Religieux de Saint François, nommé le Père Théodose, auquel il se confessoit ordinairement, et qu'il quitta dès que le Saint Siége eut confirmé l'Institut. Après lui avoir exposé, dans l'entretien, ses infirmités spirituelles et corporelles tout ensemble, il lui fit une confession de toute sa vie, durant les trois derniers jours de la Semaine Sainte. Le Père Théodose lui déclara nettement qu'il résistoit au Saint-Esprit, en résistant à son élection, et lui commanda, de la part de Dieu, d'accepter la charge de Général.

<small>Ignace et ses compagnons font leur profession.</small> Le Père Ignace se rendit alors, et prit enfin par obéissance, le gouvernement de la Compagnie de Jésus, le jour de Pâques de l'année 1541. Ils convinrent tous, ce jour-là, de faire leur profession solennelle la même semaine; et ils la firent en effet le vendredi suivant, qui étoit le vingt-deuxième d'Avril. Voici comme se fit la cérémonie. Ils allèrent visiter les sept Eglises, qui sont les principales stations de Rome. Etant arrivés à Saint Paul, qui est hors des murailles de la ville, le Père Ignace dit la Messe à l'Autel de la Vierge. Avant que de communier, il se tourna vers le peuple, et, tenant d'une main le corps de Notre Seigneur, de l'autre, la formule de ses vœux écrite, il la prononça à haute voix, après quoi il communia. Ensuite, se retournant vers ses compagnons, qui étoient à genoux au pied de l'Autel, et tenant cinq Hosties sur la patène, il reçut leurs professions, et les communia après. Ils s'engagèrent tous comme lui, à garder une pauvreté, une chasteté et une obéissance perpétuelle, selon la forme de vie contenue dans la Bulle de leur Institution. Ils promirent de plus, une obéissance spéciale au Souverain Pontife, à l'égard des mis-

sions marquées dans la même Bulle ; et ils s'obligèrent à enseigner aux enfans la doctrine chrétienne.

Il n'y eut qu'une différence entre la profession du Père Ignace et celle des autres, c'est qu'il fit sa promesse immédiatement au Vicaire de Jésus-Christ, et que ses compagnons lui firent la leur à lui-même, comme à leur Général et à leur Chef.

La Messe étant dite, ils allèrent tous ensemble au grand Autel, où reposent les ossemens des bienheureux Apôtres Saint Pierre et Saint Paul, et là, embrassant leur Père commun, ils lui baisèrent humblement la main, pour marque de leur soumission et de leur obéissance.

Le Général commença l'exercice de sa charge par faire le catéchisme dans l'Eglise de Ste. Marie de Strata, que Pierre Codace, officier du Pape, et puissant dans Rome, fit donner aux Pères, lorsqu'ils n'avoient encore qu'une maison de louage. C'est lui qui, charmé de leur sainte vie, quitta de gros bénéfices par un esprit de retraite, et se rangea parmi eux, sans autre vue que de vaquer au temporel, et de leur procurer des aumônes. *Il fait le catéchisme avec beaucoup de fruit.*

Quoique le nouveau Supérieur ne fît proprement ces instructions chrétiennes que pour les enfans, suivant l'obligation de son vœu, toutes sortes de personnes y venoient, même des hommes et des femmes de qualité, des Théologiens et des Canonistes. Il expliquoit en italien les mystères de la Foi, et les commandemens de Dieu, d'une manière facile et proportionnée à l'intelligence du peuple. Il mettoit dans cette explication des traits de morale vifs et touchans; et quoique son langage fût assez barbare, il faisoit tant d'impression sur les esprits, qu'après l'avoir entendu, on se retiroit en silence, les larmes aux yeux et la componction dans le cœur: la douleur étoit quelquefois si sensible, que ceux qui vouloient se confesser à la fin du catéchisme, ne pouvoient presque pas prononcer une parole. Il continua cet exercice durant quarante-six jours dans la même Eglise; et c'est, à son exemple, que les Supérieurs de la Compagnie font quarante jours le catéchisme, quand ils entrent en charge.

Mais comme rien n'étoit plus essentiel, que de régler la conduite des particuliers de cette petite Société naissante; avant que de faire des constitutions dans les formes, il dressa quelques réglemens généraux.

Les premières règles qu'il prescrivit à la Compagnie naissante.

I. Qu'autant qu'il leur seroit possible, ils eussent toujours Dieu devant les yeux, et qu'ils se proposassent la vie de JÉSUS-CHRIST pour le modèle de la leur.

II. Qu'ils regardassent Dieu dans les Supérieurs, pour exécuter leurs ordres, et pour honorer leur dignité; et qu'ils fussent persuadés que l'obéissance est un guide qui n'égare point, un oracle qui ne peut tromper; qu'ils découvrissent à leur Supérieur le fonds de leur âme, pour en être bien gouvernés; qu'ils ne craignissent rien tant que de se conduire eux-mêmes, et qu'ils se défiassent pour cela de l'amour-propre d'autant plus aveugle, qu'il pense être plus éclairé.

III. Que dans le commerce du monde, ils eussent la circonspection de ceux qui secourent des gens qui se noyent, et qu'ils prissent bien garde de se perdre en tâchant de sauver les autres; que non-seulement ils s'aimassent tous comme frères; mais que chacun aimât son frère, comme un autre lui-même; qu'ils ne disputassent jamais de paroles avec ces entêtemens opiniâtres qui refroidissent la charité, s'ils ne l'éteignent; et que, quand ils seroient de divers avis, l'amour de la vérité réglât leurs contestations, et non pas le vain désir d'avoir l'avantage.

IV. Que le silence se gardât exactement parmi eux, si ce n'est quand la nécessité obligeroit de le rompre; et que, lorsqu'ils auroient à parler, ils le fissent d'une manière modeste et religieuse. Que, quelque grandes choses qu'il plût à Dieu d'opérer par leur ministère, ils ne se crussent pas de grands hommes, et ne s'attribuassent pas la gloire de l'action; l'instrument étant de lui même quelque-

si peu propre à ce qui se fait par lui, et tirant toute sa vertu du bras qui le met en œuvre : qu'ils comptassent pour peu de chose, et même pour rien, l'esprit, l'éloquence, le savoir, en comparaison de la vertu ; et qu'ils ne se tinssent jamais mieux payés de ce qu'ils auroient fait pour le prochain, que quand ils en recevroient des affronts et des outrages, seule récompense dont le monde a payé les travaux de Jésus-Christ.

V. Que, s'ils tomboient en quelque faute qui éclatât au-dehors, et qui sembât les déshonorer, bien loin de perdre courage, ils rendissent grâces à Dieu de ce qu'ayant permis leur faute, il avoit fait connoître la foiblesse de leur vertu, et détrompé le monde qui les estimoit plus saints qu'ils n'étoient ; qu'au reste, ceux qui étoient tombés, n'oubliassent jamais leur chute, pour être plus humbles et marcher plus droit, et que les autres apprissent de là, à craindre de tomber, lorsqu'ils se croiroient le moins en péril.

VI. Qu'aux heures qu'on prend après le repas pour relâcher son esprit, ils se souvinssent de la modestie que l'Apôtre veut qui reluise en nous, et qu'ils n'y fussent ni excessivement gais, ni sombres et mélancoliques ; que, dans les fonctions extérieures, ils ne laissassent pas échapper les occasions d'un bien présent et assuré, éblouis par l'espérance d'un plus grand bien à venir, mal fondé et incertain. Enfin, qu'ils se tinssent fermes dans leur vocation, et sans cesse sur leurs gardes contre les ruses du malin esprit, qui porte les solitaires aux emplois de la vie commune, et les hommes apostoliques au repos de la solitude.

François Xavier, à qui le Roi de Portugal avoit procuré, sans qu'il le sût, un bref de Légat Apostolique dans les Indes, partit de Lisbonne en ce temps-là, et y laissa Simon Rodriguez. Le pape envoya la même année en Irlande Alphonse Salmeron, et Pasquier Brouet, avec le caractère de Nonces, pour maintenir la Foi Catholique parmi ces peuples, qui, nonobstant les édits d'Henri VIII, étoient demeurés fidèles au Saint Siége. La République de Venise demanda Jacques Laynez; le Docteur Ortiz mena avec lui Pierre Le Févre à Madrid; Nicolas Bobadilla et Claude Le Jay allèrent prendre la place de Le Févre à Vienne et à Ratisbonne.

Ignace et ses compagnons employés au service de l'Eglise.

Tandis que ces ouvriers Evangéliques, animés de l'esprit d'Ignace, travailloient au bien des âmes en tant de lieux différens, Ignace faisoit lui-même dans Rome plusieurs bonnes œuvres. En assistant les malades dans les hôpitaux et ailleurs, il reconnut que la plupart ne se confessoient qu'aux derniers momens de leur vie, et lorsque la pénitence est presqu'inutile. Il représenta ce désordre au Pape, et le supplia d'abord de renouveler la Décrétale d'Innocent III, qui ordonne que le médecin ne verra point les malades, qu'après qu'ils se seront confessés. Il jugea néanmoins ensuite, qu'afin de faire mieux observer ce décret, il y falloit apporter un peu de modération, c'est-à-dire, qu'il falloit permettre deux visites du médecin avant la confession du malade, et défendre la troisième sous des peines rigoureuses. Le Pape suivit le conseil du Père Ignace; et une pratique si chrétienne se garde encore aujourd'hui en Italie très-exactement.

Il fait des établissemens pour les Juifs et les courtisanes qui se convertissent.

Rome étoit alors pleine de Juifs, et il y en avoit qui ouvroient les yeux à la vérité, depuis que la nouvelle Compagnie expliquoit publiquement les mystères de la Foi : mais la crainte de la pauvreté les empêchoit de se déclarer. Le Père Ignace offrit sa maison à ceux qui voudroient se faire chrétiens, et il y en eut plusieurs qui abjurèrent le judaïsme. Le nombre des convertis venant à croître de jour en jour, par la conversion des premiers de la Synagogue qui désabusoient les autres, il entreprit de fonder une maison, où l'on instruiroit tous les Juifs qui demanderoient le baptême, et il engagea diverses personnes de piété à faire un si saint établissement. Il obtint du Pape, que les Juifs, qui se convertiroient, ne perdroient rien de leurs biens légitimement acquis; que les biens gagnés par usure, et dont la restitution ne se pouvoit faire, faute de savoir à qui ils appartenoient, seroient employés en faveur des nouveaux fidèles, et que les enfans, qui embrasseroient le Christianisme, contre la volonté de leurs pères, en hériteroient, comme s'ils n'avoient point changé de religion.

Il y avoit encore, dans la ville, plusieurs filles et plusieurs femmes que la nécessité avoit jetées dans le désordre : quelques-unes moins libertines, et touchées de Dieu, avoient horreur de leur vie infâme; elles la continuoient néanmoins, ne sachant où se retirer, ni quel parti prendre. A la vérité, le monastère des Repenties étoit dès ce temps-là établi sous le titre de Sainte-Marie Magdelène; mais on n'y recevoit que celles qui vouloient être Religieuses, et passer le reste de leurs jours en solitude et en pénitence. Le Père Ignace, considérant que la grâce, qui excite les pécheresses à quitter le vice, ne les porte pas toujours à quitter le monde, et que l'état du mariage ne s'accorde pas avec celui de la Religion, forma le dessein d'une autre maison, où des filles séculières et des femmes mariées fussent admises indifféremment. Il s'en ouvrit aux plus grands Seigneurs de Rome, qui tous approuvèrent sa pensée, et promirent de contribuer à un établissement si utile, pourvu que quelqu'un se fît le chef de l'ouvrage. Le Père, voyant que personne ne vouloit s'embarquer le premier, commença hardiment lui-même.

Le Père Codace, procureur de la maison professe, faisoit tirer de grandes pierres des ruines de quelques anciens bâtimens, dans une place qui appartenoit aux Pères de la Compagnie, et qui étoit devant leur Eglise. Le Père Ignace lui ordonna d'en vendre pour cent ducats; et ayant reçu l'argent, il le porta aux Seigneurs Romains, qui n'osoient entreprendre la bonne œuvre qu'il leur avoit proposée. *Si personne ne veut être le premier*, leur dit-il, en souriant, *qu'on me seconde du moins, et qu'on me suive*. Ils fournirent tous de grosses sommes, et, en peu de mois, on bâtit une maison pour les filles et pour les femmes pénitentes, sous le nom du monastère de Sainte-Marthe. Il les y menoit lui-même, et n'avoit pas honte de paroître dans la ville avec des pécheresses publiques. On lui disoit quelquefois qu'il perdoit son temps, et que ces malheureuses ne se convertissoient jamais de bon cœur. *Quand je ne les empêcherois que d'offenser Dieu une nuit*, répondoit-il, *je croirois ma peine bien employée*.

Il eut encore soin des jeunes filles qui sont exposées à de grands périls, ou faute d'éducation, ou faute de bien; et il fit fonder pour elles un autre monastère sous le nom de Sainte-Catherine. La conduite qu'il gardoit dans ces sortes de bonnes œuvres, étoit d'y engager le plus qu'il pouvoit de personnes riches et dévotes, de choisir un Cardinal, fort homme de bien qui en fût le protecteur, d'établir des administrateurs pour le temporel et des directeurs pour le spirituel, qui gouvernassent sagement les maisons selon les statuts dont il convenoit avec eux. Mais quand la chose étoit une fois bien cimentée, et que tout alloit de soi-même, il avoit coutume de se retirer, pour ne donner jalousie à personne, et pour entreprendre quelqu'autre chose utile au public.

Il fait d'autres œuvres de charité.

Une des principales affaires à quoi il travailla ensuite, fut de chercher un fonds pour la subsistance des orphelins : il le trouva, et on établit deux maisons dans Rome, l'une pour les garçons, l'autre pour les filles, et ces deux établissemens, qu'il régla lui-même, ont toujours subsisté depuis. Enfin, il tâcha de purger la ville des vices énormes que la corruption du siècle avoit introduits, et que la coutume autorisoit en quelque manière.

Toutes ces actions de charité ne l'occupoient pas tellement, qu'il ne s'ap-

Il commence à écrire les Constitutions de son Ordre.

pliquât dès-lors à tracer le plan des Constitutions de son Ordre. Il y employoit tous les jours plusieurs heures; il y passoit même une partie de la nuit, et voici la méthode qu'il tenoit. Il examinoit d'abord chaque article selon les règles du bon sens, et se proposoit toujours les raisons du pour et du contre. Ces raisons n'étoient ni légères, ni en petit nombre; et, sur un seul point qui n'est pas des plus importans, on a trouvé, dans les papiers écrits de sa main, huit raisons pour un parti, et quinze pour l'autre, chacune de poids, et capable de faire balancer l'esprit. Ensuite, se dépouillant de tout amour-propre et de tout intérêt particulier, il pesoit mûrement toutes les raisons, en les opposant les unes aux autres, pour mieux voir celles qui étoient ou plus foibles ou plus fortes.

Après avoir fait tout ce que la prudence demandoit, il consultoit Dieu avec une simplicité d'enfant; comme s'il n'eût eu rien à faire qu'à écrire ce que Dieu même lui dicteroit. Considérant donc les choses tout de nouveau à la lumière des vérités éternelles, il supplioit Jésus-Christ, par l'entremise de la Sainte Vierge, de lui faire voir ce qui seroit à propos pour le service de sa divine Majesté, et pour le bien de la Compagnie.

Quoiqu'il se sentît quelquefois déterminé à un parti, et d'une manière qui sembloit lui ôter tout sujet de doute, il ne laissoit pas de continuer ses prières, pour connoître plus clairement ce qui étoit le meilleur ; de sorte qu'ayant pris une fois sa dernière résolution sur un point particulier après dix jours de communication avec Dieu, il fit oraison sur le même article, et y repensa encore trente jours entiers. Cependant la chose n'étoit pas fort considérable, et il s'agissoit seulement de régler si les Eglises des maisons professes auroient du revenu, ou si elles ne seroient entretenues que de la charité des fidèles.

Outre cela, quand il avoit écrit une Constitution, il la mettoit sur l'autel en disant la Messe, et l'offroit à Dieu avec le divin Sacrifice, afin que le Père des lumières y jetât les yeux, et lui fit connoître si tout y étoit conforme aux règles de la perfection Evangélique. Il en usoit ainsi à l'exemple du Pape saint Léon, qui, avant que d'envoyer à l'Evêque Flavien la lettre dogmatique qu'il avoit écrite contre l'hérésie d'Eutichès, la mit sur l'Autel de l'Apôtre Saint Pierre, et l'y tint quarante jours, jeûnant tout ce temps-là, et priant sans cesse le Prince des Apôtres de la corriger lui-même, et d'effacer, de sa main, ce qui ne seroit pas orthodoxe.

Les réponses intérieures que le Saint-Esprit rendoit au Père Ignace l'assuroient enfin, et lui mettoient l'esprit en repos sur le parti où il s'attachoit. Aussi ayant demandé un jour au Père Laynez, s'il ne lui sembloit pas que Dieu eût révélé, aux Fondateurs des Religions, la forme de leur Institut; et le Père Laynez lui ayant dit que cela lui sembloit très probable, du moins pour ce qui regarde les choses essentielles : *Je suis de votre sentiment*, répliqua le Saint, et c'est sans doute sa propre expérience qui le lui fit juger de la sorte.

<small>La fin de la Compagnie de Jésus.</small> Il commença le plan dont je parle en donnant pour fin à son Ordre, non-seulement de vaquer, avec la grâce de Dieu, au salut et à la perfection de son âme, mais encore de s'employer de toutes ses forces, avec la même grâce, au salut et à la perfection du prochain : car il voulut que ces deux fins n'en fissent qu'une dans la Compagnie, et dépendissent également l'une de l'autre; étant persuadé que, comme rien ne contribue davantage à notre propre sanctification, que de nous dévouer tout entiers au salut des âmes, rien aussi ne nous rend plus propres à sauver les âmes, que de nous sanctifier nous-mêmes.

<small>Les moyens dont la Compagnie se sert pour parvenir à sa fin.</small> Ayant établi la fin, il pensa aux moyens qui étoient nécessaires pour y parvenir; et il se remit devant les yeux les deux formes de vie si différentes, dont l'une, sur le modèle de Marthe, est toute oc-

cupée au service du prochain, et l'autre, à l'exemple de Magdelène, n'a point d'autre emploi que le repos de la contemplation. Il reconnut aisément que les fonctions de ces deux états, prises à part et dans toute leur l'étendue, ne convenoient pas à son dessein : qu'il falloit choisir ce que l'un et l'autre avoit de meilleur, et joindre ces deux vies ensemble dans un tempérament juste, pour faire en sorte qu'elles s'aidassent, au lieu de se nuire. Car enfin, quelque peu de ressemblance qu'il y ait entre Marthe et Magdelène, elles sont sœurs, et ne sont pas ennemies.

Il prit donc de la vie contemplative, l'oraison mentale, les examens de conscience, la lecture des saintes Lettres, la fréquentation des Sacremens, les retraites spirituelles, l'exercice de la présence de Dieu, et d'autres semblables pratiques de piété.

Il tira, de la vie active, tout ce qui peut contribuer au salut et à la perfection du prochain; les prédications, les catéchismes, les missions parmi les fidèles et les idolâtres, les disputes de controverse avec les hérétiques, les entretiens de dévotions avec les personnes du monde, la visite des prisons et des hôpitaux, la direction des consciences et l'instruction de la jeunesse. Mais il embrassa particulièrement ce dernier moyen; car, dans la corruption générale qui régnoit alors, il crut ne pouvoir réformer le monde, qu'en inspirant aux enfans l'amour de la vertu, avant qu'ils eussent contracté de mauvaises habitudes. Il espéroit que ces jeunes plantes, venant à croître avec des impressions chrétiennes, feroient refleurir l'innocence dans tous les états de la vie civile ; et il ne doutoit pas que les premières semences de piété ne se conservassent toute la vie, quand même elles seroient étouffées pour un temps, par les passions que la chaleur de l'âge pourroit exciter.

Peut-être aussi, qu'ayant su que les nouveaux Hérésiarques avoient commencé par pervertir les enfans, et qu'un des faux docteurs de Genève leur apprenoit des chansons contre l'Eglise Romaine, il voulut, pour maintenir la Religion, employer les mêmes moyens dont ils se servoient pour la ruiner.

Mais prévoyant qu'il n'y auroit pas un grand concours aux écoles de la Compagnie, si on n'y instruisoit la jeunesse que dans la piété ; et considérant d'ailleurs que les Universités s'infectoient de jour en jour du venin de l'hérésie, il pensa que, pour attirer les écoliers à les garantir de l'erreur, il falloit tenir des classes publiques, où l'on enseignât gratuitement les sciences que des Religieux peuvent enseigner.

A la vérité, les quatre ou cinq premières années, après la confirmation de l'Ordre, toute l'instruction des enfans se réduisit aux catéchismes. Les premiers Pères avoient des emplois qui ne leur permettoient pas de faire des classes, et ceux que l'on associa n'en étoient pas encore capables. Le Général voulut qu'ils étudiassent à loisir, avant que d'enseigner les Belles-Lettres, la Philosophie, la Théologie, l'Ecriture-Sainte. Et de-là vient que les premiers colléges de la Compagnie n'étoient, au commencement, que pour élever les jeunes gens de la Compagnie même.

C'est pour faciliter l'usage de tous ces moyens, si proportionnés à la fin d'une vocation apostolique, que le Père Ignace choisit une vie commune sur le modèle de Jésus-Christ. Comme il étoit Prêtre, et que son Ordre n'étoit qu'une société de Prêtres ou de Clercs Réguliers, il ne donna point d'autre habit à ses Religieux, que celui des Ecclésiastiques; encore ne s'y attacha-t-il pas de sorte qu'il s'en fît un habit particulier, tel qu'en ont les autres Sociétés Régulières: il ordonna seulement en général, que le leur seroit honnête, et selon l'usage du pays, sans avoir rien néanmoins qui fût contraire à la pauvreté Religieuse.

La compagnie n'a point d'habit particulier.

Le dessein qu'il avoit de convertir tous les hommes, s'il étoit possible, lui fit juger que la Compagnie, ayant à traiter souvent avec les hérétiques et les libertins, qui se moquent du saint habit des autres religions, elle n'en devoit point prendre de remarquable et de singulier, pour avoir plus d'accès partout.

La Compagnie n'a point d'austérités d'obligation.

Il régla le logement, la nourriture, et le reste, conformément à l'habit, selon les lois de la bienséance et de la pauvreté. Ce principe de la vie commune le détermina encore à ne prescrire dans sa règle, nulle austérité d'obligation. Il savoit bien que les Sociétés Religieuses, sont composées de personnes qui n'ont, ni le même tempérament, ni le même âge; que, quand les austérités sont réglées, il faut recourir à la dispense en faveur des personnes infirmes ou âgées; et que la dispense, quelque légitime qu'elle soit, a presque toujours des conséquences dangereuses.

Il n'ignoroit pas d'ailleurs, que les macérations de la chair, établies par les anciens Fondateurs d'Ordre, selon la forme de leur Institut, pouvoient être des obstacles aux fonctions du sien. Au reste, en ne mettant point dans la Compagnie une mesure égale de pénitences pour tous, il ne prétend pas en exclure les austérités; au contraire, il veut que chacun maltraite son corps, autant que sa santé et son emploi pourront le permettre. Mais, de peur que l'amour-propre ne retienne, ou que la ferveur n'emporte, il prétend que les supérieurs jugent de tout ce qu'on fait en cela, et que, considérant, d'un côté, la fin de l'Institut à laquelle tous les moyens doivent être subordonnés, et de l'autre, les forces des particuliers, ils gardent le milieu entre le relâchement qui nuit à l'âme, et l'excès qui ruine le corps.

Quelque dévotion qu'il sentît à entendre chanter les louanges de Dieu, et quelque vénération qu'il eût pour les Religieux qui les chantent jour et nuit, il ne mit point le chœur parmi les siens, quand il eut fait réflexion que ce pieux exercice étoit incompatible avec les emplois de son Institut, et n'étoit pas essentiel à la profession Religieuse; puisque les Religions militaires, et celles qui sont employées aux œuvres de miséricorde, n'ont point de chœur; que l'Ordre de Saint Dominique n'en a point eu au commencement; et que, dans les Religions les plus réformées, on en dispense les maîtres de Théologie, les Prédicateurs et les Missionnaires. L'autorité de Saint Grégoire, Pape, qui, dans un Concile de Rome, défend de chanter aux diacres qui prêchent ordinairement; et celle de Saint Thomas, qui enseigne, qu'il vaut bien mieux élever les cœurs à l'amour des choses divines par le ministère de la parole de Dieu, que par le chant et par la musique, ne servirent pas peu à dé-

Pourquoi S. Ignace n'a pas mis le chœur dans son Ordre.

terminer Saint Ignace; et on peut dire, qu'en se réservant tout entier pour les fonctions évangéliques, il se régla sur l'exemple de Saint Paul, qui dit de lui-même, que Jésus-Christ ne l'a pas envoyé pour baptiser, mais pour prêcher; non que ce ne fût une action sainte et louable de baptiser, mais parce qu'il avoit été choisi pour publier l'Evangile, et qu'il s'en trouvoit assez d'autres pour conférer le Baptême.

Le choix qu'on fait des personnes; et ce qui empêche d'être reçu dans la compagnie. Comme les divers emplois d'une Société dévouée au salut des âmes, demandoient des ouvriers excellens, le Fondateur imagina tout ce qui étoit nécessaire pour cela. Car en premier lieu, il ordonne qu'on choisisse bien ceux qu'on recevra, et il marque lui-même les qualités principales qu'ils doivent avoir, entr'autres, un beau naturel, un bon esprit, une santé forte, un corps bien fait, et un air honnête : il compte pour rien la noblesse et tous les avantages de la fortune, si le reste manque. Il veut néanmoins qu'on y ait égard, quand ils se rencontrent avec les talens requis; et sa raison est, que les hommes d'une naissance illustre, ou qui ont tenu un rang considérable dans le monde, sont très propres à se faire écouter du peuple, à parler aux grands, et à soutenir les intérêts de l'Eglise.

Il exclut ceux qui étant nés Chrétiens,

auroient abjuré la Foi parmi les Infidèles, ou qui auroient tenu publiquement des opinions hérétiques. A quoi il ajoute les gens infâmes, et convaincus de crimes énormes; les personnes sujettes à des foiblesses d'esprit, et à des égaremens de raison; enfin, ceux qui ont porté l'habit d'hermite ou de Religieux, même un seul jour; et toutes ces exclusions sont fondées sur ce que Saint Ignace demandoit pour son Institut, des principes de religion bien établis dans le cœur, une réputation nette, un jugement sain, et une volonté constante dans le bien qu'on a une fois embrassé.

Outre ces empêchemens, qui ne sont pas tous si essentiels, que le Saint Siége n'en puisse dispenser pour de justes causes et dans des cas extraordinaires, il y en a d'autres de moindre conséquence, dont les Supérieurs peuvent dispenser eux-mêmes prudemment; avoir, par exemple, moins de quinze ans, ou plus de cinquante; avoir de violentes passions, de mauvaises habitudes, des dévotions indiscrètes, etc.

Pour connoître parfaitement ceux qui se présentent, le Fondateur descend dans un grand détail, jusqu'à vouloir que l'on sache s'ils sont nés d'un mariage légitime, s'ils sont fils uniques, quelle est leur famille, s'ils n'ont point d'engagement, ou par les Ordres sacrés, ou par une promesse de mariage, ou par un vœu.

Il recommande surtout qu'on étudie leurs dispositions intérieures, et qu'on examine principalement leur vocation; si, depuis qu'ils sont appelés, ils n'ont point changé de pensée, ou laissé refroidir leurs saints désirs; si quelqu'un de la Compagnie ne les a point attirés; et en cas que cela soit, quoiqu'on l'ait pu faire avec de bonnes intentions, il déclare qu'il faut leur donner un temps raisonnable pour penser tout de nouveau à une affaire si importante, par la seule vue de la plus grande gloire de Dieu, et comme si personne ne leur en avoit jamais parlé.

Mais pour tirer de cet examen tout le fruit qu'il en espère, il exige de ceux qu'on interroge, beaucoup de franchise, et prescrit aux Supérieurs un profond secret. Enfin, quand après toutes ces interrogations, les gens sont jugés propres pour l'Institut, il veut qu'avant de les recevoir, on leur fasse bien entendre que, s'ils désirent sincèrement être reçus, ils doivent être prêts à se consacrer tout entiers à Dieu. Il veut encore qu'on leur propose tout ce que la profession Religieuse a de plus humiliant et de plus pénible, et qu'on leur demande même s'ils seront bien aises, non-seulement qu'on les avertisse de tous les défauts qui seront remarqués en eux, mais que quiconque saura leurs défauts par une autre voie que celle de la confession, en informe le Supérieur, afin qu'il les en corrige ; et, s'ils sont disposés eux-mêmes à l'informer, avec un esprit de charité, des fautes d'autrui, quand il les en interrogera, à la plus grande gloire de Dieu.

De quelle manière on éprouve et on cultive les novices.

Le choix étant fait de cette manière, le Saint prétend qu'on fasse l'épreuve des personnes qu'on a choisies. Voici ce qu'il a établi pour cet effet. Qu'en les recevant dans la maison, on les mettroit aux Exercices spirituels ; et, qu'après un mois de retraite, sans nul commerce avec qui que ce soit du dehors, ils feroient une confession générale de toute leur vie.

Qu'ensuite ils prendroient l'habit ordinaire de la Compagnie, à moins qu'on ne jugeât à propos de leur laisser leur habit du siècle, comme il fit lui-même à Antoine Araos son parent, et à un cavalier Napolitain, qui avoit été capitaine du château Saint-Elme. Que le noviciat seroit de deux ans, parce qu'une seule année ne suffit pas pour des gens qui, étant destinés à des emplois extérieurs, ont besoin d'un très grand fonds de vertu.

Que, durant le noviciat, excepté qu'ils apprendroient tous les jours quelque chose par cœur, pour cultiver la mémoire qui s'affoiblit et se perd faute d'exercice, ils n'étudieroient nullement.

Qu'ils serviroient les malades l'espace d'un mois dans un hôpital, et que, pendant un autre mois, ils feroient un pélerinage de dévotion à pied, sans viatique, demandant l'aumône. Mais qu'on s'informeroit des Administrateurs de l'hôpital, comment les novices se seroient comportés, et qu'on sauroit aussi des lieux par où ils auroient passé, de quelle manière ils auroient vécu.

Qu'étant bien instruits des vérités de la Foi, ils enseigneroient la doctrine chrétienne aux enfans et aux personnes grossières, pour s'y accoutumer de bonne heure. Enfin, qu'ils ne seroient occupés que des pratiques de la vie spirituelle, et que tout leur soin seroit d'acquérir les vertus solides, particulièrement l'humilité et l'abnégation de soi-même.

L'ordre des études pour ceux qui ont achevé leur noviciat.

Comme la piété ne suffit pas toute seule dans les fonctions évangéliques, et que la doctrine y est absolument nécessaire, il ordonne qu'après les deux années de noviciat, les jeunes gens de la Compagnie soient appliqués aux études ; il détermine les sciences qu'ils étudieront, et il marque en général la connoissance des langues, la poésie, la rhétorique, la philosophie, la théologie, l'histoire Ecclésiastique, l'Ecriture-Sainte : mais il laisse à la prudence des Supérieurs de régler les études en particulier, selon l'âge et le talent de chacun, ensorte que les esprits capables de tout soient exercés dans toutes les sciences; et que ceux qui ne sont pas si universels, excellent au moins dans quelqu'une.

Il fait néanmoins lui-même divers réglemens. Il veut qu'on soit bien instruit de la langue latine et des belles-lettres, avant que de commencer la philosophie; qu'on n'étudie la théologie scolastique qu'après la logique, la métaphysique et la morale; et qu'on ne s'attache à la positive, que quand on saura déjà quelque chose de la scolastique. Que d'une science on ne passe point à une autre sans avoir subi un examen rigoureux; qu'en chaque Faculté on suive la doctrine la plus sûre, et les Auteurs les plus approuvés; qu'en étudiant les langues saintes, on n'ait pas seulement en vue l'intelligence de l'Ecriture-Sainte, mais qu'on pense à défendre la version qui est autorisée par l'Eglise. Le peu de méthode que tint Ignace, lorsqu'il étudioit à Alcala, et le danger où l'exposa la lecture d'un Auteur suspect, lui firent prendre ces précautions.

Il se souvint en même temps que des exercices de charité et de dévotion mal entendus, l'avoient empêché de profiter dans les lettres; et il ordonna que les jeunes gens de la Compagnie ne seroient point employés au-dehors, que le temps de leurs prières seroit déterminé, et même qu'ils ne recevroient les Ordres sacrés que sur la fin de leurs études.

Le soin qu'a St. Ignace de la santé et de l'avancement de ceux qui étudient.

D'ailleurs, comme ses indispositions et ses maladies avoient beaucoup nui à son avancement dans les sciences, il jugea qu'on devoit avoir soin de leur santé, et prendre bien garde qu'ils ne s'appliquassent pas trop; qu'ils ne perdissent rien de leur sommeil; qu'ils n'étudiassent pas à des heures du jour incommodes; qu'ils ne continuassent pas leur travail plus de deux heures de suite sans l'interrompre. Il établit en leur faveur des jours de relâche, et pensa dès-lors à leur procurer des maisons de campagne, où ils pussent aller une fois toutes les semaines pour se délasser l'esprit.

Mais, parce que l'extrême pauvreté où il avoit été réduit dans l'Université de Paris, fut un des plus grands obstacles à ses études, il ne crut pas devoir obliger ceux qui étudient, à vivre d'aumônes, et il voulut que les colléges de la Compagnie fussent fondés.

Que, si d'un côté il a tant d'égards et tant d'indulgence pour la Jeunesse de son Ordre, d'un autre il ne la ménage point du tout. Il lui recommande d'aimer le travail, et de s'exercer sans cesse, soit dans des conférences particulières, soit dans des disputes publiques. Il charge les Recteurs des colléges, d'exciter les esprits pesans ou paresseux, et de retirer des sciences celui qui n'y feroit point de profit, manque d'intelligence, ou d'application; enfin d'avoir l'œil sur eux à toute heure, et d'observer même si leurs maîtres font bien leur devoir.

Mais dans la crainte qu'il eut que l'amour de la science n'affoiblît peu à peu l'esprit de piété, il ne manqua pas de prescrire diverses pratiques qui pussent l'entretenir, ou le réveiller. Les principales consistent à s'approcher des Sacremens tous les huit jours, à examiner sa conscience deux fois le jour, à faire tous les ans les Exercices spirituels, et à renouveler ses vœux deux fois l'année avec de grands préparatifs, tels que sont durant trois jours de retraite, des méditations et des pénitences extraordinaires, une déclaration sincère de l'état de son âme au Supérieur, et une confession générale. *La piété jointe à l'étude dans la Compagnie.*

Mais jugeant qu'il étoit presqu'impossible, qu'avec le temps des sciences profanes ou abstraites ne dissipassent l'esprit, et ne desséchassent le cœur en quelque façon, il s'avisa d'un expédient tout nouveau, pour réformer l'homme intérieur quand les études sont achevées. Ce fut d'établir un troisième an de noviciat, où l'on ne seroit appliqué qu'aux exercices de la vie spirituelle, sans songer nullement aux lettres humaines.

Comme ce second noviciat est la dernière épreuve des jeunes gens de la Compagnie, le Saint entend qu'ils soient exercés plus que jamais en tout ce qui peut les avancer dans le mépris du monde et d'eux-mêmes : qu'ayant vaqué à l'oraison et à la lecture des livres qui peuvent les rendre plus dévots, et non pas plus doctes, ils s'emploient à enseigner la doctrine chrétienne, et à faire des missions dans les villes et dans les villages.

Ce sont là les voies par lesquelles le Général de la Compagnie naissante prétendoit former des hommes apostoliques, éminens en science et en vertu. Ainsi sa première intention fut de faire des ouvriers accomplis : mais la nature, qui tend à la perfection en tous ses ouvrages, n'y arrive pas toujours. Il reconnut donc que, de plusieurs personnes qu'on recevroit, il y en auroit sans doute quelques-unes, qui faute de talens naturels, ou de qualités acquises, ne parviendroient pas au comble de perfection que demande l'Institut : et il comprit en même temps que les productions de la nature qui ne sont pas les plus parfaites, ne laissent pas d'être utiles ; qu'un talent médiocre bien ménagé peut servir à de grandes choses ; et que les ouvriers qui ne sont pas excellens, peuvent aider les maîtres de l'art.

Il mit pour cela deux différens degrés dans son ordre, l'un de Profès, et l'autre de Coadjuteurs spirituels. Les Profès font publiquement les trois vœux solennels de Religion, et y ajoutent celui d'une obéissance spéciale au Chef de l'Eglise pour ce qui regarde les missions parmi les fidèles et les idolâtres. Les coadjuteurs font aussi en public les vœux de chasteté, de pauvreté et d'obéissance; mais ils ne font pas le quatrième qui regarde les missions.

<small>Les divers degrés qui sont dans la Compagnie.</small>

Il s'ensuit de ce réglement touchant les degrés, qu'il y a trois états dans la Compagnie, sans parler des simples Frères, qui s'appellent Coadjuteurs temporels. Le premier est des Ecoliers approuvés, ainsi qu'on les nomme, qui sont dans la voie durant leurs études; le second est des Coadjuteurs spirituels; et le troisième des Profès, qui sont les uns et les autres dans le terme.

Comme l'état d'épreuve ne dit pas une situation fixe et certaine, Saint Ignace jugea que la Compagnie, se proposant d'éprouver les Ecoliers, ne devoit s'obliger à eux que sous condition : mais, comme il n'y a pas d'apparence que des jeunes gens demeurassent libres et maîtres d'eux-mêmes, il jugea que, pour leur bien particulier, et pour celui de tout le corps, ils devoient, de leur côté, s'engager absolument à la Compagnie, en promettant d'y vivre et d'y mourir dans l'observation des vœux de pauvreté, de chasteté et d'obéissance; et en s'obligeant, par un vœu exprès, d'accepter le degré qu'on trouveroit dans la suite leur être le plus convenable.

Par les vœux de chasteté, de pauvreté et d'obéissance, le Fondateur les unit à la Compagnie, et les fait véritablement religieux, puisque l'essence de la Religion consiste dans la promesse qu'on fait à Dieu de garder perpétuellement les conseils évangéliques, autant qu'il dépend de nous. Mais, en établissant que les vœux des Ecoliers seroient des vœux simples, sous le bon plaisir du Pape, il laisse à la Compagnie le droit d'en dispenser pour de justes causes. Il laisse par-là aux Ecoliers mêmes, le domaine et la propriété de leurs biens, quoiqu'il leur ôte le pouvoir d'en jouir et d'en disposer indépendamment des Supérieurs; et c'est un usage reçu en Espagne, en Italie, en Flandre et dans tous les autres pays, excepté en France, où les Parlemens n'ont pas jugé à propos de permettre ce que le Saint Siége et le Concile de Trente ont accordé en approuvant l'Institut.

Pour les Profès, qui font l'essntiel de la Compagnie, le Saint les oblige à une observation exacte de la pauvreté évangélique; et il veut que les maisons professes n'aient nul revenu, quoique les noviciats et les colléges doivent en avoir, par la raison, qu'il n'est pas juste que les Novices et les Ecoliers soient à charge au public, avant que de le servir ; sans parler des empêchemens que le soin du vivre pourroit apporter aux dévotions des uns et aux études des autres.

D'ailleurs, considérant que la pauvreté est comme le rempart de la Religion, et que les Ordres les plus florissans, sont presque tombés en ruine pour ne l'avoir pas bien gardée, il ordonne que les Profès fassent un vœu particulier, de ne jamais consentir qu'on change rien dans la Compagnie à l'égard de la pauvreté, si ce n'est qu'on veuille la resserrer davantage.

Après qu'il eu fait tant d'ordonnances qui regardent la disposition et la forme de tout le corps, il en fit d'autres touchant le chef et les membres. Il arrêta en premier lieu, que le Général seroit perpétuel et absolu, ainsi qu'il en étoit convenu avec ses compagnons, avant que le Saint Siége eût approuvé la Compagnie ; et plusieurs raisons l'y déterminèrent.

Le Général de la Compagnie perpétuel et absolu.

Pour ce qui est de la perpétuité, il pensa que la première charge étant une fois remplie, et ne devant vaquer que par la mort de celui qui en seroit revêtu, les particuliers n'auroient lieu d'y prétendre de long-temps ; qu'il seroit moins difficile de trouver un homme capable de cette place, que d'en trouver plusieurs, qu'un Général qui n'est point perpétuel ; ne peut entreprendre rien de grand, parce que les grandes entreprises demandent un temps considérable pour être bien exécutées ; enfin, que la perpétuité attire la révérence et la soumission des inférieurs, en donnant au Supérieur un caractère qui ne s'efface jamais.

Pour ce qui regarde l'autorité, il rend le Général maître de tout, et veut même que ce soit lui qui fasse les Provinciaux, les Supérieurs des maisons professes, les Recteurs des colléges et des noviciats. La vue du Saint fut de tenir tous les membres dans une dépendance continuelle de leur chef, d'exempter le corps de la Compagnie, autant qu'on pourroit, des mouvemens qui précèdent et qui accompagnent presque toujours les élections capitulaires, et de faire en sorte que ce premier Supérieur, étant éloigné de la plus grande partie de ses sujets, gouvernât sans passion, et sans nul autre intérêt que celui de l'Ordre.

Mais afin que le Général connoisse tant de gens qu'il ne voit point, outre que les Supérieurs subalternes lui rendent compte en général de leurs inférieurs toutes les années, on lui envoie de trois en trois ans les catalogues de chaque province, dans lesquels on marque l'âge de chacun, ses forces, ses talens naturels, son avancement dans les lettres et dans la vertu ; en un mot, toutes ses qualités bonnes ou mauvaises : et de peur que des mémoires si fidèles ne se perdent, ou ne tombent entre des mains étrangères, un député élu par la Congrégation provinciale, qui se tient tous les trois ans en toutes sortes de pays, et qui est composée de tous les Recteurs et des plus anciens Profès, porte ces catalogues à Rome, avec ordre d'informer le Général de l'état et des particularités de la province qui le député.

De plus, il y a des occasions extraordinaires, où l'on fait des informations de la vie et de la capacité des particuliers, pour en instruire davantage le Général, et c'est quand il s'agit de les admettre aux degrés ou aux supériorités de la Compagnie. Mais, afin que ces informations soient véritables, ou du moins que le Général y démêle la vérité, elles se font dans un grand secret par trois personnes différentes, qui, à cet égard, ne se connoissent point, et qui n'ont nulle communication là-dessus : de sorte que le Général joignant toutes ces lumières ensemble, et confrontant les informations particulières avec les catalogues communs, peut connoître assez aisément de quoi ses inférieurs sont capables.

Ce premier Supérieur ne sauroit remplir ses devoirs, s'il n'a les talens qui conviennent à sa charge. C'est pourquoi Saint Ignace fait, dans les Constitutions, le caractère du Général, en marquant toutes les qualités que demande le Généralat.

On peut dire qu'il s'est peint lui-même, sans y penser : mais parce que l'idée qu'il avoit de lui, étoit bien éloignée de celle qu'il avoit du Chef de la Compagnie, on ne doit pas s'étonner qu'il se jugeât si incapable de l'être.

Il faut donc, selon l'idée du Saint, que le Général ait une étroite union avec Dieu dans ses exercices de piété, et dans toutes les actions de sa vie, pour attirer sur tout le corps de la Société, l'abondance des grâces célestes, et pour obtenir que la bonté divine bénisse tous les moyens qu'il emploiera au salut des âmes. Il faut que son exemple anime les autres à la pratique de toutes sortes de vertus; que la charité envers le prochain éclate en lui principalement avec une vraie humilité, qui le rende aimable à Dieu et aux hommes; qu'il n'ait aucune passion mal réglée; et qu'il soit si composé en son extérieur, si circonspect en ses paroles, qu'on ne remarque rien que d'édifiant et dans sa personne, et dans sa conduite.

Il doit si bien mêler la sévérité avec la douceur, qu'il ne se relâche jamais de ce qu'il jugera être le plus agréable à Dieu; et qu'il compatisse de telle manière à ses enfans, que ceux qu'il reprend ou qu'il punit, reconnoissent en son procédé, de la charité et de la droiture, quelque peine que leur fasse la réprimande ou la punition.

Il a besoin d'une force, d'une grandeur d'âme au-dessus du commun, pour supporter les foiblesses de ses inférieurs, pour entreprendre et pour exécuter de grandes choses dans le service de Dieu, malgré les menaces ou les prières des Puissances de la terre; en sorte qu'il ne soit ni abattu par la mauvaise fortune, ni élevé par la bonne: toujours maître de lui-même et des affaires, et toujours prêt à souffrir la mort pour le bien de la Compagnie, quand l'honneur de Jésus-Christ le demandera.

Il est nécessaire, de plus, qu'il joigne ensemble un esprit très éclairé, et un jugement très solide, afin de se conduire également bien en ce qui regarde la spéculation et la pratique. Quoique le chef de tant d'hommes doctes doive être savant, la science des Saints est celle qui lui convient davantage, pour discerner les divers esprits intérieurs, et pour guérir les maladies spirituelles de ceux qu'il gouverne.

Il est à propos néanmoins qu'il soit très-habile pour le maniement de tant d'affaires différentes qu'il y a à traiter au-dedans et au-dehors : mais il faut que cette habileté soit accompagnée, et d'une vigilance qui ne laisse pas échapper l'occasion des entreprises honorables à la Compagnie, et d'une vigueur qui les poursuive et qui les achève.

Pour ce qui est de l'âge, de l'extérieur et de la santé du Général, on doit avoir égard d'un côté, à l'autorité et à la bienséance, de l'autre, aux forces que sa charge exige, afin qu'il en remplisse dignement tous les devoirs à la plus grande gloire de Dieu. On ne doit pas même négliger la splendeur de la naissance, les titres d'honneur, et les richesses qu'un homme a possédées dans le monde : mais il faut particulièrement prendre garde que celui qui est élu, ait une réputation sans tache, et qu'on ne puisse rien lui reprocher sur sa conduite passée.

Enfin, il faut qu'il soit du nombre de ces Profès dont nous avons parlé; et que, s'il n'a pas tous les talens qu'il seroit à souhaiter, il ait au moins une probité exacte, un bon jugement, une capacité proportionnée à son emploi, et un amour tendre pour la Compagnie.

Mais Saint Ignace, jugeant que l'homme le plus accompli ne peut pas seul suffire à tout dans un gouvernement fort étendu, donne au Général quatre ou cinq personnes d'une expérience consommée, et d'une application infatigable, qui sont comme ses ministres : il les nomme Assistans, et ils portent le nom des Royaumes ou des pays dont ils sont originaires, par exemple, d'Italie, d'Espagne, d'Allemagne, de France et de Portugal. Chacun d'eux a soin de préparer les affaires de son Assistance, et de les mettre dans un ordre qui en facilite l'expédition. C'est par eux que les inférieurs et les supérieurs, qu'ils connoissent la plupart, vont régulièrement au Général; je dis régulièrement, car dès que les Assistans sont un peu suspects, on s'adresse immédiatement à lui seul.

Le Fondateur, au reste, faisant réflexion que le Général pourroit peut-être abuser de son autorité souveraine, tempère le Généralat par des contrepoids et des correctifs de plus d'une sorte. En effet, ces Assistans, dont nous venons de parler, ne sont pas choisis par le Général, mais par toute la Compagnie assemblée, qui élit le Général; et, quoiqu'ils soient établis particulièrement pour le soulager dans sa charge, ils ne laissent pas de l'être, en quelque façon, pour observer sa conduite: tellement qu'au cas qu'il commette une faute scandaleuse, qu'il dissipe le revenu des colléges en des usages profanes, qu'il s'écarte de la saine doctrine des fidèles, ils peuvent convoquer, malgré lui, une Congrégation générale, qui le dépose dans les formes; ou, si le mal presse et ne souffre point de remise, ils ont droit de le déposer eux-mêmes, après avoir pris, par lettres, les suffrages des Provinces. *Comment l'autorité du Général est tempérée.*

Ainsi, quelque puissant que soit le Général de la Compagnie, son pouvoir n'est assuré qu'autant que sa conduite est régulière ; et c'est pour le tenir en bride de ce côté-là, que Saint Ignace a voulu que les Congrégations provinciales, qui se font tous les trois ans, commençassent par délibérer, s'il étoit nécessaire d'assembler la Congrégation générale ; que les députés de chaque Province, étant arrivés à Rome, communicassent les uns avec les autres sur un point si délicat, sans la participation du Général ; et que, dans l'assemblée qui se tient pour ce sujet, chacun donnât sa voix par écrit, afin que le secret rendît les suffrages libres.

Outre cela, le Général a auprès de lui, comme tous les autres Supérieurs, un homme sage et vertueux, de qui il reçoit des avis dans les occasions. Cet homme, que la Congrégation générale doit élire, est en droit de représenter au Général, ce que lui ou les Assistans auroient remarqué d'irrégulier en son gouvernement ou en sa personne ; mais il le doit faire avec tout le respect et toute la modération possible.

L'union des membres avec leur chef et entre eux.

Après toutes ces précautions et tous ces préservatifs contre les mauvais effets que le gouvernement d'un seul peut produire dans une société Religieuse, le Saint chercha des moyens pour entretenir l'union que les membres doivent avoir avec leur Chef et entr'eux, sans laquelle nul corps naturel ni politique ne peut subsister, et il en trouva plusieurs ; 1°. Que le Général auroit une demeure fixe, et que sa résidence ordinaire seroit à Rome, afin qu'on pût aisément communiquer avec lui de tous les endroits du monde; 2°. Que les Provinciaux et les Recteurs lui écriroient très souvent, c'est-à-dire, toutes les semaines, si cela se pouvoit, ou pour le moins tous les mois; 3°. Que tous les particuliers s'adresseroient à lui quand il leur plairoit, comme des enfans à leur père, pour lui exposer leurs besoins, ou pour lui faire leurs plaintes, et qu'il traiteroit aussi avec eux d'une manière tendre et paternelle; 4°. Que l'obéissance, étant le lien qui attache le plus les membres au Chef, seroit conservée en sa vigueur; qu'on exigeroit des Supérieurs subalternes, une parfaite dépendance à l'égard de ceux qui occupent un rang plus élevé; et que, suivant les règles de la subordination, les Recteurs ne seroient pas moins soumis aux Provinciaux, et les Provinciaux au Général, que les particuliers le sont aux uns et aux autres; 5°. Que nonobstant la diversité des climats, et l'antipathie des nations, on garderoit partout le même genre de vie; que chacun préviendroit son Frère par de bons offices, et le traiteroit honnêtement en toutes rencontres; qu'on témoigneroit une affection particulière aux étrangers; et enfin, que ceux qui blesseroient la charité fraternelle, seroient rigoureusement punis.

Moyens inventés par Saint Ignace pour la conservation de la Compagnie.

Mais, pour empêcher que le Corps ne s'altérât et ne s'affoiblît avec le temps, il imagina deux moyens très efficaces. Le premier consiste à chasser les scandaleux, les incorrigibles, ceux qui troublent la paix domestique, ou qui trament quelque chose contre l'ordre. Et le Saint ordonne qu'on n'ait nul égard, ni à leur noblesse, ni à leur savoir, et qu'on n'épargne pas même le Général, si ses fautes sont de nature à mériter une telle peine.

Il veut qu'on se défasse encore des gens qui sont tout-à-fait inutiles par leur paresse, et de ceux en qui on découvre des empêchemens essentiels qu'ils n'ont pas déclarés d'abord. Mais il veut que l'on observe des règles, en renvoyant toutes ces sortes de personnes; qu'aucun ne soit mis dehors sans une cause manifeste, et qu'après une mûre délibération; que les Ecoliers approuvés, et les Coadjuteurs spirituels, soient dispensés de leurs vœux, qui, n'étant que simples, ne sont pas indispensables; et au cas qu'ils aient donné quelque chose à la Compagnie, qu'on le leur rende fidèlement; qu'en faisant sortir qui que ce soit, on ménage son honneur autant qu'on pourra; et que, si la faute pour laquelle on le chasse n'a point éclaté, on la tienne fort secrète.

Il ne veut pas qu'on renvoie précisément pour des infirmités corporelles, surtout si le mal s'est contracté dans la Compagnie. Enfin, il ordonne que, quand il faut renvoyer quelqu'un, les Supérieurs prennent les mêmes précautions que les sages chirurgiens ont accoutumé de prendre, quand ils ont à couper un bras ou une jambe.

Le second moyen extraordinaire que Saint Ignace a imaginé pour conserver et faire fleurir son Ordre, est d'en exclure l'ambition, et d'y retenir les meilleurs sujets, en obligeant les Profès à faire vœu, non-seulement de ne briguer aucune supériorité dans la Compagnie, ni aucune Prélature dans l'Eglise ; mais de déclarer au Général ceux qu'ils sauroient avoir fait quelques démarches pour cela.

Le Saint, non content de charger la conscience de celui qui brigueroit une charge, le rend incapable d'en posséder jamais aucune, dès qu'on peut avoir des preuves contre lui touchant les brigues que son vœu condamne. Quant aux dignités Ecclésiastiques, outre qu'il est défendu de les poursuivre, ni directement, ni indirectement, il n'est pas permis de les accepter, à moins que le Souverain Pontife n'y oblige par un commandement exprès, et sous peine de péché mortel. Ainsi, le Fondateur des Jésuites prétend que ses Religieux, en consumant leur vie au service du prochain, ne se proposent, pour le prix de leurs travaux, que la gloire de JÉSUS-CHRIST; et c'est afin de rendre leur désintéressement plus parfait, qu'il veut que, semblables à l'Apôtre Saint Paul, qui témoigne aimer mieux mourir que de prêcher par intérêt, ils ne reçoivent rien par forme de salaire ou de récompense, pour toutes leurs fonctions. Voilà le véritable plan d'un Institut dont il s'est fait tant de faux portraits, qui en ont imposé presque également aux sages et aux simples.

Les Constitutions de la Compagnie, divisées en dix parties.

Après que le Père Ignace eut tracé ses Constitutions, en la manière que je viens de dire, il leur donna dans la suite une nouvelle forme, et les divisa en dix parties, qui ont une liaison essentielle. La première partie comprend les qualités qui sont nécessaires pour être reçu, et qui empêchent la réception, ou la rendent nulle.

Mais, parce que tous ceux qu'on reçoit ne répondent pas toujours aux espérances qu'on en a, et qu'il faut se défaire de quelques-uns, la seconde partie marque les raisons pourquoi on les renvoie, et la manière dont cela se fait. Comme ceux qui demeurent, et qu'on éprouve jusqu'à ce qu'ils soient incorporés à la Compagnie, ont besoin d'aides pour devenir de bons ouvriers, la troisième partie et la quatrième traitent de la dévotion, de la santé et des études. Ces quatre parties contiennent ce qui dispose à la profession des quatre vœux : c'est pourquoi la cinquième explique les conditions de ce degré éminent, et aussi celles du degré inférieur. La sixième et la septième prescrivent des règles aux Profès et aux Coadjuteurs spirituels, pour se bien conduire dans l'usage des emplois de l'Institut. Ces sept parties regardent tout le corps de la Religion ; les deux suivantes en regardent le chef de plus près, marquent son caractère, la forme de son élection, son autorité, et tout ce qui lui appartient. Enfin, la dixième assigne plusieurs moyens pour la conservation et pour l'accroissement de la Compagnie.

Il écrivit toutes les Constitutions en espagnol ; et le Père Jean Polanque, son secrétaire, les traduisit en latin. Elles sont remplies d'une onction de grâce, qui se fait sentir pour peu qu'on les lise ; et le zèle apostolique y est tellement répandu partout, qu'on y trouve à chaque page, et presque à chaque ligne, les paroles suivantes : *Pour le salut des âmes, pour le service du prochain, pour l'honneur de la Majesté divine, pour la plus grande gloire de Dieu.*

Comme les lois ne descendent pas toujours dans le détail, et qu'elles ont besoin d'être quelquefois interprétées, le Saint ajoute aux siennes, en forme de glose, chapitre par chapitre, certaines déclarations, qui ont la même autorité que les Constitutions, et qui en ont aussi le même esprit.

Quoique, avant de les écrire, il eût lu les règles et les histoires des Ordres Religieux, en les écrivant, il n'avoit dans sa chambre que le Nouveau Testament et l'Imitation de Jésus-Christ. Durant ce temps-là, on vit plusieurs fois une flamme sur sa tête, à peu près de même qu'il parut des langues de feu sur les Apôtres, lorsque le Saint-Esprit descendit du Ciel; et ce ne furent que larmes de dévotion, que saintes ardeurs, que ravissemens et qu'apparitions célestes, comme nous lisons dans un cahier écrit de sa main, que la Providence ne permit pas qu'on brûlât, avec d'autres papiers tout semblables, qu'il fit jeter au feu peu de jours avant sa mort.

LIVRE IV.

La Compagnie s'étend dans l'Europe.

Pendant que le Père Ignace semployoit dans Rome, et à faire les bonnes œuvres dont nous avons parlé, et à écrire les constitutions de son Ordre, plusieurs villes d'Italie, d'Espagne, d'Allemagne et des Pays-Bas, lui demandèrent des ouvriers formés de sa main, et lui offrirent des colléges pour en former d'autres. Elles suivirent en cela l'exemple de Jean III, Roi de Portugal, qui, ayant envoyé aux Indes le Père Xavier, et voulant y envoyer de temps en temps des gens qui le secondassent dans ses travaux apostoliques, fonda le premier collége de la Compagnie en l'Université de Conimbre, pour être le Séminaire des Prédicateurs et des Apôtres du nouveau monde.

Alcala, Valence, Gandie, Cologne, Louvain et Padoue furent les premières villes qui voulurent avoir des enfans d'Ignace. On les appela en peu de temps de tous les pays catholiques, hormis de la France, où la Compagnie qui y étoit née, eut moins de progrès qu'ailleurs : soit que les hérétiques, qui commençoient à s'établir dans le royaume, la rendissent odieuse ; soit que la guerre s'étant renouvelée entre Charles-Quint et François I, on n'aimât pas une société dont le Chef et les principaux étoient Espagnols naturels ; de sorte que, bien loin d'être recherchés des villes de France, ceux de la Compagnie, qui étudioient à Paris, et qui n'étoient pas Français, furent contraints de sortir du Royaume, pour obéir à l'édit qui bannissoit les sujets de l'Empereur.

En ce même temps, plusieurs savans personnages de toutes sortes de nations,

Le Général reçoit et chasse Guillaume Postel.

et même Français, embrassèrent l'Institut d'Ignace. Ils venoient à Rome pour se mettre sous la direction du Saint, et pour apprendre de lui la science du salut. Un des plus illustres, fut Guillaume Postel, né à Barenton en Normandie, et Professeur royal dans l'Université de Paris.

C'étoit, en matière de doctrine, le plus grand esprit de son siècle; une vivacité, une pénétration et une mémoire qui alloient jusqu'au prodige; un génie universel qui n'ignoroit rien, et qui excelloit particulièrement dans la connoissance des langues; outre la latine, la grecque, l'hébraïque, la chaldaïque et la syriaque, il savoit si bien celles qui se parlent et qui sont vivantes, qu'il se vantoit de pouvoir faire le tour de la terre sans truchement. François I, qui aimoit les lettres, et la Reine de Navarre, sa sœur, qui étoit savante, regardoient Postel comme la merveille du monde. Les plus grands Seigneurs, et entr'autres les Cardinaux de Tournon, de Lorraine et d'Armagnac, recherchoient son entretien, et lui faisoient, en quelque façon, la cour. Les plus doctes l'admiroient; et on disoit communément, en parlant de lui, qu'il sortoit, de sa bouche, autant d'oracles que de paroles.

Le bruit, que la Compagnie de Jésus faisoit déjà dans l'Europe donna envie à

Postel de voir le fondateur de ce nouvel Ordre, qui faisoit profession des lettres. Etant venu à Rome pour ce sujet, et ayant vu le Père Ignace plus d'une fois, il fut si charmé de sa manière d'agir, de ses maximes et du caractère de son Institut, que, visitant les sept Eglises, il fit vœu de prendre parti avec lui. Il pressa ensuite sa réception si ardemment, et témoigna tant de zèle pour la conversion des Juifs et des Idolâtres, que le Père Ignace, à qui le nom de Postel étoit fort connu, ne put se dispenser de le recevoir.

Mais le Saint reconnut bientôt que l'apparence l'avoit ébloui. Comme il savoit que la science enfle, et que, sans une humilité profonde, les plus grands esprits sont les moins propres aux grandes choses dans le service de Dieu, il s'appliqua lui-même à la conduite de Postel. Ce novice, qui avoit près de quarante ans, et qui, avant son voyage d'Italie, à force de lire les Rabbins et de contempler les astres, s'étoit mis des visions en tête sur un nouvel avénement de J. C., ne put si bien se contraindre, qu'il ne lui échappât des propositions extravagantes. Le Père, qui connut d'abord que le Rabbinisme et l'Astrologie judiciaire lui avoient gâté l'esprit, n'oublia rien, pendant plus de deux années, pour le ramener au bon sens. Après avoir usé envers lui de remontrances charitables et de répréhensions sévères, il le mit entre les mains de Laynez et de Salmeron, qui tâchèrent de le détromper par des raisonnemens solides, et qui lui conseillèrent de ne lire que Saint Thomas.

Il l'adressa même au Vicaire du Pape, homme docte, sage, et tout-à-fait propre à guérir un esprit malade. Mais, voyant que tous ces remèdes étoient inutiles, et que Postel, devenu de jour en jour plus visionnaire, faisoit le prophète, il le chassa de son Ordre, et défendit à tous ceux de la Compagnie d'avoir aucun commerce avec lui.

L'événement autorisa la conduite du Père Ignace. Dès que Postel fut sorti, il se mit à dogmatiser dans Rome, disant, pour justifier sa sortie, qu'on ne devoit pas s'étonner, qu'il n'eût pu s'accorder avec le saint homme Ignace, puisque Saint Paul et Saint Barnabé n'avoient pu s'accorder ensemble. S'étant retiré ensuite à Venise, où il crut devoir être plus en sûreté, il fut si infatué d'une certaine Religieuse appelée la Mère Jeanne, qu'il osa dire que, dans cet avénement de JÉSUS-CHRIST, qui, selon ses prédictions, devoit arriver avant peu d'années, elle seroit la Rédemptrice des femmes, ainsi que JÉSUS-CHRIST avoit été le Rédempteur des hommes ; et il composa sur ce sujet un livre intitulé : *De Virgine Venetâ*.

Comme on s'égare à l'infini, pour peu

qu'on s'écarte de la vérité, et que l'esprit d'erreur est un esprit de vertige, Postel publia, dans d'autres livres, que toutes les sectes seroient sauvées par Jésus-Christ; que la plupart des mystères du Christianisme n'étoient que des fables; que l'Ange Raziel lui avoit révélé les secrets divins, et que ses écrits étoient les écrits de Jésus-Christ même.

Tant d'impiétés lui auroient peut-être coûté la vie, si on ne l'eût pas cru un peu fou. Il fut enfermé pour ses rêveries, et demeura plusieurs années en prison. Il s'échappa néanmoins, je ne sais comment; et après avoir couru beaucoup de pays, il retourna en France par Genève, plus libertin et plus extravagant que jamais. Dieu lui fit pourtant la grâce de se reconnoître en son extrême vieillesse, et de mourir dans la communion de l'Eglise. On dit qu'il vécut cent ans, et que, sur la fin de ses jours, il rajeunit en quelque façon, au point que ses cheveux blancs devinrent tout noirs.

Dans le temps que le Père Ignace chassa le Docteur Postel, le Pape Paul III, qui, depuis son Exaltation, ne songeoit qu'à remédier aux maux de la Chrétienté, et qui, depuis peu, avoit fait la paix entre l'Empereur et le Roi de France, demanda deux Théologiens de la Compagnie, qui assistassent, en son nom avec ses Légats, au Concile œcuménique qui

Il choisit Laynez et Salmeron pour le Concile de Trente.

devoit se tenir à Trente. Le Père choisit Jacques Laynez et Alphonse Salmeron, tous deux encore jeunes à la vérité, le premier n'ayant que trente-quatre ans, et l'autre que trente-un; mais tous deux si doctes et si instruits des affaires de la Religion, que les vieux Théologiens les regardoient comme leurs maîtres.

Laynez, que les Vénitiens obtinrent, dès que le Saint Siége eut approuvé la Compagnie, avoit été occupé trois ou quatre années dans tout l'Etat de la Seigneurie; et le principal de ses soins fut de préserver Venise, Padoue et les autres villes, des erreurs de l'Allemagne, qui s'y glissoient insensiblement. Salmeron avoit fait de même à Modène, où, depuis son retour d'Irlande, le Cardinal Jean Moron, Evêque de la ville, l'avoit appelé, et où les nouvelles hérésies avoient trouvé moyen de s'introduire.

Les avertissemens qu'il donne à Laynez et à Salmeron. Quoique le Père Ignace fît grand fonds sur la vertu de l'un et de l'autre, la crainte qu'il eut, que le titre de Théologiens du Pape dans la plus auguste assemblée du monde, n'éblouît un peu de jeunes hommes comme eux, l'obligea de leur donner, avant leur départ, des avertissemens et des instructions pour leur conduite. Outre qu'il leur recommanda en général de chercher, dans le Concile, la plus grande gloire de Dieu et le bien commun de l'Eglise, sans négliger, ni le salut du prochain, ni leur propre perfection, il leur prescrivit en particulier les règles suivantes : de dire toujours leurs avis modestement, et d'une manière qui marquât encore plus d'humilité que de savoir; d'observer, avec toute l'attention possible, les pensées et les sentimens de ceux qui parleroient les premiers, afin de parler ensuite, ou de se taire à propos; dans les disputes qui s'éleveroient sur les matières proposées, d'apporter toujours les raisons des deux partis, pour ne sembler point attachés à leur jugement, et de ne citer nul auteur vivant comme garant des opinions qu'ils avanceroient, pour ne point paroître dévoués à qui que ce soit; de visiter les hôpitaux au moins de quatre en quatre jours; d'enseigner la doctrine chrétienne aux enfans; d'exciter le peuple à la pénitence; sans toucher néanmoins, dans leurs sermons, aucun article de controverse qui pût troubler les esprits, se contentant de porter leurs auditeurs à se soumettre aux décisions de l'Eglise; d'exhorter enfin les Fidèles à prier sans cesse pour l'heureux succès du Concile, et de se souvenir que, comme dans les assemblées où se traiteroient les questions de la Foi, un discours modéré et précis leur siéroit bien, il leur en faudroit dans la chaire un qui fût plus ardent et plus étendu.

Il leur déclara ensuite que ces conseils

regardoient aussi Claude Le Jay, qui étoit en Allemagne, fort employé à combattre les hérétiques, et que le Cardinal Othon, Evêque d'Ausbourg, envoyoit à Trente, en qualité de son Théologien et de son Légat. Il ajouta que, quand ils seroient tous trois ensemble, ils vécussent dans une parfaite intelligence, sans avoir, ni opinions, ni jugemens contraires ; que tous les soirs ils conférassent sur ce qui se seroit passé durant la journée, et qu'ils délibérassent tous les matins sur ce qu'ils auroient à faire le reste du jour ; qu'ils ne laissassent échapper aucune occasion de rendre de bons offices à tout le monde, et qu'ils s'en rendissent à eux-mêmes, en se reprenant l'un l'autre de leurs défauts, en ne se pardonnant rien, et s'animant mutuellement à mener une vie irréprochable.

Il réconcilie le Roi de Portugal avec le Pape.

La satisfaction qu'eut le Père Ignace de voir qu'après tant de retardemens, on alloit enfin ouvrir le Concile, fut traversée par la mauvaise intelligence du Souverain Pontife et du Roi de Portugal : ils s'étoient brouillés au sujet du fameux Michel de Silva. Ce Portugais, issu de l'illustre maison des Comtes de Portalègre, et fils de Dom Diégue de Silva, qui avoit été gouverneur du Roi Dom Emmanuel, ayant résidé long-temps auprès des Papes Léon X, Adrien VI et Clément VII, fut rappelé de son Ambassade d'Italie par Dom Jean III, successeur de Dom Emmanuel, et pourvu, à son retour, non-seulement de l'Evêché de Viseu, mais aussi de l'office de Protonotaire ou de Secrétaire du Royaume. Il fut ensuite nommé Cardinal par Paul III, qui l'avoit connu sous les Pontificats précédens.

Comme sa promotion étoit proprement l'ouvrage du Cardinal Alexandre Farnèze, son ami, neveu du Pape, et que le Portugal n'y eût nulle part, elle choqua le Roi, qui ne vouloit pas que ses sujets dussent leur élévation à d'autres qu'à lui; tellement que ce Prince ne put jamais se résoudre à permettre que l'Evêque de Viseu reçut le Chapeau.

L'Evêque, persuadé que les Princes ne reviennent pas aisément, et qu'ayant perdu les bonnes grâces de son maître, il devoit tout craindre, sortit secrètement de Portugal, et se retira en Italie, où la fortune l'appeloit. Etant arrivé à Rome, il fut revêtu publiquement de la pourpre, et sa disgrâce, jointe à son mérite, lui fit rendre des honneurs extraordinaires.

Le Roi de Portugal irrité, et de la fuite, et de la réception de l'Evêque, commença par le priver du revenu de son Evêché, et interdit aux Portugais, sous de grièves peines, tout commerce de lettres avec lui. Il se plaignit hautement de la Cour de Rome, et surtout du Cardi-

12*

nal Farnèse, qui employoit le Cardinal de Viseu dans les plus importantes affaires de l'Eglise. Ce qui le fâcha davantage, c'est que le Cardinal Contarini, Légat de Paul III, auprès de l'Empereur Charles-Quint, étant mort dans sa Légation d'Espagne, on envoya Michel de Silva en sa place, avec le caractère et tout le pouvoir de Légat Apostolique.

Le Pape, mécontent de son côté, condamnoit le procédé du Roi de Portugal, et en faisoit quelquefois des plaintes au Père Ignace, qui lui parloit de ce Prince, comme du plus religieux qu'il y eût au monde. Leur division faisoit de l'éclat, et commençoit à produire de mauvais effets pour la Religion, lorsque le Père entreprit de les accorder. Il eut d'abord recours à Dieu, qui tient en sa main le cœur des Grands de la terre, et il ordonna des prières dans la Compagnie, pour attirer la bénédiction du Ciel sur l'ouvrage qu'il entreprenoit. Il écrivit au même temps à Lisbonne, où ses conseils étoient bien reçus. Il traita avec le Cardinal Farnèze et avec le Pape, qui avoient confiance en lui; et il ménagea si bien les esprits de part et d'autre, qu'une affaire si difficile s'accommoda aisément. Pour marque d'une réconciliation sincère, le Roi remit le Cardinal de Viseu en possession des revenus de son Evêché, et le Pape accorda au Roi des priviléges considérables en faveur du tribunal de l'Inquisition établi dans le Royaume.

Ces occupations du dehors n'empêchoient pas le Père Ignace de s'acquitter au dedans de tous les devoirs de sa charge. Il faisoit divers réglemens selon les diverses occurrences ; il donnoit tous les ordres nécessaires ; mais la manière dont il les donnoit, étoit plus d'un homme qui prie, que d'un homme qui commande. En distribuant les emplois, il avoit égard aux inclinations de ceux qu'il employoit, quoiqu'il voulût que, de leur côté, ils fussent disposés à tout.

Son gouvernement domestique.

Sa coutume étoit de mettre, dans les charges de la Compagnie, des personnes d'une grande expérience : il ne laissoit pas de choisir des gens peu expérimentés qui gouvernassent sous lui à Rome ; il ne laissoit pas, dis-je, de les choisir pour voir leur talent, et pour les former lui-même, en observant toutes leurs démarches. Il n'envoyoit aux missions laborieuses, que des hommes d'une vertu éprouvée. Il ménageoit les foibles et les imparfaits, quelquefois pour leur faire sentir leur foiblesse, et afin que la honte les excitât à devenir plus vertueux ; ou, s'il leur donnoit des occupations un peu fortes, ce n'étoit que quand ils les demandoient, et à condition que, s'ils se trouvoient accablés, ils le lui déclarassent franchement.

Néanmoins, s'il rencontroit de ces esprits emportés et indociles, en qui un naturel rude est soutenu d'une constitution robuste, il les chargeoit de travail plus que les autres; et si, par hasard, ils tomboient malades, il n'en étoit pas trop fâché, dans la pensée que l'infirmité du corps serviroit peut-être au salut de l'âme.

Quand on lui demandoit quelque chose de conséquence, il disoit d'ordinaire les raisons qu'il avoit de le refuser, afin que celui qui n'obtenoit rien, fût moins mécontent, et que celui qui recevoit une grâce, fût plus réservé à en demander de nouvelles. Du reste, il ne refusoit guères que ce que sa conscience ne lui permettoit pas d'accorder; encore adoucissoit-il le refus par des paroles si obligeantes, qu'on étoit toujours satisfait de lui.

Il assaisonnoit aussi les réprimandes, de termes doux et honnêtes, ou du moins il les tempéroit de telle façon, qu'elles étoient vives et sévères, sans être dures ni piquantes.

Il avoit si bonne opinion des siens, qu'il ne pouvoit croire ce qu'on lui disoit contre leur honneur; et il les aimoit tous de sorte, que chacun pensoit être le plus aimé: il s'accommodoit même tellement à l'humeur des uns et des autres, qu'il sembloit se transformer tout en eux, et cela d'un air si simple et si naturel, qu'on eût dit qu'il étoit né ce qu'il paroissoit.

Quoiqu'il voulût qu'on éprouvât bien les novices, il les traitoit comme des plantes tendres qui ne font que d'être transplantées, et qui se sentent encore du terroir d'où elles viennent. Un homme riche, qui fut reçu en la Compagnie, avoit un crucifix très bien fait et de grand prix, auquel il étoit fort attaché : le Général le lui laissa. Cependant le novice fit de grands progrès dans la vertu, et travailla particulièrement à se vaincre. Dès que le Général s'en aperçut : *Cela va bien*, dit-il, *puisque ce Frère est détaché non-seulement du monde, mais de lui même, on peut lui ôter des mains l'image de* JÉSUS-CHRIST *crucifié qu'il a dans le cœur*. Il lui ôta, en effet, son crucifix, et le novice, qui n'y avoit plus d'attache, s'en défit sans peine.

Sa conduite envers les Novices.

La conduite qu'il gardoit envers des personnes illustres par leur naissance ou par leur savoir, qui embrassoient l'Institut, est très remarquable. Il avoit de grands égards pour eux au commencement ; il les appeloit Comtes, Marquis, Docteurs, jusqu'à ce qu'ils eussent honte d'être appelés par ces noms, et qu'ils priassent eux-mêmes qu'on ne les distinguât pas. Mais quand il voyoit qu'ils goûtoient les maximes de l'Evangile, et qu'ils marchoient dans la voie de la perfection, il n'y en avoit point qu'il mortifiât davantage. Il prenoit plaisir à rabaisser un homme de qualité, à humilier un Docteur, et il ne discontinuoit point qu'ils n'eussent oublié ce qu'ils étoient. Il en usoit de la sorte, premièrement, afin que le monde sût qu'on comptoit pour rien parmi les Jésuites, les avantages de la naissance et de l'esprit sans l'humilité, et que, pour y être grand, il falloit être petit devant ses yeux; en second lieu, parce qu'une Société Religieuse reçoit toujours, de ces sortes de personnes, beaucoup de gloire ou de confusion.

Il n'y a rien qu'il ne mît en œuvre pour fortifier ceux qui se lassoient de porter le joug du Seigneur, et dont la vocation étoit ébranlée. Il alla une fois la nuit trouver un Père qui vouloit retourner au siècle; et usant de prières et de menaces tout ensemble, il fit tant d'impression sur son cœur, que ce Père se jeta aux pieds du Général, et s'offrit à subir la peine qu'on voudroit lui imposer. *Une partie de votre pénitence*, lui dit le Père Ignace en l'embrassant, *sera de ne vous repentir jamais plus d'avoir servi Dieu. Pour l'autre partie, je m'en charge, et je la ferai moi-même.*

Un jeune Allemand, qui avoit de beaux talens naturels, fut tenté de quitter la Religion. Le Père Ignace qui l'avoit reçu, et qui le jugeoit propre au ministère de l'Evangile, fit ce qu'il put pour le conserver; mais l'Allemand n'écoutoit rien, tant la tentation étoit forte. Le Père, faisant semblant de se rendre, pria le novice de demeurer encore quelques jours dans la maison, et d'y vivre comme il lui plairoit, sans s'assujétir à aucune règle. Il accepta le parti, et vécut d'abord avec toute la licence d'un homme qui a secoué le joug de la discipline. Il eut honte après de la vie qu'il menoit, en considérant les autres si modestes et si réguliers, et il se repentit enfin de son inconstance.

Si le Général découvroit que ces sortes de tentations venoient d'un péché secret, ou d'une vicieuse habitude, il tâchoit de pénétrer la cause du mal, et il exhortoit les coupables à faire une confession exacte. Pour les y engager, il usoit souvent de l'industrie dont il s'étoit servi autrefois à l'égard d'un Religieux libertin, et il leur racontoit fort au long les désordres de sa vie mondaine. Au reste, il ne les laissoit jamais seuls; et comme la nuit est le temps où le démon et la mélancolie tourmentent le plus ceux qui sont tentés, il vouloit qu'on fît coucher auprès d'eux un compagnon sage et agréable qui les entretînt dès qu'ils seroient éveillés, pour dissiper peu à peu les noires imaginations qui les occupoient.

Enfin si tout cela étoit inutile, il assembloit tous les Pères, et prioit celui qui vouloit sortir, de leur expliquer ses raisons, espérant qu'une déclaration publique feroit connoître à ce misérable son égarement, ou que Dieu inspireroit au Père des pensées capables de le faire rentrer en lui-même.

Ses soins pour les malades.
Le Général n'étoit guère moins appliqué aux infirmités du corps qu'à celles de l'âme, dans le gouvernement de ses inférieurs. Il avoit ordonné au commencement de son Généralat, que, dès que quelqu'un se porteroit mal, on l'en avertît, et que, deux fois le jour, on vînt lui dire si le Frère qui avoit soin de la dépense, ne négligeoit point les malades. Il vouloit qu'on n'épargnât rien en leur faveur, et que, si l'argent manquoit, on vendît les meubles pour les soulager.

Le médecin ayant un jour ordonné quelque chose de délicat à un Frère coadjuteur qui étoit fort dégoûté, comme le Général sut qu'il n'y avoit que trois jules dans la maison : *Qu'on les emploie*, dit-il, *pour ce Frère; nous qui sommes en bonne santé, et qui avons de l'appétit, nous nous contenterons aujourd'hui de pain.* Deux autres Frères destinés aux services domestiques, l'un Français, et l'autre Espagnol, à peine furent entrés au noviciat que la fièvre leur prit. Il y avoit plusieurs malades dans la maison, et toutes les chambres étoient pleines; d'ailleurs, on n'avoit pas trop alors de quoi vivre. Quelqu'un conseilla au Père Ignace d'envoyer les deux Frères à l'hôpital : *Je m'en donnerai bien de garde, dit-il, et ce seroit grande pitié qu'il n'y eût point de place parmi nous pour ceux qui ont tout quitté pour Dieu.*

Toutes ses affaires ne l'empêchoient pas de visiter souvent les malades; et quand le mal étoit dangereux, ou très-sensible, il se levoit la nuit plusieurs fois pour observer la disposition du malade, et pour lui adoucir ses douleurs par des discours consolans. Il avoit même sur cela des inquiétudes charitables; et un jeune Frère ayant été saigné la nuit, pour je ne sais quelle incommodité pressante, le Général, non content de l'avoir vu et d'avoir laissé quelqu'un auprès de lui, envoya deux ou trois fois visiter son bras.

Ceux qui ignorent à quel point la charité est tendre et condescendante, seront peut-être surpris, de ce qu'un Père étant tourmenté d'une bile noire qui le rendoit insupportable et à lui-même et aux autres, le Père Ignace, pour le réjouir, fit venir autour de son lit des novices, qui savoient jouer des instrumens et qui chantoient bien.

Mais, quelque tendresse qu'il eût pour ses enfans, il vouloit qu'ils eussent dans la maladie une soumission parfaite, et qu'ils regardassent leur mal comme un don de Dieu. Que s'ils s'échappoient en des paroles d'impatience, ou qu'ils fussent d'une humeur fâcheuse, il ne manquoit pas de les punir dès que leur santé étoit rétablie.

A parler en général, quand quelqu'un avoit commis une faute qui méritoit punition, la première chose que faisoit le Saint, c'étoit de faire en sorte que le coupable connût bien sa faute, et il l'engageoit après à se prescrire lui-même une pénitence, qu'il modéroit néanmoins si elle étoit trop rigoureuse.

Quand ceux qui avoient failli, se corrigeoient, il les traitoit dans la suite de la même manière que s'ils n'eussent jamais failli : il n'oublioit pas seulement la faute, mais par son procédé il faisoit que celui qui l'avoit commise, l'oublioit en quelque façon, et perdoit une partie de la honte qui demeure après une chûte, et qui décourage quelquefois dans le chemin de la vertu.

Son zèle pour la discipline régulière.

Il donnoit souvent de très rudes pénitences pour des fautes assez légères contre la discipline Religieuse, persuadé que si on ne la maintenoit par-là dans une Religion naissante, elle s'y perdroit bientôt tout-à-fait. Il disoit que ce qui ne paroissoit rien en soi-même, pouvoit être la source des plus grands désordres, et que les petites fautes publiques étoient du

a moins de mauvais exemples qui portoient au relâchement.

Il ne souffroit pas non plus qu'on introduisît rien de nouveau dans la Compagnie : il s'y opposoit avec toute la vigueur possible, jusqu'à traiter de rebelles et d'ennemis ceux qui vouloient changer quelque chose à l'Institut, sous prétexte de le rendre plus parfait. Sa pensée n'étoit pas pourtant que ses inférieurs se contentassent d'une sainteté commune; il vouloit que chacun acquît toute la perfection de son état, et il les y excitoit sans cesse, en leur proposant ce que Dieu demandoit d'eux suivant l'esprit de leur vocation. Mais ces soins n'étoient pas renfermés dans Rome, ni dans l'Italie. Il veilloit sur tout le Corps qui s'étendoit tous les jours de plus en plus, et sa principale application étoit d'en bannir l'esprit profane du monde.

Ayant su qu'Antoine Araos, qui travailloit très utilement à la Cour d'Espagne, sembloit rechercher un peu trop la conversation et les bonnes grâces des personnes de qualité, sous ombre d'avoir du crédit dans son ministère, il lui en fit des reproches, et l'avertit que l'autorité nécessaire aux ministres de la parole de Dieu s'acquéroit bien plus par les exercices de l'humilité chrétienne que par le commerce des Grands.

Ce qui paroît plus étrange, c'est que

voyant Simon Rodriguez fort engagé dans la Cour du Portugal, il prit la pensée de rappeler ce Saint homme en Italie, de peur que le monde ne le gâtât insensiblement. Et cela se seroit fait, si le Roi de Portugal ne s'y fût opposé lui-même, en priant le Père Ignace de lui laisser Rodriguez, pour instruire et pour élever le Prince son fils.

Un jeune Gentilhomme Portugais, nommé Antoine Monis, qui avoit été reçu en la Compagnie depuis trois ou quatre ans, s'enfuit alors du collége de Conimbre par un pur esprit de libertinage. Après avoir demeuré quelque temps à Lisbonne sans oser paroître, il courut toute l'Espagne, et sa curiosité le porta à Mont-Serrat. Ce saint lieu lui inspira de bons sentimens : il reconnut son égarement à la vue de l'épée d'Ignace qui étoit encore pendue proche de l'Autel de la Vierge; et touché de Dieu, il dit en lui-même avec l'Enfant prodigue : *J'irai à mon Père.* Il y alla en effet; mais s'étant rendu à Rome, il n'osa jamais se présenter devant le Père Ignace qui savoit son apostasie : il lui écrivit de l'hôpital de Saint-Antoine des Portugais, où la nécessité l'avoit contraint de se retirer.

Le Père le tira de l'hôpital au même instant, et pourvut à tous ses besoins : mais il ne voulut pas le recevoir dans la maison de la Compagnie : il le fit loger tout auprès, et le tint dehors douze jours. Monis passa tout ce temps à pleurer son crime, et la ferveur de sa pénitence alla si loin, qu'il visita les sept Eglises de Rome, en faisant des disciplines sanglantes. Le Père Ignace le reçut enfin parmi ses enfans et lui fit connoître, par diverses marques de bonté, qu'il ne le regardoit plus comme un apostat. Ce traitement charitable n'empêcha pas que le Portugais, pénétré du regret de son péché, ne tombât malade d'une fièvre lente qui le consuma peu à peu. Il eut néanmoins une grande joie de mourir entre les bras de son bon Père, et il ne cessa, en mourant, de louer la miséricorde divine qui l'avoit rappelé à la Compagnie.

Cependant le Père Ignace eut nouvelle que les trois Théologiens, qui s'étoient rendus à Trente, pour assister au Concile, dont on avoit fait l'ouverture, y soutenoient dignement l'honneur de la Compagnie et les intérêts de l'Eglise. Le Jay, qui arriva le premier, gagna d'abord la bienveillance et l'estime du Cardinal de Trente, qui le consulta sur des affaires épineuses. Salmeron prononça, devant les Pères du Concile, un discours latin très éloquent, qui mérita les applaudissemens de l'assemblée. Laynez se fit admirer dès la première fois qu'il parla, et tous trois firent paroître une érudition si profonde, que les Légats du Pape les chargèrent de

Le Jay, Laynez et Salmeron au Concile de Trente.

recueillir toutes les erreurs des hérétiques anciens et modernes, avec les autorités de l'Ecriture, des Pères, des Conciles, et des Docteurs qui y sont directement opposées.

Mais en quoi le Père Ignace fut plus content d'eux, c'est qu'au sortir des assemblées, ou avant que d'y entrer, ils visitoient les hôpitaux, faisoient le catéchisme, demandoient l'aumône, non-seulement pour de pauvres soldats catholiques qui avoient servi en Allemagne, et dont la ville étoit pleine, mais encore pour eux-mêmes.

Les Légats Apostoliques leur voyant des soutanes tout usées, leur en firent faire de neuves, afin qu'ils parussent au Concile avec plus de bienséance; mais ils reprenoient leurs vieilles soutanes dès que les séances étoient finies.

Ils rendoient compte de tout à leur Général, et le consultoient dans les affaires difficiles. S'étant une fois adressé à lui pour savoir comment ils devoient se conduire au sujet de certaines opinions nouvelles que des Prélats avoient proposées, et qui approchoient tant soit peu des sentimens de Luther, quoiqu'elles parussent assez raisonnables, il leur recommanda expressément de ne point s'y laisser aller, en leur déclarant que pour ce qui regarde la Religion, les nouveautés les plus plausibles étoient souvent les plus dangereuses ; que les raisons, qui appuyoient une doctrine, ne la rendoient pas catholique ; et que, jusqu'à ce que l'Eglise eût décidé ce qu'on devoit croire de ces sortes d'opinions suspectes, il falloit se donner de garde ni d'en juger, ni d'en parler favorablement. Ils s'attachoient à ses réponses comme à des oracles ; et Laynez avoit coutume de dire, que si le Père Ignace étoit au Concile, il y serviroit bien l'Église.

Sur ces entrefaites, l'Empereur ne pouvant plus résister à la prière des Catholiques, déclara la guerre aux Protestans, qui ne vouloient pas reconnoître le Concile. Frédéric, Duc de Saxe, et Guillaume, Landgrave de Hesse, qui se mirent à leur tête, marchèrent contre les troupes Impériales avec une armée de plus de quatre-vingt mille hommes. Comme les troubles d'Allemagne interrompirent le Concile pour un temps, le Père Ignace, qui avoit besoin de Laynez à Florence, voulut le retirer de Trente durant cette interruption. Mais le Cardinal de Sainte-Croix, Légat du Pape, l'y arrêta ; il ne le fit pas pourtant d'autorité absolue, ni sans en écrire au Père Ignace. Après lui avoir représenté qu'on ne pouvoit se passer de Laynez à Trente, parce qu'on l'avoit chargé de faire un recueil exact des erreurs qui regardent les Sacremens, il le prioit de ne pas trouver mauvais qu'il retînt ce Père, du moins jusqu'à ce que le recueil fût achevé; ajoutant néanmoins que si ces raisons ne lui paroissoient pas assez fortes, il le feroit partir dès qu'il auroit reçu sa réponse.

Le Jay nommé à l'Evêché de Trieste. L'Evêque de Trieste étant mort en ce temps-là, Ferdinand, Roi des Romains, qui avoit du zèle pour la Religion, et à qui Trieste appartenoit avec toutes ses dépendances, comme une ville du ressort de l'Istrie, dont les Archiducs d'Autriche sont Seigneurs, jugea que ce Diocèse, si voisin de l'Allemagne, ne pouvoit avoir un Pasteur trop catholique, ni trop vigilant. Il jeta les yeux sur Claude Le Jay, qui étoit à Trente, et il lui en écrivit d'abord. Le Prince savoit, par le bruit commun tout ce que ce missionnaire de la Compagnie avoit fait à Ratisbonne, à Ingolstad et à Nuremberg, pour la conversion des hérétiques; et il avoit été lui-même témoin des fruits merveilleux que ces prédications avoient opérés à Worms parmi les Fidèles.

Le Jay refuse l'Evêché de Trieste. La nomination de Le Jay fut un coup de foudre pour lui, et on dit qu'il en pensa mourir de douleur : c'étoit un homme très modeste, et qui s'étoit proposé de fuir toute sa vie les honneurs, selon l'esprit de son Père Ignace. Il répondit au Roi des Romains, qu'une charge si pesante surpassoit ses forces; que les dignités ne convenoient pas à la Compagnie de Jésus, et qu'il falloit chercher ailleurs des Evêques. Il informa en même temps le Père Ignace du dessein de Ferdinand, le supplia d'agir fortement auprès du Pape pour rompre le coup, et lui protesta que si l'obéissance ne le retenoit au Concile, il se cacheroit de sorte qu'on ne le trouveroit pas.

Le refus de l'Evêché ne servit qu'à confirmer Ferdinand dans le choix qu'il avoit fait. Il envoya à Venise l'Evêque de Laubach son confesseur, pour gagner Le Jay que les Légats apostoliques y firent aller malgré lui. Mais ayant su que l'Evêque n'avoit pu rien faire sur un esprit, que des principes de conscience rendoient inflexible, il pria instamment le Pape de commander au Père Le Jay, d'accepter l'Evêché de Trieste, et il ordonna à son Ambassadeur de poursuivre cette affaire avec toute la chaleur possible.

Le Père Ignace, qui avoit été fort alarmé, quand il apprit la nomination de Le Jay, le fut bien plus quand il vit que le Pape et les Cardinaux l'approuvoient. Comme il étoit persuadé que le véritable intérêt de l'Eglise demandoit que la Compagnie ne reçût aucune dignité ecclésiastique, il n'épargna rien pour en persuader le sacré Collége. Mais, voyant qu'on n'entroit point dans ses pensées, et que Ferdinand persistoit toujours dans la sienne,

S. Ignace s'oppose à la promotion de Le Jay.

il prit la voie qui lui parut la plus naturelle, et ce fut d'écrire à Ferdinand même. Ayant donc, selon sa coutume, imploré le secours du Ciel, et fait retarder l'affaire du côté de Rome, par l'entremise de Marguerite d'Autriche, dont il gouvernoit la conscience depuis la mort du Père Jean Codure, il écrivit en ces termes au Roi des Romains.

Lettre du Général de la Compagnie au Roi des Romains.

Nous savons, grand Prince, quel est le zèle de Votre Majesté pour le salut de ses peuples, et combien elle a d'affection pour notre Compagnie. Nous louons Dieu de l'un et de l'autre, et nous prions la bonté divine de vous inspirer les moyens d'accomplir heureusement tout ce que votre piété vous fait entreprendre.

Mais, en vous rendant de très humbles actions de grâces pour les faveurs dont vous nous comblez, nous osons vous dire que vous ne pouvez nous en faire une plus insigne, que de nous aider à marcher dans la voie de notre Institut. Les honneurs ecclésiastiques lui sont si contraires, que, selon l'idée que nous en avons, rien n'est plus capable de l'altérer et de le détruire. Car ceux qui ont formé cette Société, se sont proposé pour but d'aller prêcher l'Evangile en tous les pays du monde; et son vrai esprit est de chercher partout le salut des âmes et l'honneur de Dieu, sans se borner, ni aux emplois, ni aux lieux. Or les Sociétés

Religieuses ne subsistent qu'autant qu'elles conservent leur premier esprit: et comment ma Compagnie se maintiendra-t-elle en perdant le sien? Nous ne sommes pas encore plus de neuf Profès, et quatre ou cinq ont déjà refusé des Prélatures. Mais si un de nous accepte maintenant un Evêché, les autres ne croiront-ils pas être en droit de faire de même? Et si les membres se séparent, que deviendra peu à peu le corps? Ce petit Ordre a fait depuis sa naissance, d'assez grands progrès, par les voies de l'humilité et de la pauvreté: si les peuples venoient à nous voir en des postes éclatans, ne seroient-ils pas scandalisés du changement de notre conduite, et ne prendroient-ils pas des impressions, qui rendroient tous nos travaux inutiles? Mais qu'est-il besoin, très illustre Prince, de vous exposer nos raisons? Nous implorons votre bonté et votre sagesse: nous nous mettons sous votre protection royale. Nous vous supplions par le sang de Jésus-Christ et par le salut des âmes, de maintenir, pour l'honneur de la Majesté divine, cette petite Société naissante. Qu'il plaise au Seigneur de conserver votre Personne sacrée, et de répandre sur elle abondamment toutes sortes de bénédictions.

La lettre du Général de la Compagnie eut tout l'effet qu'il en pouvoit espérer. Ferdinand ne pensa plus au Père Le Jay

Il fait entendre ses raisons au Pape touchant le refus des dignités ecclésiastiques. pour l'Evêché de Trieste, et il chargea son Ambassadeur de le dire au Pape. L'occasion sembla favorable au Père Ignace, pour instruire à fond Sa Sainteté là-dessus. Il lui représenta donc un jour, qu'outre que cette petite Société, qui n'étoit alors composée de guères plus de deux cents personnes, s'affoibliroit en peu de temps, et se dissiperoit tout à fait, si on en tiroit les gens de mérite; l'élévation d'un seul pourroit causer de très grands désordres, en réveillant l'ambition des autres; que quand les Religieux ont une fois des prétentions de grandeur, ils deviennent plus mondains que les gens du monde; que ceux qui avoient embrassé l'Institut de la Compagnie, par un esprit de charité et de zèle, se relâcheroient aisément dans leurs emplois laborieux, par l'espérance d'une dignité ecclésiastique, ou qu'ils n'y auroient pas des motifs si purs, ni des intentions si droites; que la jalousie ne manqueroit pas de se mettre parmi divers concurrens; et que, si tous n'aspiroient pas aux honneurs, il y auroit du moins peu d'union entre des gens qui n'agiroient pas par les mêmes mouvemens, ni par les mêmes principes.

Il ajouta que les Profès étant dévoués au service du Saint Siége pour ce qui regarde les Missions, et ayant par-là plus d'accès à la Cour de Rome que les autres Religieux, ils auroient plus d'occasion de briguer les Evêchés, et plus de facilité de les obtenir; que, travaillant à la Cour des Princes, ils seroient moins libres dans leurs ministères, s'ils espéroient quelque chose, et que les Princes, de leur côté, se serviroient peut-être moins d'eux, si leurs services devoient être récompensés : qu'au reste il ne prétendoit pas condamner par-là les dignités ecclésiastiques, ni les religieux qui y sont élevés pour le bien de la Chrétienté, et qui les possèdent avec l'édification des fidèles; qu'il y avoit une grande différence entre la Compagnie et les autres Religions; que celles-ci, par leur antiquité et par leur durée, avoient acquis des forces pour porter les fardeaux les plus pesans; et que celle-là, qui ne faisoit que de naître, étoit encore foible. *Saint Père*, lui dit-il, en rappelant ses anciennes idées de guerre, *je considère toutes les autres Religions, en l'armée de l'Eglise militante, comme des escadrons de gens d'armes, qui demeurent dans le poste qu'on leur a assigné, qui gardent leurs rangs, et qui font face aux ennemis en tenant toujours le même ordre et la même manière de combattre. Mais pour nous,* continua-t-il, *nous sommes comme des chevaux-légers, qui doivent toujours être prêts dans les temps d'alarmes et de surprises; qui attaquent, ou qui soutien-*

nent selon les différentes conjonctures, qui vont partout, et qui escarmouchent de tous côtés.

Il conclut que des missionnaires comme eux, qui devoient non seulement aller de ville en ville, et de province en province, mais voler d'un pole à l'autre, au premier signe du Vicaire de Jesus-Christ, ne doivent être fixés nulle part.

Le Pape goûta toutes ses raisons, et fut enfin persuadé que le refus des dignités ecclésiastiques ne seroit pas moins utile à l'Eglise qu'à la Compagnie. Quelques-uns ont cru que l'affaire de Trieste avoit donné occasion au Général d'obliger les Profès, par vœu, à ne point briguer les Prélatures, et à les refuser quand on les leur offriroit. Mais il est certain qu'il avoit pris son parti là-dessus auparavant, et dès le temps même qu'il vint la première fois à Rome avec Le Févre et Laynez. Car un jour étant allé voir avec eux le Marquis d'Aquilar, pour lors Ambassadeur de Charles-Quint auprès de Paul III, et la conversation s'étant tournée sur les bruits qui couroient déjà contre la nouvelle Société, le Marquis lui fit entendre qu'on le soupçonnoit de cacher une grande ambition sous un extérieur modeste, et qu'on disoit publiquement qu'un chapeau ou une mitre étoit le motif de son voyage. Le Père fut si surpris de ce discours, qu'il ne répondit d'abord que par un signe de croix. Ensuite, comme s'il eût été tout à coup inspiré de Dieu, il fit vœu devant le Marquis de n'accepter nulle dignité ecclésiastique, à moins que d'y être obligé, sous peine de péché, par le Vicaire de Jésus-Christ; et il renouvela son vœu quelque temps après en présence d'un Cardinal.

Les affaires de la Compagnie étoient en ces termes, quand le Père Ignace crut qu'il étoit temps qu'elle s'employât à l'instruction de la jeunesse. Le zèle de François de Borgia duc de Gandie, que la vue du cadavre de l'Impératrice avoit dégoûté des choses du monde, et qui depuis la mort de la Duchesse, sa femme, s'étoit donné tout à Dieu, fit naître l'occasion de commencer un exercice si utile. Comme il y avoit, sur ses terres, grand nombre de Maures baptisés, dont la plupart n'avoient pas renoncé de bon cœur au mahométisme, il jugea que, pour assurer le salut des jeunes Morisques, il falloit pourvoir à leur éducation, et il eut en même temps la pensée de fonder, dans la ville de Gandie, un collége de la Compagnie de Jésus, où les enfans de tous ses vassaux seroient élevés dans la vertu et dans les sciences.

La Compagnie commence à instruire la jeunesse dans les Lettres.

Le Père Ignace, à qui le Duc de Gandie communiqua son dessein, et demanda des lumières pour l'exécution, donna ordre au Père Le Fèvre, qui étoit à Valladolid, de se rendre en diligence auprès du Duc, et de travailler à l'établissement de ce collége avant que de venir au Concile de Trente, où le Pape Paul III l'appeloit, pour y assister de sa part avec Salmeron et Laynez. Dès que le Duc et le père Le Fèvre eurent réglé toutes choses, selon les vues et les intentions du Général de la Compagnie, il vint aussitôt des professeurs de cinq ou six nations différentes, tous savans, et choisis de la main du Général même; et ils firent chacun, à l'ouverture des classes, une harangue latine devant le Duc et toute sa Cour.

Ce fut donc l'année 1546, et six ans après la confirmation de l'Institut, que les Jésuites commencèrent à enseigner dans l'Europe : je dis dans l'Europe, car l'année précédente, les compagnons que le Père Ignace avoit envoyés d'Italie et de Portugal au Père Xavier, ayant été mis en possession du séminaire de Goa, établi peu d'années auparavant par le Roi Jean III, pour l'éducation de la jeunesse Indienne, Nicolas Lancillotti, Italien, avoit commencé à enseigner aux enfans les principes de la langue latine.

Règlement du Général pour le bon ordre des colléges. On ne se contenta pas à Gandie de ces premiers élémens des sciences, on joignit à la grammaire la poésie, la rhétorique, la philosophie et la théologie :

mais afin que le collége fut plus célèbre, le Duc obtint du Pape et de l'Empereur qu'on l'érigeroit en Université, et que les écoliers qui y prendroient les degrés, auroient tous les priviléges dont jouissoient les gradués d'Alcala et de Salamanque. Le Père Ignace ordonna, pour le bon ordre du collége, que les Professeurs tinssent la meilleure méthode qui se pourroit imaginer; et qu'ils suivissent, en chaque Faculté, les auteurs les plus solides, en philosophie Aristote, et en Théologie Saint Thomas : il recommanda qu'on exerçât fort la mémoire des écoliers qui n'auroient pas encore le jugement fait, et qu'en leur faisant réciter ce qu'ils apprendroient par cœur, on les accoutumât de bonne heure à bien prononcer; qu'on éveillât ces jeunes esprits par des disputes continuelles, en les piquant d'émulation, et opposant quelquefois les plus avancés et les plus capables à ceux qui le seroient moins, pour animer les uns par la gloire, et les autres par la honte; qu'on punît les paresseux et les libertins, mais que les maîtres ne châtiassent pas eux-mêmes leurs écoliers; et il fit ce dernier ordre, tant pour garder la bienséance que l'état Religieux demande, qu'afin qu'il ne se mêlât point de chaleur dans la correction.

Outre cela, parce que son but principal étoit de former les mœurs de la jeunesse, il défendit expressément qu'on lût dans les classes aucun auteur ni latin, ni grec, capable de corrompre l'innocence, à moins que d'en avoir retranché auparavant tout ce qui n'étoit pas honnête. Il ordonna que les écoliers entendissent tous les jours la Messe, qu'ils se confessassent tous les mois; qu'à l'entrée des classes ils récitassent tous ensemble une prière dévote, pour demander à Dieu la grâce de profiter dans leurs études, et qu'un jour de la semaine on leur fît un catéchisme pour les instruire des vérités de la Foi, et pour les exciter à la vertu: il prescrivit même aux Régens de leur parler des choses du ciel toutes les fois que l'occasion s'en présenteroit, ou durant la classe, ou hors de la classe, dans les entretiens familiers. L'observation de ces réglemens fit fleurir la doctrine et la piété à Gandie, sous la conduite du Père André Oviédo, Recteur du collége.

Ce fut environ ce temps-là qu'Isabelle Rosel étant venue à Rome pour voir le Père Ignace, forma le dessein de se retirer du monde, et de vivre selon les conseils évangéliques sous l'obéissance de la Compagnie. Elle se joignit avec deux dames Romaines, très-vertueuses, et obtint du Pape, pour elle et pour ses compagnes, la permission d'embrasser ce genre de vie. Quoique le Père Ignace vit bien que ces sortes de directions ne convenoient guère à son Institut, la reconnoissance qu'il avoit pour sa bienfaitrice, et le petit nombre de ces nouvelles Religieuses le déterminèrent à prendre soin d'elles. Il s'en repentit bientôt, et il dit une fois, que le gouvernement de trois dévotes lui donnoit plus de peines que toute la Compagnie : car enfin ce n'étoit jamais fait avec elles, et il falloit à toute heure, résoudre leurs questions, guérir leurs scrupules, écouter leurs plaintes, et même terminer leurs différends.

Cela l'obligea de représenter au Pape, combien une telle charge nuiroit à la Compagnie, et de quelle importance il étoit que Sa Sainteté l'en délivrât : car il jugea que cette petite communauté de filles, qui n'étoit que de trois personnes, deviendroit nombreuse avec le temps, et se multiplieroit dans les autres villes : mais la considération qu'il eut toujours pour la Dame Catalane, dont il avoit reçu tant de bons offices, et qui le supplioit de ne la pas abandonner, lui fit garder des mesures avec elle. Voici la copie d'une lettre qu'il écrivit à cette Dame, pour se défaire d'elle honnêtement. *Il délivre la Compagnie du gouvernement des religieuses.*

VÉNÉRABLE DAME ISABELLE ROZEL, MA MÈRE ET MA SŒUR EN JÉSUS-CHRIST.

A la vérité, je voudrois bien, pour la plus grande gloire de Dieu, contenter vos bons désirs, et procurer votre avancement spirituel, en vous tenant sous mon obéissance, comme vous y avez été quelque temps : mais les indispositions continuelles, à quoi je suis sujet, et toutes mes occupations qui regardent le service de Notre-Seigneur, ou de son Vicaire en terre, ne me le permettent plus. D'ailleurs étant persuadé, selon la lumière de ma conscience, que cette petite Compagnie ne doit point se charger, en particulier, de la conduite d'aucunes femmes qui nous soient engagées par des vœux d'obéissance, comme je l'ai déclaré amplement à notre Saint Père le Pape, il m'a semblé que, pour la plus grande gloire de Dieu, je ne devois plus vous regarder comme ma fille spirituelle, mais seulement comme ma bonne mère, ainsi que vous l'avez été plusieurs années à la plus grande gloire de Dieu. Tellement, que pour le plus grand service et le plus grand honneur de la bonté éternelle, je vous remets, autant que je puis, entre les mains du Souverain Pontife, afin que, prenant son jugement et sa volonté pour règle, vous trouviez du repos et de la consolation à la plus grande gloire de la Majesté divine. A Rome, le premier d'Octobre 1549.

Cette lettre, qui est pleine de l'esprit du Saint et où les paroles, qu'il avoit si souvent à la bouche, sont répétées tant de fois, disposa la Dame à recevoir avec soumission ce que le Pape détermina là-

LIVRE IV. 301

dessus. Car Paul III, ayant bien considéré que des Missionnaires destinés pour tout le monde, ne devoient avoir nul engagement, fit expédier des lettres apostoliques, par lesquelles il exempta les Jésuites du gouvernement des femmes qui voudroient vivre en communauté, ou seules, sous l'obéissance de la Compagnie.

Le Général ne se contenta pas de ces lettres : pour affermir davantage un réglement si essentiel, il obtint du Pape, l'année suivante, que la Compagnie ne seroit point obligée à se charger de la direction des Religieuses, quand même elles obtiendroient des bulles pour se mettre sous la conduite de qui il leur plairoit, à moins que ces bulles ne fissent une mention expresse de la Compagnie.

C'est en vertu de ces exemptions octroyées par le Souverain Pontife, que, dans les Constitutions, Ignace défend à son Ordre de gouverner des Religieuses ou d'autres personnes avec l'autorité qu'ont les confesseurs ordinaires et les supérieurs Ecclésiastiques. Il adoucit néanmoins la défense, par la permission qu'il donne de les aider dans leur avancement spirituel, et d'entendre quelquefois leurs confessions pour des causes spéciales.

Mais rien ne fait mieux voir la disposition de son esprit à l'égard du gouvernement et de la direction dont nous venons de parler, que la manière dont *Sa conduite avec le Duc de Ferrare Hercule d'Est.*

il en usa deux ou trois ans après envers Hercule d'Est, Duc de Ferrare, le protecteur déclaré et l'ami fidèle de la Compagnie. Ce Prince, faisant bâtir le collége de Ferrare, désira que les Jésuites gouvernassent un couvent de filles dont la princesse sa mère étoit fondatrice. Mais le Père Ignace n'y put consentir; et quelques prières que lui fît le Duc, il tint toujours ferme. Il commanda, par le même principe, aux Pères de Valladolid, de quitter la conduite d'un monastère, de laquelle ils s'étoient chargés à la sollicitation de plusieurs personnes considérables de la ville.

Le procédé du Général des Jésuites n'empêcha pas qu'Hercule d'Est, ayant formé le dessein d'une vie chrétienne, ne voulût avoir un Jésuite près de sa personne. Le Saint Archidiacre de Modène, Guidoni, auquel il s'en déclara, approuva fort sa pensée, et lui conseilla de prendre le Père Le Jay. Le refus de l'évêché de Trieste l'avoit rendu très célèbre : il étoit connu du Prince qui l'avoit vu à Ferrare quelques années auparavant, et qui prit dès-lors confiance en lui. D'ailleurs il étoit Français, et par-là moins odieux à la Duchesse de Ferrare, fille de Louis XII, qui étoit engagée dans l'hérésie, ainsi que nous avons dit. Le Duc demanda donc le Père Le Jay au Général de la Compagnie et au Pape. Il l'obtint sans peine, parce que les troubles d'Italie, excités par le meurtre de Pierre-Louis Farnèse, Duc de Parme, firent cesser le Concile que la maladie contagieuse avoit fait transférer de Trente à Bologne.

Le Jay, avant de partir pour Ferrare, consulta le Père Ignace sur la manière dont il devoit se gouverner avec le Duc. Le Père lui dit, qu'étant destiné par le Vicaire de Jésus-Christ au service d'un des plus insignes bienfaiteurs de la Compagnie, il falloit qu'il s'y consacrât entièrement, jusqu'à ne faire, audehors, nulles bonnes œuvres sans la participation, ni sans l'agrément du Prince, qui devoit lui tenir lieu, en quelque façon de Supérieur et de Général.

Le Duc de Ferrare fit d'abord les Exercices spirituels sous la conduite du Père Le Jay, comme le Duc de Gandie les avoit faits sous celle du Père Le Févre. C'étoit le moyen ordinaire que les Jésuites employoient partout pour la réformation des mœurs, et l'usage de ces retraites devint très commun parmi les personnes de la première qualité, depuis que plusieurs des Pères du Concile de Trente eurent fait eux-mêmes les Exercices de la Compagnie, entre les mains de Laynez, de Le Jay et de Salmeron.

A la vérité, Dom Juan Martinez Siliceo, Archevêque de Tolède, voulut en abolir la pratique dans l'Espagne, sous prétexte que le livre des Exercices con-

Les Exercices spirituels approuvés par le S. Siége. tenoit une doctrine dangereuse. Mais outre que les Docteurs qui l'examinèrent de sa part, n'y trouvèrent rien que de catholique et d'édifiant, le Saint Siége l'approuva l'année suivante, par une bulle expresse, à la prière de Dom François de Borgia, Duc de Gandie. La bulle mérite d'être rapportée, et le lecteur ne sera pas fâché de la voir.

PAUL III, PAPE,

Pour une mémoire perpétuelle.

Comme le devoir de Pasteur universel du troupeau de Jésus-Christ, et le zèle de la gloire de Dieu nous obligent, d'embrasser tout ce qui regarde le salut des âmes, et leur avancement spirituel : nous ne pouvons nous dispenser d'exaucer les prières de ceux qui nous demandent quelque chose qui puisse entretenir la piété et la ferveur des fidèles.

Notre très cher fils François de Borgia, Duc de Gandie, nous a représenté, depuis peu, qu'Ignace de Loyola, Général de la Compagnie de Jésus, établie par Nous dans notre ville de Rome, et confirmée par notre autorité apostolique, a écrit certains enseignemens, ou Exercices spirituels tirés des saintes Lettres, et des expériences de la vie spirituelle, avec une méthode, et dans une forme toute propre à toucher les cœurs. Il nous a déclaré encore, qu'il ne sait pas seulement par le bruit commun, que ces Exercices sont très-utiles pour le profit et la conso-

Livre IV. 305

lation des âmes; mais qu'il en est persuadé par ce qu'il a vu lui-même à Barcelone et à Gandie. Il nous a supplié ensuite de les faire examiner, et de les approuver si nous les trouvions dignes d'approbation et de louange afin que le fruit s'en etendît davantage, et que les fidèles les pratiquassent avec plus d'ardeur.

Nous les avons fait examiner, et sur le témoignage qui nous en a été rendu par notre cher fils Jean du titre de Saint Clément, Prêtre-Cardinal, évêque de Burgos, et Inquisiteur de la Foi, par notre vénérable frère Philippe, évêque de Saluces, notre Vicaire-Général au spirituel dans Rome, et par notre cher Fils Gilles Foscarasi, Maître du sacré Palais : nous avons trouvé ces Exercices remplis de l'esprit de Dieu, et très utiles pour l'édification et pour le profit spirituel des fidèles.

Ayant aussi égard, comme nous devons l'avoir, aux grands biens qu'Ignace et la Compagnie qu'il a fondée ne cessent de faire dans l'Église, parmi toutes sortes de nations, et considérant d'ailleurs combien le livre des Exercices leur sert pour cela : de notre science certaine, nous approuvons par l'écrit présent, nous louons et nous confirmons avec l'autorité apostolique tout ce qui est contenu dans ce livre. Nous exhortons même tous les fidèles de l'un et de l'autre sexe, en quelque lieu du monde qu'ils soient, à pratiquer dévotement des Exercices si chrétiens, et nous permettons que le livre soit imprimé par quel Libraire il plaira à l'Auteur de choisir; en sorte néanmoins qu'après la première édition, ni le Libraire qui aura été choisi d'abord, ni aucun autre, ne puisse l'imprimer une seconde fois sans le consentement d'Ignace, ou de ses successeurs, etc. Donné à Rome, dans le Palais de Saint-Marc, sous l'Anneau du Pêcheur, le dernier de Juillet, l'an de Notre Seigneur 1548, et le 14 de notre Pontificat.

L'approbation et l'impression du livre des Exercices, qu'on avoit traduit du castillan en latin, le rendirent plus célèbre que jamais, et augmentèrent de beaucoup la réputation du Fondateur de la Compagnie.

Il sort de Rome pour une œuvre de charité.

Il étoit toujours demeuré à Rome depuis l'établissement de son Ordre, suivant son principe, que le Général devoit être fixe : il en sortit néanmoins pour peu de temps, par un motif de charité, et sa sortie eut d'heureux succès. Les habitans de Sant-Angelo, et ceux de Tivoli, leurs voisins, étant fort brouillés, jusqu'à se faire une guerre ouverte, le Père Ignace se transporta sur les lieux à la demande du Pape. Ayant traité avec Marguerite d'Autriche, femme d'Octave, Duc de Parme, Seigneur de Sant-Angelo, et avec les Magistrats de Tivoli, il fit agréer aux deux villes le Cardinal de la Cuéva, pour arbitre de leurs différends, et les engagea cependant à quitter les armes.

Ce fut en cette occasion que le Seigneur Louis Mendozze, qui avoit logé le

Père à Tivoli, lui offrit, avec une maison commode et des jardins agréables, une chapelle de la Vierge, qu'on avoit bâtie hors des murailles de la ville, près des magnifiques ruines de la maison de campagne de Mécénas. Ce nouvel établissement, que le Père Ignace fit lui-même le jour de la Nativité de Notre-Dame, n'approcha pas toutefois de ceux qui se firent en Sicile.

Dom Juan de Véga, Vice-Roi de Sicile, qui avoit fort pratiqué le Général de la Compagnie, étant Ambassadeur de Charles-Quint à la Cour de Rome, et qui ne faisoit rien d'important sans le consulter, selon l'ordre qu'il en avoit, ne fut pas plutôt à Messine, qu'il prit la pensée d'y établir un Collége de la Compagnie. Palerme suivit aussitôt l'exemple de Messine, et ces deux Collèges, où le Général envoya des hommes très vertueux et très habiles, furent, après celui de Gandie, les premiers où l'on enseigna.

En faisant partir ces excellens ouvriers, dont les principaux étoient Pierre Canisius, Allemand, André Frusis, Français, et Jerôme Nadel, Espagnol, il leur dit ce qu'il disoit d'ordinaire, quand il envoyoit aux missions : *Allez, mes frères, enflammez et embrasez tout du feu que* JÉSUS-CHRIST *est venu apporter sur la terre.* Il voulut, avant leur départ, que ceux qui étoient destinés aux classes, fissent devant lui un essai de la méthode qu'ils y tiendroient : il voulut aussi que tous prissent congé du Pape, et il les y mena lui-même. Le Pape leur témoigna beaucoup de bonté, et les exhorta à s'opposer toujours fortement aux nouvelles hérésies.

Il éprouve l'obéissance de ses inférieurs.
Au reste, le Père Ignace, avant que de choisir les douze qu'il envoya en Sicile, prit plaisir à sonder le fond de l'âme, et à éprouver l'obéissance de ses inférieurs de Rome, en ordonnant à chacun d'eux de lui dire par écrit, après trois jours de prières : 1°. S'ils étoient indifférens à aller en Sicile, ou à demeurer à Rome, et si ce que détermineroit le Général, qui leur tenoit la place de Dieu, leur seroit le plus agréable. 2°. Si, étant envoyés en Sicile, ils seroient prêts à enseigner et à faire d'autres fonctions qui demandent de l'esprit et du savoir, ou à être employés dans les offices domestiques. 3°. Si, au cas qu'ils fussent occupés à l'étude et à la régence, ils seroient disposés à étudier quelle science on voudroit, et à régenter quelle classe il plairoit au Supérieur. Enfin, s'ils croyoient que tout ce que l'obéissance leur prescriroit, seroit le meilleur pour eux, et le plus convenable à leur salut.

Tous apportèrent leur écrit au jour marqué : il n'y en eut pas un, de plus de trente-six qu'ils étoient, qui ne déclarât sincèrement qu'il iroit, non-seulement en Sicile, mais aux Indes ; et qu'il s'emploieroit volontiers toute sa vie aux ministères les plus bas, dès que leur bon Père et leur vénérable maître en Jésus-Christ leur feroit le moindre signe.

Ce n'étoit pas assez pour un homme qui vouloit faire du bien à toute la terre, qu'on travaillât en Europe et en Asie au service du prochain. Jean Nugnès et Louis Gonzalès furent envoyés presque au même temps dans les Royaumes de Fey et de Maroc, à la prière du Roi de Portugal, qui, touché de la captivité d'un grand nombre de chrétiens, demanda des Pères de la Compagnie, pour ménager la délivrance des esclaves, et pour les affermir dans la Foi. *La Compagnie entre dans l'Afrique et dans l'Amérique.*

Peu de temps après, le Vice-Roi de Sicile ayant ordre de Charles-Quint de passer en Afrique avec une puissante armée, pour faire la guerre au fameux corsaire Dragut, qui s'étoit emparé d'une place forte sur les côtes de Barbarie, d'où il faisoit des courses jusqu'à Naples, le Père Ignace voulut bien que Laynez quittât la Sicile, où il l'avoit établi Supérieur, et suivît Dom Juan de Vega dans son expédition contre les Maures, pour avoir soin de l'hôpital de l'armée.

Quatre autres Jésuites étoient allés auparavant dans l'Ethiopie Occidentale, au Royaume de Congo, où il ne restoit presque plus aucune trace de l'Evangile que

Dom Emmanuel, Roi de Portugal, y avoit fait prêcher autrefois; et ce fut encore à la prière de Jean III, successeur et fils d'Emmanuel, que le Père Simon Rodriguez envoya ces ouvriers évangéliques au nom de leur commun Père Ignace. Enfin, sous les auspices du même Prince, la Compagnie entra dans l'Amérique méridionale, lorsque Dom Soza, capitaine de la flotte Portugaise, aborda au Brésil, pour bâtir une nouvelle ville en ce nouveau monde.

La Compagnie maltraitée en Allemagne.

Dieu ne permit pas que des progrès si heureux fussent sans mélange, et le Ciel voulut que la Compagnie eût de fâcheuses affaires dans le temps qu'elle s'étendoit par tout le monde. Après la bataille que perdirent les Protestans d'Allemagne, et où le duc de Saxe fut fait prisonnier, l'Empereur voyant que l'assemblée de Bologne étoit rompue, et que, selon toutes les apparences, elle ne se renoueroit de long-temps, entreprit de régler lui-même la croyance de ses peuples, jusqu'à ce que le Concile eût tout décidé.

Il fit donc publier, en la diète d'Ausbourg, une formule de Foi, qui s'appela *l'Interim*, et qui contenoit des articles tout-à-fait contraires à la doctrine et à la discipline de l'Eglise; par exemple, le mariage des Prêtres et la communion sous les deux espèces. De tous les Docteurs qui s'opposèrent à ce libelle impérial,

Nicolas Bobadilla, que le Père Ignace avoit toujours laissé en Allemagne, fut le plus zélé et le plus ardent. Il étoit alors à la Cour de Charles-Quint, chéri des Seigneurs catholiques, dont il gouvernoit la conscience, craint des Protestans, auxquels il faisoit la guerre sans relâche. Son humeur vive et ennemie des ménagemens, fit qu'en combattant le libelle de toute sa force, il s'échappa en des paroles un peu aigres, qui tomboient sur la personne de l'Empereur : il blâma hautement la condescendance qu'on avoit pour les hérétiques, et soutint avec chaleur, en présence de Charles-Quint même, que rien n'étoit plus capable d'entretenir les divisions qu'une fausse paix.

Charles-Quint, qui se faisoit un honneur de maintenir son ouvrage, et qui regardoit comme des rebelles tous ceux qui n'étoient pas de son sentiment, ne put souffrir la liberté de Bobadilla. Il le chassa de sa Cour, et lui fit faire commandement de sortir des terres de l'Empire. Bobadilla obéit, tout glorieux d'être banni pour la cause de Dieu, et ne manqua pas de se rendre à Rome, où l'on n'avoit garde d'approuver la Concorde d'Ausbourg. Mais le Père Ignace ne jugea pas à propos de recevoir d'abord dans la maison de la Compagnie, un homme que le zèle avoit emporté trop loin, et qui, en défendant l'Eglise Romaine, n'avoit pas assez ménagé la Majesté Impériale. Le Saint voulut faire par-là une satisfaction publique à l'Empereur, et apprendre aux Religieux de son Ordre, combien on doit respecter les Princes, quand même leur conduite n'est pas régulière.

<small>Melchior Cano se déclare contre la Compagnie.</small>

L'indignation de Charles-Quint donna lieu, en Espagne, aux ennemis de la Compagnie d'éclater contr'elle. Melchior Cano, Religieux de Saint Dominique, et Docteur de Salamanque, s'étant mis, je ne sais comment, dans l'esprit, que la fin du monde approchoit, et que l'Antechrist paroîtroit bientôt, s'imagina que les Jésuites étoient les précurseurs de l'Antechrist. Le peuple les appeloit Inigistes, du nom d'Inigo, qui, en Espagnol, signifie Ignace. Quelques-uns leur donnoient le nom de Théatins, par la raison que j'ai dite au commencement; et ce nom leur demeura dans la suite, comme remarque Palafox sur une lettre de Sainte Thérèse.

<small>Los Theatinos que nombra son los Padres de la Compagnia de Jesus, y bien se ve el espiritu grande y santo con que obravan.</small>

Les Théatins dont elle parle, dit-il, *sont les Pères de la Compagnie de* JÉSUS, *et il paroît bien que l'esprit avec lequel ils agissoient, étoit grand et saint, puisqu'elle les joint au Bienheureux Pierre d'Alcantara.*

Cano fondoit sa pensée sur la nouveauté d'un Institut, qui n'avoit rien des anciennes Religions. L'habit commun que portoient les gens de ce nouvel Ordre, lui sembloit tout propre à couvrir leur libertinage : le commerce qu'ils avoient avec les personnes du monde et aux Cours des Princes, lui faisoit croire qu'ils ne vivoient que selon les maximes profanes du siècle : enfin ces retraites qu'ils faisoient faire suivant la méthode et l'esprit de leur Fondateur, n'étoient pas moins que des mystères abominables au sentiment de Cano.

pues los puso en una misma linea con en Beato San Pedro de Alcantara. Note sur la Lettre 29, art. 12.

Il publia tout ce qu'il pensoit; et sa réputation donna tant de crédit à ses paroles, que le peuple traita d'imposteurs et de scélérats, ceux qui lui paroissoient auparavant des hommes descendus du Ciel.

Le Père Ignace étant averti de la persécution, loua Dieu d'abord que la Compagnie fût jugée digne de souffrir des opprobres pour le nom de Jésus-Christ. Il ordonna ensuite aux Pères d'Espagne, de faire voir à Cano la bulle qui confirmoit leur Institut, et de lui représenter modestement que le Royaume de Dieu seroit divisé, si le Vicaire de Jésus-Christ, approuvoit une Société opposée à Jésus-Christ; que de ces prétendus avant-coureurs de l'Antechrist, Paul III en avoit choisi deux pour être ses Théologiens au Concile de Trente, et que Sa Sainteté en avoit nommé un autre pour être son Légat Apostolique dans les Indes. Il envoya en même temps en Espagne une nouvelle copie de la sentence que le Gouverneur de Rome, Benoît Conversin, avoit

La conduite d'Ignace dans la persécution excitée par Cano.

prononcée en faveur de la Compagnie contre de fausses accusations, et il y joignit un Bref du Pape qui établissoit l'Evêque de Salamanque protecteur de la réputation d'un Ordre confirmé par le Saint Siége. Le Général des Dominicains écrivit même une lettre circulaire, où après avoir relevé les grands fruits que faisoient dans l'Eglise les Prêtres Réguliers, établis sous le titre du Nom de Jésus, il commandoit à ses Religieux d'aimer ce saint Ordre, et leur défendoit, en vertu de la sainte obéissance, d'en parler mal sous quelque prétexte que ce fût.

Cano étoit trop entêté de ses idées pour en prendre d'autres; il n'eut égard ni à la bulle du Pape, ni à la lettre de son Général, et il continua ses invectives avec une animosité qui tenoit de la fureur. Mais ce nouvel emportement ne servit qu'à ramener les esprits que son autorité avoit entraînés. Tout le monde prit l'intérêt de la Compagnie, et il n'y eut pas jusqu'aux Religieux de Saint Dominique, qui ne se déclarassent pour elle contre un de leurs Frères. Le Père Jean Penna, Docteur de Salamanque, homme illustre par sa vertu et son savoir, fut celui qui se signala davantage : car, non content de réfuter en chaire les visions de Melchior Cano, il composa un manifeste apologétique pour le nouvel Ordre, et son écrit ferma la bouche à la calomnie.

Dom François de Borgia protégeoit, de son côté, et favorisoit en tout les enfans d'Ignace. Mais quelqu'affection qu'il eût pour eux, il ne laissoit pas d'avoir confiance en un Religieux de Saint François, nommé Jean Texeda, qu'il avoit connu à Barcelone, et qu'il avoit amené à Gandie. C'étoit un homme d'une vie austère, et d'une haute contemplation, qui n'aimoit que la retraite, et qui vivoit à la Cour comme les anciens anachorètes vivoient au désert. Le Père André Oviedo, Recteur du collége de Gandie, qui pratiquoit fort ce saint Religieux, dont le Duc lui donna la connoissance, entra peu à peu dans ses maximes, et s'affectionna tellement à la solitude, que se dérobant quelquefois de la compagnie de ses Frères, il cherchoit le silence des forêts pour vaquer aux exercices de la vie intérieure. Ce nouvel esprit l'emporta si loin, qu'il demanda permission à son Général de quitter le gouvernement du collége, et d'aller pour cinq ou six ans en quelque lieu solitaire. Son motif étoit d'acquérir la perfection évangélique par la fuite de tant d'occasions dangereuses qui sont inévitables dans le commerce du monde.

Oviedo porté à la vie solitaire.

Le Père Ignace avoit trop de discernement des esprits, et trop d'expérience

Oviedo remis dans la

bonne voie.

en la vie spirituelle, pour ne pas reconnoître l'illusion où étoit Oviédo. Il lui découvrit à lui-même son erreur, en lui déclarant que, quand Dieu nous avoit marqué une voie, il falloit la suivre fidèlement, et se garder bien d'en prendre une autre, sous prétexte qu'elle sembloit plus droite et plus sûre ; que la vie retirée avoit ses dangers aussi bien que la vie apostolique ; qu'à la vérité on ne devoit pas commettre la moindre faute de propos délibéré pour quoi que ce fût, mais qu'on ne devoit pas renoncer aux emplois de la charité par la crainte des fautes légères, dont la foiblesse humaine ne peut se défendre ; qu'au reste, il n'y avoit rien de plus généreux, ni de plus divin, que de sacrifier son repos et tous ses intérêts au salut des âmes.

Quelqu'épris que fut Oviédo de sa seconde vocation, il en perdit la pensée dès qu'il eût reçu la réponse du Père Ignace. Dom François de Borgia, à qui Oviédo avoit communiqué ses vues de retraite, ne profita guère moins que lui des avis du Saint.

François de Borgia appelé à la Compagnie.

Ce Duc avoit fait vœu à Grenade d'embrasser l'état Religieux, s'il vivoit plus que la Duchesse sa femme. Néanmoins, en faisant ce vœu, il ne se détermina à aucune Religion particulière, et ce ne fut que depuis que le Saint Siége eut approuvé le livre des Exercices, qu'il tourna ses pensées du côté de la Compagnie, contre son inclination naturelle qui le portoit à la solitude. Il s'en expliqua par lettres avec le Père Ignace, et il n'eut pas de peine à lui faire entendre que sa vocation étoit bonne ; car Dieu avoit fait connoître au Père, quand Pierre Le Févre mourut à Rome, qu'un Grand d'Espagne rempliroit sa place, et que ce Grand étoit le Duc de Gandie. Le Père approuva donc le dessein du Duc, et il lui écrivit en ces termes.

Très-illustre Seigneur,

La résolution que vous avez prise, et que la bonté divine vous a inspirée, me donne beaucoup de joie. Que les Anges, et toutes les âmes bienheureuses en rendent à Dieu d'éternelles actions de grâces dans le ciel : car nous ne pouvons bien reconnoître sur la terre l'insigne faveur qu'il fait à sa petite Compagnie, en vous y appelant.

J'espère que sa divine Providence tirera de votre entrée des avantages considérables, et pour votre avancement spirituel, et pour celui d'une infinité d'autres personnes qui profiteront de cet exemple. Pour nous qui sommes déjà dans la Compagnie de Jésus, *excités par votre ferveur, nous commencerons tout de nouveau à servir le divin Père de famille qui nous donne un tel Frère, et qui a choisi un tel ouvrier pour cette nouvelle* vigne, dont il a voulu que j'eusse le soin, tout indigne que j'en suis.

C'est pourquoi je vous reçois dès maintenant, au nom du Seigneur, pour notre Frère, et en cette qualité vous me serez toujours très cher, comme le doit être celui qui entre dans la maison de Dieu avec autant de générosité que vous faites, et pour le servir parfaitement.

Quant à ce que vous désirez savoir de moi, touchant le temps et la manière de votre réception publique; après avoir fort recommandé la chose à Dieu, et la lui avoir fait recommander par d'autres, il me semble qu'afin que vous vous acquittiez mieux de toutes vos obligations, ce changement doit se faire à loisir, et avec beaucoup de circonspection, à la plus grande gloire de notre Seigneur. Ainsi vous pourrez, peu à peu, régler vos affaires de telle sorte, que, sans vous ouvrir à aucune personne séculière, vous vous trouviez en peu de temps dégagé de tout ce qui peut retarder l'accomplissement de vos saints désirs.

Pour m'expliquer encore davantage, et venir plus au détail, je suis d'avis que, puisque vos filles sont en âge d'être mariées, vous songiez à les pourvoir selon leur qualité, et que vous mariez aussi le Marquis, s'il se présente un parti qui lui convienne. Pour vos autres fils, il ne leur suffit pas d'avoir l'appui de leur frère aîné, à qui le Duché demeurera: il faut que vous leur laissiez de quoi achever leurs études dans une des principales Universités, et de quoi vivre honnêtement dans le monde. Il est à croire, au reste, que s'ils sont ce qu'ils doivent être, et ce que j'espère qu'ils seront, l'Empereur leur fera des grâces à proportion de vos services et suivant la bienveillance qu'il a toujours eue pour vous.

Il est encore à propos de faire avancer les bâtimens que vous avez commencés. Car enfin, je souhaite que toutes les affaires de votre maison soient terminées, quand on publiera votre changement. Cependant, comme vous avez de si bons principes dans les Lettres, je voudrois bien que vous vous appliquassiez tout de bon à l'étude de la Théologie, et j'espère que cette science vous sera utile pour le service de Dieu. Je désirerois même que, si cela se peut, vous prissiez le degré de Docteur dans votre Université de Gandie. Mais parce que le monde n'est pas capable d'une nouvelle de cette nature, je voudrois que cela se fît sans éclat, et qu'on en gardât le secret jusqu'à ce que le temps et les occasions nous donnassent, avec la grâce de Dieu, une entière liberté.

Comme nous pourrons éclaircir les autres choses de jour en jour, selon les diverses occurrences, et que je vous écrirai régulièrement, je ne vous dirai rien davantage. J'attends votre réponse au plutôt, et je supplie la souveraine bonté qu'il lui plaise répandre sur vous, de plus en plus, ses divines miséricordes.

Quoique Dom François fût très disposé à suivre les conseils du Père Ignace, il ne laissoit pas de jeter quelquefois les yeux du côté de la solitude; tant la grâce trouve de résistance dans les âmes les plus saintes, quand elle ne s'accommode pas au tempérament. Mais ce que le Père manda à Oviédo pour l'affermir dans sa vocation, frappa tellement le Duc, qu'il lui prit une sainte impatience d'entrer dans la Compagnie avant l'exécution des choses qui lui avoient été prescrites. Il écrivit pour cela à Rome, et le fit avec tant d'ardeur, que le Père Ignace, lui ayant obtenu permission du Saint Siége de faire les vœux des Profès sans quitter le monde, consentit qu'il usât alors de sa permission.

Le Duc de Gandie se consacra donc à Dieu par les vœux solennels de la Compagnie dans la Chapelle de son palais, en présence de peu de personnes, étant encore revêtu de sa grandeur, et ayant pouvoir de garder ses biens durant trois années, ainsi qu'on peut voir plus au long dans la vie qui en a été composée par un de nos meilleurs écrivains, et qui est écrite d'une manière si polie et si touchante.

Il règle la ferveur de Borgia et celle des autres. Le Père Ignace, qui dès-lors appela Dom François de Borgia, le Père François, et qui ne le regarda plus que comme un de ses enfans, commença à le diriger dans les voies de Dieu, et à exercer même sur lui son autorité de Général. Le Duc, qui vivoit en Religieux avant que d'avoir fait les vœux de Religion, se crut obligé, après son engagement, à redoubler ses pratiques de piété et de pénitence. Mais sa ferveur le jeta dans des excès qui ne convenoient, ni à un homme du monde, ni à un homme de la Compagnie. Le Père Ignace n'eut garde de l'abandonner aux ardeurs de sa dévotion : il lui fit entendre que, quand on étoit destiné du Ciel à instruire les ignorans, et à combattre les hérétiques, on ne devoit pas être toujours aux pieds des Autels, et qu'il falloit quelquefois laisser la prière pour l'étude. Le Père lui déclara encore qu'une personne comme lui, qui avoit l'estomac foible et la complexion délicate, devoit modérer ses jeûnes, et se nourrir raisonnablement pour entretenir ses forces. *Vous avez reçu de Dieu le corps aussi bien que l'âme*, lui dit-il en termes formels, *et vous devez rendre compte à Dieu également de l'un et de l'autre.* Mais parce que le Duc se donnoit tous les jours la discipline jusqu'au sang en l'honneur de la flagellation du Fils de Dieu, il lui défendit d'en venir à ces extrémités, qui pourroient le rendre incapable des ministères de la Compagnie.

C'étoit un des principaux soins du Père Ignace de régler la ferveur de ses enfans, et il étoit souvent obligé d'user de tout son pouvoir pour les retenir, comme il fit envers Simon Rodriguez, à qui le Roi de Portugal avoit confié l'éducation du Prince Dom Juan. Rodriguez qui ne respiroit que les missions étrangères, cherchoit toutes les occasions de se retirer de la Cour. Il voulut accompagner les Missionnaires qui partirent de Portugal pour l'Ethiopie : il eut envie après d'aller au Brésil : il fut plusieurs fois sur le point de s'embarquer pour les Indes ; et il auroit sans doute satisfait son zèle, si le Général à qui il communiquoit ses desseins, ne lui eût défendu de quitter son poste, après lui avoir fait connoître que c'étoit procurer le salut des peuples, que d'élever dans la crainte de Dieu les enfans des Rois ; et que la Cour valoit mieux pour nous que l'Ethiopie et le Brésil, quand l'obéissance nous y arrêtoit.

Sa confiance en Dieu récompensée. La maison Professe fut réduite en ce temps-là, à une extrême nécessité par la mort de Paul III, qui faisoit régulièrement de grosses aumônes, et par celle du Père Codace, qui avoit soin du temporel. Le Général ne laissa pas de recevoir les novices qui se présentèrent, et Dieu voulut, ce semble, récompenser sa confiance par des espèces de miracles. Car, outre que les Cardinaux se souvinrent de lui dans le Conclave, et lui envoyèrent une bonne somme d'argent ; le Frère Jean de la Croix, qui étoit chargé de la dépense domestique, revenant un soir de Saint-Jean de Latran, et passant par le Colisée, rencontra un homme qui, sans lui dire un seul mot, lui donna cent écus d'or.

Une autre fois, le même Frère, étant

sorti de grand matin, reçut d'un inconnu une bourse pleine de pièces d'or toutes neuves. Comme il n'étoit pas encore bien jour, et qu'il eut peine à distinguer le visage de la personne qui lui mit la bourse entre les mains, il craignit que ce ne fût une illusion. Les Pères crurent, de leur côté, que les pièces étoient fausses, et qu'on avoit voulu se moquer d'eux; mais à la fin, ils trouvèrent que c'étoit de très bon or. Presqu'au même temps, et dans une nécessité pressante, le Père Colanque, Secretaire de la Compagnie, cherchant des papiers dans un coffre tout ouvert, y trouva quantité d'écus d'or qui sembloient faits tout nouvellement.

Ces secours, tout miraculeux, animèrent plus que jamais la confiance du Père Ignace, et ne diminuèrent rien pourtant des soins raisonnables qu'il prenoit pour la subsistance des siens. Il mit les affaires de la maison entre les mains du Père Ponce Gogordan, homme très habile; sans néanmoins lui en abandonner la conduite entièrement: il s'y appliquoit lui-même, et pour observer les démarches du Procureur, et pour le soulager dans un emploi si pénible.

Mais parce que le Père Codace avoit fait subsister la maison dans des temps fâcheux, et qu'il s'étoit consumé au service de ses Frères, il lui fit rendre après la mort les honneurs qu'il vouloit qu'on rendît aux bienfaiteurs de la Compagnie, et il fit mettre un marbre sur sa sépulture avec une inscription honorable.

Son application à faire fleurir les sciences dans la Compagnie

Le soin que le Père Ignace avoit des affaires temporelles, ne l'empêchoit pas d'entretenir l'esprit de l'étude, et de faire fleurir les sciences dans son Ordre. Il obligeoit les Professeurs de Messine et de Palerme à lui rendre compte de leur travail toutes les semaines, et il vouloit qu'on lui envoyât du fond de l'Espagne les thèses de philosophie et de théologie avec les compositions des jeunes Régens, en prose et en vers. Il ordonna même expressément que ces compositions lui fussent envoyées telles qu'elles sortoient de leurs mains, et avant que personne les eût vues. Parmi tous les embarras de sa charge, il se donnoit la peine de les lire, et de les faire examiner en sa présence par des personnes qui s'y connoissoient. Il s'informoit surtout du profit que faisoient les Ecoliers de la Compagnie qui étudioient à Paris, parce qu'il regardoit l'Université de Paris comme le principal séminaire de son Ordre.

Mais s'il apprenoit que quelques-uns des Professeurs d'Espagne, d'Italie et de Sicile suivissent des opinions particulières écartées de celles qui sont communément reçues dans l'école, il les retiroit des études, quelque bons esprits que ce fussent ; et il disoit que, s'il vivoit mille ans, il ne cesseroit de crier contre les nouveautés qui s'introduisent dans la théologie, dans la philosophie et dans la grammaire. Il traitoit de la même sorte ceux que la science rendoit orgueilleux ou peu dévots, et il avoit coutume de dire, que celui qui abusoit des sciences, n'y étoit pas propre. Par la dévotion, il n'entendoit pas des goûts spirituels et des consolations intérieures, mais une pratique fidèle des exercices de piété et des vertus Religieuses : car il savoit bien que le temps des études n'est pas tout-à-fait le temps de ces faveurs célestes qui demandent un esprit fort recueilli ; et nous lisons dans une de ses lettres, qu'on ne doit pas s'étonner que des sciences, ou purement spéculatives, ou tout humaines, diminuent en nous la sensibilité de la dévotion ; que, pourvu qu'en étudiant, nous cherchions uniquement Dieu, nos études sont de bonnes dévotions ; et que, si nous donnons à la prière le temps qui est prescrit par la règle, nous devons peu nous soucier si nous y avons des douceurs ou des sécheresses.

Aussi ne recommandoit-il rien davantage aux Professeurs et aux Ecoliers de son Ordre, que de rapporter leur travail à la plus grande gloire de Dieu, et de se persuader que l'étude, avec une intention si noble, étoit plus agréable au

Ciel, que ne seroit une oraison continuelle.

Il envoie trois théologiens à Ingolstad. Le zèle de Guillaume, Duc de Bavière, fournit alors au Père Ignace une belle occasion de faire paroître le mérite de trois savans hommes. Ce Prince, très catholique, et qui fut l'appui de l'ancienne Religion en Allemagne, demanda au Général de la Compagnie, des théologiens capables de relever l'honneur de la théologie dans l'Université d'Ingolstad, où les hérétiques avoient rendu les sciences divines fort méprisables. Le Père choisit Salmeron et Canisius, auxquels il joignit Le Jay, que le Duc de Bavière avoit demandé nommément, et dont le Duc de Ferrare voulut bien se passer pour un temps, à la prière du Cardinal Farnèze.

Mais afin que ces trois théologiens eussent un caractère qui autorisât leur doctrine, il voulut qu'en passant par Bologne, ils reçussent le bonnet de Docteurs après les examens accoutumés; et cela se fit solennellement par l'ordre du Cardinal Jean-Marie du Mont, qui étoit Nonce apostolique, et qui fut ensuite élevé au souverain Pontificat sous le nom de Jules III. Avec le titre de Docteurs, dont les Allemands sont jaloux, et que les Protestans faisoient tant valoir en la personne de Luther, Le Jay, Canisius et Salmeron furent bien reçus à Ingolstad.

Salmeron entreprit d'expliquer les Epîtres de Saint Paul, Le Jay les Psaumes de David, et Canisius le Maître des sentences. Chacun d'eux fit ses leçons avec tant d'éclat et tant de fruit, que le Duc Guillaume résolut de leur bâtir un magnifique collége. La mort l'en empêcha; mais il témoigna, en mourant, le déplaisir qu'il avoit de ne pas exécuter son dessein, et il recommanda à son fils Albert d'aimer les enfans d'Ignace.

Quoique le Saint souhaitât extrêmement que la Compagnie qui étoit née en France, y eût la réputation et les accroissemens qu'elle avoit en Allemagne et ailleurs, elle y demeuroit assez obscure, et n'y faisoit nul progrès. Les Jésuites de Paris étoient renfermés dans le collége des Lombards, où ils logeoient, ne s'appliquant qu'à l'étude et aux bonnes œuvres. A la vérité, Guillaume du Prat, Evêque de Clermont, qui avoit connu la nouvelle Société au Concile de Trente, les favorisoit en tout : mais l'Evêque de Paris, à qui on avoit donné des ombrages, leur étoit contraire; et un Docteur, ami de l'Evêque, leur déclara hautement la guerre, en disant partout que la Société qui venoit de naître, avoit quelque chose de monstrueux, et qu'elle ne dureroit pas; que celui qui l'avoit établie, étoit un petit Espagnol visionnaire; qu'il valoit mieux faire du bien aux gueux et aux

La Compagnie fait peu de progrès en France.

vagabonds, qu'aux Jésuites, et qu'on ne feroit pas mal de les chasser du Royaume.

<small>Avila et Grenade favorables à la Compagnie.</small>   Tandis que ce Docteur s'emportoit ainsi à Paris contre Ignace et contre son Ordre, le Père maître Jean Avila, ce prédicateur si fervent, ce directeur si éclairé, publioit en Espagne que la Compagnie de Jésus étoit une œuvre de Dieu; et que si son âge le lui permettoit, il embrasseroit l'Institut d'Ignace. Il ajoutoit qu'il ne connoissoit pas d'homme plus intérieur ni plus rempli d'une sagesse surnaturelle; qu'il avoit eu le même dessein que le Fondateur de ce nouvel Ordre, mais qu'il étoit à l'égard d'Ignace, ce qu'est un enfant à l'égard d'un géant, ou d'un homme très robuste, qui porte sans peine un fardeau que l'enfant ne peut soulever.

Il approuva fort, au reste, ce que le Père Ignace lui avoit mandé à l'occasion des emportemens de Melchior Cano; que suivant le témoignage des Pères et des Docteurs de l'Eglise, il ne falloit pas laisser flétrir la réputation des ministres évangéliques, et que, quand des personnes mal intentionnées ou prévenues vouloient les rendre suspects, il étoit à propos d'implorer l'assistance du Saint Siége, pour arrêter le cours de la calomnie, ou du moins pour en faire voir l'injustice.

D'un autre côté, Louis de Grenade, si fameux par sa piété et par ses écrits, et un des plus grands ornemens de l'Ordre de Saint Dominique, exaltoit la Compagnie en Portugal, et prêchant un jour dans la ville d'Ebora devant le Cardinal Henri, il dit que la nouvelle Société étoit une assemblée d'hommes apostoliques, choisis de Dieu pour renouveler, dans les derniers temps, la sainteté des premiers siècles. Il dit en une autre occasion, qu'il avoit tiré tant de lumières des Exercices spirituels du Père Ignace, que toute sa vie ne suffiroit pas pour écrire ce que Dieu lui avoit communiqué dans la pratique de ces Exercices.

L'affection que les Chartreux témoignoient partout à la Compagnie, lui faisoit encore beaucoup d'honneur. Ce saint Ordre, qui a toujours conservé son premier esprit, et qui représente sur la terre la vie que les Anges mènent au Ciel, non content de favoriser les Jésuites en toutes rencontres, voulut contracter une alliance étroite avec eux, en les faisant participans de ses prières, de ses sacrifices, de ses abstinences; et leur demandant que de leur côté, ils lui fissent part de leurs bonnes œuvres.

L'ordre des Chartreux affectionné à la Compagnie

Tout l'Ordre écrivit pour cet effet, au Père Ignace durant un Chapitre général; et la lettre qui étoit signée de Dom Pierre de Sardis, Prieur de la grande Chartreuse, portoit que lui et ses Religieux édifiés des mœurs innocentes, de la saine doctrine et des travaux apostoliques de la Compagnie de Jésus, avoient remercié Notre Seigneur de ce qu'il l'avoit suscitée dans un siècle si corrompu; et qu'ils désiroient l'aider selon leur pouvoir, à continuer ses ministères, malgré les traverses et les persécutions qui sont inséparables de la vie des parfaits chrétiens. Ainsi les deux Religions qui paroissoient avoir le moins de rapport dans leur Institut, s'unirent le plus dans l'esprit de la charité; et il ne faut pas s'étonner après cela, que les Jésuites d'aujourd'hui aient une amitié et une vénération particulière pour les Chartreux: ils ont hérité de leurs premiers Pères de ces sentimens, et ils sont bien-aises d'avoir occasion de le publier.

Jules III accorde diverses grâces au Général de la Compagnie

Mais ce qui fit valoir davantage la Compagnie, c'est que le Pape Jules III, qui l'avoit connue particulièrement au Concile de Trente, et qui venoit d'être élu en la place de Paul III, donna au Père Ignace des marques publiques de sa bienvieillance. C'étoit au commencement de l'année sainte 1550. Le Père alla se jeter aux pieds du Souverain Pontife, pour demander à Sa Sainteté, que les ouvriers de la Compagnie qui travailloient dans l'Afrique, dans le Brésil, dans les Indes et dans le Japon, pussent gagner le grand jubilé avec leurs néophites, sans venir à Rome.

Le Pape l'embrassa; et après lui avoir

témoigné combien il aimoit son Ordre : *Pour ce qui regarde la grâce que vous me demandez,* lui dit-il, en souriant, *je vous l'accorde avec une restriction, que vous aurez tout mon pouvoir à cet égard ; et que pour faire gagner à vos Frères les indulgences de l'année sainte, vous leur prescrirez ce qu'il vous plaira.* Il lui accorda la même faveur, non-seulement pour plusieurs personnes de Messine, de Venise et de Paris, mais encore pour les troupes que Dom Juan de Vega, Vice-Roi de Sicile avoit menées en Afrique, et pour la ville de Gandie, que la considération de Dom François de Borgia fit distinguer de toutes les autres villes du monde.

Outre cela, Jules III permit au Père Ignace et à tous les Prêtres de la Compagnie, d'user, pendant l'année sainte, des priviléges que Paul III leur avoit donnés, quoique, selon la pratique de l'Eglise, les Ordres Religieux, qui ont pouvoir du Saint Siége d'absoudre des cas réservés, ne fassent aucun exercice de leur pouvoir dans le temps du grand jubilé. Pour comble de grâces, il confirma l'Institut tout de nouveau, et par une Bulle expresse, où les choses sont fort éclaircies. Il fit même des libéralités considérables aux Jésuites de Rome ; et, ce qui est à remarquer, il commanda au Général, en vertu de la sainte obéissance, de le venir trouver toutes les fois que la maison Professe seroit dans le besoin.

Il soumet les Constitutions à la censure des principaux Pères.

Cependant le Père Ignace, qui avoit achevé les Constitutions, eut la pensée de les faire imprimer; mais il voulut les soumettre auparavant à la censure des principaux de la Compagnie, et l'occasion de l'année sainte lui parut favorable pour son dessein. Il rappela donc à Rome les Pères qui avoient le plus de mérite et d'autorité, et tous y vinrent, excepté Simon Rodriguez, que le Roi de Portugal retint à Lisbonne.

Il leur mit les Constitutions entre les mains, les pria de les examiner à la rigueur, et de lui dire franchement ce qu'il faudroit y changer. Comme il prétendoit que l'esprit de la Compagnie fût uniforme partout, et que les règles du gouvernement convinssent à toutes sortes de nations et d'humeurs, il fut bien aise que les Pères, qui étoient la plupart de divers pays et de différente complexion, jugeassent eux-mêmes de ces règles. Il envoya une copie des Constitutions à Rodriguez, dont il voulut savoir le sentiment: il en envoya une aussi pour la même raison, à quelques Coadjuteurs spirituels, qui étoient fort sages, quoiqu'ils ne fussent pas si doctes.

Après avoir écouté les avis, et reçu les réponses des uns et des autres, il retoucha son ouvrage, et profitant de leurs lumières, il y mit la dernière main. Néanmoins, étant persuadé qu'il n'y avoit que le temps et l'usage qui puissent rectifier les lois, il ne voulut pas qu'on fût obligé dans la Compagnie à suivre les Constitutions, que quand toute la Compagnie assemblée les auroit approuvées elle-même; et cela n'arriva qu'après sa mort, sous le généralat de Laynez. Elles furent non seulement revues et autorisées par la première Congrégation générale, mais aussi confirmées par le Saint-Siége Apostolique, après la discussion exacte qu'en firent quatre Cardinaux, sans y changer un seul mot.

Comme l'année du jubilé avoit semblé très propre au Père Ignace pour faire venir les Pères à Rome, l'occasion de leur venue lui parut très favorable pour exécuter un dessein qu'il méditoit. Il ne s'étoit chargé du gouvernement de la Compagnie qu'avec répugnance, ainsi que nous avons vu; et, en le prenant malgré lui, il se proposa bien de le quitter un jour pour avoir le plaisir d'obéir, et le mérite de l'obéissance. Il crut que ce bienheureux jour étoit venu, et ses infirmités continuelles dans un âge déjà avancé semblèrent lui promettre ce qu'il désiroit avec tant d'ardeur. Pour cet effet, il fit assembler les Pères : mais, se souvenant des oppositions qu'ils lui avoient faites, quand il ne voulut pas recevoir la

Il tâche de quitter le Généralat de son Ordre.

charge de Général; au lieu de se trouver à l'assemblée, il y envoya une lettre écrite de sa main, et conçue en ces termes.

A mes très chers Frères en Notre Seigneur les Frères de la Compagnie de Jésus.

Après diverses réflexions que j'ai faites à loisir, sans qu'aucune passion m'ait obligé de les faire, je vous dirai sincèrement, devant mon Créateur et mon Dieu, qui doit me juger pour une éternité, ce que je crois devoir être à la grande gloire de sa Majesté divine.

En considérant mes péchés, mes défauts, toutes mes infirmités, et corporelles et spirituelles, j'ai pensé plusieurs fois que j'étois bien éloigné d'avoir les qualités qui sont nécessaires pour soutenir le fardeau que vous m'avez mis sur les épaules. Je désire donc, au nom de Notre Seigneur, qu'on cherche et qu'on élise quelqu'un qui s'acquitte mieux, ou plutôt qui ne s'acquitte pas si mal que moi de cette charge; mais quand un autre ne devroit pas mieux faire que moi, je souhaite que l'on remplisse ma place.

Ayant considéré cela mûrement, au Nom du Père, du Fils, et du Saint-Esprit, je me dépose, et renonce simplement et absolument au Généralat. Je conjure en Notre Seigneur, et de toute mon âme, les Profès, et ceux avec qui il leur plaira délibérer là-dessus; je les conjure, dis-je, tous de recevoir ma démission, que je fais devant Dieu pour de si justes raisons. Mais s'il y avoit quelque di-

versité d'avis parmi eux, je les supplie, par l'amour de Notre Seigneur Jésus-Christ, *de recommander bien la chose à Dieu, afin que l'on fasse en tout sa très sainte volonté, à sa plus grande gloire, et au plus grand bien des âmes, et de toute la Compagnie.*

La lecture de cette lettre fit de grands mouvemens dans l'assemblée : les uns jetoient des cris d'admiration, et louoient, à haute voix, l'humilité de leur Père ; les autres, plus étonnés et plus attendris, gardoient un profond silence ; tous s'opposèrent à sa démission, excepté le seul Père Oviedo, qui étoit un homme d'une simplicité et d'une candeur des premiers siècles. Car quand ce fut à lui à parler, il dit qu'il lui sembloit qu'on ne devoit pas résister au Père Ignace ; et lorsque les Pères lui en demandèrent la raison : *C'est leur* répliqua-t-il, *que lui qui est un Saint, a des lumières que nous n'avons pas.* Mais ouvrant aussitôt les yeux, et reconnoissant que les Saints sont quelquefois injustes envers eux-mêmes, il condamna sa première pensée, et revint à l'avis commun. On envoya déclarer au Général la résolution de l'assemblée. Les Pères lui firent dire, en termes exprès, que, tandis que Dieu le conserveroit, ils n'auroient point d'autre Supérieur ni d'autre Chef que lui.

Quelques remontrances qu'il se mit en devoir de faire, on ne voulut point l'écouter, et il fut contraint de se soumettre. Sa soumission ne l'empêcha pas de sentir, dans le fond de l'âme, une véritable douleur, ni même de tomber malade. Le mal lui prit le jour de Noël, après avoir dit deux Messes de suite. Comme sa maladie fut très dangereuse, il crut que Dieu vouloit lui ôter, avec la vie, le fardeau dont les hommes ne vouloient pas le décharger. Cette pensée lui rendit sa joie; et l'espérance d'être bientôt dégagé des liens du corps, remplit son âme des plus sensibles douceurs que les Saints puissent goûter en ce monde. Il ne désiroit plus rien que de voir son Dieu; et les approches de l'Eternité redoubloient si fort ses désirs, qu'il en étoit tout hors de lui-même. Les médecins lui ordonnèrent de se modérer, et de se contraindre là-dessus, s'il ne vouloit se faire mourir. Soit qu'il leur obéît, ou qu'ils se trompassent dans leurs conjectures, il guérit peu à peu, et reprit ensuite l'exercice de sa charge.

Il traita à Rome avec le Duc de Gandie. Dom François de Borgia, qui étoit Profès de la Compagnie, sous les dehors d'un grand Seigneur, et que le Père Ignace avoit invité à Rome, étoit venu avec les Pères d'Espagne et de Portugal, après avoir marié son fils aîné et ses filles. Il logeoit dans un appartement de la maison Professe, séparé de celui des Pères; et tout son plaisir étoit d'entretenir le Père Ignace. Il lui rendit un compte exact de son intérieur, et il conféra avec lui plusieurs fois sur sa manière d'oraison, sur ses pénitences, et sur toute la conduite de sa vie.

Dans ces entretiens, il vint en pensée au Duc de Gandie de faire quelque chose à Rome, qui y rendît la Compagnie encore plus florissante qu'elle n'y étoit, et ce fut d'y établir un collége. Il donna six mille écus d'or pour commencer l'établissement; et sur ce que le Père Ignace lui offrit le titre de Fondateur, il dit en le refusant, qu'il falloit réserver cet honneur pour quelqu'un qui feroit une fondation digne de la capitale du monde chrétien : comme s'il eût prévu que le Pape Grégoire XIII devoit bâtir un jour magnifiquement le collége Romain.

La Compagnie n'étoit pas à Paris dans la même situation qu'à Rome. Plusieurs de l'Université et du Parlement sembloient entreprendre de la ruiner dans l'esprit des peuples. On lui disputoit tout, jusqu'à son nom, et un Religieux de l'Ordre des Carmes, prêchant dans Saint-Séverin, s'emporta contre la nouvelle Société, à l'occasion de ces paroles de Saint Paul, *Frères en* JÉSUS-CHRIST. Il trouvoit mauvais qu'elle se fît appeler la Compagnie de JÉSUS, sans considérer que les Souverains Pontifes et les Pères du Concile de Trente la nommoient ainsi.

La Compagnie maltraitée à Paris.

En même temps un homme de la robe, d'une grande réputation et d'un grand crédit, l'attaqua dans ses mœurs et dans sa doctrine. C'étoit un ennemi d'autant plus à craindre, que, sous les apparences d'une vie sainte, il cachoit des sentimens hérétiques, comme il le déclara lui-même en se retirant à Francfort, où il professa publiquement l'hérésie.

Ces nouvelles persécutions firent espérer au Père Ignace d'heureux succès dans la suite, selon la parole de David, que Dieu vivifie après avoir mortifié. Son espérance ne le trompa pas ; mais aussi les difficultés ne le rebutèrent point. L'Evêque de Clermont continuoit ses bons offices envers les Jésuites de Paris, qui logeoient toujours au collége des Lombards ; et il ne tint pas à lui qu'il ne leur donnât l'hôtel de Clermont pour leur demeure, avec des rentes annuelles pour leur subsistance. Il n'y avoit point de Profès parmi eux qui pût prendre possession de l'hôtel, et accepter la fondation au nom du Général. D'ailleurs, il leur falloit avoir des lettres du Roi pour être reçus dans le royaume comme Religieux, et leurs ennemis, qui étoient puissans à la Cour, empêchoient qu'ils n'en eussent.

Le Général travaille à établir la Le premier obstacle fut levé sans peine par le Père Ignace. Il ordonna à Jean-Baptiste Viole de faire les vœux de Profès selon la formule qu'il lui envoya de Rome, et il supplia l'évêque de Clermont de les recevoir. Pour les lettres du Roi, on désespéroit de les obtenir, quand le Général prit une voie qui eut son effet.

Compagnie en France.

Le Cardinal de Guise, qu'on nomma le Cardinal de Lorraine après la mort de son oncle, étant venu à Rome pour ménager une ligue avec le Pape, les Vénitiens et le duc de Ferrare, contre l'Empereur, le Père Ignace alla le voir, et dans l'entretien il lui fit comprendre ce que c'étoit que les Jésuites, dont les Français avoient tant d'ombrages. Le Cardinal promit de servir la Compagnie à la Cour, et pria le Père de ne point chercher d'autre intercesseur ni d'autre patron. Il tint sa parole : car étant de retour en France, la première chose qu'il fit, fut de faire connoître Ignace et ses enfans à Henri II, et de leur obtenir les lettres de réception qu'on leur avoit refusées.

Mais ces lettres n'ayant pu être enregistrées au Parlement, où les Jésuites avoient encore plus d'ennemis qu'à la Cour, toute la protection du Cardinal n'aboutit qu'à leur faire changer de demeure. Jean-Baptiste Viole, qui avoit été élu Proviseur du collége des Lombards, et qui eut ordre du Général de quitter un titre peu convenable à un Profès de la Compagnie, alla loger avec tous ses Frères dans l'hôtel de Clermont, dont l'Evêque leur donna l'usage, ne pouvant pas leur en donner la propriété, faute de l'enregistrement de leurs lettres. Et c'est cet hôtel qu'on peut appeler l'origine, et comme le berceau du collége de Clermont, qui ne s'ouvrit que quelques années après, mais qui fut célèbre d'abord par les grands hommes qui y vinrent enseigner, et qui l'est plus que jamais aujourd'hui par le nombre d'enfans de qualité qu'on y élève avec tant de soin, et qui ont à leur tête un jeune Prince du sang, le plus spirituel et le plus aimable du monde.

Quoique l'affaire de l'enregistrement fût échouée en apparence, le Père Ignace ne douta pas qu'elle ne réussit un jour, par la raison que les entreprises qui regardent le salut des âmes, sont toujours traversées au commencement, et qu'en matières d'affaires, quand les premières difficultés sont applanies, le temps amène le reste.

Il fait établir aux Indes une maison de Catéchumènes. Les nouvelles qu'il reçut des Indes la même année, le consolèrent de celles de France. Le Père Xavier, qui lui rendoit compte régulièrement de sa conduite, comme à son Supérieur, lui mandoit les progrès de l'Evangile, et combien le Ciel bénissoit les travaux des ouvriers de la Compagnie. Il apprit en même temps, par d'autres lettres, qu'on précipitoit un peu trop le baptême des païens qui se convertissoient, et qu'il arrivoit souvent que ces nouveaux fidèles retournoient au paganisme, ou ne vivoient pas trop chrétiennement, faute d'une instruction suffisante. Pour remédier à ce désordre, il recommanda qu'on établît dans les Indes des maisons de catéchumènes, où les idolâtres qui voudroient embrasser la Foi, fussent bien éprouvés et bien instruits avant de recevoir le baptême : et c'est suivant son conseil, qu'on en fit une ensuite dans Goa, qui fut si utile à toutes les Indes, et d'où quelques jeunes Indiens sortirent si fervens qu'étant pris par les Turcs, ils exhortoient les esclaves chrétiens à la constance.

Ces sortes de maisons étoient tout à fait selon l'esprit du Père Ignace, aussibien que celles des Ecclésiastiques qu'on destinoit aux Ordres sacrés. Dès le temps qu'il envoya Claude Le Jay en Allemagne, il lui ordonna de conseiller aux Evêques qui voudroient avoir de bons Prêtres et de bons Curés, d'établir dans leurs diocèses des Séminaires, où de jeunes catholiques bien choisis apprissent parfaitement la vraie Religion, et tous les devoirs des personnes consacrées aux autels. Plusieurs Evêques, entr'autres ceux d'Ausbourg et de Salsbourg, firent des Séminaires dans leurs villes ; et si on eût cru le Père Ignace, chaque diocèse auroit eu le sien.

<small>Artifices des hérétiques pour pervertir les Jésuites de Rome.</small> Tandis qu'il travailloit de la sorte à réformer toute la terre, les hérétiques, que les Jésuites combattoient en Allemagne et en France, ne sachant comment se venger, entreprirent de le pervertir lui-même avec ses enfans, et ils s'avisèrent pour cela d'une invention que l'esprit seul du mensonge pouvoit suggérer. Philippe Melanchton, qui, depuis la mort de Luther, étoit le chef des Protestans, et un autre hérésiarque, envoyèrent à Rome un de leurs disciples, nommé Michel, avec ordre de contrefaire bien le Catholique, et de se présenter au Général des Jésuites pour être reçu parmi eux.

C'étoit un homme à la fleur de son âge, spirituel, modeste, bien fait, et qui avoit une physionomie heureuse. Le Père Ignace ne balança pas à le recevoir sur de si belles apparences. Le faux Novice se déguisa admirablement : on ne vit jamais tant de régularité, ni tant de ferveur : il étoit le premier à tout ; il se confessoit et il communioit plusieurs fois durant la semaine ; il châtioit même son corps avec beaucoup de rigueur ; et ce qui est plus étrange, il ne paroissoit en lui, ni amour-propre, ni orgueil.

Quand Michel se crut assez établi, il commença à répandre son venin, et il le fit très subtilement. On lui avoit donné le soin du réfectoire, et pour compagnon Olivier Manar. Ayant occasion de lui parler seul, il entreprit de le corrompre peu à peu, après s'être insinué dans son esprit par des manières agréables et édifiantes tout ensemble. Il y avoit dans le réfectoire des tableaux de Saints en divers endroits : il demanda un jour à Manar, par forme de discours, et d'un air simple, à quoi servoient ces images, et si ce n'étoit point mal fait que de se découvrir, ou de faire la génuflexion devant elles.

Manar, qui étoit savant, et qui venoit d'achever sa Théologie, répondit ce que devoit répondre non-seulement un bon Catholique, mais un bon Théologien. « Voyez un peu, reprit l'hypocrite, com-
» bien les opinions sont différentes sur
» un même point. J'ai connu en Allema-
» gne de fameux Docteurs qui faisoient
» scrupule d'honorer ces sortes d'images,
» et qui citoient pour cela le passage de
» Saint Jean : *Custodite vos à simulacris.*
» Ces Docteurs-là, repartit Manar, étoient
» un peu hérétiques, ou n'étoient pas si
» habiles que vous pensez. Le passage de
» Saint Jean ne regarde que les simula-
» cres des faux Dieux, et il ne faut que
» lire les paroles précédentes, pour être
» convaincu de ce que je dis ; car Saint
» Jean oppose les faux Dieux au vrai

» Dieu, en disant de Jésus-Christ : *C'est*
» *lui qui est le vrai Dieu et la vie éter-*
» *nelle ; gardez-vous des idoles.* »

Michel témoigna se rendre à une explication si nette, et ne poussa pas la difficulté plus loin. Mais, une autre fois, il pria son compagnon de lui expliquer ces paroles de Saint Pierre : *Salutant vos fratres qui sunt in Babylone*. Manar dit que l'Apôtre parloit-là de Rome, qui méritoit bien alors d'être nommée Babylone, à cause de cette confusion d'erreurs dont elle étoit pleine. *Les Théologiens d'Allemagne entendent ce passage de la même sorte*, repliqua Michel en souriant ; *mais ils ajoutent, et je ne sais s'ils ont raison, que Saint Pierre donna principalement ce nom à Rome, parce que l'Antechrist devoit un jour y planter le siége que David appelle la chaire de contagion.* Manar fut surpris d'un tel discours : il ne fit pourtant semblant de rien, pour découvrir mieux ce qu'il ne faisoit qu'entrevoir, et ce qu'il n'osoit presque croire. Mais il informa de tout le Père Ignace ; et il eut ordre de lui d'entrer en apparence dans les sentimens de Michel, de les combattre néanmoins quelquefois, afin de le faire parler, et de voir le fond de son âme.

Dès le premier entretien, Manar reconnut Michel pour hérétique, et, en peu de jours, il entendit de sa bouche plus de vingt propositions luthériennes.

Il le chicana sur trois qui n'étoient pas des plus impies ; et l'ayant engagé à les mettre par écrit, il le pria de vouloir bien qu'ils prissent un juge de leur différend, et il lui nomma Éverard Mercurien, leur ami commun. Michel, qui crut Manar à demi gagné, et qui espéra de pervertir Mercurien, consentit à tout en présence de Mercurien même, que Manar avoit prévenu ; et il mit les propositions entre leurs mains, afin qu'ils les examinassent à loisir : mais au lieu de les examiner, ils les portèrent au Père Ignace avec les autres que Manar avoit écrites lui-même. Le Père ne doutant plus, ni de la doctrine, ni des intentions de Michel, en donna avis au grand Inquisiteur Jean-Pierre Caraffe, qui fut depuis Souverain Pontife, et il chassa l'imposteur en même temps. L'Inquisiteur le fit arrêter ; et après l'avoir tenu quelques mois dans une étroite prison, qui l'obligea de confesser la vérité malgré lui, il le condamna aux galères.

Cet artifice n'ayant pas réussi aux Protestans, ils eurent recours à un autre, qui fut d'envoyer aux Pères de Rome deux grandes caisses de livres, dont la plupart étoient tout propres à empoisonner la jeunesse. Olivier Manar, qui ouvrit les caisses, trouva que les livres de dessus étoient catholiques, et les autres luthériens, et il en avertit aussitôt le Père Ignace. Le Père devina d'abord d'où venoit une telle aumône, et ordonna que l'on brûlât tous ces livres; il en fit même jeter les cendres au vent, comme s'il eût eu peur qu'elles n'infectassent la maison; et il n'avoit garde de faire autrement, étant persuadé que tout ce qui vient des hérétiques doit être suspect, et ne voulant pas qu'on lût dans la Compagnie aucun de leurs livres, quelque bons qu'ils fussent. *Car*, disoit-il, *quand on lit un bon livre d'un méchant homme, après avoir pris goût au livre, on s'affectionne insensiblement à l'Auteur, jusqu'à croire quelquefois que tout ce qu'un tel Auteur a écrit, est raisonnable.* Il pensoit cela particulièrement d'Erasme, et d'autres écrivains semblables, long-temps avant que leurs ouvrages fussent condamnés; et il appuyoit sa pensée de l'autorité de Saint Basile, qui dit, en termes formels, qu'un Religieux doit non-seulement avoir en horreur la doctrine des hérétiques, mais aussi ne lire que des livres qui partent d'un esprit orthodoxe, et qui sont approuvés de l'Eglise, parce que les paroles des impies, selon le sentiment de l'Apôtre, sont comme la gangrène, qui gâte et qui corrompt peu à peu ce qui est sain.

L'Archevêque de Tolède opposé à la Compagnie. Mais le Père Ignace eut bien d'autres affaires du côté des Catholiques, et même avec un des premiers Prélats de l'Eglise. L'Archevêque de Tolède se déclara tout de nouveau contre la Compagnie, nonobstant les bulles qui approuvoient l'Institut et les Exercices. Son prétexte étoit que les Jésuites, qu'on appeloit Théatins, entreprenoient sur les droits de l'Episcopat, par la liberté qu'ils se donnoient d'administrer les Sacremens en tous lieux, sous ombre de leurs priviléges prétendus. Il n'y avoit dans son diocèse qu'un collége des Pères, qui étoit celui d'Alcala. Il les interdit tous un jour, et fulmina une sentence d'excommunication contre toutes les personnes qui se confesseroient à eux. Il ordonna en même temps, et aux Religieux, et aux Curés de son diocèse, de ne laisser ni prêcher, ni dire la Messe dans leurs Eglises, à aucun de la Compagnie ; et, ce qui passe l'imagination, il défendit de confesser à tous les Prêtres de Tolède, qui avoient fait les Exercices spirituels.

Le Général, bien loin de s'affliger d'une persécution si violente, s'en réjouit en quelque sorte. *Cette nouvelle tempête,* dit-il à Ribadeneyra, *est d'un bon augure ; et c'est, si je ne me trompe, un signe évident que Dieu veut se servir de nous dans Tolède. Car enfin l'expérience nous apprend que les contradictions préparent partout les voies à la Compagnie, et que plus elle est traversée en un lieu, plus elle y fait de fruit.* Cependant il écrivit en Espagne qu'on n'épargnât rien pour satisfaire l'Archevêque. Villeneuve, qui étoit Recteur du collége d'Alcala, homme modéré et prudent, lui rendit toutes sortes de soumissions. Mais l'Archevêque devint d'autant plus fier et plus inflexible, que le Recteur étoit plus soumis. On chercha d'autres voies pour l'apaiser ou pour l'adoucir. Les amis des Pères mirent tout en œuvre, et le Cardinal Francisque Mendozze, qui songeoit à établir un collége de la Compagnie dans la ville de Burgos, dont il étoit Évêque, agit fort pour eux.

Quand le Père Ignace sut que toutes ces avances ne servoient de rien, il informa Jules III de ce qui se passoit à Tolède, et il fut d'avis que les Pères d'Alcala fissent leurs plaintes au Conseil Royal d'Espagne. Le Pape fit écrire à l'Archevêque; et la lettre, qui étoit du Cardinal Maffée, Secrétaire d'État, portoit expressément, qu'on s'étonnoit à Rome que la Compagnie de JESUS fût maltraité à Tolède, tandis qu'elle étoit si estimée et si bien reçue en tous les pays du monde.

D'un autre côté, le Conseil Royal, ayant examiné les bulles et les priviléges de l'Ordre, et jugeant que la conduite de l'Archevêque étoit directement opposée au Saint Siége, fit une déclaration en faveur des Pères. La lettre de Rome et la déclaration du Conseil firent revenir le Prélat. Il cassa lui-même ses ordonnances, et rétablit les Jésuites dans tous leurs droits. Dès que le Père Ignace en eut nouvelle, il lui en rendit de très humbles actions de grâces par une lettre pleine de reconnoissance et de soumission, jusque-là que, pour le gagner tout-à-fait, il lui promit que les Pères d'Alcala n'useroient point de leurs priviléges, et ne recevroient même personne parmi eux sans son agrément.

La Compagnie fit deux grandes pertes en ce temps-là; Claude Le Jay mourut à Vienne en Autriche, et François Xavier dans l'île de Sancian, proche de la Chine. Elle pensa perdre, la même année, le Père François de Borgia, mais d'une autre manière; et elle l'eût perdu effectivement, si le Père Ignace ne le lui eût conservé de la façon que je vais dire.

Borgia s'étoit retiré dans la Biscaye à son retour d'Italie, et avoit choisi le collége d'Ognate pour y achever son sacrifice, en quittant le Duché de Gandie et les restes de sa grandeur. Il fut attiré en ce lieu par le voisinage de Loyola, où sa dévotion le portoit : de sorte qu'avant de se rendre à Ognate, il voulut visiter le château de Loyola; et on dit qu'étant entré dans la chambre où le Père Ignace étoit né, il se mit à genoux, baisa la terre avec un respect religieux; et après avoir remercié la bonté divine, d'avoir

Le Général empêche la promotion de Borgia.

donné un tel homme au monde, il la conjura que, puisqu'il avoit pris le grand Ignace pour guide et pour maître, elle lui fît la grâce de suivre exactement ses conseils et ses exemples.

Il sortit de Loyola animé d'un esprit nouveau, et vécut si saintement, qu'on admira en lui, dès les premiers jours, une sainteté consommée. Quand l'Empereur Charles-Quint eut appris le changement de Dom François de Borgia, et la sainte vie que menoit ce Grand d'Espagne transformé en Jésuite, il demanda pour lui au Pape un Chapeau de Cardinal. Le Pape n'eut pas besoin d'être fort sollicité. Il avoit vu le Père François l'année précédente, et avoit été si touché de sa vertu, qu'il fut sur le point de le faire dès-lors Cardinal : ainsi il entra de lui-même dans la pensée de l'Empereur, et la chose fut résolue avec l'approbation générale du sacré Collége.

Le Père Ignace ne sut pas plutôt la résolution du Pape, qu'il crut devoir s'y opposer, et pour l'intérêt de la Compagnie, et pour l'honneur du Père François, à qui le monde ne manqueroit pas de reprocher qu'un Chapeau de Cardinal lui avoit fait remettre le Duché de Gandie entre les mains de son fils. Néanmoins, pour connoître mieux la volonté du Ciel sur une affaire si délicate et si importante, il s'enferma trois jours entiers, et ne fit que traiter avec Dieu tout ce temps-là.

Le premier jour, il se trouva indifférent, sans pencher plus d'un côté que d'un autre. Le second, il se sentit plus porté à rompre l'affaire qu'à la laisser aller son train. Mais le troisième jour, il ne balança pas, et il fut si convaincu, que Dieu ne vouloit point le Père François Cardinal, qu'il dit à une personne de confiance : *Quand tout le monde se mettroit à mes pieds pour me prier de ne me point opposer au Chapeau du Père François, je ne me relâcherois pas.*

En effet, quelques prières que lui fissent là-dessus les ministres de l'Empereur, et les partisans de la maison de Borgia, il ne se relâcha jamais. Il commença par faire agir les Cardinaux les mieux instruits de son Institut : mais voyant qu'ils avoient plus en vue l'honneur du sacré Collège, que l'utilité de la Compagnie et la réputation du Père François, il agit lui-même auprès du Pape, et le pressa par de si fortes raisons, que Sa Sainteté fut contrainte de se rendre.

A la vérité, il trouva le moyen de contenter la Cour de Rome, et la Cour d'Espagne, et même de faire honneur au Père François, sans faire tort à la Compagnie. L'expédient fut donc que le Pape lui offriroit le Chapeau ; mais que si le Père le refusoit, Sa Sainteté ne lui commanderoit point de l'accepter. La chose se fit comme le Père Ignace l'avoit réglée; et le Chapeau qu'on envoya offrir au Père François dans sa solitude d'Ognate, ne lui plut que par l'occasion que cela lui donna, de sacrifier à Dieu les dignités de l'Eglise, après le sacrifice qu'il venoit de faire des grandeurs du monde.

Dom Antoine de Cordoue reçu dans la Compagnie.

La conduite du Père Ignace et celle du Père François, déterminèrent Dom Antoine de Cordoue à entrer dans la Compagnie. Il étoit fils de Laurent Suarez de Figuerora, Comte de Feria, et de Catherine Fernandez de Cordoue. C'étoit un jeune homme très accompli, et qui avoit pris la profession ecclésiastique par un pur mouvement de piété. Le Prince d'Espagne Philippe, qui l'aimoit beaucoup, pria l'Empereur de lui procurer un Chapeau de Cardinal. Charles-Quint fit ce que le Prince désiroit. Mais Dom Antoine, dégoûté du monde par l'exemple de Borgia son cousin, crut que la voie la plus sûre pour fuir l'honneur qu'on lui préparoit, étoit de se sauver dans la Compagnie de Jésus comme dans un asile. Il écrivit sur cela au Père Ignace une longue lettre, où après lui avoir exposé les motifs de sa vocation, et les sentimens de son âme : *Mon Père*, lui dit-il, *puisque Dieu vous a établi dans son Eglise, pour être le refuge de ceux qui s'égarent, je vous prie de me rece-*

voir au nombre de vos enfans. Le jeune Seigneur fut reçu, et avec le temps, il devint un des plus grands hommes de la Compagnie.

LIVRE V.

Comme le Père Ignace n'éloignoit de son Ordre les dignités ecclésiastiques, que pour mieux servir l'Eglise, il avoit toujours les yeux ouverts aux besoins de la chrétienté, et ses vues s'étendoient jusqu'au bout du monde. Mais sa principale attention étoit pour les provinces du Nord, que l'hérésie avoit désolées. La plus grande partie de l'Allemagne ne retenoit presque plus rien de la véritable piété : les livres des hérétiques s'y lisoient impunément, et la jeunesse puisoit en ces sources corrompues les premiers principes de la Religion. La plupart des Catholiques ne pouvant souffrir le nom de Papistes que les Protestans leur donnoient, avoient honte de leur croyance. Les Prêtres et les Religieux étoient dans le désordre; et quelque zèle qu'eussent les Evêques pour la réformation de leurs diocèses, ils ne trouvoient que peu de Ministres à qui ils pussent confier le salut des âmes.

Fondation du collége Germanique.

Le Père Ignace s'entretenant un jour là-dessus avec le Cardinal Moron, ils convinrent ensemble que l'unique voie pour remédier à tant de maux, étoit de mettre dans toutes les Eglises des Pasteurs d'une doctrine saine, et d'une vie pure, qui fussent Allemands de nation ; mais qu'il falloit les former auparavant, et que cela ne se pouvoit faire qu'en fondant un collége, où de jeunes hommes du pays fussent élevés dans les lettres et dans la piété. Que l'Allemagne étant pervertie, il n'y auroit plus de sûreté à y établir ce collége, et qu'on ne pouvoit choisir de ville plus propre que Rome, où, sans parler de la sainteté du lieu qui inspireroit des sentimens catholiques, la présence et la libéralité des Souverains Pontifes serviroient beaucoup à soutenir une si bonne œuvre.

Le Pape, à qui le Cardinal Moron et le Cardinal de Sainte-Croix en parlèrent les premiers, approuva fort ce dessein qui lui étoit venu autrefois en l'esprit, et commença par assigner un fonds pour l'entretien du collége ; après quoi, il chargea le Père Ignace non-seulement de chercher et de choisir ces jeunes hommes Allemands, mais aussi de les gouverner, et de les instruire. Le Père d'abord, en fit venir vingt-quatre de diverses contrées d'Allemagne, tous de bons esprits et de bonnes mœurs. Il dressa ensuite, par l'ordre du Pape, des Statuts, et des Réglemens pour eux : il leur donna des Pères de la maison Professe, et du collége Romain, pour leurs directeurs et pour leurs maîtres. Il n'y eut que le temporel dont il ne voulut point se mêler : il disoit que ces sortes d'administrations, outre les fatigues et les embarras qu'elles causent, donnent lieu souvent à des soupçons et à des murmures.

Le principal revenu du collége Germanique ayant manqué peu de temps après la mort de Jules III, dans la crainte qu'eut le Père qu'on ne rompît le collége pendant la cherté qui étoit à Rome, et les mouvemens qui agitoient l'Italie sous le Pontificat de Paul IV, il distribua une partie de ces jeunes étrangers en divers colléges de la Compagnie : il entretint l'autre dans Rome aux dépens des personnes charitables, de qui il tiroit des aumônes ; ou en empruntant de l'argent quand les aumônes ne venoient point, et en s'obligeant lui-même. Il les fit subsister ainsi jusqu'à ce que les mauvaises années fussent passées, et que le bruit de la guerre s'évanouît. *Il soutient le collége Germanique dans des temps fâcheux.*

Au reste, dans les temps les plus fâcheux, et alors que la disette étoit extrême partout, il ne perdit jamais courage, et il dit plusieurs fois que le collége Germanique auroit un jour de gros revenus. Il fit même dire au Cardinal d'Ausbourg, qui s'étoit fait le Protecteur de ce collége, et qui en craignoit la ruine, que l'ouvrage ne manqueroit pas, pourvu que ceux qui l'entreprenoient ne manquassent point de courage ni de confiance en Dieu : mais que si les Cardinaux et les Princes ne vouloient pas l'achever, lui, tout pauvre qu'il étoit, en prendroit le soin, et en viendroit à bout, quand il devroit se vendre lui-même.

L'événement vérifia les paroles du Père Ignace. Car les aumônes vinrent de tous côtés au collége Germanique; et le même esprit, qui avoit porté Jules III à le fonder, excita quelques années après Grégoire XIII à en augmenter la fondation, et à en rétablir les bâtimens avec une libéralité digne du Chef de l'Eglise; comme si Dieu, qui s'étoit servi des autres Pontifes de ce nom pour planter et pour étendre la Foi dans l'Allemagne, eût voulu employer un Grégoire pour l'y faire refleurir.

Il fait une réconciliation et d'autres bonnes œuvres.

Il se présenta, sur la fin de l'année 1552, une occasion importante, qui obligea le Père Ignace de sortir de Rome, et d'aller dans le Royaume de Naples. Le Duc Ascagne Colonne, et Jeanne d'Arragon sa femme, se brouillèrent pour des sujets assez frivoles, selon la coutume des Grands; et leur division vint à un tel point, qu'ils se séparèrent avec éclat. Le Père, qui les connoissoit particulièrement, ne put souffrir ce scandale, et entreprit de les raccommoder. Jeanne d'Arragon s'étoit déjà retirée sur la frontière du Royaume de Naples : il l'y suivit tout infirme qu'il étoit et quelque rude que fût la saison ; car il jugea à propos de commencer sa négociation par la Duchesse, ne doutant pas que quand elle seroit gagnée, la paix ne fût bientôt faite. Il la gagna, et il n'eut pas de peine ensuite à gagner le Duc; de sorte que s'étant remis ensemble, ils vécurent plus doucement que jamais.

Durant ce petit voyage, qui ne fut que de dix jours, le Père Ignace fit d'autres bonnes œuvres avec son compagnon Jean Polanque, sous l'autorité du Cardinal de Burgos qui étoit sur les lieux. Ils confessoient les pauvres gens de la campagne en passant par les villages; et ils établirent parmi le peuple, dans deux ou trois villes du Royaume de Naples, la coutume de se confesser et de communier tous les mois : mais, afin qu'une pratique si chrétienne ne s'abolît point avec le temps, ils engagèrent les Pasteurs à y exciter souvent les fidèles, et ils portèrent les principales personnes des villes à servir d'exemple aux autres.

Etant de retour à Rome, il reçut des lettres de l'Archevêque de Gênes, qui souhaitoit fort d'unir la Congrégation des Barnabites de Milan à la Compagnie de Jésus. Ce prélat bien intentionné, mais assez mal instruit de l'Institut des Jésuites,

Il empêche qu'on unisse les Barnabites, les Somasques et les Théatins

représentoit au Père Ignace que ces deux Sociétés de Clercs réguliers ne faisant qu'un corps, serviroient beaucoup mieux l'Eglise, et il l'exhortoit ardemment à faciliter cette union. Le Père avoit une haute idée de la vertu des Barnabites; et il leur étoit très obligé des offices de charité qu'ils avoient rendus au Père Emmanuel Miona, qui tomba malade à Milan en venant de Paris à Rome. Néanmoins il ne put écouter la proposition de l'Archevêque, et il lui répondit que, selon toutes les apparences, la plus grande gloire de Dieu demandoit qu'on laissât chaque Ordre en son état naturel : que pour être tous Clercs réguliers, et porter presque le même habit les uns et les autres, ils n'avoient pas tous la même fin ni la même règle; et qu'ils ne pouvoient rien faire de plus utile à l'Eglise, que de marcher constamment dans l'esprit de leur vocation. Il avoit fait la même réponse quelques années auparavant sur le sujet des Somasques et des Théatins, qu'on vouloit aussi unir à la Compagnie, et rien n'avoit pu le faire changer de sentiment.

C'est suivant ces vues qu'il n'approuva pas la conduite de deux des plus illustres Pères de son Ordre. L'un étoit le Père Jacques Miron de Valence, et qui fut le premier Recteur du Collége de Conimbre, même avant que d'avoir reçu l'Ordre de Prêtrise; l'autre, le Père Louis Gonzalez, fils du Gouverneur de l'île de Madère, et qui étoit revenu d'Afrique en Portugal pour traiter avec le Roi de la délivrance des Esclaves, et du moyen d'avancer la Religion parmi les Maures. Ils demeuroient tous deux à Lisbonne, et y menoient une vie très sainte.

Le Roi de Portugal Jean III, dont nous avons si souvent parlé, s'étant confessé une fois ou deux au Père Gonzalez, voulut le prendre pour son confesseur ordinaire, parce qu'il n'en avoit point alors. Mais ayant remarqué en lui une extrême horreur de la Cour, et un grand désir de retourner en Afrique, il ne voulut pas le contraindre. Il jeta les yeux sur le Père Miron, et l'ayant fait appeler le jour de l'octave du Saint Sacrement, il lui déclara à lui-même qu'il l'avoit choisi pour son confesseur.

Le Père fut si surpris et si troublé d'une telle déclaration, qu'il ne répondit rien d'abord : mais étant revenu à soi, il se jeta aux pieds du Prince, et après lui avoir rendu grâces du jugement avantageux que Son Altesse faisoit des Jésuites, il lui protesta que si elle le connoissoit, elle ne l'auroit jamais choisi. *Je n'ai*, lui dit-il, *ni les talens, ni l'âge que demande un tel ministère, et outre cela je suis étranger*

Personne de votre Corps n'est étranger

pour moi, repartit le Prince, *et je ne vois pas d'ailleurs qu'il vous faille des qualités extraordinaires pour me confesser : car enfin vous me trouverez toujours prêt, avec la grâce de Dieu, à suivre tous vos bons avis. Je m'étonne au reste que vous autres qui êtes les confesseurs de tout le monde, fassiez difficulté d'être le mien.*

Ce n'est pas, grand Roi, que nous ayons de la peine à vous confesser, répliqua le Père ; *mais c'est que des emplois si éclatans ne nous conviennent pas. Notre vocation est de visiter les hôpitaux, d'instruire les pauvres, et d'exercer les ministères les plus abjects pour sauver les âmes. Nous ne devons rien craindre davantage que l'éclat, et on ne nous reproche déjà que trop que nous recherchons la faveur des princes. C'est pourquoi je supplie très humblement Votre Altesse de modérer en cette rencontre l'affection dont elle nous honore.*

Le Roi répondit qu'il ne vouloit rien faire contre leur Institut, et que son dessein n'étoit pas de les détourner de leurs fonctions évangéliques ; qu'il leur donnoit un jour pour délibérer, et qu'ils vinssent le lendemain lui rendre une réponse précise. Ils n'y manquèrent pas ; et ce fut le Père Gonzalez qu'on députa pour dire respectueusement au Roi, que l'humilité dont la Compagnie faisoit profession, ne s'accordoit pas avec l'honneur qu'il vouloit leur faire, et qu'il eût la bonté de prendre un autre confesseur que le Père Miron.

Le Roi les avoit si fort pressés de se déterminer, qu'ils ne purent écrire à Rome avant que de lui répondre ; mais ils mandèrent leur réponse au Père Ignace. Il la condamna absolument, quoique le principe lui en parût bon, et leur fit entendre à l'un et à l'autre, que l'humilité des hommes apostoliques étoit plus généreuse qu'ils ne pensoient ; que ces sortes de ministères honorables n'étoient pas incompatibles avec une vocation qui oblige d'annoncer les vérités de l'Evangile aux petits et aux grands, de porter le nom de Jésus-Christ, devant les peuples et devant les Rois : que la Compagnie ne devoit ni mépriser les fonctions les plus basses, ni craindre les plus sublimes, quand la Providence les présentoit, sans qu'on les eût recherchées ; qu'ils n'étoient pas des solitaires renfermés dans un cloître ; qu'à la vérité ils devoient chercher dans les hôpitaux, dans les cabanes, dans les galères, et dans les prisons de quoi exercer leur zèle ; mais qu'ils ne devoient pas fuir les palais des Princes, et qu'étant engagés par leur Institut à sanctifier toutes les conditions du monde, ils seroient coupables d'abandonner celles qui sont les plus éloignées du Royaume de Dieu.

C'est ainsi que le Père Ignace instruisoit ses enfans dans les rencontres. Il les reprenoit même sévèrement, quelque mérite qu'ils eussent, quand il croyoit que la répréhension étoit nécessaire; et nous en avons un exemple mémorable au sujet du Père Laynez. Ce Père assista pour la seconde fois au Concile de Trente, que Jules III rétablit immédiatement après son exaltation, suivant l'un des articles du Conclave; et il s'y fit tellement estimer, qu'ayant la fièvre quarte, les Congrégations des Théologiens et des Cardinaux ne se tenoient point les jours de sa fièvre.

Comme la guerre d'Allemagne, que la détention du Landgrave de Hesse suscita à l'Empereur, et qui troubla toutes les affaires de l'Empire, suspendit le Concile pour deux ans, le Père Ignace rappela Laynez à Padoue, et le nomma Provincial d'Italie en la place de Pasquier Brouet, qu'il avoit envoyé en France, où les affaires de la Compagnie prenoient un bon train. Laynez refusa le Provincialat; et la principale cause de son refus, c'est disoit-il, qu'il ne savoit pas encore assez obéir pour bien commander. Mais on lui déclara que c'étoit la volonté de Dieu, et il fut contraint de céder. Dès qu'il eut pris le gouverment de la province d'Italie, il trouva étrange qu'on fît venir à Rome tous les meilleurs ouvriers, et il se plaignit par lettres, que les colléges d'Italie étoient un peu dénués.

Le Père Ignace lui répondit que la capitale du monde devoit être plus considérée que les autres villes; et sur ce que Laynez répliqua, sans avoir, ce semble, égard à la réponse qu'on lui avoit faite : *J'ai du déplaisir*, lui manda le Père Ignace, *que vous continuïez de m'écrire touchant le même sujet, après ce que je vous ai répondu qu'on doit préférer le bien commun au particulier, et un plus grand intérêt à un plus petit. Faites réflexion sur votre procédé*, ajouta-t-il; *mandez-moi ensuite si vous reconnoissez avoir failli, et au cas que vous vous trouviez coupable, faites-moi savoir qu'elle peine vous êtes prêt à subir pour votre faute.* Il reprend Laynez et comment Laynez reçoit la réprimande.

Laynez récrivit de Florence au Père Ignace, qu'il avoit lu plusieurs fois sa dernière lettre, et qu'il y avoit trouvé d'un côté de quoi admirer sa charité paternelle, et louer la miséricorde de Dieu; d'un autre, de quoi s'humilier, et avoir honte de lui-même. Il le prioit de ne point lui épargner de si salutaires réprimandes, et lui déclaroit en même temps qu'il reconnoissoit plusieurs fautes notables dans la conduite qu'il avoit tenue; 1.° d'avoir été assez imprudent et assez vain pour opposer des lumières aussi foibles que les siennes à celles d'un homme si sage et si éclairé; 2.º d'avoir causé du déplaisir à son Général; 3.º d'avoir voulu troubler l'ordre de la Providence, en se retirant des voies par lesquelles Dieu le conduisoit.

Pour ce qui regarde le châtiment que je mérite, disoit-il, *considérant ces jours passés qu'il y avoit plus de vingt ans que j'avois entrepris de servir Dieu, selon les conseils évangéliques, que j'avois eu pour cela tant de secours, que j'en avois si mal profité, et que la fin de ma vie n'étoit peut-être pas éloignée, je fus épris d'un désir ardent de mourir entièrement à moi-même, pour vivre à Dieu seul; et il me vint en pensée que si les hommes me faisoient justice, ils me traiteroient comme un misérable et comme un néant.*

C'est pourquoi, mon Père, quand la lettre de V. R. me fut rendue, je me mis à prier Dieu; et ayant fait ma prière avec beaucoup de larmes, ce qui m'arrive rarement, voici le parti que je pris, et que je prends encore aujourd'hui les larmes aux yeux. Je souhaite que V. R., entre les mains de laquelle je me remets, et je m'abandonne tout-à-fait; je souhaite, dis-je, *et je demande par les entrailles de Notre-Seigneur* Jésus-Christ, *que pour punir mes péchés, et pour dompter mes passions mal réglées qui en sont la source, elle me retire du gouvernement, de la prédication, de l'étude, jusqu'à ne me laisser pour tout livre que mon bréviaire; qu'elle me fasse venir à Rome demandant l'aumône, et que là elle m'occupe jusqu'à la mort dans les plus bas offices de la maison; ou si je n'y suis point propre, qu'elle me commande de passer le reste de mes jours à enseigner les premiers élémens de la grammaire, n'ayant nul égard à moi, et ne me regardant jamais que comme l'ordure du monde. C'est-là ce que je choisis en premier lieu pour ma pénitence.*

Dans la crainte qu'eut Laynez, que le Père Ignace n'acceptât point toutes ces demandes, il disoit en second lieu, qu'il se soumettoit aux mêmes peines, mais pour un temps limité, pour deux ou trois ans, par exemple, et autant qu'il plairoit à son Général. Enfin, de peur que cette seconde offre ne fût point reçue, il marquoit en troisième lieu plusieurs disciplines, un jeûne de quatre semaines, et que toutes les fois qu'il auroit à écrire au Général, il feroit oraison auparavant, qu'il méditeroit bien sa lettre, et qu'après l'avoir écrite, il la reliroit avec attention, prenant garde de ne rien dire qui pût causer le moindre chagrin à son bon Père, et tâchant même de n'user que d'expressions qui fussent capables de lui donner de la joie.

Ce seul exemple fait voir l'autorité que le Père Ignace avoit dans son Ordre, et de quelle manière il vouloit que les supérieurs y fussent soumis au Général. Mais on peut aussi juger par-là, quelle étoit l'humilité d'un homme qu'on avoit admiré au Concile de Trente, et combien les grands esprits sont dociles, quand ils ont véritablement l'esprit de Dieu.

Le Père Ignace fut très édifié du procédé de Laynez, et une soumission si religieuse lui tint lieu d'une satisfaction parfaite. Bien loin d'interdire l'étude à Laynez, ou de le rabaisser à une classe de grammaire, il lui ordonna de composer une somme de théologie pour servir de contrepoison aux livres des théologiens hérétiques ; et afin que sa charge de Provincial lui permît de travailler à cet ouvrage, il nomma deux Pères pour le soulager dans la visite des colléges d'Italie : l'un étoit le Docteur Martin Olave, qui avoit connu Laynez au Concile de Trente avant de se faire Jésuite, et que le Père Ignace fit Recteur du Collége Romain peu de temps après sa profession ; l'autre Jean-Baptiste Viole, homme prudent et zélé, qui avoit gouverné les jeunes Jésuites de Paris dans le collége des Lombards et dans l'hôtel de Clermont.

Ce dernier que son zèle dévoroit,

et qui, pour épargner de la peine au Provincial, s'en donnoit beaucoup, jusqu'à s'inquiéter quand les choses n'alloient pas selon ses idées, fut averti une fois par le Général de se tenir en repos, après avoir fait son devoir, et d'imiter les Anges gardiens qui veillent sans cesse au salut des âmes que Dieu leur a confiées, mais qui ne perdent rien de leur tranquillité et de leur bonheur, quand leurs soins sont inutiles.

Oviedo, que le Père Ignace avoit retiré de Gandie, gouvernoit alors le collége de Naples en qualité de Recteur, et Bobadilla y avoit la charge de Surintendant, ou de surveillant, selon ce qui se pratiquoit au commencement de la Compagnie. Ces deux hommes, tout saints qu'ils étoient, chacun en leur genre, ne s'accordoient guère bien ensemble pour ce qui regardoit la conduite du collége : car le dernier, facile et condescendant, lâchoit ce que serroit l'autre, plus exact et un peu rigide. Bobadilla trouvoit je ne sais quelle bassesse à régler la sainteté par de petites observances extérieures ; pourvu qu'on s'adonnât sérieusement aux vertus solides, il ne se soucioit pas trop du reste. Oviedo, au contraire, croyoit qu'il n'y avoit rien de petit dans le service de Dieu, et que la vertu la mieux établie ne pouvoit pas

Il maintient la discipline reguliere dans le collége de Naples.

subsister long-temps sans ces dehors, qui ne paroissent pas considérables.

Quand le Père Ignace sut ce qui se passoit dans Naples, il ôta la charge de Surintendant à Bobadilla, et lui défendit de troubler le gouvernement d'Oviedo, auquel il donna toute l'autorité, pour maintenir la discipline domestique qui se relâchoit de jour en jour, et dont le relâchement pouvoit avoir des suites funestes. Car c'étoit la pensée du Général, qu'il y a souvent moins de danger à violer les grandes règles, qu'à négliger les petites, par la raison que le mal qu'apporte l'infraction des premières, est évident et sensible; au lieu que celui qui vient du mépris des secondes, ne se voit et ne se sent d'ordinaire que quand il est incurable.

Troubles de la province de Portugal, et ce que fait le Général pour les apaiser. Les affaires de Portugal lui donnèrent bien d'autres inquiétudes et d'autres embarras que celle de Naples. Le collège de Conimbre étoit florissant par le nombre des Jésuites, et par le succès des études. Plus de cent jeunes hommes d'esprit, presque tous de qualité, que le Père Simon Rodriguez avoit reçus, s'exerçoient dans les belles-lettres et dans les autres sciences avec une ardeur et une émulation incroyables. Quelques-uns d'entr'eux, trop entêtés de l'étude, et pas assez morts au monde, négligèrent insensiblement les exercices de piété, et prirent peu à peu des manières toutes mondaines. La douceur du gouvernement de Rodriguez étoit la principale cause du mal. Ce saint homme, qui avoit guéri autrefois un lépreux, en le faisant coucher avec lui, et qui depuis peu avoit rendu la santé à d'autres malades, en les embrassant, édifioit tous ses inférieurs par la régularité de sa vie. Mais sa bonté naturelle les laissoit vivre selon leurs inclinations; et s'il les reprenoit quelquefois, il le faisoit mollement : si bien que cela ne servoit qu'à fortifier leurs mauvaises habitudes.

Avant que ces désordres éclatassent, le Père Ignace avoit songé à retirer Rodriguez de Portugal, où ce Père étoit Supérieur depuis douze ans; et il avoit eu cette pensée, pour commencer à mettre en pratique les Constitutions touchant le temps limité du gouvernement des Supérieurs subalternes, et pour apprendre aux Provinciaux qu'ils n'étoient pas perpétuels, quoique le Général pût les continuer tout le temps qu'il lui plairoit.

Les mauvais effets que produisit l'indulgence de Rodriguez, déterminèrent le Père Ignace à ce changement; et ce qui l'obligea de le faire au plutôt, c'est que les Jésuites Portugais étoient si attachés à leur Provincial, qu'ils sembloient ne connoître point d'autre Supérieur. Sa facilité plaisoit aux tièdes, et l'éminence de sa vertu charmoit les fervens. Le Père Ignace jugea que cet extrême attachement étoit contre la perfection de l'obéissance, qui ne doit pas tant regarder la personne du Supérieur, que celle de Jésus-Christ dans le Supérieur.

Il résolut donc de lui ôter sa charge de Provincial, et de le faire même sortir de Portugal, non-seulement afin que son successeur eût une entière liberté dans le gouvernement de la province, mais aussi afin que les mécontens n'eussent point recours à leur ancien Supérieur, et que tous étant privés de sa présence, leur obéissance fût plus pure et plus dégagée.

Néanmoins, pour sauver la réputation de Rodriguez, il jugea à propos de lui donner une charge ailleurs ; car il crut que n'ayant plus de Portugais à gouverner, sa conduite ne seroit plus si douce ni si molle. Comme le Général savoit bien que les Pères Espagnols n'avoient pas trop d'inclination pour les Pères Portugais, par l'antipathie naturelle qui est entre les deux nations, et qu'il ne souhaitoit rien davantage que de les unir en Jésus-Christ, il destina Rodriguez à la province d'Arragon, et Miron à celle de Portugal. Mais il trouva de grands obstacles dans l'exécution de son projet.

Le Roi de Portugal, qui n'avoit pas voulu que Rodriguez fît le voyage de Rome pour l'assemblée de l'année Sainte, et le Prince Dom Juan qui l'honoroit toujours comme son maître, ne pouvoient se résoudre à le perdre, non plus que Dom Antoine d'Alencastre, Duc d'Aveiro, neveu du Roi Jean II, et Dom Antoine d'Ataïde, Comte de Castenheira, ses amis particuliers, sans parler des autres Seigneurs Portugais qui avoient tous confiance en lui. Au premier bruit du changement que le Général de la Compagnie vouloit faire, toute la Cour se remua. Les uns disoient que le Roi devoit commander au Père Rodriguez de ne point sortir du Royaume : les autres s'offroient de le lui faire commander par le Général : il y en avoit qui prétendoient qu'on fît venir un bref de Rome pour le retenir; et quelques-uns même pressoient le Roi de lui faire accepter l'Evêché de Conimbre qu'on lui avoit déjà offert plusieurs fois, et qui étoit alors vacant.

Le Général surmonte de grandes oppositions.

D'un autre côté, les jeunes Jésuites disoient tout haut qu'ils ne pouvoient obéir qu'au Père Simon, et parloient déjà d'abandonner tout, si on le leur ôtoit. Mais le Père Ignace, ayant prévu tous ces mouvemens, écrivit au Roi, à la Reine, et au Prince de Portugal, pour leur faire entendre ses raisons. Il écrivit en même temps au Père Léon

Henriquez, et au Père Louis Gonzalez, qui avoient beaucoup de crédit à la Cour. Il les conjuroit, et leur ordonnoit tout-à-la-fois, de faciliter l'affaire. Il ne manqua pas aussi d'écrire au Père Rodriguez, et il le fit en des termes également forts et honnêtes.

Toutes ces lettres firent leur effet. Il n'est pas croyable avec quelle révérence Rodriguez reçut l'ordre de son Général ; il baisa plusieurs fois la lettre, et on dit que dans le transport de joie où il étoit, il la mettoit tantôt sur sa tête, tantôt sur son cœur, comme s'il eût été hors de lui. Il sollicita lui-même son congé auprès des Princes, que les raisons du Père Ignace avoit persuadés, mais que l'affection qu'ils avoient pour Rodriguez, retenoit encore.

Dès qu'il eut obtenu ce qu'il désiroit, il se retira à l'extrémité du Portugal, vers la Galice, dans une maison champêtre qui appartenoit au Collége de Conimbre, nommée Saint Félix, et située proche Valença de Mino, entre des rochers et des montagnes : il se retira, dis-je, après avoir remis le gouvernement de la province au Père Miron ; et s'être excusé par lettres, du Provincialat d'Arragon, tant il souhaitoit de ne plus vivre qu'à lui et à Dieu.

Miron étoit un homme clairvoyant, exact, ferme, d'une vertu un peu dure,

Livre V. 373

et tout propre à rétablir la discipline en peu de temps, s'il eût ménagé davantage la foiblesse humaine. Comme il avoit de hautes idées de la perfection religieuse, et en particulier de celle des Jésuites, il vouloit que ses inférieurs fussent tous des hommes parfaits, sans considérer que la pratique ne peut pas toujours répondre à la spéculation, et qu'il faut quelquefois ajuster les choses non pas de la manière qu'elles seroient le mieux, mais de la manière qu'elles peuvent être.

Une conduite si sévère et si opposée à celle de Rodriguez, qu'ils avoient encore devant les yeux, révolta bientôt les esprits. D'ailleurs, parce que Miron, naturellement actif et inquiet, vouloit tout voir par ses yeux, et presque tout faire lui-même, les officiers domestiques et les supérieurs subalternes se plaignoient de ce qu'on ne se fioit pas à eux, et se négligeoient ensuite dans leurs emplois.

Le Père Ignace, que le Provincial informa de l'état des choses, et à qui les autres firent des plaintes du Provincial, fut sur le point de passer en Portugal, pour mettre ordre à tout en personne. Mais, après diverses réflexions, il se contenta d'y envoyer un Visiteur; et il choisit, pour une commission si importante, le Père Michel de Torrez, Recteur du Collége de Salamanque, et Docteur en théologie dans l'Université d'Alcala, homme

Il envoie un Visiteur en Portugal.

d'autorité, de bon sens, qui joignoit ensemble la douceur de Rodriguez, et la fermeté de Miron.

Le Visiteur, suivant ses instructions, commença par rendre au Roi de Portugal de très humbles actions de grâces, comme au premier protecteur et au bienfaiteur insigne de la Compagnie. Après quoi, il le supplia de permettre que le Père Rodriguez, qui étoit destiné au gouvernement de la province d'Arragon, et dont l'éloignement sembloit nécessaire pour le repos du Collège de Conimbre, ne demeurât pas inutile dans un désert, et sortît du Royaume au plutôt.

Le Roi y consentit avec peine : mais il y consentit enfin, et écrivit sur ce sujet au Père Ignace par le Père Gonzalez, qui fut rappelé à Rome, quand le Père Rodriguez qui obéit aveuglément, eut quitté sa solitude pour prendre le chemin d'Arragon. Voici la copie de la lettre du Roi.

Père Maître Ignace, *j'ai reçu vos lettres, et avec elles beaucoup de satisfaction. J'ai cru qu'il étoit du service de Notre Seigneur, de vous accorder ce que vous m'avez demandé touchant le changement du Père Maître Simon, et que la chose se fît de la manière que vous dira le Père Louis Gonzalez. Vous pou-*

vez tenir pour très assuré que je prendrai toujours plaisir à favoriser votre Compagnie, en considération des grands biens que Notre Seigneur fait par elle dans tous mes Etats. Et parce que j'ai dit au Père Louis Gonzalez, ce qui regarde en particulier l'affection que j'ai pour vous, et les affaires de votre Ordre dans mon Royaume de Portugal, je m'en remets à lui, et vous aurez une entière croyance à tout ce qu'il vous dira de ma part. A Lisbonne, le 30 de Janvier 1553.

Le départ de Rodriguez ne servit pas peu au Visiteur pour ramener les esprits que la présence de leur ancien supérieur rendoit moins dociles. Mais ce qui contribua encore beaucoup à remettre le calme dans la province, c'est que le nouveau Provincial changea de conduite, suivant les avis qu'il reçut de Rome.

Le Général l'avertit qu'une nouvelle administration ne réussit jamais au commencement par la rigueur ; qu'il faut d'abord dissimuler quelques fautes, ou les pardonner ; que les jeunes gens ne peuvent pas être parfaits tout d'un coup, et qu'on ne parvient au comble de la vertu et du vice que par degrés.

Il donne des avis au nouveau Provincial.

Mais sur ce que Miron se donnoit trop de mouvement, et vouloit faire trop de choses, il lui manda, pour tempérer son activité, qu'il n'appartenoit pas à ceux qui tenoient les premières places, de descendre dans tous les petits détails ; qu'on rendoit les gens fidèles, en les croyant fidèles ; qu'il valoit mieux être trompé en de certaines occasions, que de paroître avoir de la défiance ; et enfin que les premiers Supérieurs devoient ressembler au premier mobile, qui, par un mouvement toujours égal, remue les autres globes célestes. *Sachez tout, ordonnez tout,* lui disoit-il, *mais gardez-vous bien de vouloir faire tout vous-même. En agissant de la manière que je vous dis, vous ne ferez rien contre votre dignité, et vous aurez un avantage : c'est que si vos ordres s'exécutent mal, vous pourrez rectifier ce qui aura été fait de travers ; au lieu que si vous n'aviez pas réussi d'abord, il seroit peu honorable pour vous, que vos inférieurs raccommodassent vos fautes.*

Il modère la ferveur des Portugais.

Après que tout fut rétabli de la sorte, il arriva, par une révolution étrange, qu'on passa d'une extrémité à une autre, suivant la nature des choses humaines, qui ne peuvent guère demeurer dans de justes bornes. La ferveur qui se mit dans le collège de Conimbre, s'augmenta si fort avec le temps, qu'à la fin elle ne garda point de mesures. Chacun croyoit être en droit de se gouverner soi-même, à l'égard de la mortification et de la piété, ne consultant que son propre esprit, et ne suivant que l'ardeur de sa dévotion. Les uns se consumoient d'austérités, jusqu'à en être tout décharnés et tout mourans ; les autres charmés par les douceurs de la contemplation, passoient les jours et les nuits dans des entretiens avec Dieu, sans songer presque à l'étude.

Le Père Ignace, pour remédier à ce second mal, d'autant plus dangereux, qu'il ne venoit que d'un excès de vertu, donna des avis aux Portugais sur l'illusion où ils étoient. Mais reconnoissant que ces avis ne faisoient pas assez d'effet, et qu'une ferveur si indiscrète se répandoit du Portugal dans l'Espagne, il composa un long discours en forme d'Épître, pour remettre dans la bonne voie ceux qu'une fausse dévotion avoit égarés.

Cette Épître intitulée : *De la Vertu d'obéissance*, et adressée aux Portugais, commence par faire entendre que l'obéissance est la vertu seule qui fait naître et qui entretient les autres vertus ; que c'est, à proprement parler, la vertu de la Compagnie de Jesus, et le caractère qui en distingue les Enfans : qu'ainsi nous devons souffrir que les autres Religions nous surpassent en jeûnes, en veilles, et en plusieurs autres pratiques austères, que chacune d'elles observe saintement sui-

L'Épître de l'obéissance.

vant l'esprit de leur vocation ; mais que, quant à ce qui regarde l'obéissance, nous ne devons point leur céder, et que notre vocation nous oblige à nous y rendre parfaits.

Le Saint établit ensuite, sur des raisons tirées de l'Ecriture et des Pères, trois degrés d'obéissance. Le premier et le plus bas consiste à faire ce qu'on nous commande. Le second est non-seulement d'exécuter les ordres du Supérieur, mais de conformer notre volonté à la sienne. Le troisième, de juger que ce qu'on nous ordonne, est le plus raisonnable et le meilleur, par la raison seule, que le Supérieur le juge ainsi. Pour parvenir à ce degré si élevé, qui se nomme l'obéissance de l'entendement, il dit que nous ne devons point prendre garde si celui qui nous gouverne est sage ou imprudent, saint ou imparfait ; mais considérer en lui uniquement la personne de Jésus-Christ, qui lui a mis son autorité entre les mains pour nous conduire, et qui, étant la Sagesse même, ne permettra pas que son ministre nous trompe.

Toute la Lettre, qu'on peut appeler un chef-d'œuvre en son genre, roule sur ces grands principes que le Père appuie de raisonnemens très solides, et qu'il éclaircit par divers exemples. Il prouve particulièrement, pour le dessein qu'il avoit, que c'est une illusion étrange de croire qu'on puisse ne pas suivre la volonté du Supérieur dans les choses bonnes d'elles-mêmes, telles que sont les prières et les jeûnes; et il déclare que, suivant la doctrine des anciens maîtres de la vie spirituelle, ce n'est pas une moindre faute d'enfreindre les lois de la Religion pour veiller que pour dormir, pour travailler que pour ne rien faire.

Le Père Ignace ne se contenta pas d'envoyer l'Epître de l'obéissance en Portugal et en Espagne, il la répandit de tous côtés, jusque dans les Indes et dans le Japon. La Compagnie étoit entrée l'année précédente dans l'île de Corse, et les deux ouvriers qu'il y envoya de la part du Pape, à la prière de la République de Gênes, avoient bien trouvé de quoi travailler en cette nouvelle mission. L'un se nommoit Sylvestre Landin, et l'autre Emmanuel de Monte-Mayor.

Toute l'île tenoit quelque chose de la barbarie des terres sauvages, et quoiqu'elle fût chrétienne depuis plusieurs siècles, elle n'avoit presque rien qui sentît le Christianisme. Les Prêtres y étoient habillés comme les séculiers, et menoient la plupart une vie non-seulement séculière, mais libertine. Il y en avoit parmi eux qui ne savoient pas dire la Messe, ni administrer le Sacrement de Pénitence. Le peuple vivoit de son côté dans une ignorance grossière, et plusieurs gens de la campagne, fort âgés, ne savoient pas faire le signe de la croix. L'ignorance étoit accompagnée de tous les vices qui en sont inséparables ; la superstition, la sorcellerie, l'inceste, la polygamie régnoient partout, et se pratiquoient sans aucun scrupule.

<small>Deux ouvriers de la Compagnie accusés, et justifiés.</small> A peine les deux missionnaires de la Compagnie eurent-ils parcouru l'île, qu'elle changea de face, tant le ciel donna de bénédiction à leurs travaux : mais ce changement leur attira une persécution terrible. Un Ecclésiastique considérable par son office de Grand-Vicaire, et encore plus célèbre par le désordre de ses mœurs, ne put souffrir ni le zèle, ni le succès de Landin et de Monte-Mayor. Outre qu'il étoit de lui-même animé contre ces Prêtres étrangers, dont la vie condamnoit la sienne, et dont le caractère de Visiteurs Apostoliques lui sembloit blesser son autorité, il fut tellement aigri par des apostats qui s'étoient réfugiés dans l'île, qu'il écrivit à Rome contre les deux Pères. Il y députa en même temps un de ses amis, capable de soutenir ce que sa lettre contenoit ; que Landin et Monte-Mayor étoient des hommes insupportables, d'une arrogance extrême, d'une sévérité outrée, qui traitoient les Religieux de Saint François avec le dernier mépris, et qui abusoient visiblement de l'autorité du Saint Siége.

Livre V.

Ce député, qui ne manquoit ni d'adresse, ni d'audace, persuada plusieurs Cardinaux sur la conduite prétendue des Visiteurs Apostoliques; tellement que le Cardinal de Sainte Croix en fit des plaintes au Père Ignace. Le Père, qui connoissoit parfaitement Landin et Monte-Mayor, eut de la peine à croire ce qu'on en disoit, et s'imagina que ce pourroit bien être une calomnie. Pour s'en éclaircir, et savoir la chose à fond, il envoie dans l'île de Corse un des siens, en qui il avoit beaucoup de confiance, qui se nommoit Sébastien Romé, et qui n'étoit pas encore Prêtre. Il lui ordonna de se déguiser en cavalier, et d'observer de près les deux Pères sans se faire connoître à eux.

Romé demeura dans l'île tout le temps qu'il falloit pour bien s'acquitter de sa commission. Après avoir vu lui-même la conduite de Landin et de Monte-Mayor, et s'être informé exactement de quelle manière ils avoient vécu, il revint à Rome avec des lettres du Gouverneur de l'île, des Magistrats, du peuple, et du Provincial des Religieux de Saint François, si avantageuses et si honorables aux deux accusés, que les Cardinaux qu'on avoit surpris, firent des excuses au Père Ignace d'avoir cru légèrement un faux bruit.

Il fut accusé lui-même en Espagne tout de nouveau, d'enseigner une doc- *Nouvelle persécution en Espagne* trine hérétique dans ses Exercices spirituels, et son accusateur étoit un Ecclésiastique suscité par Melchoir Cano, qui avoit toujours le cœur envenimé contre la Compagnie, mais qui se cachoit par politique, et pour ne pas s'attirer de méchantes affaires du côté de la Cour, où les Jésuites avoient du crédit.

Quoique le livre des Exercices, qui étoit imprimé avec la Bulle de Paul III, dût être à couvert de la calomnie par la Bulle même, on ne laissa pas de le mettre entre les mains des Inquisiteurs, et d'en poursuivre la censure. Les gens de bien trouvèrent ce procédé peu équitable et peu catholique. Les Docteurs de Salamanque qui furent consultés là-dessus, prirent tout-à-la-fois la défense du Saint Siége et du Père Ignace, entr'autres Barthélemi Torrey, si recommandable pour son savoir et par sa vertu. C'est lui qui a composé un livre très docte sur le mystère de la Trinité, et qui fut fait Evêque de Canarie à son retour d'Angleterre, où Philippe, Prince d'Espagne, allant épouser la Reine Marie, le mena avec d'autres Théologiens pour établir solidement la Foi Catholique parmi les Anglais.

Torrez fit divers écrits touchant l'affaire des Exercices ; et voici le principal traduit en François.

Témoignage rendu en fa- « Dieu m'est témoin qu'on ne pouvoit » me demander rien plus selon mon gré,

» que de dire mon avis des Exercices veut des
» spirituels de la Compagnie de Jésus. Exercices du Père
» Car je désire faire savoir à toute la Ignace.
» terre ce que j'en pense devant Dieu
» dans la sincérité de mon cœur; et d'a-
» bord, de peur qu'on ne s'imagine que
» c'est un intérêt propre qui me fait par-
» ler, je déclare que je ne suis point
» Jésuite, quoique je dusse être de cette
» Société, ou de quelque autre sainte
» Religion, si j'avois un vrai zèle pour
» le salut de mon âme. Je déclare en-
» suite, que quoique je sois peut-être
» le moins capable de tous les Docteurs,
» j'ai assez de lumières pour répondre à
» la question que l'on m'a faite : outre
» que j'ai reçu autrefois Ignace dans Sa-
» lamanque, j'y ai connu depuis fami-
» lièrement ses disciples ; d'ailleurs j'ai
» examiné avec attention où alloit l'esprit
» de cet Ordre, ayant observé sans cesse
» toutes ses démarches, et jugé de l'Institut
» par les actions qui ne peuvent pas trom-
» per long-temps.

» Je dis donc que depuis que je con-
» nois la Compagnie de Jésus, je n'ai
» jamais aperçu ni erreur, ni crime
» dans aucun particulier qui en fût vé-
» ritablement. Je dis de plus pour le
» regard des Exercices spirituels, que
» personne ne peut les estimer parfaite-
» ment, qu'il ne les ait faits. Car comme
» ils n'ont pour fin que d'établir les ver-

» tus dans l'âme, et d'en retrancher les
» vices, on ne sauroit les goûter, ni les
» bien connoître que par la pratique. J'ai
» vu moi-même des hommes savans, qui
» ne pouvoient les comprendre, quoique
» tout y soit clair et orthodoxe, tiré de
» l'Evangile et des saints Docteurs, et
» que ceux qui s'y exercent, les enten-
» dent sans nulle peine. Aussi y a-t-il
» bien à dire entre les sciences qu'on ap-
» prend dans l'école, et la science des
» Saints, qui, outre les connoissances ac-
» quises, demande l'usage de la raison et
» des vertus intérieures.

» J'avoue que j'ai fait ces Exercices de
» piété à Alcala, et je proteste, devant
» Dieu, que dans l'espace de trente ans
» qu'il y a que j'étudie les sciences divi-
» nes, et durant plusieurs années que
» j'enseigne la Théologie, je n'ai jamais
» tant appris pour mon avancement, que
» j'ai fait en peu de jours pendant ma
» retraite. Que si cela semble étrange à
» quelque Docteur qui ne soit pas de
» mon sentiment, je le prie d'expérimen-
» ter ce qui en est : qu'il fasse ce que
» j'ai fait, et il pensera ce que je pense.
» La raison de ce que je viens de dire
» de moi, est assez claire : je n'étudiois
» la Théologie que pour bien enseigner,
» et je ne faisois les Exercices que pour
» bien vivre. Or, il y a beaucoup de
» différence, entre savoir expliquer une

» question, et savoir pratiquer une vertu.

» J'ajoute que j'ai connu plusieurs
» personnes qui ont fait ces Exercices,
» et que j'ai engagé plusieurs de mes
» écoliers, tant Religieux que séculiers,
» à les faire, sans en avoir néanmoins
» connu un seul qui n'en tirât de grands
» avantages pour son profit spirituel, et
» qui ne publiât que ce petit livre lui
» étoit infiniment précieux. Plût à Dieu
« qu'un tel trésor fût aussi estimé des
» hommes, qu'il le mérite! Car enfin,
» l'oraison et la méditation étant d'un si
» haut prix, on y avance plus en peu de
» temps par la méthode que les Exer-
» cices prescrivent, qu'on ne fait en plu-
« sieurs années et avec beaucoup de tra-
» vail par d'autres voies.

» Au reste, si quelqu'un désire sa-
» voir ce que c'est précisément que les
» Exercices, je l'avertis que c'est con-
» sidérer attentivement et en repos les
» vérités de la Foi, les bienfaits et les
» commandemens de Dieu, la vie et la
» mort de Jésus-Christ; que c'est en-
» core faire une revue de toute sa vie
» passée, et bien régler sa conscience
» pour l'avenir. Après quoi il ne faut
» pas s'étonner que l'ennemi du genre
» humain fasse tant d'efforts pour abo-
» lir une si sainte pratique, et on peut
» juger, par toutes ces contradictions, que
» le livre est un ouvrage tout divin.

» Je déclare en même temps que le
» Saint Siège ayant approuvé les Exer-
» cices, et le Souverain Pontife exhor-
» tant dans sa Bulle les fidèles à les
» faire, il est indigne d'un homme sage
» d'oser soutenir qu'ils contiennent des
» erreurs : et je ne doute pas que si la
» Compagnie, qui souffre avec joie les
« opprobres pour l'amour de Jésus-
» Christ, déféroit ses ennemis au tri-
» bunal de l'Inquisition, ils n'y fussent
» punis sévèrement. Enfin je soutiens,
» de mon côté, qu'il n'est permis à per-
» sonne de condamner d'hérésie un livre
» imprimé par l'autorité Apostolique,
» ni d'en poursuivre la correction et la
» censure. Que si, par hasard il s'y trou-
» voit quelque chose d'obscur et de dif-
» ficile, ce qui n'est pas toutefois en
» celui-ci, il faudroit seulement en de-
» mander l'éclaircissement et l'explica-
» tion. Mais pour ce qui regarde la doc-
» trine, il n'y a rien dans les Exercices
» qui ne soit véritable et orthodoxe, et
» les propositions contraires à celles du
» livre sont autant d'erreurs ».

Le témoignage de Torrez fut d'un grand poids, et arrêta le cours de l'affaire; mais la mauvaise foi de Cano la termina heureusement. Cet ennemi, autrefois déclaré, maintenant couvert, voyant que les Docteurs de Salamanque ruinoient ses desseins, tâcha de gagner

Mancio, un des plus célèbres personnages de son Ordre, qui enseignoit la Théologie dans l'Université d'Alcala. Pour avoir sûrement le suffrage de ce Théologien contre les Exercices de la Compagnie, il lui en fit voir une copie manuscrite, où il y avoit quelque chose qui n'étoit point dans les livres imprimés. Le Théologien lut le manuscrit exactement, et déclara qu'il n'y trouvoit rien qui ne fût très catholique, hors un endroit qu'on ne pouvoit sauver d'hérésie. On examina l'endroit, et on reconnut par la confrontation du manuscrit avec l'imprimé, que c'étoit une supercherie de Cano. Ainsi la vérité l'emporta sur le mensonge, et les Inquisiteurs devinrent eux-mêmes les apologistes des Exercices spirituels.

Tandis qu'un Ecclésiastique et un Religieux s'efforçoient inutilement de noircir la réputation du Père Ignace, et d'anéantir son Ordre, le Roi de Portugal pressoit le Pape de choisir pour l'Ethiopie un Patriarche et des Evêques dans la Compagnie de Jésus. Le choix qui se fit, et l'occasion qu'on eût de le faire, ne se peuvent bien entendre, si nous ne reprenons les choses de plus haut. *Le Roi de Portugal demande au Père Ignace un Patriarche, et des Evêques pour l'Ethiopie.*

Les peuples d'Ethiopie, qui se nomment aujourd'hui Abyssins, sont des plus anciens fidèles qu'il y ait dans la Chrétienté. Ils reçurent la Foi dès les premiers temps et de l'Apôtre Saint Mathieu, et de l'Eunuque de la Reine Candace, qui fut baptisé par Philippe le Diacre, ainsi qu'il est rapporté dans les Actes des Apôtres. Mais avec le temps ils quittèrent la loi de Jésus-Christ pour celle de Moïse, ou plutôt ils confondirent ces deux lois ensemble, jusqu'à se faire circoncire et baptiser; de sorte que voulant être Chrétiens et Juifs tout à la fois, ils n'étoient véritablement ni l'un ni l'autre. Ils reconnoissoient le Patriarche d'Alexandrie pour leur chef en matière de Religion; et c'est de sa main qu'ils recevoient leur Abuna, ou leur Grand-Prêtre. Ils embrassèrent, avec les Cophtes d'Egypte, les hérésies de Dioscore et d'Eutychès. D'ailleurs étant mêlés parmi les Mahométans et les Idolâtres, ils prenoient tous les jours quelque chose du mahométisme et du paganisme, et on peut dire que leur Religion étoit un mélange de toutes les sectes. Ils n'avoient au reste nulle communication avec Rome, et à cause de la distance des lieux, et à cause que les Grecs leur inspiroient beaucoup de haine contre l'Eglise latine.

Quand les Portugais, dans la navigation qu'ils firent aux Indes Orientales, découvrirent la partie de l'Ethiopie qui est sous l'obéissance du Prêtre-Jean, ou plutôt le Royaume des Abyssins, dont nous appelons le Roi Prêtre-Jean, par une erreur populaire qui s'est établie en Europe, et qui attribue aujourd'hui à un des Potentats de l'Afrique, le nom que portoient anciennement les Monarques des Tartares de l'Asie, celui qui régnoit chez les Abyssins étoit un jeune Prince, appelé David, naturellement sage et vertueux. Il fut instruit par les Portugais des mystères de la Foi, et il ouvrit tellement les yeux à la vérité, que ne voulant plus reconnoître le Patriarche d'Alexandrie, il écrivit au Souverain Pontife de Rome, Clément VII, qui gouvernoit l'Eglise en ce temps-là, et il lui rendit obéissance, par une ambassade solennelle, dans l'Assemblée de Bologne, en présence de Charles-Quint, qui venoit d'être couronné Empereur.

David étant mort, son fils et son successeur, nommé Claude, qui avoit été élevé dans la Religion Romaine, et qui étoit homme de bon sens, crut que la Foi ne pourroit s'étendre ni s'affermir en son Royaume, si le Pape n'y envoyoit un Patriarche et des évêques. Comme il avoit fait amitié avec Jean III, Roi de Portugal, qui l'avoit assisté de troupes et d'argent contre le Roi de Zeilan Gradamète, il le pria de lui procurer ces secours spirituel du côté de Rome. Jean III entreprit l'affaire avec beaucoup de chaleur : mais les troubles de l'Eglise en retardèrent toujours l'exécution, et ce ne fut que sous le pontificat de Jules III, que la chose se fit enfin de la manière que je vais dire.

Le Roi de Portugal écrivit au Père Ignace, et lui demanda des hommes qu'il pût proposer au Pape pour le Patriarcat et pour les Evêchés d'Ethiopie. Le seul titre de Patriarche et d'Evêque fit trembler le Père : mais ayant fait réflexion qu'un Patriarcat et des Evêchés de cette nature étoient plutôt des croix que des dignités, et que cela n'avoit point de conséquence, il se rassura, et consentit même à tout ce que le Prince voulut. Il lui nomma trois Pères d'une capacité profonde, et d'une vertu éminente, Jean Nugnez, André Oviedo, et Melchior Carnero, sans déterminer néanmoins lequel seroit Patriarche, quoiqu'il eût envie que ce fut Nugnez, et qu'il le fît, ce semble, un peu plus valoir que les deux autres ; il se déclara seulement sur un article, et c'est, qu'il étoit à propos que ceux qui seroient Evêques succédassent au Patriarche en cas de besoin.

Les Pères nommés par le Général s'opposent à leur promotion.

Nugnez, qui avoit travaillé plusieurs années en Afrique, à la délivrance des esclaves et à la conversion des renégats, étoit à Lisbonne, où il avoit fait un voyage, pour chercher de quoi racheter les Chrétiens que le Roi d'Alger avoit enlevés au Roi de Fez en le chassant de son Royaume. Dès qu'il sut la nouvelle qui le regardoit, il écrivit fortement à Rome pour rompre les mesures qu'on avoit prises sans le consulter. Il mandoit au Père Ignace, qu'il ne refusoit pas la mission d'Éthiopie, mais qu'il ne pouvoit se résoudre d'y aller avec une mitre, et qu'il aimeroit beaucoup mieux être le reste de ses jours à la chaîne parmi les esclaves de Barbarie.

Il le conjuroit ensuite, par les plaies de Jésus-Christ crucifié, de ménager sa foiblesse, et de ne pas le charger d'un fardeau qui seroit peut-être la cause de sa damnation. Nugnez ajoutoit que si son bon Père ne vouloit pas se relâcher, il lui envoyât du moins sa volonté par écrit; afin qu'un ordre signé de sa main le consolât et le soutînt dans les rencontres.

Carnero qui étoit à Rome, et Oviedo qu'on y appela de Naples, ne firent pas moins de résistance. Ils voulurent plaider eux-mêmes leur cause devant le Pape. Quelque pénibles que fussent les dignités qu'on leur destinoit, elles leur paroissoient encore plus éclatantes que pénibles, et l'éclat leur en donnoit de l'horreur. Quoique le Père Ignace eût d'autres pensées, il ne laissa pas de louer leur modestie, et il fut bien-aise de voir que tous trois eussent besoin en cette occasion d'un commandement absolu du Vicaire de Jésus-Christ.

Le Général engage les trois Pères à se soumettre.

Il leur fit néanmoins entendre que tout l'honneur, tout le revenu de ces prélatures consistoit dans de grands travaux, dans des périls continuels par terre et par mer, dans la pauvreté, et peut-être dans le martyre. Jules III fut si touché de la conduite du Père et de celle des enfans, qu'il dit publiquement devant tous les Cardinaux : Qu'on voyoit enfin ce que les Jésuites prétendoient en ce monde, puisque d'un côté ils renonçoient aux mitres qui étoient plus éclatantes qu'onéreuses; et que d'un autre ils acceptoient celles qui n'avoient pour apanage que le travail et la souffrance.

Quoique le Père Ignace ne crut aucun des trois Pères capable d'abuser de l'autorité Patriarcale, il lui sembla que pour engager celui qui seroit Patriarche à faire mieux son devoir, il falloit qu'un Commissaire Apostolique résidât à Goa, et qu'il visitât le Patriarche de temps en temps, pour observer sa conduite de plus près.

Dom Alphonse d'Alencastre, Grand-Commandeur de l'Ordre de Christ, et Ambassadeur de Portugal, avoit reçu une lettre du Roi son Maître, par laquelle il étoit chargé de favoriser auprès du Pape tous les desseins du Général des Jésuites, et ce fut le Père Louis Gonzalez qui apporta cette lettre en venant à Rome. Le Roi déclaroit à Dom Alphonse, par la même lettre, combien il avoit de confiance en ce Père. Comme le Général s'aperçut que l'ambassadeur négligeoit un peu l'affaire de la mission d'Éthiopie, il ordonna au Père Louis Gonzalez de le presser, et même de lui rendre, pour cela, visite de trois en trois jours : ce que ce Père fit si régulièrement durant trois mois, qu'on disoit dans Rome, par raillerie, que Gonzalez revenoit à l'Ambassadeur de Portugal comme une fièvre tierce.

Ces empressemens du côté des Pères ne furent pas inutiles. Dom Alphonse poussa l'affaire vivement, et la termina en peu de temps, malgré les longueurs de la Cour de Rome. Le Pape nomma Nugnez Patriarche d'Ethiopie, suivant la demande du Roi de Portugal, qui avoit découvert l'inclination du Père Ignace. Il lui envoya peu de temps après le *Pallium*, avec des droits et des pouvoirs absolus, non-seulement dans l'Ethiopie, mais aussi dans toutes les provinces circonvoisines. Il fit Oviedo Evêque de Nicée, Carnero Evêque d'Hierapolis, et déclara l'un et l'autre successeurs du Patriarche. Enfin il donna le titre et l'autorité de Commissaire Apostolique au Père Gaspar Barzée, que le Père Ignace avoit nommé à l'Ambassadeur, et qui étoit alors Recteur du collége de Goa. Le Père Ignace donna au Patriarche et aux deux

Evêques dix compagnons bien choisis ; et quand ils partirent tous pour l'Ethiopie, il écrivit au Roi des Abyssins la lettre suivante.

Mon Seigneur en Notre Seigneur Jésus-Christ,

<small>Lettre du Général au Roi des Abyssins.</small>

« Je souhaite à Votre Altesse la grâce, le salut, et l'abondance des dons spirituels. Le sérénissime Roi de Portugal, poussé par le zèle de la gloire du Saint Nom de Dieu et du salut des âmes que Jésus-Christ a rachetées de son sang, m'a témoigné plus d'une fois qu'il seroit bien aise que je nommasse douze Religieux de notre petite Compagnie qu'on appelle de Jésus, pour passer dans les Etats de Votre Altesse, et entre lesquels il y eût un Patriarche et deux Evêques. J'ai exécuté les ordres de ce Prince par la reconnoissance que nous lui devons pour toutes les grâces dont il a comblé notre Compagnie, et par la vénération que nous avons tous pour un si grand Roi.

» J'ai suivi exprès le nombre qui représente la société de Notre Seigneur et de ses Apôtres, en choisissant, outre le Patriarche, douze Prêtres de notre corps qui sacrifiassent leur vie pour le salut de vos sujets ; et je l'ai

» fait d'autant plus volontiers, que moi
» et les miens nous nous sentons plus
» portés au service d'un Prince comme
» vous, qui, parmi tant de nations enne-
» mies du nom chrétien qui vous en-
» vironnent, vous efforcez, à l'exem-
» ple de vos Ancêtres, de maintenir et
» d'augmenter dans votre Empire la Re-
» ligion de Jésus Christ.

» Ces bonnes intentions et ces loua-
» bles efforts de Votre Altesse avoient
» besoin en effet du secours des Pères
» et des Pasteurs spirituels, par le mi-
» nistère desquels l'Eglise d'Ethiopie re-
» çut et la puissance légitime dérivée du
» Saint Siége Apostolique, et la pure
» doctrine de la Foi chrétienne. Car ce
» sont-là les deux clefs du royaume du
» Ciel, que Notre Seigneur Jésus-Christ
» promit d'abord à Saint Pierre, et qu'il
» lui confia ensuite.

» Il les lui promit seulement, quand
» il lui dit, ainsi que nous lisons dans
» l'Evangéliste Saint Mathieu : *Je vous*
» *dis que vous êtes Pierre, et sur cette*
» *pierre je bâtirai mon Eglise, et je vous*
» *donnerai les clefs du Royaume du Ciel;*
» *et tout ce que vous lierez sur la terre*
» *sera lié dans le Ciel; et tout ce que vous*
» *délierez sur la terre sera délié dans le*
» *Ciel.* Il les lui donna effectivement,
» lorsqu'après être ressuscité, et avant
» que de monter au Ciel, il lui dit, com-

» me assure l'Evangéliste Saint Jean,
» *Paissez mes brebis.* Par ces paroles, le
» Fils de Dieu lui commit non une par-
» tie du troupeau, mais le troupeau tout
» entier, avec une plénitude de puissance
» beaucoup plus ample que celle qu'il
» communiqua aux autres Apôtres. Ce
» que le Seigneur semble avoir figuré par
» le Prophète Isaïe, lorsque, parlant du
» grand Prêtre Eliacim, *Je vous donne-*
» *rai*, dit-il, *la clef de la maison de*
» *David; elle ouvrira, et il n'y aura*
» *personne qui ferme : elle fermera, et il*
» *n'y aura personne qui ouvre.* Ce sym-
» bole est la figure de Saint Pierre et de
» ses successeurs; et les clefs qui sont le
» signe d'un domaine plein et absolu,
» marquent la puissance du Siége de
» Rome.

» Cela étant ainsi, Votre Altesse doit
» bien rendre grâces au Ciel de ce que,
» sous son règne, Notre Seigneur a voulu
» envoyer, à des nations égarées, de vé-
» ritables pasteurs qui dépendent du Sou-
» verain Pasteur des fidèles, et qui ont
» reçu, du Vicaire de Jésus-Christ, tout
» ce qu'ils ont de pouvoir. Et ce n'est
» pas sans sujet que votre Père et votre
» aïeul avoient de la peine à prendre un
» Patriarche de la main du Patriarche
» d'Alexandrie : un membre séparé du
» corps n'en reçoit ni vie, ni mouve-
» ment : ainsi le Patriarche d'Egypte,

» soit qu'il fasse sa résidence dans Alexan-
» drie, ou dans le Caire, étant schisma-
» tique, séparé du Saint Siége Apostoli-
» que et du Souverain Pontife, Chef de
» toute l'Eglise, ne peut ni recevoir pour
» lui-même, ni communiquer à per-
» sonne la vie de la grâce et l'autorité
» pastorale.

» Car enfin il n'y a qu'une Eglise
» Catholique, et il ne se peut pas faire
» qu'une Eglise dépende du Pontife de
» Rome, et l'autre de celui d'Alexan-
» drie. Comme l'époux est unique, l'é-
» pouse est unique aussi; et c'est d'elle
» que Salomon, représentant la personne
» de Jésus-Christ, a dit dans les Can-
» tiques : *Ma Colombe est une*. Le Pro-
» phète Osée en a parlé dans le même sens :
» *Les enfans d'Israël et de Juda s'assem-*
» *bleront, et n'auront qu'un Chef.* Saint
» Jean a dit long-temps après dans le mê-
» me esprit : *Il n'y aura qu'une bergerie*
» *et qu'un Pasteur.* Il n'y avoit qu'une
» Arche de Noé, hors de laquelle per-
» sonne ne se sauva du déluge, ainsi que
» nous lisons dans la Genèse. Il n'y avoit
» qu'un tabernacle bâti par Moïse; qu'un
» temple à Jérusalem construit par Salo-
» mon, où l'on sacrifioit et l'on adoroit;
» qu'une synagogue, dont les jugemens
» fussent légitimes.

» Toutes ces choses figuroient l'unité
» de l'Eglise, hors de laquelle il n'y a

» rien de bon : car quiconque ne sera pas
» uni à ce corps mystique, ne recevra
» point du Chef qui est Jésus-Christ,
» la grâce divine qui vivifie l'âme, et
» qui la dispose à la félicité éternelle.
» C'est pour déclarer cette unité qu'on
» chante dans le symbole contre quel-
» ques hérétiques : *Je crois l'Eglise, une,*
» *Sainte, Catholique, et Apostolique :*
» et les saints Conciles ont condamné
» d'erreur l'opinion de ceux qui soute-
» noient que les Eglises particulières d'A-
» lexandrie ou de Constantinople, étoient
» de vraies Eglises sans être unies au
» Pontife Romain, le commun Chef de
» l'Eglise Catholique, et d'où sont des-
» cendus successivement tous les Papes
» depuis Saint Pierre, qui au rapport
» de Saint Marcel, martyr, choisit le
» siége de Rome par l'ordre de Jésus-
» Christ, et le cimenta de son propre
» sang.

» Ces Papes ont été tenus, sans con-
» troverse, pour les Vicaires de Jésus-
» Christ par tant de saints Docteurs
» Grecs, Latins, et de toutes nations ; ils
» ont été reconnus par des Anachorètes,
» par des Evêques et par d'autres Con-
» fesseurs illustres en sainteté ; enfin, ils
» ont été autorisés par une infinité de
» miracles, et par le sang d'un nombre
» incroyable de Martyrs morts dans l'u-

» nion et pour la Foi de la sainte Eglise
» Romaine.

» Ce fut donc, avec raison, que dans
» le Concile de Chalcédoine, tous les Evê-
» ques s'écrièrent, d'une commune voix,
» en saluant le Pape Léon, *Très-Saint*,
» *Apostolique*, *Universel;* et que, dans
» celui de Constance, on fulmina ana-
» thême contre ceux qui nioient la pri-
» matie et l'éminence du Pontife de
» Rome sur toutes les Eglises du monde.
» Ces décrets si formels et si authentiques
» sont encore confirmés par l'autorité du
» Concile de Florence, qui se célébra
» sous Eugène IV, et où les Grecs, les
» Arméniens, les Jacobites, et d'autres
» nations assistèrent. *Nous définissons*,
» disent les Pères de ce Concile, *que le*
» *Saint Siége Apostolique, et le Pontife*
» *de Rome tient la primatie sur toutes*
» *les Eglises de l'univers; qu'il est le*
» *successeur de saint Pierre, le vérita-*
» *ble Vicaire de* Jésus-Christ, *le Chef*
» *de toute l'Eglise, le Père et le Docteur*
» *de tous les fidèles, et que Notre Sei-*
» *gneur* Jésus-Christ *lui a donné, en la*
» *personne de saint Pierre, un plein pou-*
» *voir d'instruire, de diriger et de gou-*
» *verner l'Eglise universelle.*

» C'est donc à bon droit que le séré-
» nissime Roi David, père de Votre
« Altesse, reconnut autrefois, par une
» ambassade solennelle, l'Eglise romaine

» pour la mère et pour la maîtresse de
» toutes les Eglises. Entre plusieurs belles
» actions que vous avez faites l'un et
» l'autre, il y en a deux très-illustres,
» dont la mémoire sera immortelle, et
» dont vos peuples doivent rendre à Dieu
» d'éternelles actions de grâces. Votre
» père est le premier Roi des Abyssins,
» qui s'est mis pour toujours sous l'obéis-
» sance de celui qui tient la place de
» Jésus-Christ sur la terre ; et vous êtes
» le premier qui avez attiré, en vos Etats,
» un véritable Patriarche, fils légitime du
» Saint Siége, et nommé par le Vicaire
» de Jésus-Christ.

» Car si on doit compter pour une in-
» signe faveur, comme c'en est une en effet,
» d'être uni au corps mystique de l'Eglise
» catholique, qui est vivifiée et dirigée par
» le Saint Esprit, et en laquelle le même
» Esprit enseigne toutes les vérités selon
» le témoignage de l'Evangéliste ; si c'est
» un grand bien que d'être éclairé de
» la lumière d'une saine doctrine, et de
» s'appuyer sur les fondemens de l'Eglise
» que l'Apôtre saint Paul, écrivant à Ti-
» mothée, appelle la maison de Dieu,
» la colonne et la base de la vérité, et à
» laquelle Notre Seigneur Jésus-Christ
» promit une assistance éternelle, quand
» il dit à ses Apôtres : *Je suis avec vous*
» *jusqu'à la consommation des siècles,*
» comme nous lisons dans l'Evangile de

« saint Matthieu : ces nations ont sans
» doute de quoi bien remercier Dieu
» Notre Seigneur et notre Créateur,
» dont la Providence s'est servie de votre
» père et de vous, pour leur faire une
» telle grâce; et leur reconnoissance doit
» d'autant plus éclater, qu'ayant lieu de
» se promettre que les avantages tem-
» porels suivront les bénédictions spiri-
» tuelles, on verra bientôt vos ennemis
» abattus, et votre Empire augmenté
» par cette réunion à l'Eglise.

» Les Prêtres que l'on vous envoie sont
» tous à la vérité, mais principalement le
» Patriarche et les deux Evêques, d'une
» vertu reconnue, éprouvés dans notre
» Compagnie en toutes choses, et choisis
» pour une si importante fonction, tant
» à cause de leur doctrine orthodoxe,
» que de leur parfaite charité. Ils ne
» manquent pas aussi de courage ni d'ar-
» deur pour bien s'acquitter de leur mi-
» nistère, dans l'espérance qu'ils ont de
» travailler utilement pour la gloire de
» Dieu, pour la conversion des âmes,
» et pour le service de Votre Altesse :
» car ils sont épris de l'amour du salut
» des hommes, et du désir d'imiter en
» quelque manière le Fils de Dieu, qui
» a souffert volontairement la mort pour
» racheter le genre humain de la damna-
» tion éternelle, et qui dit par la bouche
» de l'Evangéliste : *Je suis le bon Pas-*

» reur; *le bon Pasteur donne sa vie pour
» ses brebis.*

» Le Patriarche et les autres, que
» l'exemple du Sauveur anime, viennent
» tout disposés à secourir les âmes par
» leurs conseils, par leurs travaux, et
» même par leur mort, s'il en est besoin.
» Plus Votre Altesse leur communiquera
» le fond de son cœur, et traitera fa-
» milièrement avec eux, plus elle en ti-
» rera, comme j'espère, de consolation
» intérieure. Au reste, pour ce qui regarde
» la croyance que l'on doit à ce qu'ils
» diront en particulier ou en public,
» Votre Altesse n'ignore pas que les pa-
» roles de ces Missionnaires envoyés du
» Saint Siége, et surtout celles du Pa-
» triarche, ont l'Autorité Apostolique, et
» qu'il faut en quelque sorte les croire
» tous comme l'Eglise dont ils sont les
» interprètes.

» Et parce que tous les fidèles de
» Jésus-Christ doivent s'attacher aux
» sentimens de l'Eglise, obéir à ses or-
» donnances, et la consulter, s'il se ren-
» contre quelque chose d'ambigu ou d'obs-
» cur; je ne doute pas que votre piété
» ne vous porte à faire un édit, qui
» oblige tous vos sujets de suivre, sans
» aucune résistance, les ordres et les
» réponses tant du Patriarche, que de
» ceux qu'il substituera en sa place. Le
» Deutéronome nous apprend que c'étoit

» la coutume chez les Juifs, dans les
» controverses et les difficultés qui sur-
» venoient, d'avoir recours à la Syna-
» gogue qui étoit la figure et l'avant-
» courière de l'Eglise chrétienne. C'est
» pour cela que Jésus-Christ dit dans
» l'Evangile : *Les Scribes et les Phari-*
» *siens sont assis sur la chaire de Moyse.*
» Le Sage enseigne le même dans les
» Proverbes : *Ne négligez pas les pré-*
» *ceptes de votre mère;* cette mère,
» c'est l'Eglise. Et ailleurs : *Ne passez*
» *point les bornes que vos Pères vous ont*
» *prescrites.* Ces Pères, ce sont les Pré-
» lats de l'Eglise. Enfin, Jésus-Christ
» veut qu'on défère tant à son Eglise,
» qu'il dit nettement par l'Evangéliste
» saint Luc : *Celui qui vous écoute,*
» *m'écoute; et celui qui vous méprise,*
» *me méprise;* et par saint Matthieu : *S'il*
» *n'écoute pas l'Eglise, qu'il soit à votre*
» *égard comme un Païen et un Publicain.*

» D'où il s'ensuit qu'il ne faut pas
» écouter ceux qui disent quelque chose
» qui n'est pas conforme au sens et à
» l'interprétation de l'Eglise catholique,
» puisque saint Paul nous en avertit dans
» l'Epître aux Galates par ces paroles :
» *Mais quand nous vous annoncerions*
» *nous-mêmes, ou qu'un Ange du Ciel*
» *vous annonceroit un Evangile diffé-*
» *rent de celui que nous vous avons déjà*
» *annoncé, qu'il soit anathème.* Enfin le

» témoignage des saints Docteurs, les canons des Conciles, le consentement et la pratique de tous les fidèles, prouvent évidemment cette vérité.

» Le Patriarche et ses compagnons sont dans le dessein de rendre, à Votre Altesse, tous les honneurs et toutes les soumissions qu'on lui doit, et d'avoir même pour elle toute l'indulgence que la piété pourra leur permettre. Pour nous, qui demeurons en ces pays de l'Europe, Votre Altesse peut s'assurer que tout ce que nous sommes de notre Compagnie, nous serons toujours prêts à la servir en tout selon Dieu. Nous continuerons nos prières et nos sacrifices, afin que le Ciel conserve votre Personne Royale et tout votre Empire dans le saint service de Jésus-Christ, et qu'il vous fasse la grâce de passer de telle sorte par les biens du temps, que vous ne perdiez pas les biens de l'Eternité. Le même Seigneur nous donne à nous tous des lumières pour connoître clairement sa très sainte volonté, et des forces pour l'exécuter comme il faut. De Rome, le 28 de Février 1555. »

Comment le Général traite Rodriguez.

Avant que les Missionnaires allassent joindre le Patriarche Nugnez en Portugal, Simon Rodriguez, qui, en obéissant à l'ordre de son Général touchant le Provincialat d'Arragon, avoit fait de nouvelles instances pour en être déchargé, et dont on avoit enfin reçu les excuses, vint à Rome où il avoit été appelé. Comme les plus gens de bien s'oublient quelquefois, et que Dieu le permet ainsi pour leur humiliation, Rodriguez eut un peu de ressentiment de ce qu'on ne l'avoit pas renvoyé en Portugal. Il se plaignit même de ce qu'on l'accusoit des désordres et des troubles de la province qu'il avoit gouvernée douze ans, et son chagrin le porta à demander justice au Général. Le Père Ignace, pour contenter Rodriguez, nomma des Profès d'une vie irréprochable et d'une prudence consommée, qui jugeassent de son affaire dans les formes d'un tribunal religieux, se réservant néanmoins à lui seul la punition en cas de besoin. Les juges nommés, dont Rodriguez approuva le choix, après avoir examiné mûrement la chose sur les mémoires qu'on avoit reçus, et sur les réponses qu'il fit lui-même, protestèrent avec serment qu'ils le trouvoient coupable en deux chefs; 1.º de s'être peu soucié d'établir en Portugal les manières de vivre que leur commun Père Ignace avoit prescrites pour toute la Compagnie; 2.º d'avoir eu trop de douceur et trop d'indulgence dans son gouvernement. Rodriguez, qu'ils firent venir en leur présence pour lui signifier son jugement, s'y soumit avec une humilité profonde, et se jetant à leurs pieds, demanda qu'on lui imposât une pénitence conforme au scandale qu'il avoit donné.

Le Père Ignace, satisfait de la soumission de Rodriguez, qu'il aimoit comme son frère et comme son enfant bien-aimé en Jésus-Christ, ne voulut point le punir. Il lui défendit seulement de retourner en Portugal, de peur que sa présence ne renouvelât les troubles que son éloignement avoit apaisés; et il aima mieux lui permettre d'aller à la terre Sainte, où son inclination l'avoit porté dès ses premières études, et où l'on pensoit à établir un collége de la Compagnie. Ainsi Rodriguez sortit de Rome, et prit le chemin de Venise. Mais sa mauvaise santé l'empêcha de s'embarquer, et l'arrêta en Italie, jusqu'à ce qu'on lui permît de se retirer en Espagne, où il vécut saintement.

Il fait un règlement pour les visites des femmes.

Le soin que le Père Ignace avoit de conserver la vertu et la réputation de ses enfans parmi tant d'emplois divers où les engageoit le salut des âmes, lui fit faire alors un réglement qu'on publia dans tout l'Ordre, et ce fut que personne n'allât voir les femmes tout seul, même celles qui seroient de la première qualité, ou qui seroient fort malades; que s'entretenant avec elles, et les confessant, on ménageât si bien les choses, que le compagnon vît tout ce qui se passeroit, sans rien entendre néanmoins de ce qui devoit être secret. Et afin que tout le monde sût combien il avoit cette règle à cœur, ayant appris qu'un Père avancé en âge, et d'une ancienne probité, ne l'avoit pas gardée dans une rencontre, il fit assembler huit Prêtres en un même lieu, et voulut que le coupable se donnât la discipline au milieu d'eux, jusqu'à ce que chacun des Prêtres eût récité un des sept Psaumes de Pénitence.

Comme le Général pensoit à tout, et qu'il savoit bien que la modestie des Religieux ne sert pas seulement à édifier et à gagner les séculiers, mais aussi à tenir les Religieux mêmes dans leur devoir, il avoit composé auparavant des règles particulières touchant la bienséance extérieure. Ces règles qui sont intitulées, *De la modestie*, et qui contiennent treize articles, descendent dans un grand détail, jusqu'à prescrire comment il faut porter la tête, et tenir les yeux. Il ordonna en ce temps-là au Père Louis Gonzalez de les publier dans la maison Professe, et d'en recommander bien l'observation à tout le monde. Ce Père, qui avoit soin de la discipline domestique, n'ayant pas exécuté promptement ce qu'on lui avoit ordonné, le Général lui reprocha publiquement sa négligence en ces termes : *Nous nous donnons beaucoup de peine à faire des lois, et nos ministres négligent souvent de les faire observer*

Il fait publier les règles de la modestie.

comme si elles ne nous avoient rien coûté. Cependant, ajouta-t-il, *celles dont je parle, m'ont coûté bien cher. J'ai consulté Dieu plusieurs fois en les écrivant, et mes prières ont été accompagnées de beaucoup de larmes.*

Il estimoit tant ces règles de modestie, que, pour en établir la pratique, il commanda un jour à Laynez de les expliquer devant tous les Pères de la maison, et de leur en faire bien comprendre l'importance. Cela se fit au sortir de table. Tandis que Laynez parloit, et que tous l'écoutoient attentivement, on entendit un grand bruit comme si la terre eût tremblé. Ce fracas, qui étonna celui qui parloit et ceux qui écoutoient, ne rompit pas néanmoins la conférence. Mais dès qu'elle fut finie, chacun eut la curiosité de savoir ce que c'étoit qu'ils avoient ouï. A peine furent-ils sortis du lieu où ils étoient assemblés, qu'ils virent de leurs yeux la cause du bruit. Une galerie qui donnoit sur le jardin, et où les anciens Pères s'entretenoient tous les jours après le repas, étoit tombée tout-à-coup : de sorte que si le Général n'eût obligé tous les Pères d'assister à la conférence, quelques-uns eussent été accablés sous les ruines de la galerie. Le Père Ignace adora la Providence divine sur ses serviteurs, et profitant d'un événement si étrange : *Il paroît bien, mes Frères*, leur dit-il, *que les règles qu'on vient de vous expliquer ne déplaisent pas à Dieu.*

Ces règles ne furent pas inutiles : chacun les observa si exactement, qu'on reconnoissoit ceux de la Compagnie à leur air modeste ; et le Général ayant su que quelques personnes du monde traitoient ses enfans d'hypocrites, à cause de cette extrême modestie qu'on voyoit sur leur visage et en tout leur extérieur : *Plût à Dieu*, dit-il, *qu'une telle hypocrisie crût chaque jour parmi nous ! Pour moi*, ajouta-t-il en souriant, *je ne connois d'hypocrites dans la Compagnie que ces deux-là.* Il montra en même temps Bobadilla et Salmeron, qui étoient présens ; et il fit entendre, que quelque vertueux que l'un et l'autre parussent, ils avoient encore plus de vertu qu'ils n'en faisoient paroître.

Peu de jours après, s'entretenant familièrement avec le Père Louis Gonzalez, et à l'occasion des nouvelles qui étoient venues des Indes, le discours étant tombé sur les progrès heureux que la Compagnie faisoit partout, il dit que ces prospérités lui causoient plus de frayeur que de joie ; que, quand les persécutions cessoient, il appréhendoit que la Compagnie ne fît pas son devoir en quelque lieu ; qu'il ne falloit pas se fier à la bonne fortune, et qu'on ne devoit jamais tant craindre, que lorsque tout alloit selon nos désirs. Mais le calme qu'il craignoit ne dura pas; et il s'éleva une tempête d'autant plus terrible, qu'elle vint de la part du Pape Jules III, qui aimoit tendrement Ignace.

<small>Le Pape irrité contre la Compagnie.</small>

Charles-Quint avoit ordonné en Espagne, suivant un décret du Concile de Trente, que les Prêtres et les Bénéficiers ne s'absentassent point de leurs diocèses, ni de leurs Églises. Les Ecclésiastiques Espagnols qui étoient à Rome, et que cet édit regardoit directement, se plaignirent au Pape du procédé de l'Empereur, comme d'une entreprise sur les droits du Saint Siége; et ils firent tant de bruit, que Sa Sainteté se plaignit elle-même à l'Empereur. Il répondit assez fièrement, que l'ordonnance n'étoit point de lui, mais du Concile national, qui vouloit faire observer les décrets du Concile de Trente, et que Sa Sainteté, qui avoit assisté au Concile en qualité de Légat, devoit appuyer ces sortes d'ordonnances, au lieu de s'y opposer

Le Pape, plus irrité de la réponse de Charles-Quint que de l'affaire dont il s'agissoit, éclata fort contre lui; et parce que le bruit courut que les Jésuites, qui étoient à la Cour de Castille, avoient fabriqué l'édit, ou du moins qu'ils y avoient bonne part, il changea tellement d'esprit pour eux, que les Pères n'eurent plus d'accès au palais Apostolique, et que personne n'osa dire un mot en leur faveur, pas même le Cardinal de Carpi, qui avoit beaucoup de crédit auprès du Pape, et qui étoit protecteur de la Compagnie.

Ce qui fut le plus déplorable, c'est que le Père Ignace, qui auroit peut-être trouvé le secret d'apaiser le Souverain Pontife, tomba malade, et pensa mourir dans une si fâcheuse conjoncture. Mais tout se raccommoda, lorsque tout sembloit perdu. Ferdinand, Roi des Romains, écrivant au Pape touchant des affaires très importantes, le pria de s'en rapporter entièrement à ce que lui diroit le Général des Jésuites, qui avoit son secret, et à qui il avoit ordonné de ne s'ouvrir qu'à Sa Sainteté. Le Pape, qui n'avoit guère moins d'intérêt aux affaires dont Ferdinand lui écrivoit, que Ferdinand même, fit appeler le Père Ignace au moment qu'il reçut les lettres d'Allemagne. Mais le Père étoit encore malade, et dans un état qui ne lui permettoit pas seulement d'entendre parler d'affaires.

Dès qu'il commença à se porter mieux, et qu'il put sortir, il alla au Vatican sans qu'on sût ce qui l'y menoit. Tous les Pères s'étonnoient comment il ne craignoit pas davantage l'indignation du Souverain Pontife, et personne ne pouvoit deviner par quel principe il s'y exposoit. Il eut audience en arrivant, et le Pape

Le Général apaise le Pape.

le voyant très foible, ne voulut pas permettre qu'il lui parlât à genoux, ni découvert. Le Père communiqua au Pape ce qu'il avoit ordre de lui dire de la part du Roi des Romains : après quoi, prenant occasion de lui parler de l'édit d'Espagne, il justifia si bien la Compagnie sur les bruits qui avoient couru, que Sa Sainteté, changeant tout d'un coup de sentimens, ou plutôt reprenant sa première affection pour les Jésuites, dit au Père Ignace qu'elle ne croiroit jamais ce qu'on lui diroit contr'eux, et lui promit sur-le-champ, pour le collége Romain, deux mille écus d'or toutes les années, ou la première Abbaye vacante.

Le Pape demanda ensuite au Père, si la maison Professe avoit ce qu'il lui falloit pour vivre : à quoi le Père répondit qu'elle ne manquoit de rien, quoiqu'elle ne vécût que d'aumônes, et qu'elle n'avoit besoin que des bonnes grâces de Sa Sainteté. Avant que le Père se retirât, le Pape fit appeler son maître de chambre, et en présence d'Ignace : *Je vous ordonne*, lui dit-il, *que toutes les fois que le Père se présentera, on le fasse entrer aussitôt, et qu'on m'avertisse, quand même je serois avec des Cardinaux, ou avec d'autres personnes de qualité.* Le jour suivant il envoya, à la maison Professe, cinq cents écus d'or par aumône.

Ce retour du Pape, ou plutôt ce redoublement d'affection pour les Jésuites, donna lieu au Père Ignace de mettre ordre à une chose qui pouvoit avoir de fâcheuses conséquences. Un jeune homme Napolitain, nommé Octave César, et qui étoit fils du secrétaire du Duc de Montleon, avoit été reçu en la Compagnie avec le consentement de son père, et on l'avoit envoyé, après son noviciat, au collège de Messine. Il fut appelé à Rome par le Général : son père y étant venu en même temps pour des affaires d'importance, s'avisa de le redemander au Général, sous prétexte qu'on le lui avoit ravi ; et il sollicita si bien auprès du Pape, par l'entremise du Cardinal Caraffe, Archevêque de Naples, qui étoit de ses amis, et qui n'aimoit pas trop les Jésuites, que Sa Sainteté commit cette affaire au Cardinal même.

La mère vint exprès de Naples pour agir de son côté ; et comme Octave lui étoit extrêmement cher, elle mit en usage tout ce que la tendresse et la douleur peuvent inspirer à une femme. On la voyoit courir dans la ville tout hors d'elle-même, fondant en larmes, et implorant la justice de Dieu et celle des hommes contre les ravisseurs de son fils. Le Cardinal, ou mal instruit de l'affaire, ou touché des plaintes d'une mère désolée, porta une sentence qui ordonnoit au Général de rendre Octave, et qui le menaçoit des censures Ecclésiastiques, s'il n'obéissoit promptement. Le Père Ignace, qui savoit ce que Saint Jérôme prescrit aux enfans appelés de Dieu, et qu'on ne doit pas déférer à des ordres qui blessent les maximes de l'Evangile, informa lui-même le Pape. Sa Sainteté cassa la sentence du Cardinal Caraffe, et déclara les prétentions du père et de la mère très injustes : mais parce que le même cas pouvoit revenir plus d'une fois, pour affermir la vocation des jeunes Jésuites contre la chair et le sang qui voudroient y donner atteinte, elle établit une Congrégation de Cardinaux qui jugeroient ces sortes de causes.

Affection des Papes envers la Compagnie.

Jules III continua, jusqu'à sa mort, de protéger la Compagnie en toutes rencontres. Le Cardinal de Sainte-Croix, Marcel Cervin, homme d'une vertu rare, et d'une prudence singulière, qui succéda à Jules, et qui prit le nom de Marcel II, n'eut pas moins de bienveillannce pour elle, ni moins de considération pour son Fondateur. Aussi, la première fois que le Père Ignace alla baiser les pieds au nouveau Pape, Sa Sainteté l'ayant embrassé tendrement, conféra long-temps avec lui des moyens qu'on pouvoit prendre pour rétablir l'ancienne discipline des mœurs, et pour éteindre les nouvelles hérésies. Elle le chargea de donner, de sa part, la bénédiction Apostolique à tous les Pères de Rome, et lui déclara qu'elle vouloit les voir tous en particulier, quand la foule des premiers complimens seroit passée. Mais ce qui fut le plus remarquable, c'est que le Pape, l'exhortant à augmenter la Compagnie de nouvelles troupes, pour avoir de quoi combattre tous les ennemis de l'Eglise : *Choisissez-nous seulement des ouvriers formés de votre main*, lui dit-il, *et nous leur donnerons de l'emploi*.

Outre cela, il lui demanda deux Théologiens qu'il pût consulter sûrement dans les affaires difficiles, et qui lui aidassent, en quelque façon, à porter une charge aussi pesante que la sienne. *Cependant*, ajouta-t-il par un sentiment modeste, *je ne vous demande ce secours qu'à condition que vous ne le croirez point nécessaire ailleurs*. Le Père Ignace, charmé et confus également des bontés du Pape, choisit les deux hommes de la Compagnie qui convenoient le mieux à Sa Sainteté, et qui étoient les plus capables de remplir ce poste. Le premier étoit le Père Jacques Laynez, avec qui Marcel avoit lié une étroite amitié au Concile de Trente, et auquel il s'étoit confessé plusieurs fois. Le second, le Père Martin Olave, que le Pape, étant encore Cardinal, avoit mené à son Evêché d'Eugubio l'année précédente, et qu'il appeloit ordinairement son maître.

Mais ces beaux projets de Marcel II, s'évanouirent bientôt avec lui. Il mourut peu de jours après son exaltation, et le Cardinal Jean-Pierre Caraffe, qui fut élu en sa place, ne fit pas espérer un gouvernement si heureux, au moins pour la Compagnie. Il étoit le doyen du sacré Collége, et avoit près de quatre-vingts ans. On le croyoit ennemi des Jésuites ; et parce qu'Ignace n'avoit pas voulu unir son ordre à celui des Théatins, dont Caraffe étoit fondateur, et parce que Jules III avait cassé la sentence que porta Caraffe en faveur de la mère du Jésuite Napolitain. Les Pères de Rome furent tous alarmés de son élection, excepté le Général, qui, ayant fait oraison, connut clairement que Paul IV ne seroit que trop favorable à la Compagnie.

En effet, outre que le Pape traita dès la première fois le Père Ignace avec beaucoup de bonté, qu'il lui donna ensuite plusieurs audiences particulières sur les affaires de son Ordre, et sur celles de Ferdinand, sans le vouloir jamais souffrir ni à genoux, ni la tête nue, il pensa, dès les premiers jours de son Pontificat, à faire Laynez Cardinal. Il s'en déclara hautement dans le Consistoire, et s'expliqua là-dessus en des termes si forts au Père Ignace, que le Père désespérant presque de pouvoir rompre le coup, dit un jour : *Si Dieu n'y met la main, nous verrons,*

Livre V.

dans peu de mois, Laynez revêtu de la Pourpre. Mais ce qui me console, ajouta-t-il, *c'est que si Sa Sainteté ne change point de sentiment, le monde verra bien par la manière dont Laynez recevra le Chapeau, si la Compagnie recherche les honneurs Ecclésiastiques.*

Le Père Ignace ne se trompa pas : il offrit de son côté plusieurs vœux à Dieu, et répandit bien des larmes au pied des autels pour conjurer la tempête. Mais Laynez ne sut pas plutôt le dessein du Pape, que non content d'implorer jour et nuit le secours du Ciel contre sa promotion, il supplia humblement tous ses amis du sacré Collége de s'y opposer ; et il le fit d'un air qui leur donna de l'admiration pour lui.

<small>Il empêche que Laynez ne soit nommé Cardinal.</small>

Le Pape sachant la peine où étoit Laynez, pour l'apprivoiser en quelque sorte avant que de le nommer Cardinal, l'appela au Vatican, et l'y fit loger sous prétexte de l'employer à réformer la Daterie, où, depuis quelques années, il s'étoit glissé beaucoup d'abus. A peine Laynez eut-il demeuré un jour au Vatican, qu'il retourna à la maison Professe sous prétexte de voir plusieurs livres, et de consulter des hommes habiles sur les affaires de la Daterie ; mais en effet dans le dessein de se dérober aux yeux de la Cour, et de se jeter entre les bras de son Père pour se sauver du péril. Aussi ce fut selon les principes et par le conseil du Général, qu'il fit une protestation solennelle écrite et signée de sa main, pour faire entendre à toute la Compagnie et à tout le monde, combien son cœur étoit éloigné du Cardinalat.

Toutes ces démarches eurent leur effet : et soit que Dieu exauçât les prières de ses serviteurs en changeant l'esprit du Pape ; soit que le Pape persuadé par les raisons de Laynez, se relâcha de lui-même, il ne fut plus question de la promotion de ce Père.

On ne sauroit exprimer la joie qu'eut le Père Ignace de voir la Compagnie délivrée d'un chapeau de Cardinal : il en rendit des actions de grâces au Ciel avec ses Enfans, et en remercia Sa Sainteté comme de la plus insigne faveur qu'elle eût pu leur faire. Paul IV conçut en cette rencontre quel étoit l'esprit du Fondateur des Jésuites, et l'estime, qu'il avoit pour lui, s'accrut tellement par-là, qu'il voulut suivre ses conseils dans toutes les grandes affaires.

Le crédit d'Ignace s'établit si fort à la Cour en peu de temps, que le Cardinal d'Ausbourg, qui étoit à Rome, dit une fois que s'il avoit quelque chose à demander au Saint Père, il se serviroit de l'entremise d'Ignace ; et ce qui le fit parler de la sorte, c'est que le Cardinal Jean-Michel Sarazin, qui gouvernoit au commencement du Pontificat, ayant présenté une requête à Paul IV, pour obtenir quelques grâces, Sa Sainteté renvoya la requête au Général des Jésuites.

Paul IV ne se contenta pas de ces distinctions si honorables et si obligeantes. Pour donner au Père et aux Enfans des marques solides de sa bienveillance, il voulut fonder le collége Romain, auquel la libéralité de Borgia et les deux mille écus de Jules III, ne suffisoient pas pour entretenir près de deux cents personnes qui y demeuroient. Mais la guerre qui s'alluma entre le Pape et le Roi Catholique Philippe II, à qui Charles-Quint venoit de remettre ses Royaumes, retarda, et empêcha dans la suite l'exécution de ce dessein. Car il fallut faire des dépenses excessives pour résister à toute la puissance de l'Espagne; et les temps devinrent si mauvais durant les troubles d'Italie, que les plus riches se trouvèrent dans l'embarras.

La confiance qu'a le Père Ignace en la Providence divine.

Cependant la charité des fidèles ne se refroidit point pour les Jésuites de Rome. Ils ne manquèrent de rien dans la nécessité publique; et comme un Père dit au Général, que cela ne se pouvoit faire sans miracle : *Quel miracle*, reprit le Général avec un visage sérieux, et d'un ton assez sévère? *C'en seroit un bien étrange*, poursuivit-il, *si les choses alloient autrement; car enfin la parole de Dieu y est engagée : servons le Seigneur, il nous conduit, et rien ne nous manquera.*

Comme la guerre augmentoit de jour en jour la cherté des vivres, on lui conseilla d'envoyer une partie de ses inférieurs en d'autres provinces. Bien loin de suivre ce conseil, il fit venir à Rome un excellent architecte nommé Antoine Labaco, qui avoit un fils dans la Compagnie, et il prit des mesures avec lui pour bâtir le collége Romain et le collége Germanique, jusqu'à en tracer le plan, et à supputer tout ce que ces deux bâtimens coûteroient; tant il faisoit fond sur la Providence.

C'est dans cet esprit que la même année il fit bâtir, hors de la ville, près Sainte Balbine, une maison jolie et commode, où les infirmes pussent prendre l'air quelquefois, et où les jeunes gens allassent se relâcher de leurs études toutes les semaines. Quelques-uns lui dirent qu'il eût mieux valu amasser une somme d'argent, et qu'il n'étoit pas temps de bâtir quand on avoit de la peine à vivre. *Je préfère la santé du moindre de la maison*, répliqua-t-il, *à tous les trésors du monde.*

Mais Dieu fit voir tout de nouveau, par des événemens extraordinaires, combien une parfaite confiance et une sincère charité lui sont agréables. Car le **Père Polanque**, qui avoit soin pour lors des affaires du collége Romain, et qui étoit chargé de ce bâtiment, n'ayant point d'argent un jour pour payer les ouvriers, et ne sachant où en prendre, alla trouver le Général et lui dit son embarras.

Le Général s'enferma pour faire oraison, et sa prière étant achevée, il fit appeler le Père Jacques Laynez et le Père Christophe de Madrid avec le Père Polanque : *Quoique je ne sois point prophète, ni fils de prophète*, leur dit-il en souriant, *je suis assuré que Notre Seigneur ne nous abandonnera pas.* Ensuite se tournant vers le Père Polanque : *Faites subsister encore six mois le collége*, lui dit-il d'un air gai, *et j'en aurai soin après*.

La prédiction du Général se vérifia presque à l'heure même : car quoiqu'il fût déjà nuit, deux personnes de qualité lui envoyèrent une assez grosse somme, sans savoir le besoin où il étoit ; et avant que les six mois fussent écoulés, on reçut des aumônes très-considérables, qui servirent à éteindre toutes les dettes du collége.

Des secours si prompts et venus si à propos, frappèrent tellement l'esprit du Père Martin Olave, qu'écrivant au Père Ribadeneyra, qui étoit allé en Flandre, il lui manda que pour être convaincu de la sainteté de leur Père commun, il n'avoit pas besoin de voir des malades guéris, ni des morts ressuscités ; que ce qui se passoit dans Rome, à la vue de tout le monde, prouvoit assez qu'Ignace étoit un Saint, et que pour lui il ne demandoit point d'autres miracles.

La Compagnie persécutée en France. Les nouvelles qu'on reçut de France, surprirent un peu le Père Ignace : mais quelque tristes qu'elles fussent, elles ne l'affligèrent pas. Lorsque tout sembloit disposé à l'enregistrement des lettres que les Jésuites avoient obtenues du Roi, il s'éleva contre eux dans Paris une furieuse tempête, dont voici l'occasion et la source.

Henri II, à qui le Cardinal de Lorraine avoit inspiré de bons sentimens pour la nouvelle Société, sut des Commissaires qu'il avoit lui-même nommés, que l'Institut des Jésuites n'étoit ni contre l'Etat, ni contre l'Eglise. Etant averti que le Parlement refusoit toujours d'enregistrer les premières lettres, il lui en adressa des secondes, avec ordre de passer à l'enregistrement, sans avoir égard aux remontrances de son Procureur-Général, qui prétendoit que le nouvel Institut détruisoit l'autorité Royale, et la hiérarchie ecclésiastique.

Le Parlement, choqué du crédit que les Jésuites avoient auprès du Roi, traîna la chose en longueur le plus qu'il put. Mais, ne pouvant se dispenser d'obéir enfin à un ordre si précis, ou du moins d'en faire semblant, il donna un arrêt qui portoit, que comme l'affaire des Jésuites regardoit principalement la Religion, leurs bulles seroient communiquées à l'Evêque de Paris, et au Doyen de la Faculté de Théologie, et que l'un et l'autre en rendroient compte à la Cour.

L'Evêque, qui étoit Eustache du Bellay, qui n'aimoit pas les Jésuites, fit entendre, par son rapport, que leur Institut blessoit les droits des Evêques et les Concordats faits entre les Papes et les Rois de France. Mais le Doyen de la Faculté de Théologie, dévoué à l'Evêque, et animé par un Docteur, dont le proche parent s'étoit fait Jésuite malgré lui, poussa l'affaire bien plus loin : car ne se contentant pas d'avoir dit son avis, en pleine audience, avec beaucoup d'emportement et d'aigreur, il assembla de son chef la Faculté de Théologie. Et c'est dans cette assemblée, que l'on fit, contre la Compagnie, un décret semblable à celui que la même Faculté avoit fait autrefois contre l'Ordre de saint Dominique.

Quoique plusieurs Docteurs de Sorbonne ne voulussent pas souscrire au décret, on ne laissa pas de le publier et de le faire courir partout. Pasquier Brouet, qui étoit le Supérieur des Jésuites de Paris, en envoya une copie à Rome.

Le décret porte que la nouvelle Société, qui s'attribue le nom de Jésus, reçoit, sans nulle choix, toutes sortes de

Décret de la Faculté de Théologie de Paris contre les Jésuites.

gens, quelque crime qu'ils aient commis, et quelqu'infâmes qu'ils soient; qu'elle ne diffère en rien des Prêtres séculiers, n'ayant ni l'habit, ni le chœur, ni le silence, ni les jeûnes, ni toutes les autres observances qui distinguent et qui maintiennent l'état Religieux : qu'elle semble violer la modestie de la profession monastique par tant d'immunités et de libertés qu'elle a dans ses fonctions, surtout dans l'administration des sacremens de Pénitence et d'Eucharistie, sans nulle distinction de lieux ni de personnes; dans le ministère de la parole de Dieu, et dans l'instruction de la jeunesse, au préjudice de l'ordre hiérarchique des autres Religions, et même des Princes ou des Seigneurs temporels, contre les priviléges des Universités, et à la grande charge du peuple : qu'elle énerve le saint usage des vertus, des pénitences, et des cérémonies de l'Eglise : qu'elle donne occasion d'apostasier librement des autres sociétés Religieuses : qu'elle refuse aux Ordinaires l'obéissance qui leur est due; qu'elle prive injustement de leurs droits les Seigneurs ecclésiastiques et les Seigneurs temporels : qu'elle introduit partout des procès, des divisions, des jalousies, des querelles et des schismes : enfin, que pour toutes ces raisons, cette Société semble périlleuse en matière de Foi, ennemie de la paix de l'Eglise, fatale à la Religion monastique, et plus née pour la ruine, que pour l'édification des fidèles.

Les Pères de Rome à qui le Général communiqua cet écrit, furent tous d'avis qu'on y répondît dans les formes, pour désabuser la France, et pour instruire les Docteurs de Paris qui sembloient n'avoir nulle connoissance de l'Institut des Jésuites : mais le Général fut d'un autre sentiment, tout délicat qu'il étoit sur la réputation de son Ordre. Outre qu'il honoroit la Sorbonne, et qu'il la regardoit comme une des plus fortes colonnes de l'Eglise, il crut que la censure étoit trop forte pour faire aucun mal, et qu'une réponse, quelque modeste qu'elle pût être, ne serviroit qu'à irriter davantage les esprits.

Le Général ne veut pas qu'on réponde au décret.

« Dans ce sentiment, souvenez-vous, je
» vous prie, leur dit-il, de ces paroles que
» le Fils de Dieu adressa à ses Apôtres en
» retournant à son Père ; *Je vous laisse la*
» *paix, je vous donne ma paix* : et imagi-
» nez-vous que Notre Seigneur vous les
» adresse aujourd'hui. Il ne faut rien im-
» primer, ni rien écrire, mes Pères, qui
» marque, ou qui produise la moindre
» aigreur. En certaines causes, il vaut
» mieux se taire que de parler ; et on n'a
» pas besoin de se venger, ou de se dé-
» fendre par la plume, quand la vérité se
» venge et se défend elle-même. Les

» Théologiens de Paris sont assurément
» des personnes très considérables, et
» pour qui nous devons avoir beaucoup
» de respect. Mais quelque grande que
» soit l'autorité qu'ils ont dans le mon-
» de, elle ne doit point nous faire peur :
» rien ne l'emporte long-temps sur la vé-
» rité ; on peut la combattre, mais on
» ne sauroit la vaincre. Dieu est notre
» défense ; mettons notre cause entre ses
» mains, et nous triompherons de la ca-
» lomnie. »

Après ce petit discours général, il les assura en particulier, que malgré tous les obstacles qui sembloient faire désespérer leur réception en France, la Compagnie s'y établiroit, et que le collége de Paris seroit un des plus célèbres de l'Europe. Il ne laissa pas néanmoins d'écrire à toute la Compagnie en tous les lieux du monde où elle avoit des maisons, et d'ordonner qu'on lui envoyât des attestations de leur doctrine, de leurs mœurs, et de tout leur genre de vie, mais des attestations authentiques tirées des Princes et des Universités, des Evêques, des Magistrats et des Gouverneurs. Son dessein étoit, en cas de besoin, d'opposer ce témoignage de tout l'Univers au jugement d'un corps particulier qui ne les connoissoit pas assez.

Cependant quelques Docteurs de Sorbonne étant venus à Rome avec le Cardinal de Lorraine, le Père Ignace, qui Il confère avec les Docteurs de la Sorbonne. avoit gardé dans la Ville et au Vatican un profond silence sur le décret de Paris, crut devoir s'en expliquer avec eux devant le Cardinal même. Le jour étant pris, il mena avec lui Laynez, Polanque et Olave. Quatre Docteurs se rendirent chez le Cardinal de Lorraine. Un d'eux, nommé Benoît, qui avoit été le principal auteur de la censure, entreprit de la soutenir article par article. Mais les Pères répondirent si bien à tout, que le Cardinal, prenant la parole, obligea les Docteurs d'avouer qu'ils avoient condamné les Jésuites sans les connoître. Il loua le Père Ignace de n'avoir fait nulles plaintes, ni au Pape, ni aux Cardinaux; et le Docteur Benoît ne put s'empêcher lui-même de l'en louer.

La publication du décret émut tout Paris contre les Jésuites. Les Professeurs, les Prédicateurs, et les Curés attaquèrent hautement leur Institut, et en donnèrent d'horribles idées : on afficha, aux carrefours de la ville, des papiers très injurieux, pour décrier leur doctrine et leur conduite : enfin le peuple leur fit des insultes, qu'on ne fait qu'à des misérables également haïs et méprisés.

Mais l'orage étoit trop violent pour durer; il se dissipa tout-à-coup. Le décret de la Faculté de Théologie tomba de lui-même selon la destinée des choses fausses; et quoique la Compagnie ne fût reçue en France par autorité publique que cinq ou six ans après, elle y vécut tranquillement, et y eut un libre exercice de ses fonctions. Elle commença à enseigner dans la ville de Billon, où l'Evêque de Clermont, Guillaume du Prat, fonda un Collége, en attendant qu'on ouvrît celui de Paris.

Ce fut environ ce temps-là, que le Roi de Portugal désira qu'il y eût des pensionnaires dans le collége de Conimbre, et que les Jésuites eussent la direction de leurs mœurs et de leurs études. Le Général y consentit, à la charge que la demeure de ces écoliers domestiques seroit séparée de celle des anciens Pères; et c'est l'origine des pensionnaires qu'a la Compagnie dans les principaux colléges de plusieurs provinces.

Le soin qu'il a des études du collége Romain.

Comme le Père Ignace vouloit que le collége Romain servît de modèle aux autres, il n'épargnoit rien pour le rendre florissant : outre le Latin, le Grec et l'Hébreu, on y enseignoit toutes les siences, jusqu'aux mathématiques, et il avoit soin d'y mettre de bons professeurs. Il s'informoit à toute heure comment alloient les études; et pour animer les écoliers et les maîtres, il faisoit faire très souvent, dans chaque classe, des combats d'esprit où il assistoit, et où il menoit des Cardinaux et d'autres personnes de qualité.

Les plus célèbres disputes furent celles qui durèrent huit jours entiers, et où l'on soutint des thèses de toutes les sciences que la Compagnie enseigne : il fit imprimer ces thèses, et les répandit de tous côtés.

Pour donner encore de la réputation au collége, il vouloit qu'à l'ouverture des classes les Professeurs fissent des harangues publiques, et qu'à la fin de l'année on fît jouer aux écoliers des pièces de théâtre, qui attirassent les gens d'esprit par la beauté de la composition, et le peuple par l'appareil du spectacle. Mais afin que les études eussent plus d'éclat, il obtint du Pape que les écoliers du collége Romain seroient reçus aux degrés de maîtres ès arts et de Docteurs, après des preuves suffisantes de leur capacité.

Au reste, quoiqu'il voulût qu'on cultivât particulièrement les langues anciennes, il ne vouloit pas qu'on négligeât la langue vulgaire : il s'y étoit lui-même fort appliqué au commencement de son Généralat, jusqu'à prier le jeune Ribadeneyra, qui savoit parfaitement l'Italien, de remarquer toutes les fautes qu'il feroit en parlant, et jusqu'à écrire de sa main les mauvais mots et les mauvaises phrases qui lui échappoient : tant il croyoit que des Religieux, qui, par leur Institut, ont des relations avec le monde, doivent avoir une connoissance exacte de la langue du pays.

Ce fut aussi dans cette pensée qu'il renouvela alors une règle qu'il avoit faite auparavant pour entretenir au-dedans l'union des cœurs, et pour faciliter au-dehors le service du prochain. La règle porte que chacun étudie la langue du pays où il demeure. Ce fut encore pour la même raison qu'il voulut qu'on fît tous les jours en particulier dans le collége Romain, des leçons de la langue Italienne. Mais rien ne fait mieux voir combien la barbarie du langage lui sembloit peu convenable aux ministères de son Ordre, que l'endroit des Constitutions où il dit : *Qu'ils s'exercent à prêcher, et à faire des instructions chrétiennes d'une manière qui édifie le peuple, et qui ne sente point le style de l'école. Pour s'acquitter de ces fonctions comme il faut, qu'ils tâchent de bien apprendre la langue vulgaire.*

Il s'ensuit de là qu'un Jésuite qui néglige de parler correctement, garde mal sa règle ; et que ceux qui prétendent qu'il sort du caractère de sa profession en étudiant la pureté de sa langue naturelle, ne savent pas trop ce qu'ils disent. Ces gens-là devroient se souvenir que les hérétiques, ayant de tout temps fait profession de politesse dans le langage pour gagner le peuple, et insinuer le venin, la

Orland. hist. Soc. l. 16. n. 2.

In concionibus et sacris lectionibus eo modo proponendis qui ædificationi populi conveniat, qui à scholastico diversus est, sese etiam exerceant studeantque ad id munus obeundum linguam vernaculam bene addiscere.

Compagnie de Jésus qui est destinée à les combattre, doit y employer toutes sortes d'armes, même l'étude des langues vivantes, et qu'elle doit, si cela se peut, les savoir parfaitement : quand ce ne seroit que pour faire diversion, et ôter aux ennemis de l'Eglise l'avantage qu'ils s'attribuent quelquefois de parler et d'écrire plus poliment que les autres. *Constitut. part. 4. cap. 8.*

Le Père Ignace prenoit tous ces soins, et gouvernoit tout son Ordre avec une santé ruinée, qui l'obligeoit souvent de garder le lit. Ses forces diminuant de jour en jour, et les affaires croissant à mesure que la Compagnie croissoit, il crut devoir s'associer quelqu'un qui partageât son travail, ou plutôt qui fît sa charge sous lui. Mais il ne jugea pas à propos de faire ce choix. Il assembla tous les Prêtres de la Compagnie qui étoient dans Rome, hors un ou deux, qui n'avoient pas encore achevé leur noviciat ; et leur ayant exposé l'état où le réduisoient ses infirmités, il les conjura de lui donner un homme capable de porter le poids du gouvernement. *Ses infirmités l'obligent à quitter le soin des affaires.*

Après trois jours de prières continuelles, tous, d'une commune voix, nommèrent le Père Jérôme Nadal, qui étoit revenu depuis peu d'Espagne, où le Général l'avoit envoyé pour publier les Constitutions, et qui avoit toutes les qualités que demandoit une charge si importante. Quelques-uns de l'assemblée vouloient qu'il prît le titre de Vicaire ou de Commissaire Général. Mais il fut d'avis de n'en prendre aucun, pour laisser toujours l'autorité du Général inviolable, et son avis fut suivi.

Il se réserve le soin des malades. Le Général approuva le choix que l'on avoit fait, et se déchargea sur Nadal du soin des affaires : il se réserva seulement celui des malades, ne croyant pas pouvoir, en conscience, s'en reposer sur personne, et jugeant qu'un Supérieur étoit obligé de pourvoir lui-même aux besoins de ceux qui le reconnoissoient pour leur père.

Ainsi toute son application se réduisit là, et on ne peut s'imaginer combien sa tendresse paternelle le rendit sensible aux moindres incommodités de ses enfans. Il disoit que c'étoit par un ordre particulier de la Providence, qu'il avoit si peu de santé; que les différentes indispositions à quoi il étoit sujet, lui faisoient ressentir davantage les maux d'autrui, et lui donnoient de la compassion pour toutes sortes d'infirmes.

Mais quelque peine qu'il prît à consoler et à soulager ceux qui se portoient mal, il n'étoit jamais content de lui là-dessus, et il dit un jour que le soin des malades le faisoit trembler quand il pensoit aux obligations d'un bon Supérieur.

Ce soin s'étendoit aux affligés et aux

malheureux; et un Père, Français de nation, ayant été pris aux côtes de Sicile par des corsaires d'Alger en revenant d'Espagne, il n'est pas croyable ce que fit pour lui le Père Ignace. Il employa, dans cette occasion, tout le crédit qu'il avoit auprès du Vice-Roi de Sicile. Il écrivit, de sa main, aux Pères de Messine et de Palerme, et les chargea de n'omettre rien pour la délivrance du captif. Il leur ordonna même de lui mander toutes les semaines où en seroit l'affaire, et les démarches qu'on y auroit faites.

Quoique ses infirmités, qui augmentoient tous les jours de plus en plus avec l'âge, ne lui permissent pas d'agir au-dehors, il vouloit qu'on lui rendît compte des bonnes œuvres d'éclat qui se faisoient en Italie et ailleurs. Il apprit un jour que des jeunes gens de Macerata, ayant préparé une comédie peu honnête pour les réjouissances du carnaval, les Pères, qui y étoient allés en mission du collège de Lorette, avoient exposé le saint Sacrement dans une chapelle magnifiquement parée, qu'on y avoit fait les prières de quarante heures durant les trois jours qui précèdent le mercredi des Cendres, et que le peuple, attiré par une cérémonie toute nouvelle, avoit quitté le théâtre pour venir adorer Jésus Christ sur les autels.

Il établit les prières de quarante heures pendant les trois derniers jours du carnaval.

Cette dévotion plut tant au Père Ignace, qu'il voulut qu'elle se pratiquât toutes les années dans les maisons de la Compagnie. Et c'est à lui que nous devons ces prières solennelles qui se font aujourd'hui partout pendant les derniers jours du carnaval, pour retirer les fidèles des débauches et des folies de la saison.

Se sentant un jour plus foible que de coutume, et considérant que l'obéissance étoit l'âme et le caractère de son Ordre, il fit appeler le compagnon de son secrétaire, et après lui avoir fait entendre qu'il ne pouvoit pas vivre encore bien long-temps, *écrivez*, dit-il. *Je désire que la Compagnie sache mes dernières pensées sur la vertu de l'obéissance;* il dicta ce qui suit.

I. Dès que je serai entré en Religion, mon premier soin sera de m'abandonner entièrement à la conduite de mon Supérieur.

II. Il seroit à souhaiter que je tombasse entre les mains d'un Supérieur qui entreprît de dompter mon jugement, et qui s'y attachât tout-à-fait.

III. Dans toutes les choses où il n'y a point de péché, il faut que je suive le jugement de mon Supérieur, et non pas le mien.

IV. Il y a trois manières d'obéir. La première, quand nous faisons ce qu'on nous commande en vertu de l'obéissance, et cette manière est bonne; la seconde, qui est meilleure, quand nous obéissons à de simples ordres; la troisième et la plus parfaite de toutes, quand nous n'attendons pas l'ordre du Supérieur, mais que nous prévenons et que nous devinons sa volonté.

V. Il me faut obéir indifféremment à toutes sortes de Supérieurs, sans distinguer le premier d'avec le second, ni même d'avec le dernier. Mais je dois regarder en tous également Notre-Seigneur, dont ils tiennent tous la place, et me souvenir que l'autorité se communique au dernier par ceux qui sont au-dessus de lui.

VI. Si le Supérieur juge que ce qu'il me commande est bon, et que je croie ne pouvoir obéir sans offenser Dieu, à moins que cela ne me soit évident, il faudra que j'obéisse. Si néanmoins j'y ai de la peine par quelque scrupule, je consulterai deux ou trois personnes de bon sens, et je m'en tiendrai à ce qu'ils me diront : que si je ne me rends pas après cela, je suis bien éloigné de la perfection que l'excellence de l'état religieux demande.

VII. Enfin, je ne dois point être à moi, mais à mon Créateur, et à celui sous la conduite duquel il m'a mis. Je dois être entre les mains de mon Supérieur comme une cire molle, qui prend la forme qu'on veut, et faire tout ce qu'il lui plaît, par exemple, écrire des lettres ou n'en écrire point, parler à une personne ou ne lui parler pas, et autres choses semblables.

VIII. Je dois me regarder comme un corps mort, qui n'a de lui-même aucun mouvement, et comme le bâton dont se sert un vieillard, qu'il prend ou qu'il quitte selon sa commodité; ensorte que la Religion se sert de moi suivant qu'elle jugera que je lui serai utile.

IX. Je ne dois point prier le Supérieur qu'il me mette en un tel lieu, ou qu'il me donne un tel emploi : je puis néanmoins lui déclarer ma pensée et mon inclination, pourvu que je me remette à lui de tout, et que ce qu'il ordonnera me paroisse le meilleur.

X. Cela n'empêche pas qu'on ne demande des choses qui ne sont pas de conséquence, comme seroit de visiter les Églises, ou de faire d'autres dévotions pour obtenir de Dieu quelque grâce; à la charge toutefois que nous serons dans une égale situation d'esprit, soit que le Supérieur nous accorde, ou nous refuse ce que nous lui aurons demandé.

XI. Je dois dépendre surtout du Supérieur pour ce qui regarde la pauvreté, n'ayant rien de propre, et usant de tout comme une statue qu'on peut dépouiller sans qu'elle s'y oppose, ni qu'elle s'en plaigne.

C'est le Testament du Père Ignace, et la dernière action qu'il fit pour le bien commun de son Ordre. Ses infirmités corporelles ne l'empêchoient pas de contempler à toute heure les choses divines, et il désiroit, avec une extrême ardeur, d'être dégagé des liens du corps pour s'unir à Dieu plus étroitement.

Comme il avoit souhaité trois choses avant sa mort, que la Compagnie fût confirmée par les Souverains Pontifes ; que le livre des Exercices spirituels fût approuvé du Saint Siége, et que les Constitutions fussent publiées dans tous les lieux où ses Enfans travailloient : il disoit qu'il n'avoit plus rien à souhaiter en ce monde ; qu'il y étoit inutile, et qu'il ne devoit plus penser qu'au Ciel. Dans ces sentimens, on l'entendoit soupirer jour et nuit après la vue de son Dieu, et les efforts d'amour qu'il faisoit durant ses prières, l'affoiblissoient toujours davantage.

La douleur qu'il eut de voir la guerre allumée entre le Roi Catholique et le Pape, ne contribua pas peu à lui abréger la vie. Pour déplorer en repos la nouvelle calamité de l'Eglise, et se disposer mieux à la mort qu'il voyoit si proche, il voulut sortir de Rome, où l'on n'entendoit que le bruit des armes, et se retirer dans la petite maison de campagne du collége Romain, qu'il avoit

Il se dispose à la mort.

fait bâtir l'année précédente. Mais les anciens Pères lui ayant représenté qu'un bâtiment neuf n'étoit pas trop sain, que le grand air, durant les chaleurs du mois de Juillet, pourroit lui faire mal, il fit consulter là-dessus les médecins, pour ne pas paroître mépriser l'avis qu'on lui donnoit, et de peur qu'on eût quelque chose à lui reprocher sur sa santé : car quelque envie qu'il eût de mourir, et quelques pressentimens qu'il eût de sa mort, il gardoit toujours son train ordinaire, ennemi de la singularité, et amateur de la vie commune jusqu'à la fin.

Alexandre Petrone, le plus fameux médecin de Rome, lui permit d'aller à la maison de campagne, après avoir été lui-même sur les lieux pour examiner le logement. Cependant à peine le Père y eût-il demeuré quelques jours, qu'il se porta beaucoup plus mal, et qu'il fallut le ramener à la ville. Le médecin ne trouva pas pourtant que la maladie fût dangereuse. Ce n'étoit que de la foiblesse sans nul mauvais accident, et presque sans fièvre : de sorte que personne ne s'en alarma ; et parmi plusieurs malades qu'il y avoit dans la maison Professe, le Général étoit celui pour qui on sembloit être le moins en peine.

Quelques-uns même lui entendant parler de la mort, osèrent dire qu'il avoit. de vaines frayeurs. Il n'entreprit pas de les détromper, mais suivant ses vues, et s'abandonnant aux ordres du ciel dans le silence, il se confessa, et reçut le Corps de Notre Seigneur avec des sentimens extraordinaires. Deux jours après, il fit appeler sur le soir son secrétaire, le Père Polanque; et ayant fait sortir de sa chambre ceux qui y étoient : *Mon heure est venue*, lui dit-il; *allez demander au Pape sa bénédiction pour moi, et une indulgence pour mes péchés, afin que mon âme ait plus d'assurance dans ce terrible passage. Et dites à Sa Sainteté, que si je vais dans un lieu où mes prières puissent quelque chose, comme je l'espère de la Miséricorde divine, je ne manquerai pas de prier pour elle, ainsi que j'ai fait lorsque j'avois à prier le plus pour moi-même.*

Eh quoi, mon Père, repartit Polanque, *seroit-il bien possible que nous vous perdissions sitôt? Les médecins ne jugent pas que vous soyez en danger, et j'espère que Notre Seigneur vous conservera encore pour son service. Allez*, reprit le malade, *et demandez la Bénédiction Apostolique pour un autre Père.* Polanque crut que c'étoit pour le Père Laynez qui avoit reçu les derniers Sacremens; mais l'événement fit voir que cela regardoit le Père Olave.

L'embarras de Polanque fut étrange. Il n'osoit publier ce que le Père Ignace lui avoit dit en secret ; il ne pouvoit même s'imaginer que rien pressât, tant le malade paroissoit avoir plus de forces qu'à l'ordinaire, et tout le monde assuroit qu'il n'y avoit rien à craindre. D'un autre côté, l'ordre précis qu'il avoit reçu par deux fois le mettoit en peine. Le parti qu'il prit fut de retourner au Père Ignace, et de lui demander, s'il ne suffiroit pas d'aller au Pape le jour suivant. *Faites ce que vous voudrez*, répondit le Père, qui craignit peut-être qu'on n'attribuât un troisième ordre à une révélation certaine. Polanque, qui avoit des lettres à écrire en Espagne ce soir-là, remit sa commission au lendemain sur la réponse du Père, et sur la parole des médecins, qui étant venus le soir même, dirent tout de nouveau qu'il n'y avoit point de péril

Deux ou trois des principaux Pères ne quittèrent le malade que fort tard. Avant que de se retirer, ils lui parlèrent d'une petite affaire du collége Romain, et il leur dit, avec sa présence d'esprit accoutumée, ce qu'il en pensoit.

Il passa la nuit tout seul, occupé de Dieu ; et comme on vint voir le matin en quel état il étoit, on le trouva presque à l'agonie. Les Pères acccoururent en foule et tout hors d'eux-mêmes. Polanque alla promptement au Pape, en s'accusant de n'y avoir pas été plutôt ; et Sa Sainteté accorda tout avec de grandes marques de bienveillance et de douleur. Cependant on voulut faire prendre quelque chose au Père Ignace, dans la pensée que ce fût une foiblesse qui lui eût pris : mais il dit d'une voix mourante, que cela n'étoit plus nécessaire ; et joignant les mains, élevant les yeux au Ciel, et prononçant le nom de Jésus, il expira doucement une heure après le soleil levé. C'étoit un vendredi, et le dernier jour de Juillet de l'année 1556.

Il avoit soixante et cinq ans. Il y en avoit trente-cinq qu'il s'étoit converti, et seize que la Compagnie étoit fondée. Il la vit avant sa mort répandue par tout le monde, et divisée en douze provinces, qui toutes ensemble avoient au moins cent colléges. Il la vit même couronnée du martyre en la personne du Père Antoine Criminal, des Frères Pierre Correa et Jean de Soza, qui furent tous trois mis à mort pour la Foi, le premier aux Indes Orientales, et les deux autres au Brésil.

Il étoit d'une taille moyenne, plutôt petite que grande : il avoit le teint olivâtre, la tête chauve, les yeux enfoncés et pleins de feu, le front large, le nez aquilin, tous signes de sagesse, selon les physionomistes. Il boitoit un peu de la blessure qu'il reçut au siége de Pampelune, mais il se ménageoit si bien en marchant, qu'il n'y paroissoit presque pas. Il n'y eut jamais une complexion plus vive ni plus ardente que la sienne : les médecins le jugeoient pourtant phlegmatique, et il sembloit l'être effectivement, tant il avoit travaillé toute sa vie à se vaincre. Enfin tout l'air de sa personne étoit si grave et si doux, si noble et si modeste tout ensemble, qu'à le voir seulement, on ne doutoit pas que ce ne fût et un grand homme, et un Saint.

LIVRE VI.

<small>L'effet que produit sa mort.</small> Quelque cher que le Père Ignace fût à ses Enfans, et quelque besoin qu'ils eussent encore de lui, sa perte ne leur causa point de tristesse, et ne leur abattit pas le courage. Ils sentirent en le perdant, une certaine joie intérieure, qui les assura de son bonheur éternel, et qui leur fit espérer pour eux plus de bénédictions que jamais.

Le jour que le serviteur de Dieu mourut, Laynez étoit fort malade, et presque abandonné des médecins : il ne laissoit pas d'avoir l'esprit libre, et il devina par des paroles qu'il entendit, ce qu'on vouloit lui cacher : car quelques Pères l'étant venu voir, *le Saint est donc mort*, leur dit-il. Ils le lui avouèrent, et la première chose qu'il fit, fut de lever les yeux et les mains au Ciel. Il pria ensuite Notre Seigneur, par l'entremise d'une si sainte âme, de mettre la sienne en liberté, afin qu'il pût accompagner son bienheureux Père, et jouir avec lui du repos qu'il espéroit de la Miséricorde divine.

Au lieu d'obtenir ce qu'il demandoit, il recouvra sa santé; et ce fut apparemment par les mérites du Saint même, qui lui avoit prédit, quelques années auparavant, qu'il seroit le second Général de la Compagnie. Il ne faut pas s'étonner au reste que Laynez se recommandât alors au Père Ignace en la manière qu'il le fit : il l'honoroit comme un saint avant sa mort; et quand il voyoit la Compagnie se multiplier dans le monde au milieu des persécutions, et faire partout de grands fruits, il avoit coutume de dire, que le Seigneur prenoit ses complaisances en l'âme de son serviteur Ignace.

Il disoit aussi que le Père Le Févre, qui étoit un homme si intérieur et si éclairé dans les choses spirituelles, n'étoit qu'un novice et un enfant au prix de leur Père Ignace. Le Févre étoit lui-même de ce sentiment : il découvroit, par lettres, le fond de son âme à leur commun Père; il lui demandoit l'éclaircissement de ses doutes, et il le proposoit à tout le monde pour le modèle de la perfection chrétienne.

Sentimens des premiers Pères de la Compagnie touchant Saint Ignace.

Les autres premiers Pères n'avoient pas moins de vénération pour lui que Laynez et Le Févre. Mais l'Apôtre des Indes et du Japon, François Xavier, sembloit être celui qui l'estimoit et qui le respectoit davantage. Il lui écrivoit ordinairement à genoux ; il l'appeloit le Père de son âme, et une fois il lui adressa une lettre en ces termes : *A mon Père en* Jésus-Christ, *Saint Ignace*. Il parloit de lui comme d'un grand Saint, et il en disoit de grandes choses à ses compagnons de la mission des Indes : aussi quand il vouloit les engager à quelque chose de bien difficile, il les en prioit par l'amour et la révérence qu'ils devoient au Père Ignace. Au milieu des dangers où il se trouvoit sur terre et sur mer, il imploroit le secours du Ciel par les mémoires du saint homme Ignace. Enfin il portoit, dans un reliquaire, la signature d'une de ses lettres avec une relique de l'Apôtre des Indes, Saint Thomas. Et c'est ce qu'avant la mort du Père Ignace racontoit le Frère Bernard, Japonois, celui que l'Apôtre François Xavier baptisa le premier du Japon, et qu'il envoya à Rome après l'avoir reçu en la Compagnie.

Le Père Louis Gonzalez, qui avoit connu particulièrement le Père Ignace, et qui l'avoit observé de près, disoit que sa vie étoit comme une image vivante du livre de l'Imitation de Jésus-Christ.

Mais l'Instituteur de la Compagnie de Jésus passoit pour Saint ailleurs que parmi les siens : tout Rome lui donnoit ce titre ; et quand sa mort fut connue dans la ville, on entendoit dire de tous côtés, *le Saint est mort.* Tandis que le corps fut exposé, le peuple accourut en foule, et chacun s'estimoit heureux de le voir et de lui baiser les mains. Ils vouloient tous emporter quelque chose de ses habits ; mais les Pères ne voulurent jamais le permettre. On l'enterra dans l'Eglise de la maison Professe, au pied du grand Autel, du côté de l'Evangile. On l'avoit ouvert auparavant, et on lui avoit trouvé les intestins desséchés, le foie extrêment dur, et trois pierres dedans, toutes marques d'une excessive abstinence, au rapport des chirurgiens qui l'ouvrirent, et entr'autres de Reald Colomb, le plus célèbre anatomiste de son temps, qui en parle dans son livre de l'Anatomie.

<small>Il est reconnu pour Saint dans Rome.</small>

Le Père Benoît Palmio fit l'éloge funèbre du Saint le jour de l'enterrement. Parmi les Dames Romaines qui étoient présentes, la femme du Seigneur André Nerucci eut une forte pensée durant la cérémonie que sa fille, qui avoit les écrouelles, guériroit par l'intercession de celui dont on faisoit les obsèques. Les

<small>Miracle fait le jour de son enterrement.</small>

médecins, depuis cinq ans, jugeoient le mal incurable, et la Dame étoit sur le point de mener sa malade en France, où les Rois ont le don de guérir les écrouelles.

Comme elle ne douta pas que sa fille, qui étoit auprès d'elle, ne guérît en touchant le corps du Père Ignace, l'une et l'autre firent ce qu'elles purent pour gagner l'autel. Mais il ne leur fut jamais possible de percer la foule. On enferma le corps dans son cercueil, et on le mit au tombeau avant qu'elles pussent approcher. Néanmoins elles ne perdirent pas courage, et la Dame supplia les Pères d'appliquer, sur le mal de sa fille, quelque chose qui eût servi au saint homme. Le Père Corneille Vischaven fit ce qu'elle désira, et dans le même moment les écrouelles disparurent sans qu'il en restât nulle marque.

Le lieu de sa sépulture, et son épitaphe. Le corps demeura au lieu de la sépulture jusqu'à l'année mil cinq cent soixante-huit qu'on l'en retira pour jeter les fondemens de l'Eglise de Jésus que le Cardinal Alexandre Farnèse fit bâtir. Ce sacré dépôt fut porté en un autre endroit de l'ancienne Eglise : mais l'année mil cinq cent quatre-vingt-sept, quand la nouvelle fut toute bâtie, le Père Claude Aquaviva, alors Général, y transféra le corps du saint Fondateur le dix-neuvième

Novembre, et le mit au côté droit du grand Autel, avec cette épitaphe toute simple sur un marbre :

Ignatio, Societatis Jesu Fundatori.

Le bienheureux Instituteur de la Congrégation de l'Oratoire, Philippe de Néry, qui étoit à Rome quand le Père Ignace mourut, parla de lui après sa mort comme il en avoit parlé durant sa vie. Il disoit que c'étoit un homme tout rempli de l'esprit de Dieu; qu'il lui avoit vu plusieurs fois le visage resplendissant; qu'il avoit appris de lui à faire l'oraison mentale, et que toute la Chrétienté lui devoit beaucoup.

Témoignage de plusieurs personnes en faveur de Saint Ignace.

Dès que la nouvelle de la mort du Père fut répandue parmi l'Europe, plusieurs personnes illustres écrivirent à la Compagnie, et leurs lettres étoient autant d'éloges du Saint. Le Cardinal de la Cuéva le louoit dans sa lettre d'une prudence toute chrétienne, et disoit expressément que l'Eglise avoit perdu une des meilleures têtes qu'elle eût.

Le Cardinal d'Ausbourg écrivit en ces termes. « Mes Très Révérends et Très
» Religieux Frères en Jésus-Christ, je
» ne puis vous dire si la mort de notre
» très saint Père Ignace m'a causé ou
» plus de joie ou plus de tristesse. Car
» d'un côté, si l'on considère que Dieu l'a

» retiré des misères de ce monde, pour
» récompenser ses travaux, ce seroit une
» espèce d'impiété de lui envier son bon-
» heur dans la vue de nos intérêts:
» d'un autre côté, nous avons sujet de
» nous affliger, en nous voyant orphe-
» lins par la perte d'un tel père, qui
» étoit pour nous un refuge, et comme
» un port assuré dans toutes nos peines.
» Néanmoins parce que les choses péris-
» sables ne peuvent pas entrer en com-
» paraison avec les choses éternelles,
» nous nous consolons à votre exemple,
» étant certains que cette âme bienheu-
» reuse prie maintenant pour nous au-
» près de Dieu ».

Dom Juan de Vega, Vice-Roi de Sicile, témoigna ses sentimens d'un air tout guerrier. « Le serviteur de Dieu,
» dit-il, a laissé ici-bas des trophées de
» vertu que le temps ne pourra jamais
» détruire, comme il a détruit les plus
» superbes monumens de la vanité des
» hommes. Je m'imagine la pompe avec
» laquelle on a reçu dans le Paradis un
» saint Capitaine chargé des dépouilles
» de l'enfer, et qui a remporté tant de
» victoires sur le démon, en soumet-
» tant à la Foi, par le ministère de ses
» soldats, tant de nations barbares, qui
» avant lui ne connoissoient pas Jésus-
» Christ. Je comprends aussi qu'on peut
» mettre à juste titre son étendard dans

» le Ciel avec celui de Saint Dominique,
» de Saint François, et des autres Saints
» à qui Dieu a donné la force de vaincre
» le monde, et de sauver un grand nom-
» bre d'âmes. »

Je ne puis oublier ici la lettre que les Clercs réguliers de Saint Paul, appelés communément Barnabites, écrivirent de Milan au Père Laynez, Vicaire de la Compagnie, et je crois même qu'il est à propos de la rapporter toute entière : la voici fidèlement traduite du latin.

« La nouvelle de la mort du vénérable
» Père Ignace d'heureuse mémoire, nous
» a causé beaucoup de douleur, et nous
» avons été affligés, tant pour l'amour de
» vous et de toute la sainte Compagnie
» de Jésus, qui a perdu un tel maître
» et un tel Père, que pour l'amour de
» nous-mêmes qui le regardions aussi
» comme notre Père.

» Il y a lieu certainement de s'affliger
» de ce qu'il nous a été ravi dans un
» temps où les gens de bien sont si rares :
» mais ce qui doit nous consoler, c'est
» qu'il a passé à un état plus heureux.
» Car Jésus-Christ est la vie des justes,
» et la mort est un gain pour eux, parce
» qu'ils trouvent un grand avantage à
» être avec Jésus-Christ, après avoir
» été dégagés des liens du corps. Ainsi
» cette sainte âme étant sortie de pri-
» son avec Saint Pierre le premier jour

» d'Août, est allée au Ciel. Nous de-
» vons craindre seulement que quelqu'un
» de nos péchés nous l'ait fait per-
» dre, et que sa mort ne soit un châ-
» timent de Dieu, comme celle du Roi
» Josias qui fut retiré du monde, avant
» que la colère du Ciel éclatât sur le
» peuple Juif.

» Après tout, cela s'est fait selon qu'il
» a plu au Seigneur ; le nom du Sei-
» gneur soit béni : mais nous n'avons
» pas perdu tout-à-fait celui que nous
» pleurons. Ce Saint Homme, qui a rendu
» de si grands services à la Chrétienté,
» vit dans la mémoire de tous les fidè-
» les, et son nom est glorieux en tous
» les endroits de la terre où le nom de
» Jésus-Christ est connu. C'est sous la
» conduite d'un tel maître que la Foi
» chrétienne a été portée jusqu'aux Anti-
» podes ; et c'est dans ces climats incon-
» nus qu'on voit de nos jours plusieurs
» milliers d'âmes converties, une nou-
» velle Eglise toute semblable à l'an-
» cienne, de nouveaux Apôtres, de nou-
» veaux Martyrs.

» Il a envoyé avant lui ses Enfans ; et
» après avoir beaucoup travaillé pour le
» service de Jésus-Christ, il les a sui-
» vis tout consumé de fatigues comme
» eux, accablé du soin des Eglises, et
» martyr dans la paix. Il a été, durant
» plusieurs années, l'appui non-seulement

» de votre maison, mais de tant d'autres;
» que dis-je? Il étoit le père commun de
» tous les gens de bien. Quelles tristesses
» n'a-t-il point dissipées par ses discours
» pleins de douceur et de charité? A qui
» n'a-t-il pas donné de bons conseils dans
» les affaires difficiles, et du secours dans
» les nécessités pressantes? Il a été le
» pied du boiteux, l'œil de l'aveugle, le
» refuge des pauvres, la consolation des
» misérables.

» Que le Seigneur le récompense de
» ses bonnes œuvres. Nous ne cessons
» point d'offrir à Dieu le saint sacrifice
» de l'Autel pour une si sainte âme, qui
» jouit déjà, comme nous le croyons,
» des plaisirs du Ciel : que les autres jet-
» tent des fleurs sur son tombeau; les
» Prêtres n'en ont point de plus agréa-
» bles que les saints Mystères. Au moins
» en lui rendant ces derniers devoirs,
» maintenant qu'il est délivré des misè-
» res de ce monde corrompu, nous lui
» témoignerons jusqu'à la fin l'affection
» que nous lui portions tandis qu'il vi-
» voit parmi les hommes mortels. Nous
» vous prions au reste de recevoir ces
» larmes d'amour comme des marques de
» notre fidélité et de nos respects, de
» nous aimer autant que nous vous ai-
» mons, et de vous souvenir de nous en
» vos prières. Notre Seigneur JÉSUS-
» CHRIST soit avec vous tous. Ainsi

» soit-il. De notre Monastère de Milan, le premier de Septembre mil cinq cent cinquante-six. »

Il est révéré des peuples comme un Saint.

Mais ce ne furent pas seulement quelques personnes ou quelques sociétés particulières qui regardèrent le Père Ignace après sa mort comme un Saint : les peuples eurent une si grande opinion de sa Sainteté, qu'en plusieurs endroits on invoqua son secours pour obtenir des grâces célestes. Cela se fit surtout en Espagne ; et l'honneur, qu'on rendoit à sa mémoire, s'étendit aux lieux qu'il avoit habités durant sa vie. Le château de Loyola devint dès-lors un lieu vénérable à tout le pays, et la chambre où il se convertit, étant malade, fut révérée de toute l'Espagne comme une espèce de Sanctuaire : ceux qui y couchoient se sentoient remplis de l'horreur du péché, et portés à l'amour de la vertu. Il arriva néanmoins un jour, que je ne sais quel Cavalier qui étoit venu voir le Seigneur de Loyola, et qu'on logea dans la chambre d'Ignace, y eut des pensées et des sentimens peu honnêtes : mais toute la maison fut ébranlée, au même instant, par un terrible tremblement de terre ; comme si le Ciel n'eût pu souffrir d'impureté dans un lieu où Ignace avoit reçu des visites de la Vierge, et renoncé pour jamais aux plaisirs des sens.

L'hôpital de Manrèse, où il commença

sa vie pénitente, et la caverne où il exerça tant de rigueurs contre lui-même, devinrent aussi l'objet de la vénération publique. Le peuple y alloit par dévotion, et baisoit la terre qui avoit été arrosée des larmes et du sang d'un si saint homme. On dressa devant l'hôpital une pyramide en son honneur, et on y grava une inscription qui contenoit un abrégé de sa vie. La petite chambre, où il eut l'extase de huit jours, fut changée en une chapelle. Pour la caverne, on l'orna et on l'embellit autant que l'horreur du lieu put le permettre: et un des principaux ornemens fut un grand tableau qu'on y mit, où le Saint étoit représenté de la manière dont il avoit vécu en cette grotte. Il paroissoit revêtu d'un sac, et ceint d'une chaîne de fer, le visage pâle, les pieds nus, et à genoux devant la Vierge, qui tenoit entre ses bras le petit JÉSUS. Il avoit les yeux attachés sur elle, et il étendoit la main en action d'écrire, comme si JÉSUS et MARIE lui eussent dicté les Exercices spirituels. Ces paroles étoient au bas du tableau: *L'an mil cinq cent vingt-deux, Ignace composa, en ce lieu, le livre des Exercices, qui est le premier que la Compagnie de Jésus ait mis au jour, et qui a été approuvé par une Bulle de Paul III.*

Les diverses guérisons qui se firent à Barcelone par le cilice d'Ignace, que Jean

Pascal gardoit comme une relique, et qu'on portoit aux malades, n'augmentèrent pas peu la piété du peuple envers le serviteur de Dieu : mais l'accomplissement de ce qu'Ignace avoit prédit à Pascal même, y contribua encore beaucoup.

Prédiction et apparition de S. Ignace.

Lorsqu'Ignace quitta Barcelone pour aller étudier dans l'Université d'Alcala, Pascal, qui étoit fort jeune, voulut le suivre, et se faire son disciple avec Cazerez, Artiaga et Caliste. Mais le saint homme lui fit entendre que Dieu le vouloit dans le monde, et il lui annonça en même temps ce qui devoit lui arriver. *Vous épouserez*, lui dit-il, *une fille très vertueuse, et vous en aurez plusieurs enfans ; vous aurez aussi bien des afflictions, et vous mourrez extrêmement pauvre : mais consolez-vous, tout ce qui vous arrivera de fâcheux, servira à votre salut.* L'événement vérifia la prédiction : car Pascal fut marié à une personne de grande vertu, dont il eut trois garçons et quatre filles. Mais son fils aîné naquit sourd et muet ; son second fils devint fou ; le troisième, qui étoit fort libertin, mourut subitement. De ses quatre filles, il n'en put marier qu'une, et il fut réduit avec le temps à demander presque l'aumône. Ces accidens si funestes ne lui abattoient point l'esprit. *Voilà*, disoit-il, *ce que m'a prédit le saint homme Ignace :* et quand ses amis lui faisoient espérer une meilleur fortune, *il faut*, répondoit-il, *que la prophétie du Saint s'accomplisse, et je ne demande à Dieu que de la patience.*

Ignace, qui avant sa mort fortifioit Pascal par des lettres très fréquentes, ne l'oublia pas après. Il lui apparut un jour à quatre heures du matin, et voici comme la chose se passa. Pascal avoit coutume, depuis plusieurs années, d'entendre tous les jours matines dans la grande Eglise près du tombeau de sainte Eulalie qui joignoit l'Autel. Etant venu une fois trop tôt, il se mit à prier Dieu tout seul en attendant que l'on commençât matines : l'extrême pauvreté où il étoit réduit alors, l'obligea d'implorer le secours du Ciel par l'entremise de celui qui la lui avoit prédite, et dont il avoit appris depuis peu la mort. *Mon Père*, s'écrioit-il en soupirant, *vos prédictions ne sont que trop vraies, et vous voyez maintenant, du Ciel où vous êtes, ce que vous avez connu par avance étant sur la terre! Ayez pitié de moi; et si vous ne me délivrez pas de mes misères, au moins obtenez-moi la grâce de les souffrir constamment, et de mériter par là le salut que vous m'avez autrefois promis.*

A peine eut-il achevé ces paroles, qu'il entendit une musique charmante, et qu'il vit paroître une troupe nombreuse de jeunes Ecclésiastiques très beaux qui se rangèrent des deux côtés de l'Autel, pour faire place à un homme vénérable qui venoit après eux revêtu des habits sacerdotaux, et tout éclatant de gloire. Ce Prêtre d'une figure plus qu'humaine, s'arrêta sur le tombeau de Sainte Eulalie; et ayant fait une profonde inclination devant le Saint Sacrement, prit un encensoir de la main d'un de ses ministres et encensa l'Autel plusieurs fois.

Pascal étonné du spectacle qu'il voyoit, et ne sachant si ses yeux le trompoient, demeura immobile quelque temps : mais ayant regardé attentivement le Prêtre, il reconnut que c'étoit Ignace. *Ah, mon Père*, s'écria-t-il, *Ah, mon Père Ignace!* Le Saint consola Pascal en lui donnant de nouvelles espérances de son salut, et disparut aussitôt avec les esprits bienheureux qui l'accompagnoient.

Les Chanoines, qui entrèrent dans l'Eglise pour chanter matines, trouvèrent Pascal hors de lui-même, saisi d'admiration, de frayeur et de joie tout ensemble : il leur raconta ce qu'il avoit vu, et il lui en resta une idée si vive, que le seul souvenir du Père Ignace adoucissoit tous ses maux.

<small>Guérison miraculeuse.</small> Cette apparition fit du bruit par toute l'Espagne; mais la guérison de Bobadilla n'éclata pas moins en Italie.

Ce Père étant venu de Tivoli à Rome, fut attaqué d'une fièvre très violente.

Livre VI. 457

Comme on le logea dans la chambre où le Saint étoit mort, il s'adressa à lui au fort de son mal, et tout à coup la fièvre le quitta. Il publia la grâce qu'il avoit reçue par l'intercession de son Père Ignace, et il disoit que le témoignage d'un homme comme lui en valoit deux, par la raison qu'il ne croyoit pas légèrement les miracles. Plusieurs autres personnes furent guéries en divers endroits de l'Europe et du nouveau Monde, en implorant l'assistance du Fondateur de la Compagnie de Jésus.

Quoique, dans la suite des années, l'opinion qu'on avoit de la sainteté d'Ignace crût de jour en jour, et que le temps rendît ses vertus plus éclatantes, les Pères de Rome ne permirent pas que l'on fît des vœux sur son sépulcre, et une personne dévote y ayant fait attacher sept lampes, le Père Claude Aquaviva les fit ôter. Cependant la piété de deux célèbres Cardinaux l'emporta sur la retenue du Général de la Compagnie.

Les enfans d'Ignace avoient coutume, toutes les années, de s'assembler au sépulcre de leur Père le jour de sa mort, et un d'eux faisoit un discours qui rappeloit, en leur mémoire, les principales actions du Saint. L'an mil cinq cent quatre-vingt-dix-neuf, le Cardinal Bellarmin, qui fut le second de la Compagnie, que Clément VIII obligea, sous peine de

Culte rendu à Saint Ignace par le Cardinal Baronius.

20

péché, à recevoir le chapeau, désira faire ce discours. Quoique la cérémonie ne fût que pour les Jésuites, le Cardinal Baronius en voulut être, pour honorer la mémoire d'un homme que son Père Philippe de Néry avoit estimé un Saint. Bellarmin prouva que l'illustre mort, dont il faisoit l'éloge, avoit tout ce qui étoit nécessaire pour être mis au nombre des Saints. Baronius, persuadé et touché également du discours de Bellarmin, fit une longue prière sur le tombeau du serviteur de Dieu, et baisa plusieurs fois la terre qui couvroit son corps : se levant ensuite tout à coup, et se tournant vers les Pères : *J'étois venu pour écouter, et non pas pour parler*, leur dit-il, *mais les paroles du Cardinal Bellarmin ont fait en moi ce que l'eau de la rivière fait à une meule de moulin, elles m'ont excité, tout grossier et tout pesant que je suis.*

Il parla en homme inspiré, et enchérit sur tout ce qu'avoit dit Bellarmin. Après quoi, il fit des reproches aux Pères, de ce qu'ils n'avoient point encore mis le portrait de leur saint Fondateur à son sépulcre ; et se l'étant fait apporter, il l'attacha lui-même, et se mit à genoux devant avec une humilité profonde : tous se prosternèrent au même moment, pleurant de joie et de dévotion.

Dès qu'on sut dans Rome ce que Baronius et Bellarmin avoient fait, le peuple ne balança pas à rendre un culte public au saint homme : et ce culte fut autorisé, non-seulement par l'exemple des deux Cardinaux les plus doctes et les plus vertueux du Sacré Collége, mais aussi par un grand nombre de guérisons miraculeuses qui se firent de tous côtés.

Le Pape Paul V, frappé de tout ce qu'il entendoit dire du Père Ignace, se sentit porté à l'honorer lui-même d'un culte particulier, et à le faire honorer de tous les fidèles. Pour ne rien faire que selon les règles de l'Eglise, il fut d'avis qu'on commençât par une information juridique de la vie et des actions du serviteur de Dieu. On s'appliqua donc, l'année mil six cent cinq, qui fut la première du Pontificat de Paul V, à rechercher exactement les vertus qui avoient le plus éclaté en la personne d'Ignace ; et voici ce que des témoins, dignes de foi, rapportèrent.

Le Pape permet qu'on informe de la vie d'Ignace.

Il étoit si recueilli durant ses prières, qu'il sembloit que la Majesté divine lui fût présente visiblement, et qu'il parlât au Seigneur face à face, ainsi que Moïse. Dès qu'il commençoit à prier, son visage s'enflammoit, et d'ordinaire, dans la chaleur de l'oraison, il avoit des palpitations de cœur très violentes. Il y étoit souvent ravi en esprit, et privé de l'usage de ses sens. Pour sa manière d'oraison, elle te-

Le don d'oraison qu'avoit S. Ignace.

noit de celle du divin Hiérothée, maître de saint Denis, laquelle, au rapport de saint Denis même, consistoit à soutenir les impressions divines; et il dit un jour au Père Laynez, qui l'interrogeoit là-dessus, que Dieu agissoit beaucoup plus en lui qu'il n'agissoit lui-même.

Tout ce qu'il voyoit lui parloit de son Créateur: il en admiroit la beauté, la sagesse, la puissance dans les plus petites choses; et il ne falloit qu'un vermisseau, qu'une fleur, qu'une pointe d'herbe pour le faire entrer dans une profonde contemplation. Mais rien ne l'élevoit davantage à Dieu que la vue du Ciel: il y jetoit pour cela des regards fréquens, tellement que ceux qui ne savoient pas son nom, disoient pour le distinguer: *C'est cet homme qui lève, à toute heure, les yeux en haut, et qui parle toujours de Dieu.*

Etant Général de la Compagnie, il montoit à une plate-forme de la maison, d'où la vue du Ciel étoit libre. Il demeuroit quelque temps debout, les yeux attachés au Ciel; il se mettoit ensuite à genoux, et adoroit Dieu avec toute la révérence possible; il s'asseyoit après sur un petit siége, parce que sa foiblesse ne lui permettoit pas de se tenir autrement, et il passoit là des heures entières dans une grande quiétude, la tête nue, le visage baigné de larmes, et l'esprit abîmé en Dieu.

Non content de donner le jour à ce divin exercice, il divisoit la nuit en trois parties, dont l'une étoit pour le sommeil, l'autre pour les affaires, et la principale pour l'oraison. Au commencement qu'il fut Prêtre, il lui venoit tant de lumières, et il répandoit tant de larmes en récitant son office, qu'il lui falloit faire des pauses à chaque verset : mais quand il disoit la Messe, il avoit des vues et des sentimens qui le faisoient soupirer et pleurer à chaque parole.

Un jour de Noël, célébrant les Sacrés Mystères dans l'Eglise de saint Jean de Latran, il fut saisi d'une dévotion si tendre, qu'il fondit en larmes au milieu du sacrifice ; de sorte qu'un homme, qui ne le connoissoit pas, dit à François Strada, qui avoit servi la Messe : *Vous avez-là un Prêtre bien scélérat et bien tourmenté des remords de sa conscience ; il n'a fait à l'Autel que pleurer ses crimes.*

Ces larmes continuelles l'abattirent de telle sorte avec le temps, et dissipèrent si fort ses esprits, qu'il en devint très infirme, et qu'il pensa en perdre la vie. Comme les médecins l'avertirent du péril où elles le mettoient, il supplia Notre Seigneur d'en arrêter le cours, ou de l'en rendre le maître. Il obtint ce qu'il demandoit, et il eut un empire si absolu sur ses larmes, qu'il les laissoit couler, ou les retenoit quand il lui plaisoit, avec cet avantage néanmoins, que quand elles étoient arrêtées, les délices spirituelles ne laissoient pas d'inonder son âme.

Mais, pour mieux savoir quelles étoient ses communications avec Dieu, il faut l'entendre parler lui-même dans un écrit qui contient ses dispositions intérieures de quatre mois, et qui lui échappa quand il fit brûler tous les papiers où il marquoit jour par jour ce qui se passoit en son âme.

« Les larmes que je versai ce jour-là,
» dit-il, me sembloient fort différentes
» de celles que j'avois répandues les autres
» jours. Elles couloient lentement et dou-
» cement, sans bruit et sans agitations:
» elles venoient même d'une source si
» profonde, que je ne sais comment
» l'expliquer. Tout m'excitoit à l'amour
» de Dieu, et la parole intérieure, et
» celle que j'entendois au-dehors : mais
» ces divines paroles avoient une cer-
» taine harmonie qui pénétroit tellement
» le fond de mon cœur, que je ne puis
» l'exprimer. Le lendemain, durant la
» Messe, beaucoup de larmes comme le
» jour précédent, et encore après la Messe.
» Je goûtois alors une joie secrète que
» produisoit la parole intérieure ; et cette
» parole ressembloit à une voix ou à une
» musique du Ciel. L'ardeur de la dévotion

» s'augmentoit en moi, à mesure que je
» pleurois, en m'apercevant que je con-
» noissois et que j'entendois d'une manière
» toute divine.

» Priant la Vierge de m'être favorable
» auprès de son Fils et auprès du Père
» Eternel, et priant ensuite le Fils de
» Dieu d'intercéder pour moi, avec sa
» sainte Mère, auprès de son divin Père,
» je me suis vu élevé en la présence du
» Père Eternel, et j'ai senti que mes
» cheveux se hérissoient. J'ai commencé
» ma prière avec une grande abondance
» de larmes, une dévotion véhémente,
» et plusieurs connoissances de la très
» sainte Trinité. Ces illustrations étoient
» si fréquentes et si douces, que la mé-
» moire et l'esprit me manquent pour les
» dire.

» J'ai expérimenté une telle surabon-
» dance de lumières divines, de visites
» célestes, de goûts spirituels accompagnés
» de larmes continuelles, que toutes les
» fois que je prononçois le nom de Dieu
» et de Notre Seigneur, il me sembloit
» que j'en étois tout pénétré, avec une
» certaine soumission respectueuse, qu'on
» ne peut, ce semble, exprimer.

» Après l'oraison, j'ai eu des mouve-
» mens intérieurs extraordinaires ; ce n'é-
» toit que sanglots et que larmes ; je fon-
» dois tout en amour pour Jésus-Christ,

» et je désirois mourir avec lui, plutôt que
» de vivre avec aucun autre.

» Lorsqu'on préparoit l'autel pour le
» sacrifice de la Messe, en me représ-
» tant Jésus-Christ, je me suis senti
» porté à le suivre; et sa qualité de Chef
» de la Compagnie m'a paru quelque chose
» de plus puissant que toutes les autres
» raisons, pour me résoudre à pratiquer
» la pauvreté évangélique. Rappelant alors
» en mon esprit le temps auquel le Père
» Éternel me donna à son Fils, et que
« le nom de Jésus s'imprima si avant en
» moi, je pleurois et je sanglottois tout
» de nouveau.

» Parlant à la Majesté divine, j'ai
» versé un torrent de larmes, et j'ai été
» embrasé d'un si grand amour, qu'il me
» sembloit que je l'aimois sans mesure,
» et que je m'unissois à son amour
» même.

» Étant à l'autel, j'ai eu de très ten-
» dres sentimens de dévotion, et j'ai tant
» pleuré, que je doutois si je ne perdrois
» point un œil, au cas que les larmes
» continuassent de la même force. A ces
» paroles de la Messe, *Placeat tibi sancta*
» *Trinitas*, il m'est survenu un déluge
» de larmes, avec un embrasement d'a-
» mour. Tous ces mouvemens se termi-
» noient à la très sainte Trinité, qui me
» conduisoit et m'attiroit à son amour.

LIVRE VI. 465

» M'étant adressé au Saint-Esprit pour
» me disposer à dire la Messe que l'Eglise
» dit en son honneur, il me sembloit que
» je l'entendois, et que je le voyois dans
» une lumière sensible, et sous la couleur
» d'une vive flamme.

» J'ai connu clairement que la Sainte
» Vierge m'étoit favorable auprès du Père
» Eternel. J'ai vu même, au temps de la
» consécration, que ce qu'il y avoit de
» grâce en moi, me venoit par elle, et que
» sa chair étoit contenue dans la chair de
» son fils.

» J'ai eu durant l'oraison, depuis le
» commencement jusqu'à la fin, de grands
» sentimens de Dieu. Dans l'Eglise, hors
» de la maison, il m'a semblé que je
» voyois la patrie céleste, ou le Seigneur
» du Ciel, par l'intelligence que j'ai eue
» des trois Personnes de la Trinité.

» Entrant dans la chapelle pour prier,
» j'ai reçu une lumière et une force d'en-
» haut, qui m'ont fait connoître, ou à
» parler plus proprement, qui m'ont fait
» voir en quelque façon la très sainte
» Trinité. Jésus-Christ m'a été montré
» au même instant comme celui qui m'a-
» voit obtenu de la Trinité cette vision
» intellectuelle.

» J'ai eu une grande dévotion en me
» préparant au sacrifice de la Messe,
» dans la pensée que pour m'approcher
» de l'autel, je devrois être comme un

20*

» Ange; et ce sentiment m'a fait venir
» les larmes aux yeux, mais des larmes
» pleines de douceur. Pendant la Messe,
» j'ai fait plusieurs pauses, et j'ai été
» si éclairé en un moment sur le mys-
» tère de la Trinité, qu'il me sembloit
» que je ne pourrois pas acquérir tant de
» connoissances avec une longue étude.

» Une autre fois, dans l'oraison, j'ai
» eu une dévotion vive et ardente, avec
» un goût spirituel qui m'élevoit au-dessus
» des sens. Depuis, à la Messe, plus de
» larmes qu'auparavant, jusqu'à en per-
» dre la parole. J'avois cependant des
» lumières en si grand nombre et d'une
» telle nature, qu'il ne me restoit plus
» rien, ce semble, à apprendre touchant
» la très sainte Trinité.

» En célébrant les divins Mystères avec
» beaucoup de ferveur, il me sembloit
» que lorsque je priois le Père Eternel,
» Jésus lui présentoit mes prières, et les
» accompagnoit des siennes : j'eus alors
» un sentiment et une vue que l'on ne peut
» exprimer.

» Etant près du feu, je vis Jésus tout
» de nouveau, et depuis encore hors de
» la maison, dans les rues, en allant chez
» le Cardinal de Carpi, et revenant de
» chez lui, et en divers autres lieux :
» durant ces apparitions, j'avois plusieurs
» mouvemens intérieurs; et la vue de
» Jésus m'enflammoit de telle sorte, qu'il

» me sembloit que rien ne pouvoit m'en
» séparer. »

Voilà une partie de ce que contient le mémoire Castillan écrit de la main d'Ignace. Car je craindrois de fatiguer les lecteurs, si je le rapportois tout entier. On peut voir par là combien ce saint homme étoit avancé dans toutes les voies de la vie intérieure, et jusqu'où alloit son union avec Dieu.

Aussi l'aimoit-il si ardemment et si purement tout ensemble, qu'il ne se proposoit, en toutes ses actions, que l'honneur de la Majesté divine. Il avoit pris pour sa devise, AD MAJOREM DEI GLORIAM : *A la plus grande gloire de Dieu* : ne se contentant pas de glorifier le Seigneur, mais voulant le faire de la manière la plus excellente et la plus parfaite, dont un homme soit capable avec le secours de la grâce. {Son amour envers Dieu.}

S'entretenant un jour avec le Père Laynez en présence d'André Oviédo et de Pierre Ribadeneyra : *Que feriez-vous*, lui dit-il, *si Dieu vous disoit :* au cas que vous vouliez mourir présentement, je vous donnerai la gloire éternelle ; mais si vous voulez vivre encore, je ne vous assure point de votre salut ; je vous jugerai selon l'état où vous serez à l'heure de votre mort. *Si*, dis-je, *Notre Seigneur vous tenoit ce discours, et qu'il vous vînt dans l'esprit que demeurant en ce monde, vous pourriez rendre quelque service à la*

Majesté divine, que choisiriez-vous? — Je vous confesse, mon Père, répartit Laynez, *que je prendrois le parti le plus sûr sans hésiter. Pour moi,* répliqua le Saint, *je ne le ferois pas; et, si je jugeois pouvoir avancer la gloire de Dieu en quelque chose, je le supplierois de me laisser vivre. Il me semble après tout,* continua-t-il, *que je ne risquerois rien. Car enfin, si un Roi avoit offert une grande récompense à un de ses sujets, et que ce sujet ne voulût pas la recevoir pour être plus en état de servir son Prince, le Prince ne se croiroit-il pas obligé à conserver, et même à augmenter la récompense dont l'on se seroit privé pour son service? Mais si les Grands de la terre, qui sont naturellement ingrats, en usent ainsi, que ne devons-nous pas espérer du Roi des Rois, qui nous prévient par sa grâce, et de qui nous tenons tout ce que nous sommes? Comment pourrions-nous craindre d'être malheureux et réprouvés, pour avoir sacrifié nos intérêts à la gloire de notre Maître? Que les autres en pensent ce qu'ils voudront, je ne penserai jamais rien de semblable d'un Dieu si bon, si fidèle et si magnifique.*

Lorsqu'il faisoit les Constitutions de son Ordre, il lui vint en la pensée quel sentiment il auroit, si Dieu le mettoit dans l'enfer pour ses péchés; et il écrivit là-dessus les paroles suivantes. *Je me représentois, d'un côté, les supplices que j'au-*

Livre VI.

rois à souffrir; de l'autre, les blasphèmes des damnés : et il me sembloit que je ne sentirois pas les supplices en comparaison des blasphèmes que j'entendrois contre le saint Nom de Dieu.

Il disoit souvent : *Que désiré-je, ou que puis-je désirer hors de vous, mon Dieu ?* Il finissoit ses catéchismes par ces paroles : *Aimez Dieu de tout votre cœur, de toute votre âme, de toutes vos forces :* et il répétoit, plusieurs fois le jour, l'oraison fervente qu'il avoit composée en faisant le livre des Exercices spirituels.

Recevez, Seigneur, toute ma liberté; recevez toute ma mémoire, tout mon entendement, et toute ma volonté. Vous m'avez donné tout ce que j'ai, ou ce que je possède; je vous le rends tout, et le remets à votre divine volonté, afin que vous en disposiez absolument. Donnez-moi seulement votre amour avec votre grâce, et je suis assez riche : je ne demande rien davantage.

Il soupiroit jour et nuit après la vue de Notre Seigneur, et il désiroit pour cela d'être dégagé des liens du corps. Aussi dès qu'il pensoit à la mort, il pleuroit de joie, estimant le meilleur pour lui, à l'exemple de l'Apôtre Saint Paul, de vivre avec Jésus-Christ. Mais ce qu'il souhaitoit, n'étoit pas seulement d'être heureux ; c'étoit de voir la gloire de la sacrée humanité du Sauveur, de même qu'on souhaite de voir en honneur celui qu'on aime tendrement.

Il estimoit tant les opprobres qu'on souffre pour Dieu, qu'il dit un jour, que les chaînes dont il avoit été chargé en Espagne, lui étoient plus précieuses que toutes les couronnes de la terre; et que rien ne pouvoit lui donner autant de joie qu'il en ressentoit d'avoir été prisonnier pour le nom de J. C.

Comme il avoit toujours devant les yeux ce que le Fils de Dieu a souffert pour l'amour des hommes, il s'imaginoit ne point l'aimer, quand il n'enduroit rien pour son service, et il eût voulu lui rendre vie pour vie, en mourant d'une mort cruelle et honteuse.

Il pria une fois Notre Seigneur de ne lui donner aucune consolation intérieure, afin que son amour fût plus désintéressé et plus pur. Une autre fois il demanda instamment à Dieu un profond respect pour les saints Mystères; mais il ajouta, que ce respect vînt d'amour, et non pas de crainte. *Donnez-moi, Seigneur*, disoit-il, *une révérence tendre, une humilité qui ne soit qu'amour;* et en prononçant ces paroles, il goûtoit toutes les douceurs célestes.

Ayant rencontré un Frère qui faisoit son office avec négligence: *Mon Frère*, lui dit-il, *ce que vous faites, pour qui le faites-vous?* Le Frère lui répondit que ce qu'il faisoit, c'étoit pour l'amour de Dieu. *Certainement*, répliqua le Saint, *si c'est pour l'amour de Dieu que vous travaillez, vous êtes bien coupable, et vous méritez une rude pénitence. Ce n'est pas un grand mal*, ajouta-t-il, *que de se négliger en servant les hommes; mais de servir Dieu lâchement, c'est ce qui ne peut se souffrir.*

Comme il ne cherchoit et n'aimoit que Dieu, il ne songeoit qu'à lui plaire, et ne craignoit rien davantage que de l'offenser. C'est pourquoi il avoit une attention continuelle sur lui-même. Il examinoit les mouvemens de son cœur à toutes les heures du jour; et il tenoit ses sens si recueillis, que depuis sa conversion jusqu'à sa mort, il ne regarda jamais une femme en face, quoique le Ministère évangélique l'obligeât souvent de leur parler et de traiter avec elles.

Car dès les premières années de sa vie nouvelle, il s'employa tout entier au service du prochain, et dans la suite il y rapporta toutes ses actions et tous ses desseins. Soulager les pauvres, servir les malades, instruire les ignorans, consoler les malheureux, faire du bien à tout le monde, c'étoit là proprement l'occupation et la vie d'Ignace. {Sa charité envers le prochain.}

Il eut toujours soin non-seulement de ne pas rendre le mal pour le mal, mais de vaincre le mal par le bien, selon le conseil de l'Apôtre. L'an mil cinq cent quarante-six, un Religieux Espagnol qui étoit à Rome, et qui témoignoit beaucoup d'amitié au Père Ignace et à ses Enfans, changea tout d'un coup, et se déclara hautement contr'eux, jusqu'à soutenir que tout ce qu'il y avoit de Jésuites en Espagne, depuis Perpignan jusqu'à Séville, méritoient le feu, et qu'il les feroit brûler. Le Général de la Compagnie, à qui ce Religieux fit dire cela par un homme exprès, reçut une telle insulte d'une manière très chrétienne, et écrivit après, en ces termes, à l'homme qu'on lui avoit envoyé.

Dites, je vous prie, au bon Père, que comme il a envie de faire brûler tous ceux de la Compagnie depuis Perpignan jusqu'à Séville, je souhaite que lui et tous les amis qu'il a, non-seulement entre Perpignan et Séville, mais dans tout le monde, soient embrasés des flammes du divin amour. Vous lui direz aussi, s'il vous plaît, que le Gouverneur de Rome, et le Vicaire du Pape, ont nos affaires entre les mains; et que s'il a quelque chose à dire contre moi, il fasse sa déposition devant ces deux Juges, afin que si je suis criminel, je porte moi seul la peine de mes crimes, et que ceux qui sont innocens ne soient pas punis.

Un Père de la Compagnie mécontent du Père Ignace, s'emporta un jour contre lui, et franchit les bornes non-seulement de l'obéissance, mais de la raison. Le Saint se mit en prière pour ce pauvre homme et parla ainsi à Dieu les larmes aux yeux : *Pardonnez-lui, Seigneur, pardonnez-lui, mon Créateur, parce qu'il ne sait ce qu'il fait.* Dieu en même temps répondit au Saint comme autrefois à Moïse : *Laissez-moi, je vous vengerai;* et il arriva ensuite que ce Père étant allé voir des Reliques dans une Eglise de Rome, vit ou crut voir la figure d'un homme sévère, qui avoit un fouet à la main, et qui le menaçoit de le châtier s'il n'obéissoit à Ignace. Cette vision le fit rentrer en son devoir; mais quelque raisonnable qu'il devînt, il ne laissa pas d'être tourmenté intérieurement toute sa vie.

Pour entretenir la paix avec le prochain, Ignace cédoit toujours de son droit autant que la conscience pouvoit le permettre; et il disoit que d'en user de la sorte, c'étoit une chose non-seulement honnête, mais avantageuse : parce que Dieu avoit coutume de bien payer ceux que la charité portoit à se relâcher sur leurs intérêts. Ainsi le réfectoire de la maison Professe étant fort obscur à cause qu'un voisin fâcheux ne vouloit pas qu'on prît du jour dans un mur mitoyen, quelque droit qu'on eût d'en prendre de ce côté-là, le Père ne fit jamais aucune poursuite en justice, et aima mieux manger plus de huit ans dans un lieu où l'on ne voyoit presque goutte, que de troubler tant soit peu la paix. Enfin il eut patience jusqu'à ce qu'on pût acheter la maison voisine, et que le maître voulût la vendre de lui-même.

Il prioit Dieu également pour les ennemis et pour les amis de la Compagnie. Il le faisoit tous les jours pour le Souverain Pontife, et pour les Princes chrétiens, dont dépend la tranquillité publique. L'an mil cinq cent cinquante-cinq il dit, à l'occasion de la maladie de Jules III, que quand le pape se portoit bien, il prioit pour lui une fois le jour avec effusion de larmes; mais que quand Sa Sainteté étoit malade, il ne manquoit pas de le faire deux fois régulièrement. Et l'an mil cinq cent cinquante-six, après que l'Empereur Charles-Quint se fut défait de tous ses Royaumes entre les mains de Philippe II, Eléonore Mascaregnas qui avoit été Gouvernante de Philippe, supplia par lettres le Père Ignace de recommander à Dieu le nouveau Monarque, dont la bonne conduite importoit si fort au bien de l'Eglise : il lui répondit, qu'il avoit coutume de prier une fois chaque jour pour le Prince avant l'abdication de Charles Quint, et que depuis il prioit tous les jours deux fois pour lui avec une affection particulière.

Il excusoit ordinairement les péchés d'autrui sur la fragilité de la nature, ou sur l'emportement de la passion : il sauvoit quelquefois par l'intention une action blâmable, en soutenant que ce qui paroît criminel devant les hommes, ne l'est pas toujours devant Dieu. Que si le fait étoit si énorme et si évident, qu'on ne pût le défendre en nulle manière, il disoit alors avec le Saint-Esprit : *Ne jugez point avant le temps, Dieu seul voit le fond des cœurs.*

Mais son amour envers le prochain éclatoit surtout où il s'agissoit du salut des âmes : il ne refusoit aucun travail qui leur fût utile, et il disoit que si pour en sauver une il eut fallu souffrir les derniers opprobres, il les auroit soufferts de bon cœur.

Etant déjà vieux et accablé d'infirmités, il fut appelé un jour pour confesser un homme qui se mouroit. Quoiqu'il fût ce jour-là tout malade, et qu'il y eût plusieurs Pères dans la maison, sur qui il pouvoit se décharger d'un ministère si peu convenable à la disposition où il se trouvoit, il alla passer la nuit auprès du moribond, et l'aida à mourir chrétiennement.

Enfin il ne respiroit que la conversion des pécheurs, et son zèle n'embrassoit pas moins que toute la terre. Il avoit même pour les pécheurs une certaine tendresse qu'il n'avoit pas pour les autres hommes; et cela étoit si connu, que le frère du Père François de Borgia lui écrivant pour lui demander son amitié : *Je n'ai*, lui dit-il, *rien en moi qui mérite que vous m'aimiez, si ce n'est que je suis frère du Père François, ou que je suis grand pécheur; et je doute lequel de ces deux motifs est le plus puissant pour vous engager à m'accorder la grâce que je vous demande.*

Son humilité.
Dès qu'il commença à servir Dieu, il eut une si profonde connoissance de son néant, et une si basse idée de lui-même, qu'on lui a souvent entendu dire que la vaine gloire étoit de tous les vices, celui qu'il craignoit le moins. Il ne laissoit pas de connoître en lui les dons de Dieu, et comparant un jour avec l'autre, le profit présent avec le passé, il disoit que Manrèse, qu'il appeloit sa primitive Eglise, n'avoit été que son noviciat, et que Notre Seigneur perfectionnoit tous les jours l'ouvrage qui n'étoit alors qu'ébauché. Mais ces dispositions intérieures si excellentes, ces illustrations divines, ces apparitions fréquentes de Jésus-Christ et de la Vierge, ces douceurs continuelles d'une dévotion sensible, ne servoient qu'à augmenter la mauvaise opinion qu'il avoit de lui. *Il faut que je sois bien foible*, disoit-il, *puisque j'ai besoin de tant d'appuis extraordinaires pour me soutenir.*

Il disoit encore, que plus il faisoit de fautes, plus il recevoit de faveurs du Ciel; comme si ses négligences et ses infidélités eussent été la mesure des libéralités et des caresses du Père des miséricordes : et c'est aussi ce qui lui faisoit dire, qu'il étoit peut-être le seul homme au monde qui unît en sa personne des extrémités si éloignées, tant de péchés et tant de grâces.

Etant une fois ravi en esprit, et élevé de terre au milieu d'une lumière toute céleste, on l'entendit s'écrier : *O Dieu infiniment bon, puisque vous supportez un misérable pécheur comme moi!* De sorte que la vue de ses misères ne le quittoit pas même dans l'extase.

Après cela, il pouvoit, ce semble, parler de ses ravissemens et de ses extases sans nulle crainte de vanité. Il n'en parloit néanmoins que très rarement, et que pour fortifier ses compagnons; encore étoit-ce toujours avec beaucoup de réserve, et seulement à la naissance de la Compagnie : car quand elle fut bien fondée, il n'est pas croyable combien il eut soin de cacher les grâces extraordinaires dont Dieu le favorisa dans la suite.

Il ne parloit jamais de ce qui se passoit en son âme qu'avec des termes modestes, et parce que sur la fin de ses jours, il eut des sentimens de piété les plus tendres que l'on puisse avoir, il disoit que la bonté divine lui donnoit de la dévotion, à cause qu'étant déjà vieux et infirme, il n'étoit plus propre qu'aux exercices de la vie intérieure. Il signa quelque temps ses lettres de la sorte : *Pauvre de tout bien, Ignace.* Il n'appeloit guère la Compagnie, que la petite Compagnie de Jésus. Quand on parloit, en sa présence, des fruits qu'elle faisoit dans le monde, et de ce qu'elle s'étoit étendue en si peu de temps par toute la terre ; ou quand on tenoit quelqu'autre discours qui tournoit à son honneur, il se recueilloit aussitôt, la honte lui montoit au visage, et les larmes lui venoient aux yeux.

Le Père Laynez lui demanda un jour confidemment, si ce qu'on disoit de lui étoit vrai, qu'il eût un Archange pour son Ange gardien. Le Saint ne lui fit aucune réponse, mais il devint rouge, et pour user des termes du Père Laynez, il se troubla à peu près comme feroit une honnête fille, qui étant seule dans sa chambre seroit surprise par un inconnu à une heure indue.

Ayant su qu'un Frère avoit dit à un autre, que leur Père Ignace étoit un grand Saint, il le reprit très sévèrement : *C'est avilir et déshonorer la Sainteté*, lui dit-il, *que de la reconnoître dans un pécheur comme moi* : il ajouta qu'une parole de cette nature étoit un vrai blasphème.

Mais un pareil discours coûta peut-être la vie au Père Jacques d'Eguia; c'étoit le confesseur du Père Ignace. Quoique le Saint, qui lui découvroit son intérieur pour ne pas marcher sans guide dans les voies de Dieu, lui recommandât un profond silence, et qu'il eût même puni ce bon Père pour avoir parlé trop librement là-dessus; Eguia ne pouvoit si bien se retenir, qu'il ne lui échappât certaines paroles qui faisoient entendre ce qu'il n'osoit dire. Il souhaitoit de survivre au Saint quelques heures, afin de révéler sans scrupule tout ce qu'il savoit; et il disoit qu'on ne pourroit l'entendre sans étonnement. Le souhait du confesseur vint aux oreilles du Père Ignace; et le sentiment des Pères qui vivoient alors, fut que le Saint demandât à Dieu qu'un tel souhait ne s'accomplît pas. Quoiqu'il en soit, le Père d'Eguia mourut peu de jours avant le Père Ignace, et on n'a point su ce que le Saint craignoit tant que son confesseur révélât.

Il désiroit qu'on le jetât à la voirie après sa mort, comme n'étant, disoit-il, qu'un peu de boue et un fumier abominable.

Il dit un jour que tous ceux de la maison lui donnoient exemple de vertu et matière de confusion, et qu'il n'étoit scandalisé que de lui-même. Il écrivit une fois à une personne de confiance, que jamais il ne traitoit des choses de Dieu avec qui que ce soit, pas même avec les plus grands pécheurs, qu'il n'y apprît et qu'il n'y gagnât beaucoup.

Jamais homme ne fut moins attaché à son jugement que lui; et quand les choses, sur lesquelles il délibéroit, ne lui paroissoient pas évidentes, il suivoit sans peine l'avis des autres. Enfin quoiqu'il eût toutes les qualités nécessaires pour bien gouverner, et qu'il les eût même dans un degré éminent, au sentiment des hommes sages qui l'ont connu, il ne se croyoit point capable d'être Supérieur; et il protestoit devant Dieu qu'il n'étoit propre qu'à obéir.

Ses enfans le prièrent à diverses reprises et avec instance, de leur laisser des mémoires de sa vie, pour leur instruction : il n'en voulut rien faire au commencement; mais à la fin il se rendit, de peur, sans doute, qu'ils ne crussent que sa modestie l'empêchoit de leur dire de grandes choses. Il dicta donc, sur la fin de ses jours, au Père Louis Gonzalez, une relation simple et courte de ce qui lui étoit arrivé depuis sa conversion, jusqu'à l'année mil cinq cent quarante-trois : pour le reste, il renvoya non pas au Père Jacques d'Eguia son confesseur, mais au Père Jérôme Nadal, à qui il s'étoit un peu ouvert de temps en temps. Il vouloit apparemment qu'on crût qu'il ne cachoit rien, et que tout se réduisoit à ce qu'il avoit dit, et à ce que Nadal pouvoit dire. C'est ce qui s'appelle couvrir l'humilité sous l'humilité, en fuyant même la réputation d'être humble.

Depuis qu'il eut quitté une fois le monde, il conçut une extrême horreur pour tout ce que les mondains recherchent le plus; et il rechercha ardemment ce qu'ils abhorrent davantage. S'il n'eût eu égard qu'à lui-même, il eût voulu passer pour fou dans l'esprit des sages du siècle; et si la charité du prochain, ou la bienséance l'eût permis, il n'auroit pas fait difficulté de paroître aux yeux du peuple avec un habit extravagant. *Son détachement du monde.*

Le mépris qu'Ignace avoit en général pour le monde, s'étendoit en particulier aux spectacles, aux magnificences des Cours, aux entreprises et aux conquêtes des Princes: il trouvoit tout cela petit, et c'est ce qui le faisoit s'écrier souvent, en considérant les astres dans le silence d'une belle nuit: *Que la terre me semble vile quand je regarde le ciel!*

Aussi n'avoit-il de commerce avec les Grands, qu'autant que la gloire de Dieu et l'intérêt de la Religion le demandoient. Comme il en étoit fort considéré, par la raison même qu'il ne cherchoit pas à l'être, plusieurs personnes s'adressoient à lui pour faire fortune par son entremise; mais il leur déclaroit nettement, qu'il n'avoit d'habitudes qu'à la Cour céleste, et que s'ils vouloient y avoir accès, il tâcheroit de les aider de ses conseils et de ses prières.

Il disoit que le devoir d'un Religieux n'est pas d'introduire les gens à la Cour, mais de les en retirer pour les porter à la solitude; et quand un séculier le pressoit de lui rendre de bons offices auprès d'un Prince ou d'un Cardinal: *Mon frère*, répondoit-il, *je ne connois point de maître plus grand ni meilleur que celui que j'ai pris pour moi: si vous voulez être de ses domestiques, je vous y servirai de toutes mes forces et de très bon cœur.*

Il pratiquoit exactement ce que dit l'Apôtre Saint Paul: *Quiconque est enrôlé dans la milice de Dieu, ne s'engage point dans les affaires du siècle.* Il ne s'intéressoit pas même à ce qui touchoit ses proches; et un jour d'hiver qu'il étoit en oraison dans sa chambre, le portier étant venu lui rendre des lettres de Loyola qu'on disoit être de conséquence, il prit le paquet et le jeta au feu sans l'ouvrir.

Sa nièce, fille de son frère aîné Dom Martin Garcie, et qui devint unique héritière de la maison de Loyola, fut recherchée par divers Seigneurs. Le Duc de Najare et le Duc d'Albuquerque écrivirent au Père Ignace en faveur d'un des prétendans, et le prièrent de faire en sorte que celui pour qui ils parloient eût la préférence, parce que c'étoit un homme riche et de grande qualité. Le Père leur répondit, qu'il ne prenoit nulle part au mariage de sa nièce; que ces sortes d'affaires profanes n'avoient point de rapport à sa profession; que depuis plusieurs années, il avoit renoncé au monde, et que ceux qui y renonçoient pour l'amour de Jesus-Christ, devoient oublier les choses de la terre, afin d'être tout occupés de celles du Ciel.

A force de combattre ses inclinations naturelles, il en étoit devenu tellement le maître, qu'il ne paroissoit en lui aucun mouvement déréglé. Son visage étoit toujours égal comme son esprit; et les siens disoient qu'il avoit un air tout céleste, parce que la sérénité étoit toujours sur son front et dans ses yeux : en sorte que pour traiter avec lui d'une affaire, ou pour en obtenir quelque chose, il ne falloit ni étudier son humeur, ni observer les momens et les conjonctures favorables. *L'empire qu'il avoit sur ses passions.*

Sa modération néanmoins n'avoit rien de languissant : car, en réprimant les saillies de son naturel bilieux et emporté, il n'avoit pas perdu le feu qui est nécessaire pour agir. On l'a vu souvent, lorsqu'il s'entretenoit d'une manière douce et tranquille avec quelques Pères, faire appeler quelqu'un qu'il vouloit corriger devant eux ; et, changeant de visage tout à coup, parler d'un ton qui les faisoit tous trembler : ensuite dès que le coupable s'en étoit allé, reprendre son air de douceur, et continuer l'entretien avec la même tranquillité qu'auparavant.

Les événemens les plus inopinés et les plus étranges ne faisoient nulle impression sensible sur lui; et quelque fâcheux ou agréables qu'ils fussent, il n'en étoit ni plus triste, ni plus gai. Etant un jour en visite dans une maison de Rome, lorsqu'il commençoit à parler de Dieu, un homme envoyé exprès par les Pères de la Compagnie, et qui paroissoit tout ému, vint lui dire quelque chose à l'oreille. Il le renvoya sans rien répondre, et poursuivit son discours l'espace d'une heure. Quand il voulut sortir, ceux qu'il étoit venu voir, lui demandèrent si l'homme qu'on lui avoit envoyé ne lui avoit point annoncé quelque méchante nouvelle? *Ce n'est rien,* dit-il, *sinon que les sergens sont chez nous, et qu'ils enlèvent tous nos meubles. Mais cela ne m'inquiète pas,* ajouta-t-il en souriant; *s'ils emportent nos lits, nous coucherons sur la terre, ainsi qu'il convient à des pauvres comme nous.*

Etant une fois malade, les médecins lui recommandèrent de bannir toutes les pensées qui pourroient lui causer la moindre tristesse. Cela lui donna lieu d'examiner ce qui seroit capable de l'affliger en ce monde, ou du moins de troubler un peu la tranquillité de son âme. Il ne se présenta qu'une seule chose; et ce fut si la Compagnie venoit à périr. Il alla plus loin, et voulut savoir combien dureroit sa peine, au cas que ce malheur arrivât; et il lui sembla que si cela se faisoit sans qu'il y eût de sa faute, il s'en consoleroit en un quart d'heure de recueillement.

Sa retenue à parler et com- Un homme maître de ses passions l'est de sa langue, pour peu qu'il soit né discret. Ignace gardoit, en parlant, toutes les mesures que la charité et la raison prescrivent. Il contoit les choses simplement, sans se servir d'aucun terme d'exagération, et laissant, aux personnes qui l'écoutoient, à peser les circonstances du fait, à tirer des conséquences, et à faire des réflexions. Quelque désordre qu'il y eût dans la conduite des Grands, et quelque publics que fussent leurs vices, il n'en parloit point. Il couvroit d'un profond silence les fautes de ses inférieurs ; et il dit une fois, qu'il s'étoit confessé d'avoir déclaré à trois personnes ce qu'il ne devoit déclarer qu'à deux pour l'amendement du coupable. Quelques années avant sa mort, il promit à une personne de la servir en une certaine affaire ; mais s'étant aperçu que la nature de l'affaire n'étoit pas tout-à-fait du ministère d'un Religieux, il se repentit de s'être engagé, et dit à cette occasion : *Je ne me souviens pas de m'être tant échappé depuis onze ou douze ans, ni d'avoir rien promis dont je me repentisse après.*

Ceux qui le connoissoient, avoient coutume de dire que c'étoit un homme de peu de paroles ; mais que le peu qu'il disoit avoit un grand sens, et je ne sais quelle force à quoi on ne pouvoit résister. Aussi tournoit-il les esprits de quel côté il vouloit. Ribadeneyra étant jeune, n'étoit pas fort régulier ni fort sage : son égarement alla jusqu'à secouer le joug de

bien il étoit puissant en paroles.

l'obéissance, et à ne pouvoir souffrir la vue du Père Ignace pour qui il conçut une secrète aversion. Le Père l'ayant un jour appelé, ne lui dit que deux ou trois mots. Ribadeneyra se jeta à ses pieds au même moment, et fondant en larmes : *Je ferai, mon Père,* dit-il, *je ferai ce qu'il vous plaira.* Il s'agissoit des Exercices spirituels que le jeune homme n'avoit point encore voulu faire : il les fit, et se mit sous la direction du Saint, en qui il prit une entière confiance.

Avant qu'il y eût dans Rome une maison de Catéchumènes, on instruisoit, en celle de la Compagnie, les Juifs qui demandoient le baptême. Un de ces Catéchumènes, nommé Isaac, qui avoit fait paroître beaucoup d'ardeur pour la Foi, et qui venoit tous les jours au catéchisme, dans le dessein de se convertir, changea un jour de sentiment, et, après s'être emporté en des paroles fort impies au milieu de l'instruction, sortit tout furieux de l'Eglise. Le Père Ignace alla au devant de lui : *Demeurez avec nous, Isaac,* lui dit-il. A ces paroles, le Juif s'apaisa, demeura dans la maison, et, reprenant ses premières pensées avec une nouvelle ferveur, reçut enfin le baptême.

Sa constance dans ce qu'il entreprenoit pour Dieu, et sa grandeur d'âme. Quand le Saint avoit entrepris quelque chose à l'honneur de Dieu, les difficultés et les obstacles, qui se rencontroient dans l'exécution, l'animoient au lieu de le refroidir. Il attendit un jour quatorze heures de suite pour parler à un Cardinal d'une œuvre de charité. Un autre jour qu'il devoit partir de Rome pour aller du côté de Naples, le temps devint si mauvais, que son compagnon, le Père Polanque, lui conseilla de différer ce voyage. *Il y a trente ans*, dit-il à Polanque, *qu'aucun accident de cette nature ne m'a rien fait remettre au lendemain.*

Etant accablé d'infirmités, et ayant sur les bras toutes les affaires de la Compagnie, il avoit besoin de secours en plusieurs rencontres. Cependant il s'en privoit quand la plus grande gloire de Dieu le demandoit; et on l'a vu quelquefois tout seul à Rome porter le faix des affaires, après avoir dispersé en divers lieux ceux qui étoient capables de le soulager. *Tout languissant que je paroisse*, disoit-il, *avec ce bâton, j'irois à pied jusqu'en Espagne, s'il en étoit besoin.*

Si la maladie l'obligeoit à garder le lit, et qu'il lui survînt une affaire difficile, il paroissoit oublier son mal, et recouvrer sa santé en un moment ; de sorte que quand il tomboit malade, ses enfans disoient : *Prions Dieu qu'il survienne à notre Père quelqu'affaire de conséquence, il sera bientôt guéri.*

Il supportoit les adversités avec un courage invincible ; et quelqu'un lui ayant demandé le chemin le plus sûr pour parvenir à la perfection en peu de temps, il répondit, que c'étoit de souffrir généreusement de grandes croix pour les intérêts de Dieu. La grâce des persécutions, ainsi qu'il parloit, étoit de toutes les faveurs divines, celle qu'il estimoit davantage, et il sembloit qu'il l'eût obtenue : car on a remarqué plusieurs fois, que les autres Pères étant seuls, vivoient dans le calme ; et qu'aussitôt que le Saint se joignoit à eux, il s'élevoit des tempêtes de tous côtés.

Sa confiance en Dieu.

Parmi toutes les traverses de sa vie, la confiance qu'il avoit en Dieu le soutenoit tellement, qu'il ne craignoit rien lorsque tout étoit à craindre. Dans les affaires difficiles qu'il entreprenoit pour le service des fidèles, il s'abandonnoit quelquefois si fort à la Providence, que ceux qui, en ces rencontres, ne regardoient sa conduite qu'avec les yeux de la chair, le trouvoient imprudent et téméraire. C'étoit aussi une de ses principales maximes, que qui veut faire de grandes choses pour Dieu, doit bien se garder d'être trop sage ; et il disoit que si les Apôtres eussent consulté les lumières de la prudence humaine, ils n'eussent jamais entrepris la conversion du monde.

Il dit un jour, selon ce principe, que si Dieu l'appeloit au-delà des mers, et que le Vicaire de Jésus-Christ lui commandât de partir en diligence, il se jetteroit dans la première barque qu'il rencontreroit, quelque mal équipée qu'elle fût, quand même elle seroit sans voiles et sans gouvernail. *Quelle prudence y auroit-il à cela,* mon *Père*, dit quelqu'un qui étoit présent? *La prudence*, repartit Ignace, *est la vertu de celui qui commande, et non pas de celui qui obéit.*

Lorsque les temps étoient plus fâcheux, et qu'il n'y avoit nulle apparence de secours du côté des hommes, il ne laissoit pas de recevoir beaucoup de gens en la Compagnie; et il dit à un Père qui s'en étonnoit, qu'il falloit d'autant plus espérer en Dieu, que les choses paroissoient plus désespérées. *Quel mérite aurions-nous à espérer*, disoit-il, *si nous avions un fonds assuré, ou des ressources certaines? Quand on voit ce qu'on espère, ce n'est plus une espérance, puisque nul n'espère ce qu'il voit.*

Nicolas Bobadilla ne pouvant comprendre d'où le Père Ignace tiroit de quoi nourrir tant de gens, et l'interrogeant un jour là-dessus, le Père lui fit un détail des aumônes qu'on leur faisoit régulièrement. *Tout cela ne suffit pas pour la moitié de ce que nous sommes*, dit Bobadilla. *Eh! quoi donc*, repartit le Saint, *ne dépendrons-nous en rien de la Providence? Et ne faut-il se reposer sur les soins du Père céleste, qu'autant qu'il plaît à la charité des fidèles? Pour moi, je trouve dans les mains de Dieu ce qui me manque dans celles des hommes, et s'ils ne me donnoient rien, je trouverois en lui toutes choses.*

Le marquis de Sarria, Ambassadeur du Roi Catholique auprès du Pape, reçut un

21*

jour froidement le Père Ignace contre sa coutume, et cette froideur venoit de ce que le Père n'employoit pas assez le Marquis dans les occasions où il s'agissoit des intérêts de la Compagnie. Le Père Ignace, qui devina la cause du changement de l'Ambassadeur, dit, en s'en retournant, à Ribadeneyra qui étoit son compagnon, que depuis plus de trente ans, Notre Seigneur lui avoit appris à se servir des secours humains de telle manière, qu'il n'y fondât pas ses espérances; et qu'il feroit entendre à l'Ambassadeur, que des gens comme eux ne devoient pas se prévaloir du crédit des Grands au préjudice de la confiance qu'ils devoient avoir en Dieu.

Sa prudence dans les choses spirituelles. Il reçut une grâce particulière pour la direction des âmes; et ce don de Dieu fut en lui dans un degré si éminent, que plusieurs personnes le venant consulter sur leurs peines intérieures, et ne pouvant bien les lui expliquer, il les leur disoit, comme s'il eût vu clairement le fond de leurs consciences.

Il avoit pour maxime, qu'il ne faut pas accommoder les affaires à soi, mais qu'il faut s'accommoder aux affaires; et il appliquoit cette règle de prudence aux choses de piété. Ainsi, il condamnoit les directeurs qui veulent réduire tout le monde à leur manière d'oraison, et à leur genre de vie. Il disoit que cette sorte de conduite est très périlleuse, et que ces directeurs-là n'entendent guère la vie spirituelle, ne sachant pas que les dons du Ciel sont différens, et que tous les fidèles ne vont pas à Dieu par la même voie. Il disoit même que quoiqu'il y ait parmi les vertus et les actes des vertus, divers degrés d'excellence, le plus sublime et le plus parfait n'est pas toujours le meilleur pour chaque personne en de certaines circonstances; et que si Dieu dans la prière excite une âme à la componction, elle ne doit pas tourner son cœur d'un autre côté, ni se réjouir, par exemple, des perfections infinies de la Majesté divine.

Il disoit que ceux qui font de longues prières doivent être fort sur leurs gardes, pour ne pas abuser du commerce qu'ils ont avec Dieu : qu'il y a des personnes naturellement opiniâtres, qui, à force de prier sans garder les règles de la discrétion, ni sans avoir bien envie de vaincre leur jugement propre, se dessèchent le cerveau, et s'entêtent si fort de leurs pensées, qu'on ne peut rien leur ôter de l'esprit : qu'il y en a d'autres, qui, persuadées que tout ce qu'elles sentent dans l'oraison vient de Dieu, prennent leurs sentimens pour la règle de leur conduite, et ne suivent que les mouvemens de la nature, en pensant suivre les mouvemens de la grâce. Il ajoutoit que les personnes, séduites de la sorte, tomboient souvent en des erreurs très grossières, et que leurs chutes décréditoient l'oraison parmi les gens du monde qui s'en prenoient à l'oraison même, et non pas au mauvais usage qu'on faisoit d'une si sainte pratique : qu'au reste, quelque éclairés que nous fussions, nous ne devions jamais juger des choses divines par des vues humaines ; mais que nous devions toujours soumettre notre jugement aux principes de la Foi et à l'autorité de l'Eglise, n'étant pas juste que les choses certaines soient réglées par celles qui sont douteuses; et étant raisonnable au contraire que les choses douteuses se décident par celles qui sont certaines.

Il estimoit bien davantage l'esprit de mortification que l'esprit d'oraison; ou, pour mieux dire, il croyoit que ces deux esprits sont inséparables, et que l'un ne peut subsister sans l'autre. Quelqu'un louant en sa présence un saint Religieux, et disant que c'étoit un homme de grande oraison : *Ajoutez*, dit-il, *que c'est un homme de grande mortification*. Par ce mot, il entendoit la mortification de l'esprit plutôt que celle du corps : car quoiqu'il jugeât les austérités nécessaires pour apaiser les révoltes de la chair, ou pour expier les péchés, il en faisoit peu de cas si l'intérieur ne les animoit; et c'est pour cela qu'il veut dans les Constitutions, que le principal soin des Religieux de la Compagnie soit de chercher en N. S. la plus grande abnégation d'eux-mêmes, et autant qu'il se pourra, une mortification continuelle en toutes choses.

Quand on lui demandoit une voie abrégée pour la perfection, il disoit que la plus courte et la plus sûre étoit de se vaincre. Il dit une fois à un jeune Frère qui étoit violent : *Domptez-vous, mon Frère, domptez-vous ; car si vous le faites, vous aurez une plus belle couronne dans le Ciel que ceux à qui la vertu coûte peu.* Une autre fois, le Père Louis Gonzalez, qui avoit soin de la discipline domestique, se plaignant de ce même Frère : *Ayez patience*, lui dit le Saint, *celui dont vous êtes si mécontent, a plus avancé en un mois, que tel et tel en un an ;* et il lui nomma deux autres Frères qui avoient l'humeur douce, et qui passoient pour des modèles de sagesse.

Ayant su qu'un Père, naturellement colère et chagrin, se retiroit de la compagnie des autres après le repas, pour éviter l'occasion de faire des fautes : *Vous vous trompez*, lui dit-il, *c'est en résistant, et non pas en fuyant, qu'on surmonte ces sortes de vices.*

Il préféroit le moindre acte de charité, d'humilité et de patience, aux plus hautes connoissances acquises ou infuses. Aussi aimoit-il plus un homme simple fort intérieur, et plein de l'amour de Dieu, qu'un homme docte peu fervent et peu dévot. Néanmoins, à parler en général, il prenoit plus de soin du savant, à cause que le prochain en pouvoit tirer plus de secours.

Il vouloit surtout que ses enfans s'adonnassent aux exercices de la vraie dévotion, sans se mettre en peine de goûts spirituels, de visions, de ravissemens. Quoique Dieu lui fît continuellement de ces faveurs signalées, il disoit qu'on ne devoit jamais les souhaiter, qu'on devoit même les fuir, et les tenir pour suspectes; que quand Dieu les communiquoit, il falloit les recevoir avec crainte, et n'en point parler, à moins que l'obéissance ou la charité n'y obligeât. Enfin, il ne jugeoit de la perfection d'une âme que par la pratique des vertus solides, jusqu'à dire qu'il valoit mieux bien connoître son néant, que d'avoir des révélations ou des extases, et que c'étoit moins de ressusciter les morts, que de mortifier ses passions.

L'an mil cinq cent cinquante-trois, un Religieux de Saint Dominique, nommé le Père Renauld, homme vénérable par son âge et par sa vertu, vint voir un jour le Général de la Compagnie, et lui dit, en présence de Ribadeneyra, qu'il y avoit à Bologne une Religieuse de leur Ordre, douée d'un don d'oraison éminent; qu'elle étoit souvent ravie en esprit, et que, durant ses extases, elle ne sentoit rien, pas même le feu qu'on lui appliquoit; mais qu'elle revenoit à elle dès que sa Supérieure lui commandoit quelque chose. Il dit encore que cette fille avoit quelquefois les stigmates aux pieds, aux mains et au côté, et que le sang couloit de sa tête, comme si elle eût été couronnée d'épines. Il ajouta que, ne croyant pas, sur le bruit commun, tout ce que l'on en disoit, il avoit voulu s'en éclaircir par ses yeux, et qu'il n'en pouvoit plus douter après ce qu'il avoit vu. Il demanda ensuite au Père Ignace ce qui lui sembloit d'une chose si merveilleuse. *De tout ce que vous venez de dire*, répondit le Saint, *rien ne me semble moins suspect que cette prompte obéissance.* Et il ne s'expliqua pas davantage.

Le Religieux s'en étant allé, Ribadeneyra supplia le Père Ignace de lui dire son sentiment sur la Béate de Bologne. Le Père lui dit que c'étoit le propre de Dieu d'opérer dans l'âme, et de répandre en elle l'onction de son esprit; qu'il le faisoit quelquefois avec tant d'abondance, que la plénitude de la grâce, qui remplissoit l'âme, rejaillissoit sur le corps: mais que cela n'arrivoit que rarement, et qu'à des personnes fort chéries de Dieu. Il ajouta que le démon, qui ne pouvoit agir dans le fond de l'âme, avoit coutume de contrefaire au dehors les opérations divines, pour en imposer par ces apparences. Ribadeneyra comprit d'un tel discours que la Religieuse pouvoit bien être trompée avec ses ravissemens et ses stigmates; et on reconnut en effet que toute sa sainteté prétendue n'étoit qu'une subtile illusion du malin esprit.

L'an mil cinq cent quarante et un, Martin de Sainte Croix, qui étoit alors novice de la Compagnie, qui fut depuis Recteur du collège de Coïmbre, et qui mourut saintement à Rome l'an mil cinq cent cinquante-sept, étant en conversation avec le Père Ignace, vint à parler de la fameuse Magdeleine de la Croix. Il raconta les merveilles qu'il en avoit ouï dire en Espagne: il dit qu'il avoit eu à Cordoue des entretiens avec elle, et qu'elle lui avoit paru une des plus sages et des plus saintes femmes du monde. Le Père fit une forte réprimande au novice, de ce qu'il parloit si avantageusement de cette femme, et lui dit que ceux de la Compagnie ne devoient pas estimer la sainteté par des dehors éclatans.

Une autre fois, il reprit très sévèrement un Père qui, s'entretenant avec un novice, lui proposoit l'exemple de quelques hommes d'oraison, qui étoient dans des voies extraordinaires, et qui avoient des extases, à ce qu'on disoit : car sa pensée étoit que ceux qui commencent ne doivent point entendre parler de ces sortes de choses, et que les novices de la Compagnie en doivent être fort éloignés, de peur qu'au lieu de s'établir dans les solides vertus, ils ne courent après ce que la vie intérieure a de spécieux.

Enfin, il traita avec la dernière rigueur un Prêtre de la Compagnie, grand théologien, Catalan de nation, et nommé Soldevilla, qui se mêloit d'enseigner à quelques jeunes gens du collége Romain de nouvelles manières d'oraison, fort différentes de la méthode commune. C'étoit dans le fond un homme de bien, mais tant soit peu visionnaire, et en qui la vivacité de l'imagination l'emportoit sur la solidité du jugement. Ce Père contemplatif assembloit la nuit ses disciples, pour leur expliquer je ne sais quelle doctrine mystique, et pour la leur faire pratiquer secrètement, comme si la contemplation étoit un art, et qu'il y en eût d'autre maître que le Saint-Esprit. Dès que Saint Ignace sut ce qui se passoit, il ne manqua pas d'y mettre ordre: car, après avoir fait faire à Soldevilla des disciplines publiques dans le réfectoire du collége Romain, et dans celui de la maison Professe, il le chassa de la Compagnie, et n'eut pas plus d'égards à sa profonde érudition, qu'il n'en avoit eu à l'illustre naissance d'un parent du Vice-Roi de Sicile, et d'un fils du Duc de Bragance, qu'il avoit renvoyés peu de jours auparavant, parce que c'étoient des esprits superbes et inquiets.

Il attiroit les gens à Dieu dans la conversation en parlant de Dieu, et il disoit que ce moyen de gagner les âmes étoit le propre de son Institut. Il ne jetoit pas d'abord les gens du monde sur des discours de piété : il les entretenoit au commencement de ce qui convenoit à leur profession et à leur esprit. Il parloit de commerce avec les marchands, de guerre avec les soldats, de politique avec les hommes d'état; et de là, prenant occasion d'un autre discours, il les exhortoit familièrement à gagner le Ciel, à vaincre leurs vices, à gouverner leurs passions. C'est ce qu'il appeloit entrer par leur porte, et sortir par la nôtre.

Néanmoins, quand des gens oisifs, qui ne cherchent qu'à perdre le temps, lui rendoient visite, il ne les ménageoit pas: il commençoit par leur parler de la mort, du jugement, de l'enfer; et il disoit que s'ils l'écoutoient volontiers, ils en deviendroient meilleurs, et que s'ils ne prenoient pas plaisir à l'entendre, ils ne reviendroient plus.

Il disoit qu'on devoit fuir la familiarité de toutes les femmes, même de celles qui sont dévotes; que le commerce le plus innocent qu'on ait avec elles, fait toujours tort à la réputation, quand il ne blesseroit pas la conscience; et que si on n'est pas brûlé du feu, on est noirci de la fumée.

Il disoit que peu de gens comprenoient bien ce que Dieu feroit d'eux, s'ils le laissoient faire; qu'il faut que les hommes apostoliques fassent pour sauver les âmes, ce que fait le démon pour les perdre, c'est-à-dire, qu'ils étudient en général les mouvemens du cœur humain, et en particulier le penchant de chaque personne; que les qualités naturelles doivent être mises en œuvre par l'esprit intérieur, et que les moyens qui rendent l'instrument souple et propre à être manié de la main de Dieu, comme sont l'humilité, le mépris du monde, la pureté d'intention, valent beaucoup mieux que les moyens qui rendent l'instrument capable d'agir de lui-même, comme sont l'esprit, le savoir et l'éloquence : que les ouvriers évangéliques viennent mieux à bout de leurs desseins en cédant, qu'en résistant, et qu'un petit bien obscur, fait avec édification, glorifie plus Dieu que mille bonnes œuvres d'éclat, qui seroient des sujets de murmure et de scandale ; qu'il ne faut pas se laisser séduire par un certain zèle qui nous rend inquiets sur les désordres du monde ; que nous devons commencer par nous réformer nous-mêmes, et voir ensuite, pour ce qui regarde les autres, de quoi Dieu nous demandera compte au jour du jugement universel ; enfin que la raison, qui nous distingue des bêtes, doit servir non-seulement de bride à nos passions mais aussi de règle à nos vertus ; en sorte que, dans le bien que nous faisons, nous agissions toujours avec mesure, et que notre ferveur ne nous emporte jamais au-delà des bornes de notre état.

Voilà les vertus et les maximes principales qui furent recueillies, et dont on présenta un extrait au Pape. On fit en même temps un recueil des guérisons obtenues de Dieu par les mérites d'Ignace ;

et on ne manqua pas d'y mettre la délivrance d'un possédé, d'où le Saint avoit chassé le démon, dans le temps qu'il fut élu Général de la Compagnie.

Ce possédé étoit un jeune valet de la maison, Basque, nommé Matthieu. Satan s'empara de lui en l'absence d'Ignace, qui étoit allé consulter le Père Théodose, Religieux de Saint François, sur son élection, ainsi que nous avons dit, et qui demeura trois jours au monastère, en retraite. Le démon, qui entra dans le corps de ce pauvre enfant, le tourmentoit horriblement jour et nuit. Il le jetoit tantôt contre terre, et tantôt l'élevoit en l'air : il le rendoit quelquefois immobile, et si pesant, qu'à peine dix hommes pouvoient-ils le remuer. Quelques-uns dirent au démon qu'Ignace reviendroit bientôt, et qu'il le chasseroit du corps de Matthieu. A ces paroles, le malin esprit devenant plus furieux, et jetant des cris effroyables, dit par la bouche du possédé, qu'on ne lui nommât point Ignace, et que c'étoit le plus grand ennemi qu'il eût au monde. Le Saint étant revenu, fit sur le démoniaque une courte prière, qui le délivra entièrement du démon.

Depuis ce temps-là, le nom d'Ignace fut redoutable aux puissances de l'enfer, et on a entendu quelquefois les possédés s'écrier au milieu des exorcismes, à la vue d'une image du serviteur de Dieu : *Où est ton pouvoir, Lucifer, puisqu'un peu de papier* avec la figure d'un Prêtre nous fait fuir sans que nous puissions résister? Ha Dieu! comment nous privez-vous de la gloire, pour la donner à un petit Prêtre boîteux?

Une de ses lettres eut le même effet à l'égard des malins esprits qui infestoient le collége de Lorette, et que les exorcismes accoutumés n'avoient pu chasser : car dès que la lettre fut lue publiquement, le bruit cessa, et les spectres disparurent.

Quoique ceux qui rapportèrent toutes les choses que je viens de dire, fussent des personnes de bon sens et de probité, tout fut examiné à la rigueur selon les formes ordinaires. Ces procédures étant achevées, l'an 1609, Paul V, à la prière des plus grands Princes de l'Europe, déclara Ignace Bienheureux, et permit qu'on en dit la messe et l'office. On travailla les années suivantes au procès de sa canonisation, et on rechercha tout de nouveau ses vertus avec ses miracles. Six cent soixante témoins interrogés juridiquement, déposèrent en faveur de sa sainte vie. Plus de deux cents miracles bien avérés furent produits en même temps, qui sont rapportés dans les actes de la canonisation, et dont les principaux ont été recueillis par divers Auteurs.

Sa Béatification.

Les villes et les peuples, qui avoient le plus d'obligation au Bienheureux Ignace, écrivirent à Paul V, pour presser la canonisation de leur saint bienfaiteur, et leurs requêtes furent appuyées de celles des

Princes et des Princesses, particulièrement de Philippe II et de Philippe III, Rois d'Espagne, de Sigismond, Roi de Pologne, d'Henri-le-Grand, Roi de France, de Marguerite, reine d'Espagne, et de Marie d'Autriche, Impératrice, femme de Maximilien II.

Après la mort de Paul V, Maximilien Duc de Bavière, et Ferdinand Empereur, écrivirent des lettres très-fortes à Grégoire XV. Le premier ne demandoit point d'autre récompense au Saint Siége pour tout ce qu'il avoit fait dans la guerre de Prague contre les hérétiques rebelles, que la canonisation d'Ignace; et l'autre disoit qu'il étoit de l'honneur et de l'intérêt de l'empire, qu'on mît au nombre des Saints, l'Instituteur d'une Religion, qui avoit, ce semble, été choisie de Dieu pour la défense de l'Allemagne.

Mais le roi de France Louis XIII, fut de tous les princes Chrétiens, celui qui écrivit là-dessus avec le plus de chaleur. Il déclara au Souverain Pontife, dans sa lettre du 14 de Février de l'année 1621, qu'ayant reçu des enfans d'Ignace les premiers principes de la Foi et des bonnes mœurs, et étant fort satisfait d'eux pour ce qui regardoit sa conscience, qui étoit entre leurs mains, il désiroit leur faire ressentir des effets de sa bienveillance en cette rencontre; que les faveurs, qu'il pourroit jamais recevoir de Sa Sainteté, quelqu'insignes qu'elles fussent, ne le toucheroient point comme celle qu'il lui demandoit; qu'une telle demande étoit digne du Fils aîné de l'Eglise; que ce titre glorieux, qu'il avoit hérité de ses prédécesseurs, et qui lui donnoit du zèle pour l'avancement de la Religion Catholique, l'obligeoit de poursuivre la canonisation d'Ignace; dans l'espérance que l'intercession de ce Bienheureux lui seroit un puissant secours pour bannir, de son Royaume, les hérésies et les vices; enfin que la France ayant eu le bonheur de voir ce serviteur de Dieu, non-seulement faire ses études, et choisir des compagnons dans l'Université de Paris, mais aussi jeter les fondemens de sa Société à Montmartre, dans l'Eglise des Martyrs, il espéroit des bénédictions nouvelles, s'il contribuoit en quelque chose à le faire bientôt canoniser.

Grégoire XV ne put résister à des prières si pressantes et si justes. Il canonisa le bienheureux Ignace avec toutes les cérémonies accoutumées, le douzième de Mars de l'année mil six cent vingt-deux, qui est le jour que l'Eglise honore la mémoire de Saint Grégoire le Grand. Urbain VIII, qui succéda à Grégoire XV, mit ensuite le Saint dans le martyrologe Romain; et parmi les différentes formules qu'on lui présenta, il choisit la suivante, qu'il composa lui-même en partie. *Le 31 de Juillet, à Rome, Saint Ignace, Confesseur, Fondateur de la Com-*

Sa canonisation.

pagnie de JÉSUS, *illustre pour sa sainteté pour ses miracles, et pour le zèle qu'il eu à étendre la Religion Catholique par tout le monde.*

Sans sortir du caractère d'historien, je puis ajouter aux paroles d'Urbain VIII, celles que Grégoire XV dit de Saint Ignace en le canonisant : elles sont tirées de l'Ecclésiastique, et le Saint-Esprit les a dites de Josué. *Il a été grand selon le nom qu'il portoit, très grand pour le salut des élus, pour la défaite des ennemis de Dieu, et pour la conquête de l'héritage d'Israël.*

Chap. 46.

Mais en achevant la vie de ce glorieux Patriarche, si j'osois dire quelque chose à sa louange, je lui appliquerois ce que Saint Jérôme écrit à Saint Augustin.

Catholici te conditorem antiquæ rursum fidei venerantur atque suspiciunt; et quod signum majoris gloriæ est, omnes Heretici detestantur et persequuntur.
Tom. 2, Ep. 80.

LES CATHOLIQUES VOUS RÉVÈRENT ET VOUS ADMIRENT COMME LE RESTAURATEUR DE L'ANCIENNE FOI; ET CE QUI SEMBLE ENCORE PLUS HONORABLE, TOUS LES HÉRÉTIQUES VOUS HAISSENT ET VOUS PERSÉCUTENT.

FIN.

LETTRE
DE LOUIS XIII,
ROI DE FRANCE ET DE NAVARRE,
AU PAPE GRÉGOIRE XV.

Très saint père,

Puisqu'il n'y a point de meilleur commencement que celui d'une action tendante à la gloire de Dieu, votre Sainteté aura pour agréable, que ma première demande, à son entrée du gouvernement de l'Eglise sainte, soit d'une œuvre qui fasse non moins reluire sa piété paternelle, que croître les dévots sentimens qu'il plaît à Dieu me donner. Les premières instructions, que j'ai reçues en la Foi et bonnes mœurs, ont été des Pères Jésuites; ils ont eu jusqu'à présent la direction de ma conscience, dont je demeure très satisfait, et désireux de faire ressentir à tout leur Ordre les effets de ma bienveillance. Sur quoi ayant su que le procès de la canonisation du bienheureux Ignace, Instituteur dudit Ordre, étoit fait, et qu'il ne restoit plus que le vouloir de votre Sainteté à parfaire ce bon œuvre: j'ai bien voulu la supplier, comme je fais très affectueusement, que son bon plaisir soit de le déclarer et mettre au nombre des Saints que notre Mère Sainte Eglise révère et honore pour tels. Les faveurs, que j'aurai à recevoir, pour grandes qu'elles soient, ne me seront point toutes à telle consolation comme celle-ci seule, qui, outre les bé-

nédictions que j'en espère, comblera de prospérité son gouvernement. La Providence divine, qui inspire les cœurs et en retient les mouvemens, n'a pas permis que cette dévotion empreinte dans mon cœur depuis quelques années, ait été plutôt manifestée, réservant à votre Sainteté cette action tant célèbre, et à moi le bonheur que de lui faire cette demande qu'elle trouvera digne du Fils aîné de l'Eglise. Ce titre non moins gravé en mon âme, que dignement possédé de mes prédécesseurs, me donne une forte émulation à l'avancement de notre sainte Religion, et me fait affectionner davantage ladite canonisation, sur l'espoir que j'ai que l'intercession de ce Bienheureux me sera un puissant secours à faire ce pour quoi Dieu l'a envoyé en ce monde, et à quoi cet Ordre s'emploie tant utilement. Mon Royaume a eu cette bénédiction, que ce Serviteur de Dieu soit venu en ma ville de Paris apprendre les sciences, qu'à même lieu il assembla ses compagnons, et commença sa Société en l'Eglise des Martyrs à Montmartre. J'espère de nouvelles bénédictions, si votre Sainteté octroie qu'à ma prière il soit tôt canonisé. Comme c'est la première que je lui fais, je la supplie qu'elle tienne ce rang ès saintes et bonnes actions attendues de son Pontificat, lequel je prie le Créateur vouloir agréer à son honneur et gloire, à l'édification de son Eglise, et au bien de toute la Chrétienté. De Paris, ce quatorze Février mil six cent vingt-un.

Signé, LOUIS.

TABLE
DES MATIÈRES.

A.

Abyssins. Leur Religion, pag. 387
Alphonse Salmeron, un des premiers compagnons de St. Ignace. 138
Son suffrage pour l'élection du Général, 219
Il est envoyé en Irlande en qualité de Nonce, 227
Il est choisi pour le Concile de Trente, et il y assiste en qualité de Théologien du Pape, 269
Il est envoyé à Ingolstadt, 326
André Oviedo, remis dans la bonne voie par S. Ignace, 315
Il est exact dans la discipline régulière, 367
Il refuse un Evêché, qu'il accepte après par obéissance, 393
Antoine de Cordoue entre dans la Compagnie pour n'être point Cardinal, 352
Antoine, Hermite de Bassano. Sa charité envers deux compagnons de S. Ignace; il méprise S. Ignace, 179, 181
Antoine Monis, apostat de la compagnie. Il y rentre et y meurt saintement, 284
Apparitions de S. Pierre, de la Vierge, de Jésus-Christ, du Père éternel à S. Ignace, 10, 18, 67, 185, 264, 463, 464, 465
De S. Ignace à Jean Pascal. 454
Assistance du Général de la Compagnie, en quoi consiste leur office. 256

B.

Barnabites. On veut les unir au corps de la Compagnie, 357
L'estime qu'ils avoient pour S. Ignace, et la

lettre qu'ils écrivirent à la Compagnie après sa mort, 449
Barthélemi Guidiccioni, Cardinal, contraire d'abord, et favorable ensuite à la confirmation de la Compagnie, 210, 215
Barthélemi Torrez, Docteur de Salamanque, son témoignage en faveur des Exercices de S. Ignace. 382

C.

CHARITÉ. Les moyens que S. Ignace prescrit pour l'entretenir parmi les siens, 258, 260
Charité de S. Ignace. *Voyez* Ignace.
Charles-Quint. Son absence cause des troubles en Castille, 6
Il fait faire une formule de Foi, appelée l'*Interim*, 310
Il chasse Bobadilla de sa Cour et des terres de l'Empire, 311
Il se brouille avec le Pape, 410
Chartreux. L'Ordre des Chartreux affectionné à la Compagnie, 329
Chasteté. La Compagnie fait profession d'une chasteté angélique, 145
Chasteté de S. Ignace. *Voyez* Ignace.
Claude Le Jay, un des premiers compagnons de S. Ignace, 158
Sa sainte vie, 180
Il assiste au Concile de Trente, 285
Il refuse l'Evêché de Trieste, 288
Il est Confesseur du Duc de Ferrare, 302
Il est envoyé à Ingolstadt, 326
César Baronius, Cardinal, expose et honore le premier l'Image de S. Ignace, 457
Coadjuteurs spirituels, ce qu'ils sont, et quel rang ils tiennent dans la Compagnie, 248
Collége Germanique établi dans Rome, 353
Collége Romain, fondé d'abord par François de Borgia. 337

Après par Grégoire XIII,	337
Modèle des autres Colléges,	428
Compagnie de Jésus. Ses commencemens et sa naissance dans Paris,	141
Sa fin, et les moyens dont elle se sert pour y parvenir,	234
Son nom, et d'où elle l'a pris,	184
Elle est érigée en Religion, et son Institut est confirmé par Paul III,	217
Elle n'a point d'habit particulier,	237
Elle n'a point d'austérités d'obligation,	238
Elle n'a point de chœur,	239
Le choix qu'on fait des personnes; et ce qui empêche d'être reçu en la Compagnie,	240
De quelle manière on éprouve et on cultive les Novices,	243
L'ordre des études pour ceux qui ont achevé leur Noviciat,	244
La piété jointe à l'étude dans la Compagnie,	247
Les divers dégrés qui y sont,	249
Son Gouvernement est monarchique, mais tempéré,	257
L'union des Membres avec leur Chef et entre eux,	258
Moyens inventés par S. Ignace pour la conservation de la Compagnie,	260
Elle commence à instruire la jeunesse dans les Lettres,	295
Elle ne s'assujettit point au gouvernement des Religieuses,	299
Elle entre dans l'Afrique et dans l'Amérique,	309
Elle est maltraité en Allemagne,	310
En Espagne,	312, 381
En France,	337
Elle est aimée des Souverains Pontifes,	414
Compagnons de S. Ignace gagnés à Dieu,	127
Ils font leurs premiers vœux à Montmartre,	143
L'union qui est entr'eux,	145
Rafinement d'un hérétique sur leur nombre de dix,	158

Ils partent de Paris pour l'Italie, et ce qui leur arrive en chemin, 170
Ils servent les malades dans les hôpitaux de Venise, 174
Ils vont à Rome, et ce que le Pape dit d'eux, 175, 176
Ils demeurent 40 jours en retraite et en pénitence, pour se disposer à leurs premières Messes, 178
Ils se partagent en diverses villes pour y travailler, 179, 183
Ils prêchent en diverses Eglises de Rome, 195
Ils sont persécutés dans Rome, et y soulagent les pauvres, 199
Quelques-uns d'eux sont employés par le Pape, 186, 211, 227
Ils élisent S. Ignace Général, 218
Les suffrages de quelques-uns, 219
Ils font leur profession solennelle dans l'Eglise de S. Paul, 222
Confiance. La confiance de S. Ignace en Dieu. *Voyez* Ignace.
Conversion. Moyen propre de la Compagnie pour porter les âmes à Dieu, 497
Constitutions de la Compagnie. De quelle manière S. Ignace les écrivit, 232
Elles sont divisées en dix parties, 262
Elles sont confirmées par le S. Siége. 333

D.

DÉCRET de la faculté de Théologie de Paris contre les Jésuites, 423
Démon. Il tâche de faire périr S. Ignace, 17
Il le tente, 32, 36, 92
Ce qu'il dit du Saint, par la bouche des possédés, 500
Il redoute le nom d'Ignace, ibid.
Dignités ecclésiastiques interdites à la Compagnie, 261
Contraires à l'esprit de la Compagnie. 290

DES MATIÈRES.   511

E.

EGLISE. La face de l'Eglise quand S. Ignace
   parut au monde,   1, 2, 228
Eglise (l') Catholique est la vraie Eglise, 166, 398
Epître de l'obéissance,   377
Examen particulier. Ce que c'est, et com-
   ment il se pratique,   59
Exercices spirituels de S. Ignace, leur plan et
   leur ordre,   46
Ils sont différens des Exercices de Cisneros, 60,
                                              329, 382
Ils sont attaqués et examinés,   149, 387
Ils sont approuvés du S. Siége,   304
Extases. On doit les estimer peu, sans les ver-
   tus solides,   494
Extases de S. Ignace. *Voyez* Ignace.

F.

FERDINAND II, Empereur, très zélé pour la
   canonisation de S. Ignace,   502
Ferdinand, Roi de Castille et d'Arragon, sa
   bienveillance envers le jeune Ignace,   3
Ferdinand, Roi des Romains, nomme Claude
   Le Jay Évêque de Trieste,   288
Il se rend aux remontrances du Saint qui s'op-
   pose à la promotion de Le Jay,   291
François de Borgia, Duc de Gandie; quelle
   fut la première semence de sa vocation,   101
Il fonde le premier Collége de la Compagnie
   pour l'instruction de la jeunesse,   295
Il commence la fondation du Collége Ro-
   main,   337
Il est appelé à la Compagnie,   316
Il y est reçu,   320
Il quitte le duché de Gandie, et refuse le cha-
   peau de Cardinal,   350
François Xavier, son caractère, comment il
   est gagné à Dieu par S. Ignace,   136
Il est envoyé aux Indes,   214

Son suffrage pour l'élection du Général, 219
Il rend compte de sa conduite à S. Ignace, 340
L'estime qu'il faisoit du Saint, 444
François Strada, gagné à Dieu par S. Ignace, 190
Il aide à la conversion d'un Prêtre libertin, 216

G.

GÉNÉRAL de la Compagnie. Il est perpétuel et absolu, 251
Son caractère fait par S. Ignace, 253
Comment son autorité est tempérée, 257
Guillaume, Duc de Bavière, affectionné à la Compagnie, 326
Guillaume Postel. Son caractère, 266
Sa vocation à la Compagnie, 267
Il en est chassé, 268

H.

HÉRÉSIE. Ses effets, 197, 198
Son esprit, ibid.
Elle s'insinue dans Paris, 146
Dans Rome, 197
Elle se répand par toute l'Europe, 215
Hérétiques. Leurs artifices pour pervertir les Jésuites de Rome, 342
Humilité. Combien elle est estimée dans la Compagnie, 277
Nécessaire aux ouvriers évangéliques, 285
Humilité de S. Ignace. *Voyez* Ignace.

J.

JACQUES d'Eguia. Sa vocation à la Compagnie, 165
L'estime qu'il avoit pour S. Ignace, 479
Il meurt avant S. Ignace, et pourquoi, ibid.
Jacques Hozez, gagné à Dieu par S. Ignace, 166
Il meurt à Padoue, et S. Ignace voit entrer son âme dans le Ciel, 189
Jacques Govea, contraire à S. Ignace au commencement, favorable après, 122, 125, 212

DES MATIERES.

Jacques Laynez, un des premiers compagnons de S. Ignace, 138
Il dispute contre les Hérétiques d'Allemagne, 171
Il enseigne la Théologie à Rome dans le Collége de Sapience, 185
Il assiste au Concile de Trente, 285
Il refuse la charge de Provincial, 362
Il reçoit humblement la réprimande que S. Ignace lui fait, 363, 364, 365, 366
Il fuit le chapeau de Cardinal, et s'oppose à sa promotion, 417
Etant malade à l'extrémité, il a recours à S. Ignace déjà mort, 442
La grande idée qu'il avoit du Saint, 443
Jacques Miron. Il refuse d'être Confesseur du Roi de Portugal, 359
Sa conduite trop sévère, et blâmée par S. Ignace, 358
Jean III Roi de Portugal. Il demande à S. Ignace des Missionnaires pour les Indes, 212
Un Patriarche et des Evêques pour l'Ethiopie, 387
Il fonde le Collége de Conimbre, 265
Il traite mal le Cardinal de Viseu, et se plaint du Pape, 272
Il choisit un Père de la Compagnie pour son confesseur, 359
Un autre pour précepteur de son fils, 283
Il écrit à S. Ignace et suit ses conseils, 374
Jean d'Avila. Le témoignage qu'il rend de S. Ignace et de la Compagnie, 328
Jean Chanones, Religieux de S. Benoît, et premier confesseur de S. Ignace, 23
Jean de Castro. Il embrasse la pauvreté à l'exemple de S. Ignace, 114
S'étant fait Chartreux, il fortifie S. Ignace dans le dessein d'établir une Compagnie qui s'emploie au salut des âmes, 161, 162, 163
Jean Codure, un des premiers compagnons de S. Ignace, 158

Son suffrage pour l'élection du Général,	219
Jean-Dominique de Cupis, Cardinal, déclaré contre S. Ignace d'abord, et gagné ensuite par le Saint même,	201
Jean Martinez Siliceo, Archevêque de Tolède, ennemi de la Compagnie,	303
Jean Nuguez. Il va en Afrique pour la délivrance des esclaves chrétiens,	309
Il conjure S. Ignace d'empêcher qu'on ne le fasse Evêque d'Ethiopie,	390
Il est nommé Patriarche,	393
Jean Polanque. Il fait de bonnes œuvres avec S. Ignace,	357
Il a soin des affaires du Collége Romain, et ce que le Saint lui dit dans une extrême nécessité,	420
Ce qu'il lui dit en une autre rencontre,	416
La veille de sa mort,	439
Jean Pascal. Il voit S. Ignace élevé de terre durant l'oraison,	85
Il garde son cilice,	89
Le Saint lui apparoît après sa mort,	454
Jean-Pierre Caraffe. Ses liaisons avec S. Ignace,	169
Il lui est contraire,	174
Il le favorise étant Pape,	416
Jésuites. *Voyez* Compagnie de JÉSUS.	
Ignace de Loyola. Dieu l'a fait naître pour combattre l'hérésie, 2,	3
Sa naissance, son éducation, ses qualités naturelles, 3, 4, 5,	6
Il défend Pampelune, et y est blessé, 9, 10,	11
Il se convertit en lisant la vie des Saints, 12, 13,	14
Il quitte le château de Loyola, et va à Mont-Serrat pour faire pénitence,	20
Il défend l'honneur de la Vierge contre un Maure,	21
Il fait une confession générale, et veille une nuit devant l'Autel, 23,	24

DES MATIÈRES. 515

Il donne ses habits à un pauvre, s'habille en
   pénitent, et va à Manrèse, 24, 25
Sa vie pénitente, 26
Il est tenté par le démon, 32, 33
Il se retire dans une caverne, 37
Il est affligé de peines intérieures, surtout de
   scrupules, 34, 35
Il est consolé et éclairé d'en haut, 38, 39, 40
Il ne se fie pas à ses lumières, 36
Il est en grande estime, 41, 42
Il est appelé de Dieu au service du prochain, 42
Il compose le Livre des Exercices spirituels, 44
Il va à Barcelone, et y est reconnu pour Saint
   à l'éclat de son visage, 62, 63
Il entreprend le voyage de la Terre-Sainte
   sur les fonds de la Providence, 64
Ce qui lui arriva en chemin, 65
Les sentimens qu'il a en la Terre-Sainte, 71
On l'oblige de retourner en Europe, et il
   s'embarque pour Venise, 73, 76
Le vaisseau qui le porte se sauve d'une fu-
   rieuse tempête, 77
Il est pris par les Espagnols et par les Fran-
   çois, 78
Il commence à étudier à l'âge de 30 ans, 81
Les artifices du démon pour le détourner de
   l'étude, 82, 83
Il est persécuté et maltraité à Manrèse, 28
A Barcelone, 88
A Alcala, 95
A Salamanque, 106
A Paris, 115, 122
A Venise, 169
A Rome, 200, 201
Il entreprend de réformer un monastère de
   Religieuses, 86
Il ressuscite un mort, 90
Il fait diverses bonnes œuvres dans Alcala, 93
Il recommence ses études à Paris, 113

TABLE

Il est volé par un de ses compagnons de chambre, et rend le bien pour le mal,	114
Il y est réduit à une extrême pauvreté, et contraint d'aller en Frandre et en Angleterre pour avoir de quoi vivre,	119
Il choisit des compagnons pour travailler avec eux au salut des âmes,	127
Il convertit diverses personnes, un séculier impudique, un Religieux libertin, etc.	131, 132, 133
Il propose à ses compagnons le dessein qu'il a de s'employer au salut des âmes,	141
Il défend l'honneur de ses compagnons et le sien,	149
Il retourne en son pays, et la vie qu'il y mène,	151, 153
Il y guérit des malades,	158
Ce qui se passe entre lui et un Chartreux,	161
Il s'emploie au service du prochain dans Venise,	165
Il va au secours d'un de ses compagnons malade et tenté,	179
Il va offrir ses services au Pape,	182
Il donne à la Société le nom de la Compagnie de JÉSUS,	184
Il travaille au salut des âmes,	186
Il gagne un nouveau compagnon,	190
Il propose à ses compagnons de faire avec eux un nouvel Ordre,	193
Il s'oppose à un Prédicateur hérétique,	197
Il assiste le peuple durant la famine,	208
Il présente au Pape le projet de son Institut,	209
Il destine deux de ses compagnons aux Indes,	213
Il demande que son Institut soit approuvé du Saint Siége,	215
Et il l'obtient,	217
Il est élu Général, et il refuse le Généralat,	218, 219, 220
Il fait le Cathéchisme avec beaucoup de fruit,	223

DES MATIÈRES. 517

Les premières règles qu'il prescrit à la Compagnie naissante, 224
Il embrasse toutes sortes de moyens pour sauver les âmes, 227
Il fait des établissemens pour les Juifs et pour les courtisanes qui se convertissent, 228
Il fait d'autres œuvres de charité, 231
Il reçoit et chasse Guillaume Postel, 266, 267, 268
Il choisit Laynez et Salmeron pour le Concile de Trente, 269
Les avertissemens qu'il leur donne, 270
Il réconcilie le Roi de Portugal avec le Pape, 272, 273
Son gouvernement domestique, 275
Sa conduite envers les Novices, 277
Ses soins pour les malades, 280
Son zèle pour la discipline régulière, 282
Il fait ce qu'il peut pour bannir de la Compagnie, l'esprit du monde, 283
Il s'oppose à la promotion de Le Jay, 289
A celle de Borgia, 349
A celle de Laynez, 417, 418
Il fait vœu de n'accepter aucune dignité ecclésiastique, 294
Il fait des réglemens pour le bon ordre des Colléges, 296
Il délivre la Compagnie du gouvernement des Religieuses, 299
Il sort de Rome pour une œuvre de charité, 306
Il éprouve l'obéissance de ses inférieurs, 308
Sa conduite dans les persécutions excitées contre la Compagnie, 313, 337, 138, 425
Il traite rudement Bobadilla, 311
Il reconnoît les services de Codace, 323
Il défend la lecture des livres suspects, 83, 346
Il est ennemi des nouveautés, 283, 286, 324
Il règle la ferveur de François de Borgia, et celle des autres, 320

Il s'applique à faire fleurir les sciences dans la Compagnie, 324, 429
Il reçoit diverses grâces des Papes, et en est fort considéré, 330
Il soumet les Constitutions à la censure des principaux Pères de la Compagnie, 332
Il veut se défaire du Généralat de son Ordre, 333
Il fait établir aux Indes une maison de Catéchumènes, 340
Il établit le Collége Germanique, et le soutient dans des temps fâcheux, 353, 354, 355, 356
Il raccommode le Duc Ascagne Colonne et Jeanne d'Arragon, 356
Il empêche qu'on n'unisse les Barnabites, les Somasques et les Théatins au corps de la Compagnie, 357
Il n'approuve pas la conduite de Miron et de Gonzalez, sur ce qu'ils avoient refusé d'être Confesseurs du Roi de Portugal, et les avertissemens qu'il leur donne là-dessus, 358
Il reprend Laynez, et le traite d'abord sévèrement, ensuite avec douceur, 363, 366
Il apaise les troubles de la Province de Portugal, 368
Il maintient la conduite d'Oviedo contre celle de Bobadilla, 367
Il compose l'Epître de l'Obéissance, 377
Il fait connoître l'innocence de deux Missionnaires injustement accusés, 380
Il travaille pour la mission d'Ethiopie, 390, 391
Il écrit au Roi des Abyssins, 393
De quelle manière il traite Rodriguez, 404
Il fait un réglement pour les visites des femmes, 406
Il fait publier les règles de la modestie, 407
Il apaise le Pape, 411
Il veut qu'on étudie et qu'on sache bien la langue vulgaire, 429

Il quitte le soin de ses affaires, 431
Il établit les Prières de 40 heures, pendant les trois derniers jours du Carnaval, 433
Son testament, 434
Il se dispose à la mort, 437
Il meurt, 441
Le lieu de sa sépulture et son épitaphe, 446
Sentimens des premiers Pères de la Compagnie touchant S. Ignace, 443
Témoignage de plusieurs personnes en faveur du Saint, 96, 111, 186, 447
Il est révéré des peuples comme un saint, 452

Les vertus de S. Ignace.

Son don d'Oraison, 39, 40, 459, 460
Son amour envers Dieu, 30, 71, 83, 109, 336, 467
Sa charité envers le prochain, 85, 93, 117, 132 133, 134, 208, 227
Son zèle du salut des âmes, 42, 43, 70, 74, 86 93, 117, 148, 153, 165, 223
Sa confiance en Dieu, 63, 70, 201, 419
Son humilité, 30, 294, 476 477
Sa mortification extérieure et intérieure, 26, 27, 31, 37, 148, 153
Sa retenue à parler, 485
Son obéissance, 75, 83
Sa pauvreté, 24, 28, 72, 74
Sa chasteté, 18, 20
Sa patience, 39, 74, 79, 110, 121, 163, 425
Sa constance et sa grandeur d'âme, 136, 351, 486
Son détachement du monde, 153
Sa prudence dans les choses spirituelles, 490, 491
Ses maximes, 83, 98, 128, 202, 224, 282 311, 368, 375, 408
Ses prédictions, 179, 521, 454
Ses extases et visions, 40, 41, 42, 63, 185 466
Ses miracles, 90, 93, 158, 179, 445, 456
Sa béatification, 501
Sa canonisation, 503

Inquisiteurs. Il y a eu autrefois des Inquisiteurs en France, 115
Les Inquisiteurs d'Espagne déclarent S. Ignace innocent, 96, 97
Isabelle Rosel. Elle entend une voix qui la presse d'appeler Ignace, et lui voit le visage lumineux, 70
Elle l'assiste durant ses études, 81
Elle va le trouver à Rome, pour se mettre sous sa conduite, 298, 299

L.

LANGUE. S. Ignace veut qu'on étudie les langues anciennes, et qu'on ne néglige pas les modernes, 244, 429, 430
Larmes. Le don des larmes en S. Ignace dans un éminent degré, 460, 461, 462, 463, 464, 465, 466
Louis XIII, Roi de France, écrit au Pape fortement pour la canonisation de S. Ignace, 502, 505
Louis de Grenade. Le témoignage qu'il rend de la Compagnie et des Exercices de S. Ignace, 328
Louis Gonsalez. Il est envoyé dans les Royaumes de Fez et de Maroc, pour travailler à la délivrance et au salut des Esclaves chrétiens, 309
Il a horreur de la Cour, 359
Il est considéré du Roi de Portugal, 392
Ce que S. Ignace lui dit sur les progrès heureux de la Compagnie, 409
Le reproche que le Saint lui fait, 407
La relation qu'il lui dicte, 480
L'idée qu'avoit Gonzalez de la vertu du Saint, 444
Louis Vivez. Sa charité envers S. Ignace, et ce qu'il a prédit de lui, 119
Loyola. Maison de Loyola illustre, 3
Château de Loyola agité par un tremblement de terre, 16
Honoré après la mort de S. Ignace, 452

M.

MANRÈSE, lieu de la retraite et de la pénitence de S. Ignace, 26,	31
Ce lieu honoré après sa mort,	452
Marc-Antoine Trévisan. Ses vertus et sa charité envers S. Ignace,	68
Maximilien II, Duc de Bavière, poursuit ardemment la canonisation de S. Ignace,	502
Matthieu Ori, Religieux de S. Dominique, et Inquisiteur en France; il rend témoignage des mœurs et de la doctrine de S. Ignace, 115, 119,	204
Melchior Cano, ennemi de la Compagnie, 312,	381
Sa mauvaise foi,	386
Melchior Carnero. Il refuse d'abord d'être Évêque d'Éthiopie, et accepte ensuite l'Évêché par obéissance,	391
Modestie. Règles de la modestie composées par S. Ignace,	407
Approuvées du Ciel par un accident extraordinaire,	408
Mortification, en quoi elle consiste principalement,	492
Mortification de S. Ignace. *Voyez* Ignace.	

N.

Nicolas Bobadilla, un des premiers compagnons de S. Ignace, comment gagné à Dieu,	139
Il défend les intérêts de l'Église avec beaucoup de chaleur, et est banni d'Allemagne,	310
Il est traité rudement par S. Ignace,	311
On lui ôte la charge de surintendant du Collége de Naples,	368
Il est guéri par l'intercession de S. Ignace,	456

O.

Olivier Manar, sa conduite à l'égard d'un hérétique déguisé,	343

Oraison. Mauvais usage de l'Oraison, 491
L'esprit d'Oraison doit être joint à l'esprit de mortification, 492
Les voies extraordinaires dans l'Oraison doivent être suspectes. 405

P.

Pape. Il est le Chef universel de l'Eglise, 395
Papes affectionnés à la Compagnie, 414, 416, 418, 330
Pasquier Brouet, un des premiers compagnons de S. Ignace, 158
Il convertit un Prêtre libertin, 216
Il est envoyé en Irlande en qualité de Nonce, 227
Paul III favorable à S. Ignace, 209, 214, 216, 217
Pierre Le Févre, un des premiers compagnons de S. Ignace, gagné à Dieu et affermi dans la vertu par le Saint, 127, 128, 129
Sa sainte vie, 135
Il est établi le supérieur des autres, 151
Il va à Rome, 183, 186
A Parme, à Worms, 211
Il commence le Collége de Gandie, 295
La grande idée qu'il avoit de S. Ignace, 442
Pierre Ortiz contraire d'abord à S. Ignace, 115
Ensuite favorable, 174, 187
Il fait les Exercices spirituels sous la conduite du Saint, 183
Philippe de Néry (S). Ce qu'il disoit de S. Ignace, 447
Philippe Mélancton. Son artifice pour pervertir les Jésuites de Rome, 342
Profès de la Compagnie, 248, 250

Q.

Quirinio Garzonio, Gentilhomme Romain, ami de S. Ignace et de ses enfans, 201

R.

Robert Bellarmin, Cardinal. Il fait l'éloge de S. Ignace. 457

S.

Simon Rodriguez, un des premiers compagnons de S. Ignace, prévenu de Dieu, dès son bas âge, 140
Sa sainte vie, 187
Sa douceur, principale cause des troubles de la Province de Portugal, 368
Il se soumet aux ordres de S. Ignace, qui le retire de Portugal, 372
Il se plaint ensuite, et est jugé dans les formes, 404, 405

T.

Théatins. On veut les unir au Corps de la Compagnie, 357
Le nom de Théatins donné aux Jésuites en Italie et en France, 169, 312

V.

Visions. Ce ne sont pas des marques infaillibles de sainteté, si elles ne sont accompagnées des vertus solides, 494, 495
Visions de S. Ignace. *Voyez* Ignace.
Vœux de la Compagnie, 249, 250 251
Les premiers vœux de S. Ignace et de ses compagnons faits à Montmartre, 144
Leurs vœux solennels, à S. Paul de Rome, 222, 223
Le renouvellement des vœux simples se fait deux fois l'année, 249

Z.

Zèle. Il ne doit point être inquiet, 366
Zèle de S. Ignace. *Voyez* Ignace.

Fin de la Table des Matières.

PERMISSION

Du Révérend Père Provincial.

Je soussigné, Provincial de la Compagnie de Jésus en la Province de France, permets au Père Dominique Bouhours, Religieux de notre Compagnie, de faire imprimer, par tel Libraire ou Imprimeur qu'il voudra, un Livre qu'il a composé de la vie de Saint Ignace, notre fondateur, que trois Théologiens de notre Compagnie ont lu et approuvé. En foi de quoi j'ai signé la présente Permission. A Rouen, le 17 Mai de l'an 1679.

Pierre de Verthamon.

PERMISSION

Nous en permettons la réimpression.

Liége, 14 Septembre 1814.

Signé H. Hemrard, Vicaire général, *le Siége vacant.*

IMPRIMERIE DE CHARLES DEIS, A BESANÇON (1826).

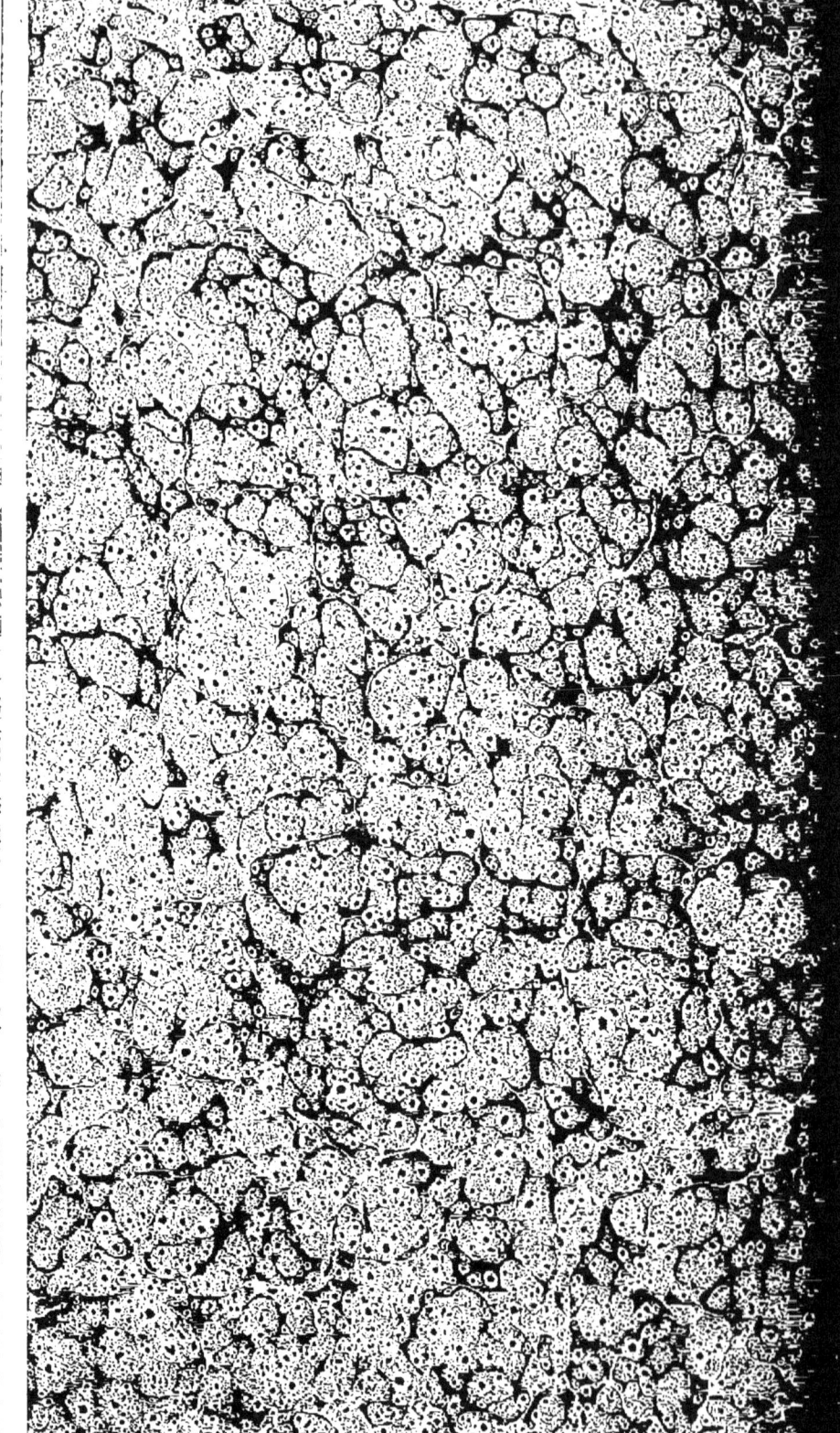

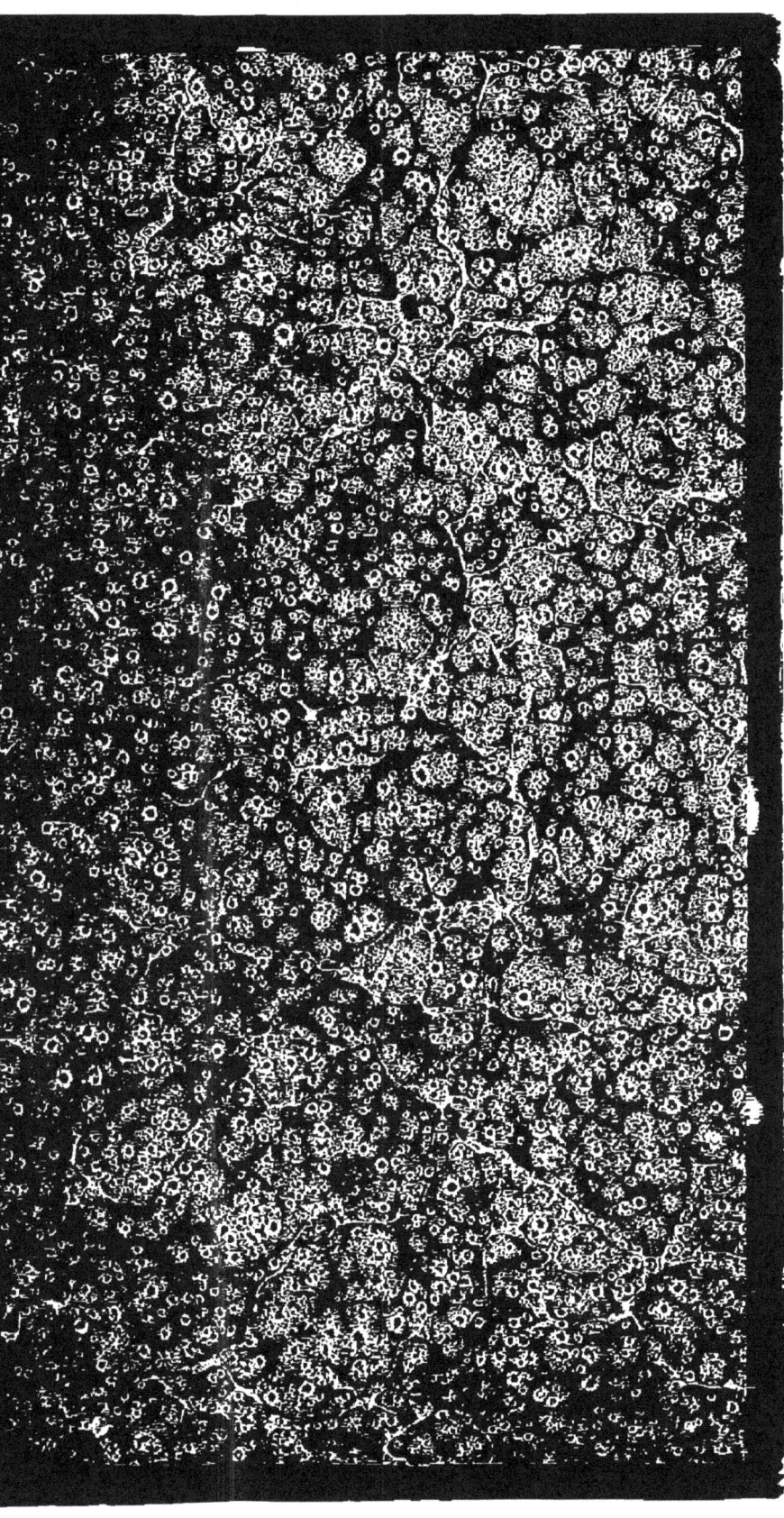

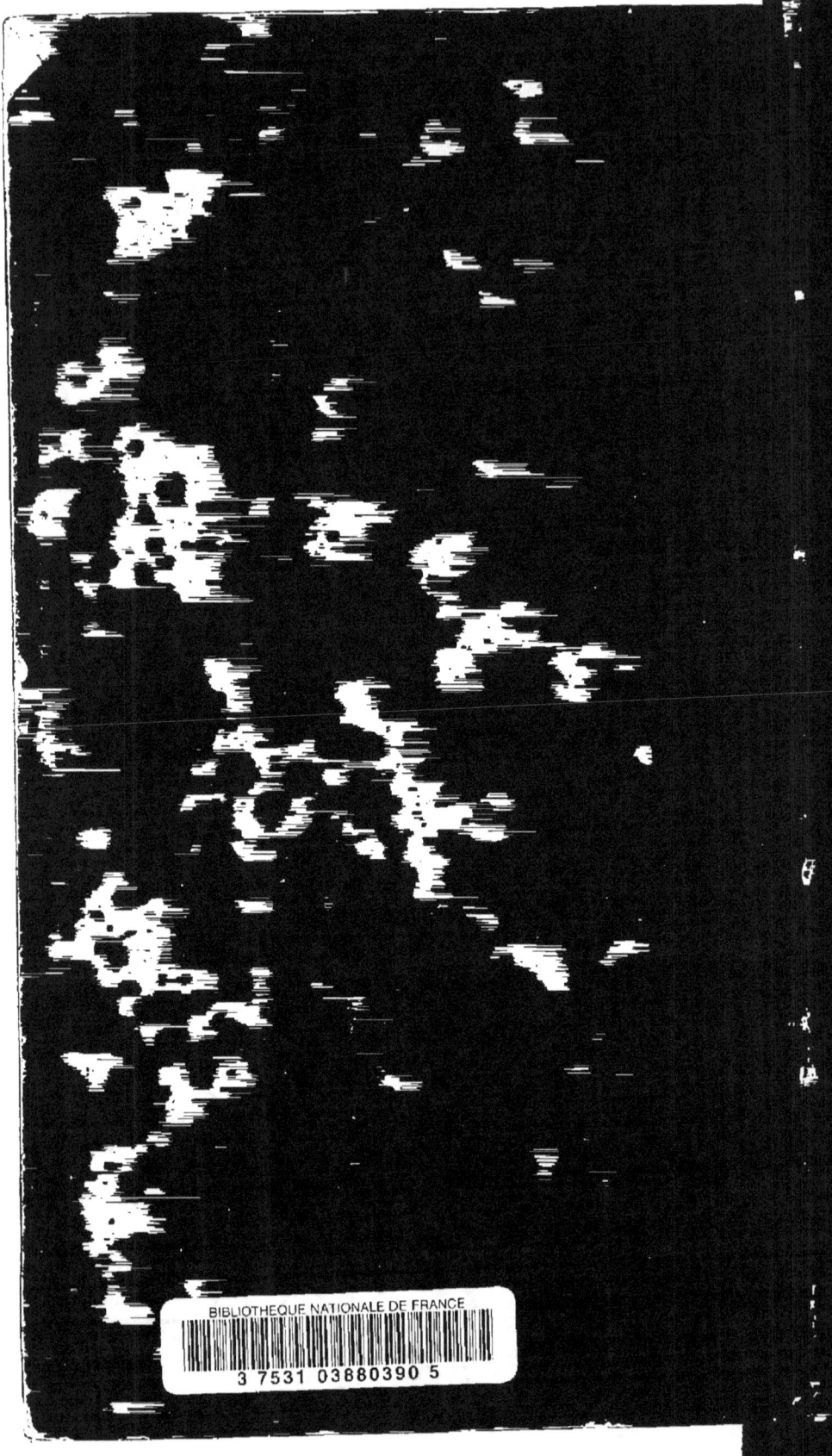

www.ingramcontent.com/pod-product-compliance
Lightning Source LLC
Chambersburg PA
CBHW072021240426
43667CB00044B/1600